遊戲治療
建立關係的藝術

Play Therapy:
The Art of the Relationship

Garry L. Landreth ▲ 著

自然就好心理諮商所 ▲ 策劃

陳信昭、陳碧玲 ▲ 總校閱

陳信昭、陳碧玲、王璇璣、曾正奇、
孫幸慈、蔡翊楦、曾曉虹 ▲ 譯

Play Therapy:
The Art of the Relationship
Third Edition

Garry L. Landreth

Play Therapy: The Art of the Relationship, 3 edition/

by Garry L. Landreth/ ISBN: 9780415886819

目錄

Contents

目
錄

i

第13章　**遊戲治療中的議題** 275

第14章　**遊戲治療中的兒童** 291

作 者 簡 介

Garry L. Landreth 是國際知名的學者，其書籍和作品皆極力促進兒童中心遊戲治療的發展。Landreth 是北德州大學諮商、發展與高等教育學系榮譽教授，也是「遊戲治療中心」（Center for Play Therapy）的創始人；該中心是全世界最大的遊戲治療訓練中心，更是兒童中心遊戲治療與親子關係治療（Child Parent Relationship Therapy, CPRT）十單元親子治療模式相關過程及結果研究的佼佼者。Landreth 已經出版的作品超過 150 件，包

括論文、書籍和光碟，也經常受邀到全世界各地的遊戲治療會議中演講。

他的獲獎作品《遊戲治療：建立關係的藝術》已經被翻譯成多種語言，而最近出版的《親子關係治療：十單元親子治療模式》〔*Child Parent Relationship Therapy（CPRT）: A 10-Session Filial Therapy Model*〕及《親子關係治療手冊》〔*Child Parent Relationship Therapy（CPRT）Treatment Manual*〕榮獲 2010 年家長教育協會的最佳實務獎。

Landreth 是一位有證照的專業諮商師及有註冊的遊戲治療督導者。他是美國遊戲治療學會的創始會員及榮譽主席，曾經獲得許多獎項，包括美國遊戲治療學會終生成就獎、美國遊戲治療學會研究獎、梅鐸榮譽教授獎、總統傑出教師獎、薛爾登優秀教師獎、托勞斯學人獎，以及美國諮商學會的人本關懷個人獎。他也曾因為書寫有關如何概念化及推展兒童中心遊戲治療的作品而獲得幾個獎項，包括人本諮商學會的人本影響獎、國際教育傑出服務獎，以及維吉尼亞・愛克絲琳傑出專業獎。

總 校 閱 者 簡 介

陳信昭

學歷：台北醫學大學醫學系畢業

現職：殷建智精神科診所主治醫師

台南市立醫院精神科兼任主治醫師

自然就好心理諮商所創辦人

台灣心理劇學會認證導演暨訓練師

美國心理劇、社會計量與團體心理治療考試委員會認證訓練師

中華團體心理治療學會認證督導

國際哲卡・馬任諾心理劇機構導演及訓練師

教育部學生輔導諮商中心台南一區諮詢服務中心顧問醫師

社團法人台灣心陽光協會理事長

專長：兒童青少年精神疾患之診斷與治療

心理劇實務、訓練及督導

心理諮商督導

沙盤／遊戲治療應用

陳碧玲

學歷：國立彰化師範大學諮商與輔導研究所碩士

現職：自然就好心理諮商所總監暨諮商心理師

　　　　台灣沙遊治療學會監事

專長：沙遊治療

　　　　中年婦女心理諮商

　　　　創傷心理諮商

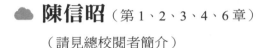

譯 者 簡 介

☁ **陳信昭**（第 1、2、3、4、6 章）

（請見總校閱者簡介）

☁ **陳碧玲**（第 7、8、9 章）

（請見總校閱者簡介）

☁ **王璇璣**（第 10 章）

學歷：國立成功大學醫學系

國立成功大學管理碩士

現職：台南市立醫院精神科主治醫師

專長：精神疾患之診斷與治療

☁ **曾正奇**（第 15、16、17 章）

學歷：國立高雄師範大學諮商心理與復健諮商研究所博士

現職：自然就好心理諮商所所長

專長：兒童青少年個別心理諮商及團體諮商

敘事治療

心理劇團體

孫幸慈（第 11、12 章）

學歷：國立高雄師範大學諮商心理與復健諮商研究所博士

現職：諮商心理師

專長：兒童個別心理諮商及團體諮商

遊戲治療

蔡翊楦（第 13、14 章）

學歷：國立暨南國際大學諮商與輔導研究所碩士

現職：自然就好心理諮商所諮商心理師

專長：個別心理諮商及團體諮商

星座諮商

焦點解決心理諮商

曾曉虹（第 5 章）

學歷：美國密蘇里大學聖路易分校諮商與家族治療研究所碩士

現職：諮商心理師

專長：自我、家庭與伴侶關係諮商

英語諮商

Preface
前　言

　　寫這本書時，我有很大的掙扎，因為我不太可能透過頁面上的文字——這種不適切的方式——來傳達我對兒童動力世界的知識、信念和經驗。書寫的文字無法適當傳達感受和經驗，卻是我在努力影響成人與兒童互動方式的過程中，不得不運用的媒介。其實，要表達出我認為兒童是什麼樣子，以及我心中經驗到的真實狀況，真的是一件很可怕的工作。我能夠接近讀者嗎？我能被了解嗎？我與兒童在一起的那種興奮能被感受到嗎？讀者會用不同的眼光來看兒童嗎？兒童世界的動力和特點能被更深入的理解嗎？我所寫的東西會讓讀者用不同的方式來接近兒童嗎？在此刻，我對這些部分顯然仍有一些疑慮。

　　或許我應該先表明，我所經驗到的遊戲治療是對兒童做諮商的一種動力方式，它讓治療師在冒險呈現自我及開放自己來接收兒童傳達的細膩訊息的過程中，得以全然經驗到兒童的世界，而這整個過程也宣告了兒童人格的獨特性。遊戲的過程被視為兒童努力取得對環境的控制感。兒童所經驗到的問題無法與他真實的個人分開來，因此，遊戲治療以同等動力的方式來搭配兒童的內在動力結構。

　　運用遊戲治療來促進兒童精神健康的專業人士越來越多，這顯示社會大眾對於兒童期這個發展階段的理解及接受度已有長足進步。我們的社會越來越能將兒童視為擁有無限潛能和創意來源以供其成長、因應和發展的

真實個人，而不是玩物，也不是不具人格性質的物體，更非只是長大懂事之前，父母必須忍受的挫折來源。

　　假如成人願意、有耐心且開放自己來學習，兒童其實很能教導成人關於兒童的種種。兒童是真實的個人，而不是身邊大人的附屬品。他們有自己的感受和反應，而且與父母的反應不一定相同。緊張的母親養出緊張的孩子這種假設不一定正確。假如房屋被颱風摧毀，母親表現得相當鎮定，我們就可以認定孩子一定不會受到影響嗎？當然不是。兒童有其自己的人格，他們所經驗到的感受和反應經常與身邊的重要大人有所不同。

　　這本書是從兒童那裡而來的重要學習，在過去他們已經教了我許多關於他們及他們世界的事情。本書的篇幅其實無法完整描述關於兒童的所有事情。同樣地，本書當然也無法完整描繪遊戲治療中的所有關係和經驗。與一個「被容許做自己」的兒童之間的互動過程是一種難以言喻的經驗，只能從真正一起共享的當下感受到。我的意圖始終是想打開兒童存在世界的大門：去經驗、探索、欣賞，以及創造一個充滿驚嘆、興奮、喜樂、悲傷與生命色彩的世界。

　　本書是第三版，在編輯方面做了許多修正，也對進行程序做了擴充說明，並補充了許多新的資料。在為第三版做校對時，我很高興第三版的確變得更加容易閱讀。第五章「兒童中心遊戲治療」已經過大幅重寫，目的是讓此取向的理論和哲學觀更容易被人了解、也更容易應用。其他諸如遊戲治療關係的開始、有效關係的特質，以及父母在遊戲治療中的角色等幾章也已大幅重寫及擴充。

　　由於管理式照護的興起，許多人對短期遊戲治療有濃厚興趣，因此，對密集及短期遊戲治療的研究發現部分也已加以擴充，並且納入一些最新

的研究報告。遊戲治療中心針對減少兩次遊戲治療單元之間的時間這種作法的效果加以研究，結果發現頗為支持這種更加密集的「有時限性模式」。

增添的部分包括遊戲治療的倫理及法律議題、看懂遊戲治療中的主題、兒童中心遊戲治療的多元文化取向，以及遊戲治療的督導。遊戲治療領域目前的發展及趨勢也有納入，並被放在此領域的動力成長過程脈絡裡。第三版特別增添一章來總結最新的控制型研究——包括後設分析研究，結果顯示兒童中心遊戲治療對不同文化類型與廣泛問題行為都具有療效。

由於大家對前兩版的「經驗法則」，有許多熱情的回應，因此在第三版中，我將用來釐清遊戲治療關係的「經驗法則」之數量加倍。我在第三版保留了一些主題和議題，那些都是我的研究生認為在學習遊戲治療及學習如何與兒童互動的過程中很重要的部分。因此，本書納入的一些必要主題包括：

- 遊戲在兒童生活中的意義以及遊戲在適應良好與適應不良兒童的治療過程中的階段。
- 看懂遊戲治療中的主題。
- 兒童中心哲學觀的獨特層面、主要概念及目標，以及遊戲治療中治療關係的理論。
- 兒童中心遊戲治療的多元文化取向。
- 兒童在遊戲治療過程中學到什麼。
- 在治療經驗中，遊戲治療師這個人、必要的人格特質，以及遊戲治療師這個角色。

- 有效回應的特質，其中特別提到如何幫助兒童負起自我責任。
- 設置遊戲室的詳細指引，以及建議採用的玩具和器材。
- 與父母互動及說明遊戲室的特別建議。
- 在遊戲室與焦慮／不情願的兒童接觸，以及治療經驗的場面構成。
- 兒童如何看待遊戲治療經驗。
- 何時該設限、治療性設限的步驟，以及限制被打破時該怎麼辦。
- 遊戲室中經常發生的問題，以及該如何回應的建議。
- 檢視遊戲治療的某些議題，例如：該不該加入兒童的遊戲、收禮物，以及誰該整理等等。
- 對某些接受遊戲治療的兒童所做的逐字稿和討論：瀕死的兒童、行動外化的兒童、操控性強的兒童、選擇性不語的兒童，以及有拔毛行為的兒童。
- 短期及密集遊戲治療。
- 在遊戲治療中，決定治療進展及結案過程的指引。
- 理解遊戲治療中的主題。
- 回顧兒童中心遊戲治療的控制型研究。

　　本書的某些部分寫的是關於我自己、我的經驗、我的反應，以及我的感受。因此，我盡量用第一人稱「我」來傳達我的個人反應，因為「作者」這個慣用語無法傳達出我想要表達的個人層面。

總校閱者 序

　　我們最早運用玩具與遊戲接觸個案是十幾年前在台南師範學院（現台南大學）兒童諮商中心從事兒童諮商工作的時候，當時中心有一間大遊戲室擺放著各式各樣的玩具。個案們都很喜歡接觸玩具，有的還相當著迷，甚至時間到了還捨不得離開，而也因為有了玩具，我們跟個案之間的關係似乎更容易建立。

　　1999 年底信昭剛好有一筆經費可以用來更新他所任職的成大醫院兒童青少年精神科的兩間遊戲治療室，於是我們開始汰換那些被蹂躪多年的玩具，並且將兩個房間分別規劃成遊戲治療室和沙盤治療室。碧玲負責玩具和迷你物件的採購工作，時常看她大包小包拿著回家，細數著一天的戰果，臉上流露出天真的滿足。等到兩間治療室裝備得差不多的時候，裡面景觀煥然一新，兒童心理治療的環境與硬體獲得大大的改善。當精神科住院醫師輪到兒童青少年精神科訓練的時候，即使對遊戲或沙盤治療並不熟悉，他們也願意開始投入跟兒童個案的遊玩之中，並且驚訝於「遊戲」也能帶來如此好的效果。諮商與輔導研究所的研究生到兒童青少年精神科來實習時，這兩間遊戲室也正是最頻繁運用的空間。

　　2004 年成大醫院兒童青少年精神科門診遷移到醫院正對面的一棟整建後的四層樓房中的二樓，其中規劃出診間、測驗室、團體治療室、家庭治療室、遊戲治療室以及沙盤治療室，整體的兒童治療空間及設施更為完

善，提供給住院醫師、諮商與輔導研究所碩博士班研究生、行為醫學研究所碩博士班研究生更為完整且多樣化的學習場域。

2006 年信昭離開任職將近十七年的成大醫院，選擇到精神科診所服務，並且設立心理工作室從事心理諮商或治療實務、督導工作，以及心理劇團體。在從事心理治療實務及督導工作中，遊戲、沙盤及角色扮演都是經常運用到的方式。

碧玲在台南大學任教二十五年，最常教授的課程就是遊戲治療、沙遊治療，以及兒童青少年諮商輔導等方面的課程。最近幾年來，碧玲全心投入沙遊工作中，不但走過了自己的沙遊治療體驗，也參加了讀書會、個別督導、團體督導，還曾一年內二度前往美國加州參加各為期兩周的榮格取向沙遊治療工作坊，以及會後的個別督導。第二次到加州參加工作坊的時間距離我們家大兒子參加基測的時間只有一個多月，由此可知碧玲在學習沙遊治療方面的強烈決心。還好我們家老大如願考上他的第一志願台南二中美術班，也順利在 2014 年 6 月畢業，並考上台藝大美術系。莫拉克颱風侵台時剛好是碧玲留職停薪一年的期間，她之前任教的台南大學輔諮系認輔了那瑪夏三民國中（災後借用普門中學校舍上課），在那半年期間，碧玲每周有兩個半天到三民國中從事受災學生的沙遊治療，她更特別去找到適合帶上車的迷你物件蒐集推車，時常看著她將沙盤、物件搬上搬下，載運到學校，做完之後再載回家，真是忙碌，但碧玲似乎樂在其中。在受災學生的沙遊治療過程中，碧玲本身在專業上也獲益良多，同時家裡也多了許多關於象徵及神話的書籍，藉此加深了對於沙盤世界的理解。2011年 8 月，碧玲和她的沙遊學習夥伴與她的老師一起在瑞士舉行的「世界沙遊治療學會 2011 年年會」中口頭報告了他們對受災兒童青少年的沙遊治

療成果。為了這趟報告，信昭特地將家庭的年度旅遊安排到瑞士，於是全家四人提前兩周出發，以自助搭火車的方式遊覽了聖模里茲、策馬特、蒙投、茵特拉根、琉森、伯恩、蘇黎世等地，看見了號稱全世界最美麗國度令人讚嘆的美景，也是我們全家人對碧玲超級用心學習沙遊治療以及努力從事沙遊實務工作的鼓勵及見證。如今，很慶幸碧玲在沙遊治療方面有了長足的進展，並且能夠在台灣沙遊治療學會有些許貢獻。

2010 年 5 月，信昭在台南創辦了自然就好心理諮商所，裡面設有個別治療室、婚姻與家庭治療室、心理劇團體室、遊戲治療室以及沙盤治療室。自然就好心理諮商所的個案以兒童及青少年為主，因此遊戲治療室便是最常用到的一間治療室，有時候個案較多的某些時段還會發生「搶」治療室的情況。於是，我們將沙盤治療室布置成遊戲與沙盤治療雙功能的房間，以便能夠滿足實際需要。經營一間心理諮商所沒有想像中簡單，還好參與其中的夥伴都彼此支持，再加上不是以賺錢為最大考量，四年多以來諮商所已經慢慢步上軌道，感謝所有曾經在諮商所付出的夥伴們。碧玲於 2014 年 2 月從大學教職退休之後加入自然就好諮商所一起努力，期待能夠在遊戲治療及沙遊治療方面提供更多元的服務。

隨著我們這些年來對遊戲治療以及沙遊或沙盤治療的熱衷及興趣，我們也翻譯了相關的書籍，前後參與出版了《策略取向遊戲治療》、《沙遊治療》、《遊戲治療新趨勢》、《孩子的第一本遊戲治療書》、《兒童遊戲治療案例研究》、《經驗取向遊戲治療》、《沙盤治療實務手冊》等書。上述每一本書在遊戲治療領域裡面各有不同層面的功用，期待能夠對這方面的專業人員提供多元的參考資料。在翻譯的過程中我們體會到遊戲治療和沙遊治療的多元面貌，進而找到我們本身各自最適合的方法及取

向，到後來發現，收穫最大的其實是我們自己。

　　2013 年在網路書店發現本書 2012 年出版的原文第三版，買來看過之後發現，此版比第一版增加並更加詳述了許多兒童中心遊戲治療的內容，非常值得遊戲治療專業人員做為參考之用，因此興起翻譯此經典教科書的念頭。在翻譯此書的過程中，感謝璇璣、正奇、幸慈、翊楦、曉虹的協助，他們都是我們共事過的夥伴，深知他們在這方面的熱情及能力，很高興有機會一起完成這本這麼重要且經典的書籍。感謝高淑貞教授二十年前對第一版的翻譯工作，讓我們在某些段落和篇章有編修的參考。在翻譯及校閱此書的期間，信昭重回校園，到長榮大學翻譯研究所進修，與一群年輕人一起研修口譯及筆譯課程，享受擁有學生證的優惠樂趣，並再度體會考試的緊張。在修習英進中筆譯課程期間，信昭還以此書第三版與第一版的某些翻譯段落作為研究樣本，據以寫出期末報告，並且獲得教授頗高的評價。感謝吳宜錚、藍月素、李憲榮以及所裡諸位老師對信昭的指導，也很高興有機會跟 Jomei、Gilbert、Jonathan、Ryan、Don、Neil、Vicky、Evan、Steve、Victor、Quincy、Rainie 成為一起學習的同班同學，期待日後有機會彼此合作。最後，非常感謝心理出版社林敬堯總編輯的協助，方能使此書得以順利出版。

　　本書雖經多次校閱，疏漏尚且難免，還望各位先進不吝指正。

陳信昭、陳碧玲

2014 年 9 月

於台南自然就好心理諮商所

遊戲治療：建立關係的藝術

xx

第 **1** 章

關於我──Garry Landreth

　　我總認為先了解一本書的作者，或至少知道一些關於此作者的事蹟，可以幫助我更清楚這個作者想要傳遞什麼訊息給讀者。因此，我想讓你知道一些關於我的事，這或許有助於你更了解我書中想傳達的理念，即使某些文字仍無法適當表達我的想法。白紙黑字其實並不適合用來表達某些重要的事物──還有什麼比談論兒童或兒童的世界更重要的事呢？當我嘗試透過文字來表達我對兒童的經驗、情感、信念、期望，以及我們所謂的「遊戲治療」這個過程對兒童生活的意義時，我內心深處有種不安和不恰當感。或許這就是為什麼我如此珍惜透過遊戲治療與兒童接觸的機會，因為我們的溝通並不受限於文字。

　　我小時候是一個瘦巴巴、發展較慢的孩子。我上的鄉下小學，一到八年級全部都是我媽媽的學生。在那樣的環境裡，我學會對小事心存感激、養成苦幹的習性、喜愛學習，並且對受到忽略的弱勢者保有敏感度。由於這些經驗，使我能很真誠地覺察那些沒有獲得關注的兒童。

看過這本教科書的人可能會知道，我並非一直都能很自在地跟兒童相處，而且我很遺憾自己沒能從經驗及情緒方面去認識兒童的世界。我知性的從書籍、從大學課程中知道兒童的發展，但我單單只是*知道*兒童，而非從我心中用可以觸及他們及其世界的方式去*理解*兒童。孩子就在那裡，我注意到他們，但我就是沒有嘗試與他們建立溝通。我自己心中屬於童稚的那部分，早就被我壓抑在期望自己是個成人的成熟需要之下。對我而言，當一個「大人」意謂著要對生活保持嚴肅和負責的態度。我現在知道，當時那種想法只是為了克服心中的某種不足感，而事實是，就我唸大學那幾年以及二十一歲擔任高中老師來看，我的外表看起來比實際年齡更年輕，使得我經常被誤認為只是個高中生。

經過四年教書生活、讀碩士班，以及兩年中學諮商師生活之後，我到新墨西哥大學兒童中心擔任博士研究生助理工作，那時我才第一次窺見兒童的世界。在那裡，有一位敏銳且很有覺察力的教授看出了早已被我自己遺忘的特質，因此鼓勵我與兒童工作，並且將我引入遊戲治療令人興奮、多重的面向，於是我開始慢慢的發掘及經驗到兒童世界的開展。

有可能用文字清楚的描述某人生命中生活變化層面的發現過程嗎？假如答案是肯定的話，那麼這個經驗一定相當微小或不怎麼重要，因為絕大多數的文字也僅能傳達出微小且不那麼深刻的內涵。此刻的我坐在這裡，努力想傳達出與兒童接觸時的那種真摯快樂，以及那種深刻的經驗如何幫助我擴展更深層次的生命，但是我必須承認我無法做到。一個人怎麼有辦法描述出兒童在體驗生命時的驚奇和興奮、接觸生活的全新感以及他們那令人難以置信的韌性呢？我感到自己的笨拙；我的腦中突然一片空白，無法運作。所有的迴路都打開來搜尋，卻沒有任何文字可以用來形容那種經驗，即使我是如此清楚那種感覺。

生命無法被描述，只能被經驗和欣賞。一段文字敘述可以被拿來評價，但生命不能。生命會逐漸開展，但在每一瞬間都有其完整性，不多也不少。在看待一個人的時候，我們不會判斷或評價這個人擁有生命太少或太多。事實上，我的重要發現之一是，小孩很少（即使有）會去評價其他

小孩的生命。他們彼此互動，並且完全接納對方。在我專業發展生涯早期的那幾年當中，感受到兒童無條件的接納對我而言意義非凡。他們不會期待我多一點或少一點。我感受到兒童可以接納當下的我，他們不會想要改變我，或是要我做某些方面的修正。他們喜歡我原本的樣子，因此我無需假裝，可以就保持原本的我；那是一種多棒的解放經驗啊！而那也是我與兒童互動時持續感受到的經驗。一旦我根據他們當下的狀態與他們互動並且接納他們——他們的個人屬性，就會成為一種分享同在與接納彼此的相互經驗。

　　早期在遊戲治療中與兒童的互動，喚醒了我對兒童所經驗到生命逐漸開展過程的深刻激賞，也進而對我自己的生命過程有了新的欣賞，因為在生命中並非有什麼事要去改變、解開、克服或證明其價值，而是去欣賞並且在成為上帝所創造的這個人（這個獨特的我）的過程中活出興奮感受。成為更完整的我就是成為更完整的人，可以接納自己的優點和缺點，因為我確實有優點也有缺點，而我曾犯下的錯誤只是在宣稱一件事實：我是人，我無法避免錯誤。對我而言，這是一個重大的體悟，回顧過往，這個體悟並非源於某單一事件的影響。就像生命一樣，我經歷其中，然後逐漸覺察其過程，也逐漸懂得欣賞。我很想對兒童說的話，在 Peccei 的《以兒童之名》（*In the name of the children*）一書中有精彩的表達：

> 假如我們允許一位兒童將他令人驚嘆的生命真實而完整的呈現在我們面前，並且成為我們的老師，那我們就必須說：「謝謝你，人類之子……因你提醒了我關於成為人的喜悅和興奮。謝謝你讓我與你一同成長，這讓我重新學到我已經遺忘的簡單、強烈、完整、驚奇和愛，也學會尊重我自己生命的獨特性。謝謝你讓我從你的眼淚中學到成長所帶來的痛苦以及這世上的苦楚。謝謝你讓我看到，去愛另一個人以及去與人相處（不管大人或小孩）是最自然的一種天賦，而當我們生活在這個充滿驚奇的生命中，這種天賦會像花朵般漸漸成長。（p. 10）

當我從遊戲治療中慢慢學會處理與兒童的關係時，我很驚訝地發現自己跟成人的諮商過程似乎也加快了，自己好像變得更有效率。對於之前我覺得進展停滯不前的個案，治療動作開始發展，個案也開始出現嶄新且深度的分享及自我探索。當我去檢視這種發展，發現這種改變是因為我變得更能覺察和回應個案不斷表達出來的細微線索。這種對個案細微線索敏感度的增加，要歸功於我對兒童細微溝通形式所養成的敏感度。我發現，一旦我在遊戲治療中能更有效地面對兒童，我也就更能有效地面對成人個案。

我在 1966 年加入北德州大學諮商師教育系，然後在 1967 年第一次教授遊戲治療課程。當時遊戲治療在德州並未為人所熟知，其實在國內許多其他地方也一樣，但是從那一點點開始，到現在已經有了蓬勃發展，這真是個令人興奮的冒險旅程。我在北德州大學所創立的遊戲治療中心，目前擁有全世界最大的遊戲治療訓練課程，每年舉辦一次遊戲治療年度會議以及一次為期兩週的暑期遊戲治療課程。研究所課程每年提供含遊戲治療簡介、進階遊戲治療、親子遊戲治療、團體遊戲治療、碩士層級遊戲治療見習及實習課程等五部分課程；一個博士層級進階遊戲治療見習課程；以及一個博士層級遊戲治療實習課程。

教導遊戲治療讓我樂在其中的就是，在我上課經常做的角色扮演中，我內心屬於兒童的那部分可以獲得抒發，這有助於平衡我對事情過於嚴肅的那種傾向。我現在能真正珍視自己屬於兒童的那部分，也因而能更全然地欣賞且敏感於兒童的這些特質。我發現在我與兒童相處時，我這個人遠比任何我覺得該做的事都還更重要。

在我與兒童一起經驗他們遊戲當中複雜的單純性以及他們內在情緒世界逐漸展開的活力時，我仍在學習了解他們，還有了解自己。關於我所學到的，以及我如何將所學結合到與兒童的關係中，最能充分從以下的原則中表達出來。

❖ 與兒童建立關係的原則

我並非無所不知。

　　因此，我無需強求如此。

我需要被愛。

　　因此，我要對無邪的孩子開放自己。

我希望更接納自己童稚的部分。

　　因此，我要以驚奇與敬畏之心，接受孩子們來啟發我的世界。

對於複雜難解的童年，我所知如此有限。

　　因此，我要允許兒童來教導我。

藉由個人的掙扎，我學到最多，也最受衝擊。

　　因此，我願在兒童掙扎時與其同行。

有時我需要一個安全庇護所。

　　因此，我也願意提供兒童這樣的處所。

我喜歡原本的我被完全接納。

　　因此，我要努力去經驗並且欣賞孩子原本的樣貌。

我會犯錯，這只是在宣告：我是人，無法避免犯錯。

　　因此，我要容忍孩子人性的這一面。

我用感情內斂和表情來回應現實世界。

　　因此，我要放掉這種自以為對的方式，

　　嘗試用孩子的方式來進入他們的世界。

扮演提供別人答案的權威角色讓人自我感覺良好。

　　因此，我必須努力保護兒童免於我這種個人需要。

在感到安全時，我能經驗到更完整的自己。

　　因此，我要在與兒童的互動中保持一致性。

只有我自己能決定未來的一生要如何過。

　　因此，我不要嘗試去指導孩子該過何種生活。

我絕大部分的知識乃從經驗中學習而來。

因此，我會鼓勵兒童去經驗。

我所經驗到的希望及生活的意志起於內在。

因此，我要確認並肯定孩子的意志及自我。

我無法驅走孩子所受的傷害、恐懼、挫折和失望。

因此，我將安撫這些打擊。

無助的時候我會感到害怕。

因此，我會以親切、溫和及柔軟之心，輕觸無助兒童的內在世界。

參考文獻 ● ● ●

Peccei, A. (1979–1980). In the name of the children. *Forum, 10*, 17–18.

第 **2** 章

遊戲的意義

兒童的遊戲不單只是娛樂消遣；它充滿了意義和重要性。

F. Froebel

要接近和了解兒童，必須從發展的觀點著手。兒童並非縮小版的成人，他們有其具體現實的世界，而且常透過遊戲表達出他們所經驗過的事。在試圖促進兒童對於他們情緒世界的表達及探索時，治療師必須放掉成人形式的現實與口語表達世界，以進入兒童的概念化表現世界。成人最自然的溝通方式是口語，但兒童不是，他們最自然的溝通方式是遊戲及活動。

遊戲的功能

遊戲對兒童自然發展及統整的重要性，可以從聯合國宣言「將遊戲視為全世界兒童不可或缺的權利」這個舉動明白揭示。遊戲是兒童期最主要的活動，可以發生在任何時間及任何地點。兒童不用教就會玩，對於遊戲也從來不需強迫。遊戲是一種自發的活動，通常會帶來快樂，且出於自

願，也不需達成什麼目標。為了讓兒童的遊戲更能令人接受，有些成人將遊戲定義為工作，好替遊戲創造出有用的意義。由於對成功以及加速成長過程有很強的動機，有許多成人無法忍受「孩子浪費時間玩遊戲」。這種態度反應出來的是，兒童必須努力完成大人可以接受的某些重要目標。

令人遺憾的是，許多作者認為兒童的工作就是遊戲，這有點像是要讓遊戲具有正當性，又同時暗示只有在符合成人世界對重要事物的定義時，遊戲才具有其重要價值。就像兒童期有其固有的價值，而不僅是作為成人期的準備階段，因此遊戲也有其固有的價值，其重要性不會隨著後來發生的事情而有所改變。工作有既定的目標，其需要配合環境的要求來完成某項任務；遊戲則不同，遊戲本身就是一種完成，它並不依賴外在的獎賞，而且會將外界事物同化以吻合兒童的概念，其中一個例子是兒童把一根湯匙當作一部汽車來玩。

Frank（1982）認為兒童可以從遊戲中學到別人無法教給他們的東西。那是他們探索以及幫助他們認識空間與時間、事物、動物、結構和人們等真實世界的方式。在參與遊戲的過程中，兒童學會生存在我們這個充滿意義及價值觀念的世界，同時也用他們自己的方式去探索、體驗及學習。

根據 Woltmann（1964）的想法：

> 兒童自發自導的活動可以讓他將投入的經驗及感受加以概念化、結構化，並且帶到活動中可以觸及的層次。在這層意義上，遊戲提供了兒童一些機會去表達出令他們感到困擾、衝突及迷惑的情境。由於知覺發展的過程尚在進行中，幼童的語言特別缺乏流暢性……因此，各式各樣的遊戲材料都適合用來幫助幼童表達其情感及態度。（p. 174）

十或十一歲以下的兒童大多難以固定坐在同一個位置一段時間。年幼的兒童必須努力提醒自己，方能好好坐著，結果本來可以很有創意的精力

就被消耗在沒有建設性的活動上。遊戲治療可以滿足兒童好動的需求。在遊戲中，兒童可以發洩精力、學習負起生活中的責任、達成困難的目標，以及釋放挫折感。他們可以有身體上的接觸、發洩競爭的需求、以社交上可被接受的方式來表達攻擊性，以及學習如何與別人相處。遊戲有助於兒童無拘無束地想像、學習適應他們的文化，以及發展各種技巧（Papalia & Olds, 1986）。當兒童在遊戲時，他們不僅表達出自我人格的個別性，也帶出了之後可以融入其人格中的內在資源。

🔹 兒童透過遊戲來溝通

一旦認定遊戲是兒童最自然的溝通方式，我們就能更完全地欣賞兒童的遊戲。由於兒童用遊戲比用說話更加自在，因此他們在自發的遊戲中能更完整、更直接地表達自己。讓兒童「玩出」他們的經驗及感覺，是兒童所能參與的最自然的動力及自我療癒過程。遊戲是一種交換的手段，而且限制兒童只能用口語的方式，其實是替治療關係設下障礙，因為它所加諸的限制等於在告訴兒童：「你必須提升到我的溝通程度，用語言來跟我溝通。」但治療師的責任其實是要配合兒童的程度，用兒童感到自在的方式來跟他們溝通。為什麼總是要兒童來配合成人呢？治療師理應是適應良好、有配合能力、知道如何與各種發展階段的人們溝通，而且對兒童的發展有足夠的了解。若治療師說「告訴我怎麼一回事」，這等於是置兒童於配合治療師溝通方式的一種不利處境上面。

與兒童的治療關係最好是透過遊戲來建立，而關係對我們所謂的「治療」非常重要。遊戲提供解決衝突及表達感覺的一種管道。「玩具推動了這個過程，因為玩具絕對是兒童的表達工具……自由遊戲讓孩子表達出他想要做的事……當他自由地遊戲，且沒有人指導他該怎麼遊戲時，他就能表達出獨立的想法及行動，也可以發洩內在呼之欲出的感覺及態度」（Axline, 1969, p. 23）。對兒童太具有威脅性而難以直接表達的感覺及態度，可以透過他自己挑選的玩具安全地投射出來。孩子可能會把東西埋在

沙裡、拿槍射龍，或是摔打代表他弟弟的那個娃娃，但卻不會直接說出他的想法和感覺。

兒童的感覺通常難以用口語方式來觸及，一方面是因為在發展上缺乏認知及口語能力來表達他們內在的感受；另一方面，兒童在情緒上也無法聚焦在可以用適當口語表達的感受強度。Piaget（1962）的研究顯示，兒童在十一歲之前很難完全掌握抽象推理或思考。文字語言由象徵符號所組成，而象徵符號是一堆抽象的東西，難怪我們想要用口語溝通的絕大多數內容都相當抽象。然而，兒童的世界乃是一個具體的世界，必須透過具體的方式才能探知。遊戲是兒童具體的表達，也是他們面對世界的一種因應方式。

兒童生活在當下的世界，然而，他們面對成人世界的諸多經驗卻是屬於未來導向，同時還相當抽象。一旦兒童透過遊戲重現這些未來導向及抽象的經驗，這些經驗就會變成此時此地發生的具體事件，這將有助於他們用自己的角度來對抽象事物理出頭緒。一旦兒童玩出這些經驗，不熟悉的東西也會變得熟悉。

> 即使是最正常、最有能力的兒童也會遇到生活上無法克服的問題。但是，透過將這些問題玩出來，而且是用他自己所選擇的方式，他就可以一步一步地應付。他通常是用連自己也難以理解的象徵性方式來進行，因為他其實是在對內在過程做反應，而這些內在過程的起源可能被深埋在他的潛意識裡。這可能導致我們在當下覺得遊戲沒什麼意義，甚至有點愚蠢，因為我們既無法看出遊戲的目的，也不知道遊戲會怎麼結束。在不會發生危險的情況下，通常最好的作法是不去干擾兒童的遊戲，好讓他能專心用自己的方式處理。企圖幫助兒童解決遊戲中的掙扎——即使立意良好，也可能會分散他的注意力，讓他無法繼續尋求並找到對他最好的解決辦法。（Bettelheim, 1987, p. 40）

治療過程中的遊戲

　　遊戲是一種自願、自發，並且由兒童主導的活動，在其中可以自由且有彈性地決定要怎麼樣來玩某種玩具。遊戲並沒有所謂的外在目標，重要的是享受遊戲的過程，結果其實並不那麼重要。遊戲涉及了兒童在創造性表達當中的身體、心智和情緒自我層面，也涉及社會互動層面。因此，我們可以說，一旦兒童投入遊戲之中，他呈現的是一個完整的個體。「遊戲治療」一詞假設了某些活動才能算是遊戲。我們不會描述一位正在閱讀的女孩說「她在遊戲」。為了符合對遊戲的這種描述，遊戲治療可以被定義為：「兒童（或任何年紀的人）與治療師之間的動力人際關係（dynamic interpersonal relationship），而治療師必須受過良好的遊戲治療訓練，知道如何提供適當的遊戲媒材以及發展一份安全的關係，讓兒童（或任何年紀的人）能用兒童最自然的溝通方式——遊戲——來完全表達及探索自己的感覺、想法、經驗及行為，以促進適當的成長及發展。」

　　與個人中心理論及治療（Rogers, 1951）保持一致，這個定義的基本要素是關係。治療會成功或失敗事實上取決於治療關係能否發展及維持。與兒童建立的關係最終成為兒童是否持續改變及成長的關鍵，若我們能提供兒童一種符合其發展的方式，讓兒童在想要的時候可以表達自己，就可以增進上述的那種關係。

　　大多數成人可以透過某種口語形式來表達他們的感覺、挫折、焦慮及個人問題，但兒童卻無法完全透過口語形式來表達。兒童的遊戲就像是成人的口語一樣。遊戲提供一種符合發展的方式，可以用來表達想法和感覺、探索關係、理解自身的經驗、揭露心中的想望，以及發展因應策略。只要給予機會，兒童就能以某種方式或過程玩出他們的感覺和需求，就如同成人說出心中的困擾一般。兒童表達的動力及溝通方式雖然不同，但表達的內容（如：害怕、滿足、憤怒、快樂、挫折、競爭）其實與成人相當類似。從這個角度來看，**玩具就像兒童的字彙，而遊戲就是他們的語言。**將治療限定為只能用口語表達，其實是否認了最生動的表達形式——活動（圖 2.1）。

圖 2.1　讓兒童「玩出」他們的經驗及感覺是最自然、動力及自我療癒的過程。

　　有些遊戲治療師的目標就是「要讓兒童談話」。這種情況通常表示治療師處在焦慮或不自在的狀態，必須讓兒童說話才能獲得控制感。治療並非只能透過說話來獲得療癒；如果談話能療癒的話，那遊戲為什麼不能療癒呢？遊戲治療提供一些機會來回應兒童的整體行為，而不只是口語行為。

　　Smolen（1959）分析了在治療中很少跟治療師說話的那些兒童後來的進展狀況：

　　我們獲得一個相當清楚的結論是，只有在能夠成為「行動式療癒」的適當替代方式時，「談話式療癒」才能成為有效的方式。在大量的文獻〔其中還述及正在接受治療的病患所出現的行動外化（acting-out）問題〕中提及，（即使是在成人諮商中）字彙並

非總是能適當取代行動。成人使用字彙的經驗有很多年，因此成人可以用字彙來替代行為，並當作行為的抽象符號；但兒童就不同了，因成熟過程尚未完全，使得他們無法運用適當的抽象或象徵符號來說話或思考。即使有不少兒童可以說很多話，但是他們缺乏豐富的經驗背景及聯想能力來讓這些字彙有意義地與他們的情緒經驗配合，進而促成療效的產生。（p. 878）

在以口語描述自己的感覺以及經驗如何影響自己這些方面，兒童可能有相當大的困難；不過，只要獲得允許，而且是在某個充滿關心、敏銳及同理心的成人面前，他們就可能透過自己所挑選的玩具和媒材、透過自己對媒材的運用，以及透過自己所演出的故事表達出內在感覺。兒童的遊戲對他們自己很有意義而且很重要，因為他們可以透過遊戲將自己延伸到口語無法表達的領域。兒童可以運用玩具來說出嘴巴不能說的話、做出現實中不敢做的事，以及表達出別人不希望他們說出來的真實感受。遊戲是兒童自我表達的象徵性語言，它可以透露出：(1) 兒童經驗過什麼事情；(2) 對所經驗過的事情的反應；(3) 對所經驗過的事情的感覺；(4) 兒童期待的、想要的和需要的是什麼；以及 (5) 兒童對自己的觀感。在兒童接受遊戲治療時，這些都是治療師很想從兒童的遊戲中看到的重要訊息（圖 2.2）。

遊戲代表著兒童想要組織其個人經驗及個人世界的一種嘗試。透過遊戲的過程，兒童經驗到控制感，儘管現實環境可能不是這樣。對於兒童想要獲得控制感的這種嘗試，Frank（1982）曾經做過解釋：

透過遊戲持續地將自己重新帶回到當下，兒童得以在遊戲中開始與不斷累積的過去有所互動。他預演過去的種種經驗，同時將之同化成新的知覺及互動模式……如此一來，兒童就能不斷地發現新的自己，同時在可以和必要時去修正自我概念，而這每一個改變都會反映出他與世界的關係。同樣地，在遊戲中，兒童嘗試去

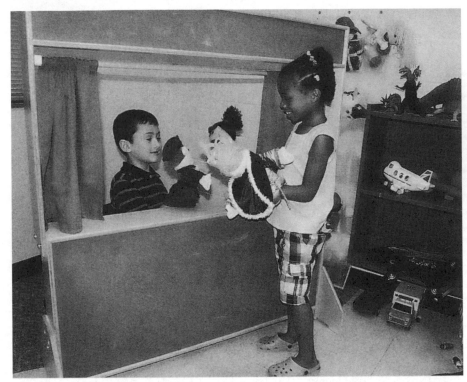

圖 2.2　在遊戲治療中，兒童運用玩具來說出無法說出口的話，以及表達出別人不希望他們說出來的感覺。

　　解決自己的問題及衝突，同時藉由操控玩具媒材或大人的一些器材，來修通或玩出心中的困惑和迷惘。（p. 24）

　　兒童期發生的諸多經驗都會讓兒童覺得無法掌控。遊戲是兒童在生活中展現平衡及控制的方式，那是因為兒童在遊戲時可以主導遊戲裡發生的事，儘管他無法真正控制遊戲所代表的真實生活事件。對兒童的情緒發展及正向精神健康很必要的往往是遊戲治療經驗中的那種控制感，而不是對事件真實的控制。

　　對兒童遊戲行為的了解相當有助於治療師更完全地進入兒童的內在情緒生活。由於兒童的世界充滿了行動及活動，遊戲治療可以讓遊戲治療師有機會進入兒童的世界中。若能適當挑選各種玩具並提供給兒童，治療師

就能促使兒童表達各式各樣的情緒。如此一來，兒童不用受限於只能用討論的方式，反而是在遊戲當下活出過去經驗及附帶的感覺。因此，治療師就得以經驗及參與兒童的情緒生活，而不只是知道他們發生什麼事情。由於兒童專心投入遊戲當中，兒童所經驗到的表達及感覺會相當確實、具體且如在當下，這讓治療師有機會去回應兒童的立即活動、陳述、感覺及情緒，而不用追溯過去的情境。

假如兒童是因為攻擊行為而被轉介給治療師，治療師不僅能在兒童進行遊戲治療時出現槍擊、踢打拳擊袋等狀況中親身經歷兒童的攻擊行為，同時也有機會據此設定治療性的限制，以幫助兒童學習自我控制。缺少了這些遊戲媒材，治療師只能用口語方式來和兒童討論他在昨天或前幾週所發生的攻擊行為。在遊戲治療中，不論轉介的理由為何，治療師都有機會在兒童經驗到問題的當下去體會並主動處理那個問題。

遊戲允許兒童將自己的內在世界外在化。Axline（1969）將此過程視為兒童玩出內在情感的過程，讓這些情感浮現出來且公開化，然後面對它們。在四歲凱西的遊戲治療經驗中，這個過程清楚的顯現。乍看之下，凱西就像四歲孩子在玩扮家家酒一樣。她看到娃娃的內褲之後，就開始激動了起來，於是幫娃娃蓋上毯子，帶娃娃去看醫生並做詳細檢查，還要求將娃娃的腳卸下來，於是某個模式或主題開始浮現出來。雖然她受虐時年紀相當小，可以看得出來她透過遊戲在修通某些不好的經驗。

◆ 象徵性遊戲

根據 Piaget（1962）的理論，遊戲是具體經驗與抽象思考之間的橋樑，而遊戲之所以如此重要，就是因為它的象徵功能。在遊戲中，兒童用感官動作的方式來操弄具體的物件，而這些物件象徵了兒童直接或間接經驗到的其他事情。有時候這種連結相當明顯，有時候這種連結卻很細微，不容易看出來。不管是哪種情形，遊戲都代表著兒童想要組織其自身經驗的嘗試，同時也是在兒童的生活中少數讓兒童感到掌控且有安全感的時

刻。

　　兒童中心遊戲治療的哲學觀認為，遊戲是兒童健康發展不可或缺的一環。遊戲提供兒童具體的形式來表達其內在世界，重要的情緒經驗可以透過遊戲而得到有意義的表達。在遊戲治療經驗中，遊戲的一項重要功能就是將現實中無法處理的情境透過象徵表象（symbolic representation）而改變成可以處理的情境，而這整個過程可以幫助兒童在自我指導中學會面對問題。治療師運用遊戲來面對兒童，因為遊戲是兒童自我表達的象徵性語言。「比起透過口語表達，兒童透過操弄玩具更能適當地表達出他對自己、重要他人及生活事件的感覺」（Ginott, 1994, p. 51）。「要是治療師太就事論事，無法容忍兒童有飛揚的想像力，那他很可能會在治療中迷失」（Axline, 1969, p. 127）。

　　象徵性遊戲讓兒童可以自由地同化自身經驗，不用受到環境的局限。雖然兒童通常沒有覺察到這個同化的過程，它還是帶來顯著的改變。在遊戲時，兒童極少留意到遊戲中的象徵表象，而正是因為可以跟事件保持某種距離，遊戲才能成為兒童的一種安全經驗。兒童不會特意去想「我很怕我爸爸，他常常打我，這個父親娃娃太像我爸爸了，所以我假裝大獅子是我爸爸，小獅子是我，這樣就沒人知道我在做什麼了」。在遊戲中，兒童可以安全地表達自身經驗及感覺，因為他們在認知上並不會覺察到自己正象徵性地玩出具有威脅性的經驗。透過象徵性地玩出令人害怕或創傷性的經驗或情境，並且透過遊戲一再地回到事件，同時在遊戲活動中改變或逆轉結果，兒童就能經驗到控制感，同時在內心找到解決方法，進而用更好的方式面對或調適問題。

　　兒童透過遊戲潛意識地表達事件、經驗、擔憂及問題，這種情況在我與六歲布蘭達的遊戲治療單元中顯而易見。由於手術的後遺症，她必須帶著導尿管。她在學校通常很難將尿袋裡面的尿液適當地清空，也很難將導管固定連接在適當位置，接口處總是會漏尿，這讓她感到相當挫折和尷尬。在她的遊戲中，她反覆使用娃娃屋來玩出一個故事，她形容這屋子裡的水槽在漏水，水管也有問題。在盛怒之下，她拿起電話打給水電工，

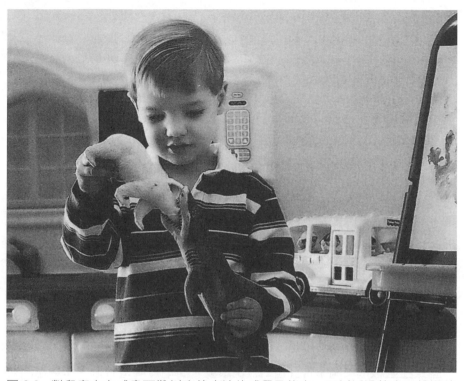

圖 2.3　對兒童太有威脅而難以直接表達的感覺及態度，可以透過他自己挑選的
　　　　玩具安全地投射出來。

說：「這笨水槽又在漏水了！趕快再過來修理這個蠢東西。」直到她學會
如何將導尿管做適當的固定，她才停止演出這些場景（圖 2.3）。

　　儘管如此，有時候兒童倒是會覺察遊戲中與事實相關的訊息，例如在
他們想告訴治療師自己做了什麼事情的時候。七歲的史考特抓起了充氣式
不倒翁的脖子，對我叫著：「我要告訴你，我今天在操場上怎麼對付羅
傑！」

　　2001 年 9 月 11 日紐約世貿中心遭受恐怖攻擊，從事件發生之後幾天
到幾週內所發生的情況，可以清楚地提醒我們兒童和成人在表達感覺和內
心反應方面有多大的差異。成人們不斷地一再述說心中的震驚及恐懼，但
經歷到同樣經驗的兒童幾乎絕口不提，他們的恐懼反應是透過遊戲表達出
來。兒童用積木建造一些高塔，再用飛機衝撞過去。建築物燒了起來，整

個垮到地上，警報器發出悲戚的聲音，許多人受傷或死掉，然後救護車把他們載到醫院去救治。一位三歲的兒童在遊戲治療中不斷地把直升機拿去撞牆，看著它掉到地上，然後大喊：「我恨你這台爛直升機！我恨你這台爛直升機！」

當我這本書寫到這裡時，日本正遭逢一場大地震以及隨後而來的海嘯。我的腦子無法想像那裡的情況有多混亂和恐懼，特別是那裡的孩子們。千萬家庭回家的路都已殘破不堪，兒童不再感到安全。一週數次、每次各三十分鐘的遊戲治療時間可以成為孩童生活中少數可以預測的生活計畫，那裡是可以用安全方式玩出恐懼的地方，是可以重新獲得控制感的地方，是可以獲得平靜的地方，也是混亂世界中的綠洲。

◆ 遊戲治療過程的階段

遊戲治療過程的階段是治療師與兒童互動之後所得到的結果，經歷的地點是在遊戲室這個不帶評價的自由環境，而治療師這整個人所傳達出的真誠關懷及讚許則可以促進這些階段。在這個獨特的關係中，兒童的獨特本質及個性獲得接納和欣賞，而在治療師用心傳達接納中，兒童體驗到獲得允許去擴展自我的眼界。自我可能性的經驗及擴展通常會呈現在遊戲治療過程的改變階段。

Moustakas（1955a）針對接受遊戲治療的「情緒困擾兒童」做了案例研究分析，他發現，兒童在治療過程中，會經由下列五個階段逐步邁向自我覺察。一開始，兒童的遊戲中瀰漫著負面情緒，就像有個孩子無法忍受一點點髒亂，而且過度擔心環境是否乾淨、整潔。有時候這種反應會以一種對房間、玩具和治療師表達敵意的方式展現出來。也有可能同時伴隨著高度的焦慮，就像有個孩子就只是站在遊戲室中央，無法開始任何一種活動。在這些表達之後接下來的第二階段，兒童經常表達出一般說來屬於焦慮或敵意的矛盾感受。Moustakas 曾描述過，有個孩子將布偶一隻又一隻地撿起來，接著面露嫌惡表情的同時還將每隻布偶都砸向桌子，然後又將

每隻布偶丟到地上。她在撿起老鼠布偶時說：「每一隻我都不喜歡，除了這隻。」接下來她又很快地補充說：「我也不喜歡這一隻。」邊說還邊壓老鼠的頭。

第三階段的特色是對父母、手足或兒童生活中的其他重要他人表達比較直接的負面情緒。這些情緒或態度通常可以從兒童的象徵性遊戲中看到，就像有個孩子在遊戲中演出對父母及新生嬰兒的強烈負面反應。他將母親、父親和嬰兒人物娃娃排在一起，然後宣稱：「他們是搶匪，我要把他們槍斃掉。」接下來就真的一個一個把他們都槍斃了。

在第四階段中，矛盾情緒又再度出現在兒童的遊戲中，不過這次是對父母、手足或兒童生活中的其他重要他人表達兼具正向和負向的情緒與態度。六歲的大衛用力對充氣式不倒翁又打又踢，大叫著：「我要把你打爛，沒有人喜歡你。」隨後他拿了醫藥箱說：「我一定會讓你好起來。」

第五階段的特色是在遊戲中出現清楚劃分但通常又是合乎現實的正面和負面態度，但正面態度居多（Moustakas, 1955a, p. 84）。這最後的階段之所以可以達到，是因為治療師建立起一種理解、接納及關心的關係，而在這種關係中，兒童有足夠的安全感可以成為更完整的自己。這種存在特性其實比治療師的任何作為更加重要。如果兒童在遊戲治療中可以享有這種接納和安全的環境，每一位兒童的獨特性就可以更自由、更完整地表達出來。一旦這種獨特的自我獲得治療師的欣賞及接納，兒童就會內化這種接納，並且開始接納及欣賞自己的獨特性，進而啟動自我認識的過程。這種自我認識接下來就會透過遊戲的進展過程表達出來。

在遊戲治療過程最為完整的其中一篇研究報告中，Hendricks（1971）對兒童中心遊戲治療學派做過描述性的分析。她發現兒童在不同單元中會出現不同的遊戲模式：

單元 1~4：在這個階段，兒童表現出好奇心；投入探索性、非特定及創造性遊戲；做簡單描述性及訊息性的陳述；同時展現快樂和焦慮。

單元 5～8：持續探索性、非特定及創造性遊戲。一般性的攻擊遊戲增加，持續表達出快樂及焦慮，而自發性的反應越加明顯。

單元 9～12：探索性、非特定及創造性遊戲減少；關係方面的遊戲增加；創造性遊戲及快樂為主；以非口語的方式核對治療師的狀況；提供更多有關家庭和自己的訊息。

單元 13～16：創造性及關係方面的遊戲為主；特定的攻擊遊戲增加；快樂、困惑、厭惡及不信任的表達增加。

單元 17～20：戲劇式的遊戲及角色扮演為主，特定的攻擊語言持續，而且與治療師建立更穩固的關係。快樂是主要情緒，同時兒童也持續提供有關家庭和自己的訊息。

單元 21～24：關係方面及戲劇式的遊戲和角色扮演為主，同時偶發事件的遊戲也增加。

另一位對兒童中心遊戲治療過程有完整分析研究的是 Withee（1975），她發現：

單元 1～3：兒童對治療師反應他們的行為會給最多口語上的澄清；表現出高度焦慮；投入口語及非口語的探索性遊戲活動。

單元 4～6：好奇心及探索減少，而攻擊遊戲及口語聲響達到尖峰。

單元 7～9：攻擊遊戲減少到最低點，而最主要的是創造性遊戲、快樂的表達，並且提供關於家庭、學校以及其他生活方面的口語訊息。

單元 10～12：關係方面的遊戲達到最高點，而非特定的遊戲降到最低。

單元 13～15：非特定遊戲及非口語的憤怒表達來到最高點，焦慮感超過原先程度，而口語的關係互動以及指導治療師的舉動達到最高點。

男孩與女孩之間有差異存在。男孩表現出較多憤怒、攻擊性語言及遊戲，也製造較多聲響。女孩呈現比較多的是創造性及關係遊戲、快樂、焦慮、對治療師反應的口語確認，以及說出正面和負面的想法。

這些研究顯示出，在遊戲室裡建立的治療關係中，兒童的遊戲過程有明顯可區分的模式存在。隨著遊戲治療過程的發展，兒童開始更直接、更合乎現實地表達情緒，同時也更有焦點、更有特定性。一開始，兒童會投入探索性、非特定及創造性遊戲。在第二階段中，兒童出現較多攻擊遊戲，也提供較多關於家庭和自己的訊息。在之後的單元中，戲劇式遊戲以及與治療師的關係變得更為重要，焦慮、挫折及憤怒也都能表達出來。

◆ 適應良好與適應不良之兒童的遊戲

根據 Moustakas（1955b）的研究，適應良好與適應不良之兒童的遊戲在幾個方面有所不同。

適應良好的兒童比較有對話，也比較容易討論發生在周遭的事情，而有些適應不良的兒童在開始幾次遊戲單元中可能完全沉默，很難與治療師對話，有些則是快速迸出許多問話和對話。適應不良兒童的初期反應是小心謹慎，適應良好的兒童在遊戲中比較自由自在、自動自發。

適應良好的兒童會先檢視整個遊戲環境，同時運用更多樣的遊戲媒材；相對地，適應不良的兒童則是在較小的區域內玩某幾樣玩具。適應良好的兒童會運用各種策略來發現他們在治療關係中的責任及限制；適應不良的兒童則通常希望別人告訴他們該做什麼及不該做什麼。

在感到困擾或煩躁時，適應良好的兒童會利用具體的方式呈現出他們的問題；適應不良的兒童比較會用顏料、黏土、沙子或水，象徵性地表達出他們的感覺。適應不良的兒童通常具有攻擊性，會想要破壞遊戲媒材或攻擊治療師；攻擊性也可能出現在適應良好的兒童身上，但它是清楚地表達出來，不會帶來巨大的破壞性，且能負起表達後的責任。相較於適應不良的兒童，適應良好的兒童對自己、對治療師或對遊戲本身的感覺比較沒

有那麼嚴肅、強烈。

Moustakas（1955b）根據自己對適應良好及適應不良的兒童做遊戲治療的經驗下了結論。他認為不管兒童的適應品質如何，所有兒童都表達出類似形式的負面態度，差別在於表達這些態度的多寡及強烈程度。適應良好的兒童較少表達負面態度，而且在表達時也較有焦點及方向；適應不良的兒童較常也較強烈地表達負面態度，而且在表達時也較沒有焦點及方向。

Howe 與 Silvern（1981）比較了攻擊、退縮與適應良好的兒童在遊戲治療中的行為差異。結果顯示，攻擊組的兒童經常出現遊戲中斷、衝突性的遊戲、自我揭露語言、高度的幻想遊戲，以及對治療師和玩具的攻擊行為。退縮組的男孩常會因焦慮而退縮，也經常在遊戲中出現怪異遊戲、拒絕治療師的介入，以及不快樂的內容。適應良好組的兒童較少出現情緒不舒服、不適當的社會行為及幻想遊戲。不過，退縮組的女孩無法與適應良好組的女孩做出區別。

Perry（1988）研究了適應良好及適應不良的兒童在遊戲治療中的遊戲行為，發現適應不良的兒童比適應良好的兒童明顯表達出更多不快樂的感覺、衝突主題、遊戲中斷以及負面的自我揭露語言。相較於適應良好的兒童，適應不良的兒童花較多的遊戲時間在表現憤怒、傷心、害怕、不快樂和焦慮上。適應不良的兒童比適應良好的兒童在遊戲單元中花更大比例的時間談論及玩出他們的問題和衝突。在不適當的社會遊戲及幻想遊戲的運用方面，適應良好與適應不良的兒童並沒有顯著差異。

Oe（1989）比較了適應良好及適應不良的兒童在第一單元遊戲治療中的行為，以探究兒童遊戲作為診斷目的之運用價值。相較於適應良好的兒童，適應不良的兒童明顯表達更多不接納環境的遊戲行為。雖然 Oe 發現兩組兒童在第一次單元的各種遊戲行為的頻率沒有顯著差異，而與適應良好的兒童相比，適應不良的兒童在戲劇式及角色扮演行為方面還是表現出較強烈的程度。適應不良的兒童中，女孩比男孩更常也更強烈地表現出戲劇式及角色扮演行為。

遊戲治療師必須留意，不可隨意推斷兒童遊戲中的意義。不論是兒童所使用的玩具，或是兒童玩這些玩具的方式，都不能當作判斷是否有情緒問題的唯一指標。環境因素、最近發生的事件及經濟困境都有可能是影響行為的因素。

參考文獻 ● ● ●

Axline, V. (1969). *Play therapy.* Boston: Houghton Mifflin.

Bettelheim, B. (1987). The importance of play. *Atlantic Monthly* (3), 35–46.

Frank, L. (1982). Play in personality development. In G. Landreth (Ed.), *Play therapy: Dynamics of the process of counseling with children* (pp. 19–32). Springfield, IL: Charles C. Thomas.

Ginott, H. (1994). *Group psychotherapy with children: The theory and practice of play therapy.* Northvale, NJ: Aronson.

Hendricks, S. (1971). A descriptive analysis of the process of client-centered play therapy (Doctoral dissertation, North Texas State University, Denton). *Dissertation Abstracts International, 32,* 3689A.

Howe, P., & Silvern, L. (1981). Behavioral observation during play therapy: Preliminary development of a research instrument. *Journal of Personality Assessment, 45,* 168–182.

Moustakas, C. (1955a). Emotional adjustment and the play therapy process. *Journal of Genetic Psychology, 86,* 79–99.

Moustakas, C. (1955b). The frequency and intensity of negative attitudes expressed in play therapy: A comparison of well adjusted and disturbed children. *Journal of Genetic Psychology, 86,* 309–324.

Oe, E. (1989). Comparison of initial session play therapy behaviors of mal-adjusted and adjusted children (Doctoral dissertation, University of North Texas, Denton).

Papalia, D., & Olds, S. (1986). *Human development.* New York: McGraw-Hill.

Perry, L. (1988). *Play therapy behavior of maladjusted and adjusted children* (Doctoral dissertation, North Texas State University, Denton).

Piaget, J. (1962). *Play, dreams, and imitation in childhood.* New York: Routledge.

Rogers, C. (1951). *Client-centered therapy.* Boston: Houghton Mifflin.

Smolen, E. (1959). Nonverbal aspects of therapy with children. *American Journal of Psychotherapy, 13,* 872–881.

Withee, K. (1975). A descriptive analysis of the process of play therapy (Doctoral dissertation, North Texas State University, Denton). *Dissertation Abstracts International, 36*, 6406B.

Woltmann, A. (1964). Concepts of play therapy techniques. In M. Haworth (Ed.), *Child psychotherapy: Practice and theory* (pp. 20–32). New York: Basic Books.

第

遊戲治療的歷史與發展

鳥會飛，魚會游，兒童會遊戲。

Garry Landreth

　　長久以來，遊戲就被認為在兒童生活中占有重要地位。早在十八世紀，Rousseau（1762/1930）就寫出觀察遊戲以認識及了解兒童的重要性。在《愛彌兒》（*Emile*）一書中，他表達了有關兒童訓練及教育的理念，也觀察到兒童不是大人的縮小版。有趣的一點是，250 年後的我們仍對此一觀點有所爭論。雖然 Rousseau 對兒童的遊戲和競賽所做的評論比較偏向教育的目的，而非遊戲的治療性運用，他的作品仍對兒童世界有著相當細膩的了解。「對兒童期心懷敬意，別急於判斷它是好還是壞……在你想代勞之前，讓時間自然去運作，免得你去干擾了自然的作為……兒童期是理性冬眠期」（Rousseau, 1762/1930, p. 71）。

　　早在 1903 年，Froebel 就強調了遊戲的象徵成分。他認為不管遊戲的本質如何，遊戲都有其意識及潛意識目的，因此可以從中尋求意義。「遊戲是兒童期的最高發展，因為光是遊戲本身就是兒童內在靈魂的自由表達……兒童的遊戲不只是運動，它充滿了意義及重要性」（Froebel, 1903, p. 22）。

描述遊戲的治療性運用並利用心理學理論對兒童做治療的第一篇出版案例，是 Sigmund Freud 在 1909 年所報告的經典案例「小漢斯」（Little Hans），描述一位患有畏懼症的五歲男孩之治療過程。Freud（1909/1955）只見過小孩一次，而他的治療方式是根據漢斯父親記錄漢斯的遊戲內容來建議父親如何做反應。「小漢斯」是兒童源自情緒因素產生心理困擾的第一篇案例報告。情緒因素在現今已廣被接受，因此很難想像當時兒童的心理困擾是多麼新奇的概念。Reisman（1966）指出，在二十世紀初期，專家們普遍認為兒童期障礙是兒童缺乏教育及訓練的結果。

Kanner（1957）從他的研究下結論，認為在二十世紀初期，沒有任何一種運用在兒童的程序或方法夠資格被稱為兒童精神醫學。遊戲治療的發展起於精神分析治療對兒童工作所做的努力。由於 1900 年代初期對兒童所知有限，治療師後來很驚訝地發現到，在成人分析中用來獲得詮釋資料的正式、高結構性的方法（主要是透過個案的回想及回憶過程）很快就被認為不恰當也不適合用於兒童分析。

精神分析取向遊戲治療

在 Freud 發表小漢斯的文章之後，在 1900 年代初期，Hug-Hellmuth（1921）似是第一位強調遊戲在兒童分析中的重要性，且在治療情境中提供遊戲媒材幫助兒童表達自己的治療師。雖然她比 Anna Freud 和 Melanie Klein 更早運用遊戲來幫助兒童，但是並沒有發展出一套治療取向。然而，她還是讓大家留意到將成人治療方法運用到兒童身上的困難性。看來我們現在遇到的問題當初就已經存在——也就是說，當人們試圖將適合治療成人的方法運用到兒童身上，卻發現兒童治療與成人治療之間有如此大的差異。當時的分析師發現，兒童無法像成人一樣用口語描述他們的焦慮。而且，不同於成人，兒童對於探索過去或討論他們的發展階段一點興趣也沒有，也經常拒絕做自由聯想。因此，在 1900 年代初期有許多兒童治療師轉而透過蒐集兒童的觀察資料來做間接的治療接觸。

在 1919 年，Melanie Klein（1955）開始利用遊戲技術作為分析六歲以下兒童的方法。她認為兒童的遊戲就像成人的自由聯想，同樣是由動機所決定。分析的作法就是用遊戲來取代口語的自由聯想。因此，遊戲治療提供了對兒童潛意識的直接探觸。她指出，在經過她的詮釋後，兒童的遊戲中就會出現進一步的素材。在此同期，Anna Freud（1946, 1965）開始利用遊戲當作鼓勵兒童和她建立聯盟的方式。與 Klein 不同的是，Anna Freud 強調在詮釋兒童繪畫及遊戲背後的潛意識動機前，必須先建立兒童與治療師之間的情感關係。Klein 和 Freud 兩人都強調了發現過去及強化自我的重要性，也同時認為，遊戲是最能讓兒童自在表達自己的一種方式。

Melanie Klein（1955）運用遊戲方式來鼓勵兒童表達幻想、焦慮及防衛，然後加以詮釋。Melanie Klein 與 Anna Freud 之間最主要的差異在於Klein 相當仰賴對兒童遊戲中的前意識（preconscious）及潛意識（unconscious）意義做詮釋。她幾乎在每一項遊戲活動中都看到象徵意義，特別是性方面。她認為潛意識的探索就是最主要的治療任務，而這項任務的完成最好是透過分析兒童對治療師的移情關係。Klein 強調要談回治療關係中渴望和焦慮的源頭——即嬰兒期與第一位愛慕客體的關聯，如父母，特別是母親。她認為，重新經歷早期的情緒及幻想並理解它們，同時透過治療師的詮釋來獲得領悟，兒童的焦慮就得以減輕。

Klein（1955）透過一個遊戲治療片段來說明詮釋的重要性，在這遊戲中，一位男孩用許多積木圍住一些玩具人偶：

> 我會總結並詮釋這個孩子秀出一個房間，而玩具人偶代表了某些人。這樣的詮釋啟動了與兒童潛意識的初次接觸。透過詮釋，他開始理解到玩具在他心中代表了人，因此，他對玩具表達的感覺也與人有關；而在詮釋之前他並不知道這點。他會開始領悟到的一個事實就是：他並不知道某個部分的自己，也就是說，潛意識真的存在。再者，他會更清楚精神分析師在對他做什麼。（p. 225）

Klein 所使用的玩具和媒材相當簡單、小巧、沒有結構性，也不是機械性的玩具：小型木製男人和女人、動物、汽車、房屋、球、彈珠、紙張、剪刀、黏土、顏料、膠水和鉛筆。她把每一位兒童的玩具鎖在一個抽屜裡，象徵著兒童與治療師之間隱密又親近的關係。Klein 不允許兒童對她做身體攻擊，但她會找機會讓兒童用其他方式將攻擊幻想行動外化出來，包括可以容許語言攻擊。她說自己總是能及時詮釋兒童的更深層動機，因此得以將場面控制住。

Anna Freud（1946, 1965）主要是運用兒童遊戲來促進兒童與治療師建立正向的情感依附，以便進一步觸及兒童的內在生命。主要的一個目標是讓兒童喜歡她。對遊戲的直接詮釋相當少，而她也留意不要把遊戲情境中的每件事都認為有象徵意義。她認為某些遊戲沒什麼情緒價值，因為那些只是有意識地重複最近的經驗而已。Freud 認為兒童不會出現移情精神官能症（transference neurosis）。在她從遊戲觀察及父母會談中獲得充分訊息之前，她不會對兒童遊戲的真正意義做直接的詮釋。

由於 Sigmund Freud 發展出來的自由聯想有其認知性的本質，Anna Freud 透過兒童涉入感覺層次的經驗來修正這個架構。她鼓勵兒童說出他們的白日夢或幻想，而且在兒童難以討論感覺和態度時，鼓勵兒童靜靜坐著並「想個畫面」。透過這種技巧，兒童學會說出最內在的想法，然後利用分析師的詮釋來發現這些想法的意義。如此一來，兒童就能對自己的潛意識獲得領悟。一旦與治療師的關係建立起來，後續單元的重點就會從遊戲轉移到更多口語的互動。

Klein（1955）在 1929 年訪問美國，之後發表報告指出，遊戲應該是兒童治療過程中的一部分，但在美國卻很少使用這種方式。因 Hug-Hellmuth、Anna Freud 及 Melanie Klein 的努力，使得眾人對兒童及兒童問題的態度產生革命性的改變。

發洩取向遊戲治療

　　遊戲治療的第二波主要發展出現在 1930 年代，David Levy（1938）發展出發洩治療（release therapy），這是針對經歷過特定壓力情境的兒童所發展出來的一種結構化遊戲治療。Levy 覺得根本不需要有詮釋，因此他遊戲取向的主要信念著重在遊戲的宣洩效果。在此取向中，治療師的主要角色是場景轉換者，也就是透過挑選過的玩具來重新創造出激起兒童焦慮反應的經驗。一開始，兒童可以自由遊玩以熟悉遊戲室及治療師，然後遊戲治療師在自覺恰當的時機點便運用遊戲媒材來引入製造壓力的情境。創傷事件的重新演出讓兒童釋放出傷痛和緊張。有時候兒童也被允許自由地玩。在「玩出」或重新演出過去經歷的過程中，兒童可以主控遊戲，也因此從被動的接受者角色轉而成為主動的行為者角色。兒童在遊戲的時候，治療師則將觀察到的口語及非口語感受反映給兒童。

　　在遊戲室中會出現發洩治療的三種活動類型：

1. 利用丟擲物品或打破氣球來發洩攻擊行為，或利用吸吮奶瓶來發洩嬰兒式的樂趣。

2. 在標準化情境中發洩情感，例如，把嬰兒娃娃放在母親胸前以激起手足競爭的感受。

3. 在遊戲中，重新創造出兒童生活當中的某一特殊壓力經驗，藉以發洩情感。

　　以下由 Levy（1939）描述的案例呈現出發洩治療取向的精髓：

　　有一位兩歲女孩因夜驚（night terrors）而被轉介過來，症狀是在轉介前兩天開始出現。她會在半夜突然驚醒並大叫說床上有一條魚⋯⋯在夜驚出現那天她剛好去過魚市場，一位魚販⋯⋯把她高高舉起來看魚。

　　另一個問題是口吃，這個症狀出現在轉介前五個月，當時她的語言發展還相當正常⋯⋯總共有十次遊戲單元。在第二次單元時，

加入一條黏土做的魚。針對「為什麼娃娃會怕魚？」這個問話，她回答說「魚會咬人，而且會跑進這裡」，她指了眼睛、耳朵和下體。在夜驚出現的前幾天，她曾看到父親裸體，之後就問起男女之間有什麼不同。除了將魚用到幾次遊戲單元的不同部分之外，主要的方法是觸發她用自己的方式玩……舉例來說，她看到指畫顏料並想要玩，我便教她怎麼使用，但她沒有去碰顏料，也不讓我沾一點顏料到她手上……我就自己玩，然後慢慢幫助她控制顏料，後來她就越來越喜歡了……

第一次單元之後情況並沒有改變……怕魚的情況在三、四次單元之後消失不見；口吃情況在六次單元之後改善，在最後一次單元之前兩週完全消失。七個月之後做追蹤，情況持續改善。（p. 220）

Gove Hambidge（1955）用「結構式遊戲治療」這個名稱擴展了 Levy 的工作，且在引入事件也變得比較有指導性。在建立治療關係後，這個方法包含了三個步驟：直接重新創造壓力情境、玩出該情境，然後允許兒童自由地玩，以便從這個比較有侵入性的過程中復原過來。

關係取向遊戲治療

Jesse Taft（1933）與 Frederick Allen（1934）工作取向——關係治療——的出現代表了遊戲治療第三波的重要發展。關係取向遊戲治療的哲學基礎源自於 Otto Rank（1936）的工作，後者並不強調過去史及潛意識的重要性，反而認為治療師與個案之間的關係最為關鍵，因此不斷地將焦點放在「當下」，也就是此時此地。

在關係取向遊戲治療中，最主要強調的重點是放在治療師與個案之間情感關係的療癒能力。如同 Allen（1934）所述：

我比較感興趣於創造一種自然的關係，而個案在這種關係中能更

加接納自己、能更加了解自己能做什麼，並且與持續生活其中的世界有更多的連結……我並不怕讓個案感受到我對他這個人感興趣。（p. 198）

治療師並不花工夫去解釋或詮釋過去的經驗。當下的感受和反應才是主要關注焦點，而且這個取向據稱可以顯著減少治療的次數。Allen 和 Taft 特別強調要將兒童視為擁有內在力量、且有能力用建設性的方式改變自己行為的人。因此，兒童被賦與了選擇玩或不玩及指導自己活動的自由。這背後的假設認為，兒童將會逐漸了解到他們是有著自身掙扎的獨立個體，同時他們可以在與別人的關係中保有自己的特性。在這個取向中，兒童必須擔負起成長過程的責任；治療師關注的是對兒童有影響的困難，而非治療師在意的困難。

非指導性／兒童中心取向遊戲治療

Carl Rogers（1942）研究並擴展了關係取向治療師的工作，並進一步將這些概念發展成非指導性（nondirective）治療，後來被稱為個案中心（client-centered）治療（Rogers, 1951），現在則稱為個人中心（person-centered）治療。

Virginia Axline（1947）的工作是遊戲治療的第四波發展。她原本是 Carl Rogers 的學生，後來成為他的同事。她很有效地將 Carl Rogers 的非指導性／個人中心理論（也就是相信人有追求成長的天性且有能力自我指導）化為操作原則，在遊戲治療中用來與兒童建立關係。非指導性遊戲治療並不花工夫去控制或改變兒童，而其理論基礎在於：兒童的行為總是受到想要完全自我實現的內在驅力所引發。非指導性遊戲治療的目標是兒童的自我覺察及自我指導。治療師有個裝滿玩具的遊戲室，而兒童擁有充分的自由可以玩耍或是保持沉默。治療師主動地反映兒童的想法和感受，同時相信只要兒童的感受獲得表達、確認和接納，兒童就可以接納這些感

受，然後可以自由地去處理這些感受。

Axline（1950）在總結遊戲治療概念時提到，「遊戲經驗有其療效，因為它提供兒童與成人之間一種安全的關係，因此兒童擁有從他自己的角度去述說自己的自由和空間，而且是在當下屬於他自己的時間裡，用他自己的方式述說」（p. 68）。這個取向後來被稱為「個案中心遊戲治療」，然後又再被稱為「兒童中心遊戲治療」。雖然具有良好理論基礎的遊戲治療取向有好幾種，在目前運用的取向中，兒童中心遊戲治療擁有最長的應用歷史、最厚實的研究證據支持，而且根據最近對遊戲治療實務工作者所做的調查顯示，它也是遊戲治療實務工作者最常使用的取向（Lambert et al., 2007）。

遊戲治療在小學的應用

1960 年代小學輔導及諮商課程的設立，打開了遊戲治療第五波發展之門。在此之前，遊戲治療大多由私人執業工作者執行，主要是用來治療適應不良的兒童，而且遊戲治療相關的文獻也反映出這個現象。然而，隨著諮商師進入小學，Alexander（1964）；Landreth（1972）；Landreth、Allen 和 Jacquot（1969）；Muro（1968）；Myrick 和 Holdin（1971）；Nelson（1966）；以及 Waterland（1970）等諮商師教育工作者很快就在文獻中描述了他們的遊戲治療經驗。這些作者相當鼓勵大家將遊戲治療運用到學校裡，以滿足所有年齡層兒童的廣泛需求，而不是只滿足適應不良兒童的需求。這種預防性的遊戲治療潮流目前還在持續中。

Dimick 和 Huff（1970）認為，在兒童發展出足夠成熟的口語溝通能力，且能完整、有效地對別人表達自己之前，兒童與諮商師之間的重要溝通都可以透過遊戲來進行。他們認為，主要問題不在於小學諮商師、學校心理師或社工師是否應該運用遊戲治療，而是遊戲治療如何被運用在小學之中。

小學的終極目標是透過提供適當的學習機會來協助兒童的智能、情

緒、身體及社會發展。因此，在小學的情境中，對兒童運用遊戲治療的主要目標應該是幫助兒童做好準備，以便從學校提供的學習經驗中獲益。兒童不能被強迫學習。即使是最有效能的老師也無法教導一位尚未準備好要學習的學生。因此，遊戲治療是學習環境的一種輔助經驗，這種經驗可以幫助兒童將學習機會擴大到極致。

近年來，會運用遊戲治療的小學諮商師數量正在快速增加，占了運用遊戲治療的心理衛生專業人員總數當中很大的比例。有些大學的諮商師教育課程會將遊戲治療訓練列為必修課。

⬡ 遊戲治療組織

在 1982 年成立的遊戲治療學會（Association for Play Therapy, APT）是遊戲治療領域的第六波主要發展。這個 APT 組織的發起人是 Charles Schaefer 和 Kevin O'Connor，他們期待透過國際性組織來對遊戲治療的進步有所貢獻。APT 是一個跨領域的組織，採折衷取向。這個學會發行一份相當優秀的季刊——《國際遊戲治療期刊》（*International Journal of Play Therapy*），並且每年 10 月輪流在美國不同地區贊助舉辦一次國際會議。APT 的會員從 1988 年的 450 人增加到 2011 年的 5,670 人，這種快速增加的現象顯示出遊戲治療領域正在迅速發展中。APT 鼓勵對兒童工作有興趣的精神衛生專業人員加入會員。若對加入會員有興趣，可以寫信到 Association for Play Therapy, 2050 North Winery Avenue, Suite 101, Fresno, California, 93703，或是瀏覽網站 www.info@a4pt.org。

⬡ 大學訓練

越來越多的大學提供遊戲治療的課程及督導訓練，以滿足這個領域及正在接受訓練的專業人員進一步受訓的高度需求。根據 APT 的資料，在 2011 年美國至少有 171 所大學提供一整學期的遊戲治療訓練。在 1989

年，只有 33 所大學提供遊戲治療課程。APT 在其網站上的 "Find University Play Therapy Directory" 提供線上指引，上面列有所有提供遊戲治療訓練的大學清單。

🔷 遊戲治療中心

在北德州大學校園中成立的國家級「遊戲治療中心」無疑是遊戲治療領域的一個重要發展。這個中心如同一所交換所，提供遊戲治療相關文獻、訓練及研究方面的各種資訊，同時也進行持續的遊戲治療訓練及研究。中心裡設有八間設備完善的遊戲治療室以及三間活動治療室，每一間都有錄影設備及單面鏡。位在諮商、發展與高等教育系的遊戲治療中心提供八個碩博士遊戲治療層級課程，包括：每學期的督導課及實習經驗；在每年 7 月提供兩週的暑期遊戲治療訓練；每年 10 月贊助一次年度遊戲治療會議；出版調查及研究結果，包括《遊戲治療文獻目錄》（*Bibliography of Play Therapy Literature*）；出版遊戲治療臨床單元的各種光碟系列；以及提供碩博士層級的研究獎學金。該遊戲治療中心被認為是全世界最大的遊戲治療訓練中心，許多其他國家的學者、研究者及大學教員都曾在這個中心研習過或利用裡面的設備做過研究。若想要得到更多訊息，可以寫信到 Center for Play Thearpy, University of North Texas, 1155 Union Circle No. 310829, Denton, Texas, 76203-5017，或是瀏覽網站 www.coe.unt.edu/cpt。

🔷 親子遊戲治療

親子關係本質對兒童現在及未來的精神健康至為重要。因此，很清楚的一件事就是，若想對將來成人族群的精神健康有正面影響，我們就必須盡最大的努力來改善所有兒童的精神健康。精神衛生專業人員的技巧必須透過訓練來教導父母，因為父母最能夠影響未來成人的生活。親子遊戲治療是遊戲治療領域最重要的發展之一，作法是訓練父母運用兒童中心遊戲

治療的基本技巧，好讓父母成為孩子的治療代理人。這個創新的作法是1960年代由 Bernard 和 Louise Guerney 這對夫妻檔所發展出來，之後被廣納為促進親子關係的一種模式。這個親子遊戲治療模式訓練父母運用兒童中心遊戲治療的基本技巧，好讓父母成為他們孩子生活中的治療代理人，而實際作法是由父母每週在家中執行專門的遊戲時間。

透過對親子遊戲治療下一個定義，或許可以發現更完整的概念。在我自己的工作經驗中，親子遊戲治療被定義為受過遊戲治療訓練的專業人員所運用的一種獨特方法，它會訓練父母成為孩子生活中的治療代理人，而訓練的方式包括說明指導、遊戲單元示範、在家執行的實驗性遊戲單元，以及在支持環境下接受督導。父母會被授與基本的兒童中心遊戲治療原則和技巧，包括反映性傾聽、確認並回應兒童的感受、治療性的設限、建立兒童的自尊，以及利用特別挑選過的一些玩具建構出每週與孩子進行的遊戲單元。父母要學習如何創造出可以增進親子關係的一種了解、接納和不批判的環境，進而促進兒童與父母雙方的成長及改變。

我觀察到時間和經濟因素經常會妨礙父母的參與，因此我根據 Guerney 的成果發展出較精簡的十單元父母訓練模式（Landreth, 1991, 2002）。Landreth 和 Bratton（2006）在《親子關係治療：十單元親子治療模式》〔*Child Parent Relationship Therapy（CPRT）：A 10-session Filial Therapy Model*〕這本教科書中寫下了十單元模式。CPRT 程序已經手冊化（Bratton, Landreth, Kellam, and Blackard, 2006），這樣就可以重複驗證這個模式。這本治療手冊是遊戲治療領域的創舉。親子遊戲治療是精神健康領域中令人鼓舞的發展，治療技巧應與父母共享，假若治療師在遊戲室裡的作為對兒童有所助益，那麼由父母所展現的相同作為應也有助於兒童的整體成長和發展。

遊戲治療的趨勢

成人遊戲治療

一個正在發展的趨勢是在治療情境中運用遊戲來治療成人。在這些遊戲單元中，成人沉浸在遊戲活動本身，進而產生一種無法光靠口語表達而獲得的覺察。透過遊戲，成人可以與自己有個對話，這是屬於非常個人的一種經驗，因為那需要個人直接地投入和參與。對成人來說，娃娃屋、沙箱、飛鏢、顏料、充氣式不倒翁及其他標準的遊戲治療玩具都是促進性的媒材。對護理之家的老年人所做的遊戲治療單元相當有效，其過程都寫在我出版的《遊戲治療新趨勢》（*Innovations in Play Therapy:Issues, Process, and Special Populations*）（2001）這本書裡（譯註：中譯本 2004 年由五南出版）。有些治療師曾經報告過令人相當興奮的研究結果，他們讓成人在遊戲室中自由地選擇要玩的玩具。其他治療師在遊戲室中帶領團體治療單元，並要求成人團員挑選一些物件來象徵自己。這些物件接下來就成為成員分享及其他成員回饋的焦點。

遊戲治療技術運用於家族治療中

家族治療師開始了解在家族治療單元中提供玩具和藝術媒材，可以促進兒童和父母的參與及表達。九或十歲以下的兒童並未擁有足夠的口語能力可有效地來參與家庭會談。若無遊戲作為媒介，許多家族治療單元主要是參與的成人之間的口語互動，而兒童若不是只充當旁觀者角色，就是無目的性地走來走去或是神遊去了。給兒童一組家庭娃娃人物，並要求他演出家裡發生的事，遠比要求他用口語描述或證實家庭互動來得容易。有些時候，讓全家人都參與遊戲活動可以很有促進性，也很具治療性。一旦父母被要求與孩子一起計畫遊戲活動，他們就可以學到一些解決問題的方法，這將有助於日後的家庭互動。家族遊戲治療讓治療師在與家庭互動時可以扮演各種不同的角色，包括遊戲促進者、角色模範、參與者，以及老師或教育者。

團體遊戲治療

　　雖然在整個遊戲治療的發展歷史當中，團體遊戲治療也同時獲得運用，但還是相當有限。截至目前為止，針對團體遊戲治療所出版的教科書只有兩本，分別是 Haim Ginott 在 1961 年出版且在 1994 年重新出版的《兒童團體心理治療：遊戲治療的理論與實務》（*Group Psychotherapy with Children: The Theory and Practice of Play Therapy*）以及 Daniel Sweeney 和 Linda Homeyer 在 1999 年合編的《團體遊戲治療》（*Handbook of Group Play Therapy*）（譯註：中譯本 2001 年由五南出版）。在遊戲治療國際會議中，團體遊戲治療的訓練工作坊越來越成為重點項目。基於這些理由，團體遊戲治療被列在趨勢項目，而非列在重要發展的那個段落。

　　如同青少年及成人團體諮商，團體遊戲治療基本上是一個心理及社會化的過程，在這個過程中，兒童於遊戲室內自然地彼此互動，從而認識別人也認識自己。在互動過程中，兒童協助彼此擔負起人際關係的責任，進而將這些經驗自然而然且立即性地擴展到團體遊戲治療以外的同儕經驗中。不像多數其他團體諮商取向，團體遊戲治療沒有設定團體目標，而團體凝聚力也不是發展過程中強調的重點。透過觀察其他兒童，孩子可以獲得勇氣去嘗試他想做的事情，這才是重點。

遊戲治療在醫院中的運用

　　對年幼兒童而言，住院是令人相當害怕且很有壓力的經驗，因為他不只處在一個陌生環境裡，還要接受許多侵入性的檢查。由於要適應新環境還有接受許多檢查，兒童經常會經歷到焦慮及失控感。Golden（1983）認為，在幫助兒童更健康地離開醫院這方面，遊戲治療師的玩具與外科醫師的手術刀同等重要。假如兒童沒有機會適度表達及處理心中的害怕及擔憂，情緒問題可能就會出現，進而影響到出院後的適應。

　　在醫院中，應用遊戲治療的原則及程序見諸世界各國。在美國，「兒童生命計畫」已經成功地將遊戲室和遊戲治療程序融入醫院中非屬無菌的

環境裡。利用醫院設備、注射筒、聽診器、口罩等等，再加上娃娃和布偶，治療師就可以透過指導性遊戲來幫助兒童熟悉醫療程序，進而減少兒童對住院的焦慮。讓兒童可以自己挑選玩具並主導遊戲，這樣就能帶來正面的效果。兒童通常會在遊戲過程中演出自己剛剛經歷過的經驗。這可以視為兒童正在用這種方式試圖理解自己所經驗到的事物，或是視為兒童正在用這種方式來發展控制感。

參考文獻 ● ● ●

Alexander, E. (1964). School centered play therapy program. *Personnel and Guidance Journal, 43,* 256–261.

Allen, F. (1934). Therapeutic work with children. *American Journal of Orthopsychiatry, 4,* 193–202.

Axline, V. (1950). Entering the child's world via play experiences. *Progressive Education, 27,* 68–75.

Axline, V. (1947). Nondirective play therapy for poor readers. *Journal of Consulting Psychology, 11,* 61–69.

Bratton, S., Landreth, G., Kellam, T., & Blackard, S. (2006). *Child parent relationship therapy (CPRT) treatment manual.* New York: Routledge.

Dimick, K., & Huff, V. (1970). *Child counseling.* Dubuque, IA: William C. Brown.

Freud, A. (1946). *The psychoanalytic treatment of children.* London: Imago.

Freud, A. (1965). *The psycho-analytical treatment of children.* New York: International Universities Press.

Freud, S. (1909/1955). *The case of "Little Hans" and the "Rat Man."* London: Hogarth Press.

Froebel, F. (1903). *The education of man.* New York: D. Appleton.

Ginott, H. (1961/1994). *Group psychotherapy with children: The theory and practice of play therapy.* Northvale, NJ: Aronson.

Golden, D. (1983). Play therapy for hospitalized children. In C. Schaefer & K. O'Conner (Eds.), *Handbook of play therapy* (pp. 213–233). New York: John Wiley.

Hambidge, G. (1955). Structured play therapy. *American Journal of Orthopsychiatry, 25,* 601–617.

Hug-Hellmuth, H. (1921). On the technique of child analysis. *International Journal of Psychoanalysis, 2,* 287.

Kanner, L. (1957). *Child psychiatry.* Springfield, IL: Thomas.

Klein, M. (1955). The psychoanalytic play technique. *American Journal of Orthopsychiatry, 25,* 223–237.

Lambert, S., LeBlanc, M., Mullen, J., Ray, D., Baggerly, J., White, J., & Kaplan, D. (2007). Learning more about those who play in session: The national play therapy in counseling practices project (Phase I). *International Journal of Play Therapy, 14*, 7–23.

Landreth, G. (1972). Why play therapy? *Texas Personnel and Guidance Association Guidelines, 21*, 1.

Landreth, G. (1991). *Play therapy: The art of the relationship.* New York: Accelerated Development.

Landreth, G. (2001). *Innovations in play therapy: Issues, process and special populations.* Philadelphia: Brunner-Routledge.

Landreth, G. (2002). *Play therapy: The art of the relationship* (2nd ed.). New York: Routledge.

Landreth, G., Allen, L., & Jacquot, W. (1969). A team approach to learning disabilities. *Journal of Learning Disabilities, 2*, 82–87.

Landreth, G., & Bratton, S. (2006). *Child parent relationship therapy (CPRT): A 10-session filial therapy model.* New York: Routledge.

Levy, D. (1938). Release therapy in young children. *Psychiatry, 1*, 387–389.

Levy, D. (1939). Release therapy. *American Journal of Orthopsychiatry, 9*, 713–736.

Muro, J. (1968). Play media in counseling: A brief report of experience and some opinions. *Elementary School Guidance and Counseling Journal, 2*, 104–110.

Myrick, R., & Holdin, W. (1971). A study of play process in counseling. *Elementary School Guidance and Counseling Journal, 5*, 256–265.

Nelson, R. (1966). Elementary school counseling with unstructured play media. *Personnel and Guidance Journal, 45*, 24–27.

Rank, O. (1936). *Will therapy.* New York: Knopf.

Reisman, J. (1966). *The development of clinical psychology.* New York: Appleton-Century-Crofts.

Rogers, C. (1942). *Counseling and psychotherapy.* Boston: Houghton Mifflin.

Rogers, C. (1951). *Client-centered therapy.* Boston: Houghton Mifflin.

Rousseau, J. (1762/1930). *Emile.* New York: J. M. Dent & Sons.

Sweeney, D., & Homeyer, L. (1999). *Handbook of group play therapy.* San Francisco: Jossey-Bass.

Taft, J. (1933). *The dynamics of therapy in a controlled relationship.* New York: Macmillan.

Waterland, J. (1970). Actions instead of words: Play therapy for the young child. *Elementary School Guidance and Counseling Journal, 4*, 180–197.

第**4**章

對兒童的看法

要能健康長大，年幼兒童不需知道如何讀書，卻需知道如何遊戲。

Fred Rogers

　　雖然有些人認為太空是我們能夠探索的最後疆界，事實上，兒童期可能才是我們能夠探索的最後疆界。我們對兒童期的錯綜複雜所知極少，而且不夠努力去發現及理解兒童期的意義，因為我們並不願虛心向兒童學習。

　　我們只能從兒童那裡學習關於兒童最重要的事。

　　唯有兒童和治療師處在一種遊戲治療關係中，才能教導治療師了解他所不知道關於兒童的重要概念。我們只能從兒童那裡來了解兒童。兒童可以將豐富的情緒可能性帶入治療關係中，並且從這個地方開始編織他們人格的複雜性。這些情緒可能性的走向受到幾種因素的影響，包括治療師的人格、治療師的回應型態，以及兒童從治療師身上感受到什麼。

與兒童相處之道

對治療師來說，從兒童中心參考架構來與兒童相處的過程乃根據以下要義：

1. **兒童不是成人的縮小版。**治療師也不能用這種觀點來對待兒童。

2. **兒童也是人。**他們有能力去經驗深刻的痛苦及快樂。

3. **兒童很獨特且值得尊重。**治療師應讚賞每一位兒童的獨特性，並且尊重他們。

4. **兒童很有彈性。**兒童擁有無限能力去克服生活中的阻礙及困境。

5. **兒童具有成長及成熟的天生本能。**他們擁有一種內在、直覺性的智慧。

6. **兒童擁有正向自我指導的能力。**他們有能力用創造性的方式來面對他們的世界。

7. **兒童最自然的語言就是遊戲。**這是他們最自在的自我表達方式。

8. **兒童有保持沉默的權利。**治療師應該尊重兒童不想說話的決定。

9. **兒童會將治療經驗帶到他們需要的地方。**治療師無需替兒童決定何時及如何玩。

10. **兒童的成長無法加速。**治療師知道這一點，因此對兒童的發展過程保有耐心。

兒童本身就是一個個體，不需要達到某個年齡或是符合某些標準才算是一個個體。每一位兒童都有其獨特的人格，而這種獨特性並非取決於兒童身邊的重要他人；個人的重要性也跟兒童的行為沒有多大關聯。因此，兒童值得尊重，因為他們本身就是有價值、有尊嚴的個人。他們的獨特性值得治療師的嘉許及欣賞，而治療師也應將兒童視為個體來回應。兒童也是人，不需爭取就足以擁有這個頭銜。

兒童不是只供研究的對象，而是時時刻刻需要被了解的人。在遊戲室中，站在治療師面前的那位兒童不是一個靜待分析的問題，而是一位渴望與人互動和被了解的完整個人。兒童——事實上包括所有的人，都渴望被

人傾聽、被認為是有價值的人。對某些兒童來說，他們像是日復一日在心中吶喊著：「喂，這邊！有人聽見我的聲音嗎？有人看到我嗎？有人注意到好像沒有人在乎我嗎？我的心在痛，你知道嗎？你關心嗎？」但是，生活中的成人卻日復一日地忽視這些情緒訊息。然而，在遊戲室裡，兒童獲得注意、傾聽和回應，也被允許去規劃自己的生活。對兒童來說，這是一種釋放的過程，可以幫助他們找出成長和自我指導的內在資源。遊戲室中的接納、安全及容許經驗讓兒童能完全表達自己的特質。

🔷 兒童極具復原力

兒童擁有內在力量且極具復原力。「兒童單純是家庭環境所造就出來的產物」這種說法真的是過於簡化，它無法解釋相同家庭環境教養出來的孩子為何彼此的差異也很大。有些孩子經歷過極為不堪的生活，但他們卻仍堅強以對，我們又該如何解釋呢？有些孩子經常被沒愛心且不敏感的父母痛打，但心理上卻從未被擊倒。有些孩子成長於艱困家庭，但長大之後卻心靈富足且對生命充滿期待。有些孩子的父母酗酒，但他們卻很獨立且適應良好，不像他們的手足變成「共依賴者」。有些孩子的父母有情緒障礙，但他們在青春期和成人階段卻都很成功地適應各種環境。一種可能的解釋是，在與環境互動之際，這些經驗究竟如何被內化及整合。這些例子都強調，即使身處惡劣環境，人都有朝向實現及成熟的傾向（圖 4.1）。

研究發現，能幫助兒童堅強以對的重要因素包括高度的自我關懷、自我控制、內在動機以及個人認同感。這些兒童對自己很有信心，**感覺對環**境能有控制力，而且有目標。研究發現，這類孩子的父母能容許孩子有許多的自我指導（Segal & Yahraes, 1979）。這些發現呼應了兒童在遊戲治療關係當中所經歷的動力及過程。

當我想到兒童的復原力，我就會想到潔西卡·麥可路在一歲半發生的故事。她不小心跌落德州西部某一個廢棄的煙囪裡，而這個意外事件後來還引起全世界的廣大注意。這種經驗對成人來說都很令人驚嚇，更何況她

圖 4.1　兒童有朝向成長及成熟的天生本能，而遊戲治療關係可以促進這種能力
　　　　的發展。

只有一歲半。她卡在裡面幾乎整整兩天，沒人來跟她說話，沒人來碰觸
她，沒人來安撫她。她沒辦法知道自己在哪裡，也不知道自己究竟發生什
麼狀況。對潔西卡來說，這兩天應該像「永遠」那麼久吧！在獨自困於黑
暗煙囪四十六小時之後，救援人員首度透過麥克風與她接觸，卻聽到這個
小女孩輕柔地唱歌給自己聽。這個例子充分展現了兒童天生具有內在力量
來安撫及照顧自己啊！我們大人沒有足夠的智慧來弄懂兒童的能力及潛
能。我們對兒童的看法絕對是太狹隘、太有局限性。有些成人想用有限的
理解來限制兒童；人類的能力絕對超過我們所能理解的程度。

　　一般來說，兒童都很能享受快樂，也很有活力。只要有機會，他們就
會用興奮、開放和好奇的態度來探觸生活。所有的兒童在每天的生活中都
應該享有某些樂趣，而這也應該是每天與孩子相處的大人們很重要的目

標。一旦被催著去完成某些工作或是趕快長大，兒童的樂趣就會被剝奪。兒童的生活中應該要有某個平靜、有耐心的環境，因為兒童在這類環境中可以發掘並測試自己的內在資源。兒童基本上都很相信別人，也因此容易遭受打擊。大人們必須很小心不要利用兒童的信任，也應該敏感於兒童的內在經驗。

兒童通常不執著於過去，他們的世界是現在。我們不能叫兒童等一等，因為他們的世界是一個「經驗當下」的世界。兒童的世界是一個慢速、經常停頓，卻又充滿旋風式活動的世界。兒童欣賞單純的事物，不喜歡把事情弄得很複雜。兒童的內在和外在隨時都在成長及改變，這個動力過程必須獲得治療取向的配合。

🔹 有的兒童像爆米花，有的像蜜糖

只要長時間與兒童相處，每個人都會很清楚兒童在用其個別且獨特的方式探索世界時，所展現出來的個性及行為差異。有些兒童像爆米花：他們做每件事都充滿精力和活力；一旦有事情發生，他們立刻興致勃勃地激發出新鮮、特別的主意。他們就像是大黃蜂，一有事物吸引就靜靜地鼓動雙翅、盤旋其上，之後發出嗡嗡噪音聲，大展雙翅狂飛而去尋找另外的有趣事物。

其他的兒童則像蜜糖，很難從一個地方拔起來放到另一個地方。他們做起事來小心翼翼，對周遭發生的事似乎無動於衷。他們就像個旋轉儀，每個零件都就定位地正常運作，卻很少從外在看到它們的移動或改變。

有些兒童像蘑菇整夜開放；有些兒童像蘭花，每七到十二年才開花一次（Nutt, 1971）。有效的治療師能靜待蘭花開放，也能耐心對待蘑菇。每一位兒童對解決問題或生活樣貌都有其獨特的方式。由於每位兒童都擁有成長及成為適應良好、成熟個體的必要特質，因此治療師必須耐心等待兒童去發掘那個獨特的自我。治療師真誠地相信，兒童有能力去面對困難，因此不會出於沒耐心而要兒童玩別的遊戲或談其他更重要的話題——

那些大人覺得重要且必須探索的主題。由於治療師尊重孩子，他既不干擾也不教訓孩子，更不會漠視孩子所說的話或所經歷的感受。

參考文獻 ● ● ●

Nutt, G. (1971). *Being me: Self you bug me.* Nashville, TN: Broadman.
Segal, J., & Yahraes, H. (1979). *A child's journey: Forces that shape the lives of our young.* New York: McGraw-Hill.

第 章

兒童中心遊戲治療

了解自我是探索者所能做的最好發現。

Ralph W. Emerson

　　兒童中心遊戲治療取向是一種和兒童相處的哲學，它不是治療師進入遊戲室時拿出來用，但離開遊戲室時就拿掉的一堆技巧，而是一種活在兒童生命關係中的態度和行為舉止的哲學。它所奠基的是一種對於兒童及其邁向成長和成熟的先天能力所抱持的堅定信念。兒童中心遊戲治療是一個完整的治療系統，而不只是一些建立關係的技巧運用而已，再者，兒童中心遊戲治療深切且不變的信念就是，兒童有做建設性自我指導的能力及彈性。兒童相當有能力可以適當地指導自己的成長，而且他們在遊戲治療關係中被賦予自由，可以在玩出感覺和經驗的過程中做自己。兒童在遊戲室中創造自己的歷史，而治療師則尊重每個孩子對於創造的決定。

　　兒童中心遊戲治療師深信兒童的內在個人，因此，**治療師的目標是運用一些方式來與兒童互動，而這些方式可以幫助兒童釋放出內在指導、建設性、向前邁進、創造性，以及自我療癒的力量**。一旦兒童在遊戲室中與治療師活出這樣的哲學信念，他們就會被賦能，並且在自我探索和自我發

現方面釋放發展潛能，最終產生建設性的改變。治療師關注的是如何與兒童發展一份關係，以促進其內在情感成長並對自己產生信心。兒童中心遊戲治療可說是一種態度、一種哲學以及一種與兒童同在的方式，而不是要對兒童或為兒童做些什麼的治療方式。

◆ 人格理論

　　兒童所知道的——認知性的知識或是治療師可以提供的所謂「重要」訊息——對於人格發展來說並不重要；兒童如何感覺自己，才是使行為產生明顯不同的因素。對兒童來說，現實世界就是他所知覺的對自己和世界的看法，而這個看法是兒童經驗每日生活大小事的運作基礎。這種自我觀及每個兒童身上的無限潛能，就是兒童中心遊戲治療理論所持的人格理論基礎。這些原則提供一個架構來了解治療師的信念、動機和態度之間的錯綜複雜性，而所有這些就決定了如何接觸兒童的風格。

　　說到這裡，我很想寫些有關兒童本身，以及他們如何用新奇、令人興奮的方法來迎接創意生命的一些東西，然而談談理論似乎有其必要性。對於人格理論架構系統的理解和堅守，可以幫助治療師用一致的態度來親近兒童，並且提升治療師對兒童內在經驗世界的敏感度。

　　我感覺有必要告訴大家，一個諮商理論背後需要有一個沒有年齡限制的人格和行為理論作為基礎。在我教授遊戲治療的課程中，某些研究生或心理衛生專業人員有時候的反應讓我很困惑，他們很興奮地在兒童諮商中使用兒童中心遊戲治療取向，但卻不相信同樣的人格和行為理論架構可以應用在青年和成人的諮商中。一個諮商理論也是一個兼容並蓄的發展理論，能夠解釋橫跨生命全部年齡的人格發展和行為，不會因為應用在較年長或較年輕的人身上就有所改變。我們怎麼能夠認為一個五歲的孩子天生有自我實現的傾向，因此治療師需要跟隨孩子的主導，然而下一刻卻認為一個三十歲的成人是因早年的認知脆弱性造成心理痛苦，因此治療師的角色是教育這個人何謂理性或不理性？根據年齡不同，就把如此截然不同的

觀點應用在個體身上，我真的無法理解這當中的不一致。

　　說了這些之後，讓我們回到對理論的探索。兒童中心遊戲治療的理論架構聚焦在兒童與不斷成長的自我之間的互動過程，以及發現自我過程的內在動力。兒童中心取向的人格結構理論奠基於以下三個核心建構：(1) 個人（the person）；(2) 現象場（the phenomenal field）；(3) 自我（the self）（Rogers, 1951）。

個人

　　個人是指一個兒童的總和，包含兒童思想、行為、感覺和身體的存在。一個基本的假設是，每個兒童都「存在於一個不斷改變的經驗世界中，而他是這個世界的中心」（Rogers, 1951, p. 483）。面對這個不斷改變的經驗世界，兒童是以一個整合的全體去反應，所以某一部分的改變也會帶來其他部分的改變。因此，持續的動態性人際互動就會出現，而作為一個完整系統的兒童，在其中會努力朝向自我實現的方向前進。這個主動的過程是朝向成為一個更有正向功能、更進步、更獨立、更成熟及更豐富自我的人。在此過程，兒童的行為是目標導向，是為了在其獨特的「現象場」經驗中滿足個人的需求，而此現象場指的是兒童所建構的現實。

現象場

　　現象場是兒童所經驗的一切（無論是否屬於意識層面），包含內在或外在的知覺、想法、感覺和行為。現象場形成個體看待生命的內在參考根據。兒童所知覺到發生的任何事情，對他而言都是現實（reality）。因此，兒童中心遊戲治療的基本原則便是，如果要了解兒童及其行為，就必須要了解什麼是兒童所知覺到的現實。如果要和兒童建立重要關係，焦點要放在他的覺知世界（phenomenal world），且一定要了解它。兒童的行為被視為是目標導向，是為了在其獨特的現象場經驗中滿足個人的需求，而此現象場指的是兒童所建構的現實。

因此，和真正的真實事件相比，兒童在現象場中所知覺到的一切具有較高的重要性。由於現實是由主觀所認定，所以**兒童的行為一定都要透過兒童的眼睛來了解**。因此，即使是最簡單不過的行為（如：一張圖畫、堆疊好的積木、嘗試拼字母、黏土創作），治療師也要刻意避免評斷或評價，並努力了解兒童的內在參考架構。如果治療師的目的是要和這個兒童做接觸，了解的焦點要放在兒童的現象場。我們不贊成用某些預設好的準則或預先建構好的類型去判斷兒童。

兒童的想法、行為、感覺和身體存在與外在經驗世界之間的互動是如此不斷改變，因此兒童的知覺、態度和想法也會不斷改變。這個動力對於每週可能只見到兒童一次的治療師來說相當重要，因為兒童再來的時候，某方面已經不一樣了，而治療師必須跟上。上週兒童是以某種方式回應事件，但本週可能會以不同方式回應，因為兒童的內在現實世界已有所改變。這種不斷改變的整合，似乎可以解釋兒童身上何以具有無限的復原力和希望。生命是個人動力經驗的持續過程，兒童也持續在思想、感覺和態度方面經歷內在的重組。因此，在日復一日之後，過去經驗就不再有相同程度的壓力及衝擊。所以，治療師不需把兒童帶回過去的經驗中，因為兒童已從之前的事件中成長，而過去的經驗已不再有像當初那麼大的衝擊力道。因此，治療師要讓兒童主導，讓兒童將遊戲室的經驗帶到他想去的任何地方。

自我

自我是兒童中心遊戲人格結構理論的第三個核心建構。Rogers（1951）假設每個兒童存在於一個不斷改變的經驗世界中，而他是這個世界的中心。兒童是以一個整合的全體去經驗和知覺這世界，對他來說，體驗到的就是現實。當發展中的嬰兒和環境有所互動——特別是與重要他人的互動，兒童全部私人世界（知覺領域）的一部分逐漸被確認為「我」（和「自我」不同），並且開始形成關於我自己、關於環境，以及關於我自己和環境之間關係的概念。然後，兒童的所有這些知覺經驗的總和就是「自我」。

根據 Patterson（1974）的觀點，唯有與他人互動，兒童才能成為完整的個體並且發展出自我。自我的成長與改變是兒童與現象場不斷互動的結果。Rogers（1951）描述「自我」的結構為：

可以被覺察的一個有組織的自我知覺結構。由下列幾個因素組合而成：個人對於自我特質和能力的知覺；對自我與他人及環境之間關係的看法和概念；由經驗和目標中所得來的價值觀；正向或負向的目標和想法。（p. 501）

因此，兒童的行為一般來說會吻合其自我概念。

在兒童成長時，他從父母和重要他人身上得到反應與評價，並根據這些評價來知覺自己是好或不好。若是父母回應兒童的方式是認為他是笨蛋或沒用，兒童就會視自己為愚笨或沒用的人。如果沒有人相信孩子有用，他怎麼會覺得自己是有能力的呢？如果沒有人喜歡這個孩子，他怎麼會喜歡自己呢？如果沒有人信任這個孩子，他怎麼會信任自己呢？如果沒有人接納這個孩子，他怎麼會接納自己呢？如果沒有人想和這個孩子在一起，他怎麼會覺得自己被需要和重要呢？如果沒有人相信這個孩子，他怎麼會相信自己呢？如果沒有人提供機會，讓這個孩子承擔自我責任，他怎麼會知道自我負責的感覺是什麼呢？

Rogers 假設自我成長及改變是個體持續與現象場互動的結果。兒童的行為通常會吻合其自我概念，因此，遊戲治療經驗可促進自我概念的改變。在兒童中心遊戲治療關係中，兒童經驗到的成人具有下列特點：真誠關心他、接納他、想和他在一起、相信他有能力、信任他可以做負責任的決定、相信他這個人、在容許和接納的氛圍中把責任交還給他。在這種安全關係中，治療師成為兒童生命中的重要他人，然後兒童內化治療師的態度與回應，並且覺得自己夠格、接受自己、相信自我、認為自己有能力、覺得自我信任、喜歡自己，並且對行為負責。

◈ 人格與行為的兒童中心觀點

Rogers（1951）把十九個關於人格與行為的主張連貫起來，提供了一個了解人類發展、行為及動機的概念架構。他的假設反映出兒童中心遊戲治療的核心哲學思想，也解釋了治療關係的促進本質，以及心理改變如何在兒童身上發生。這些主張（以下的總結是應用在兒童的情況）描述出兒童個人及其行為的兒童中心觀點，並且提供了在遊戲治療中與兒童互動的方式。

每個兒童存在於一個不斷改變的經驗世界中，而他是這世界的中心。兒童是以一個整合的全體去經驗和知覺這世界，對他來說，體驗到的就是現實。當發展中的嬰兒和環境有所互動，兒童全部私人世界（知覺領域）的一部分逐漸被確認為「我」（和「自我」不同），並且開始形成關於我自己、關於環境，以及關於我自己和環境之間關係的概念。

兒童具有的一種基本傾向是努力實現、維持和提升體驗性的自我。在知覺到的現象場中，其造成的行為基本上是兒童為了滿足需求，而做出的目標導向且受情緒影響的嘗試。**因此，了解兒童行為最有利的方式是從兒童的內在參考架構著手。**

兒童的行為多數與其自我概念一致，而與其自我概念不一致的行為並不會被承認。若是兒童的自我概念和其所有經驗都一致，心理就能自由或適應良好；若非如此，兒童就會感到緊張或適應不良。與自我概念不一致的經驗有可能會被當作是一種威脅，結果導致兒童在行為上變得僵化，以便保衛現存的自我概念。

若是自我沒有知覺到任何威脅，兒童就可以自由地透過同化及納入先前與自我概念不相符的經驗，來修正其自我概念。結果獲得的整合、正向自我概念會讓兒童更能理解他人，造就更好的人際關係。兒童的行動推力從外在動機轉向內在動機，而後者是融入自我價值實現之後的表現（Rogers, 1951, pp. 481-533）。

Rogers 的十九個主張被進一步描繪如下：

兒童被視為是：

1. 個人現實的最好決定者；兒童的知覺領域便是「現實」。

2. 以整合的全體來做反應。

3. 努力朝向獨立、成熟及自我提升邁進。

4. 目標導向需求的滿足。

5. 感覺影響理性，而後再後影響行為。

6. 行為表現與自我概念一致。

7. 不承認與自我概念不一致的行為。

8. 回應威脅的方式是行為變得僵化。

9. 若自我沒有知覺到威脅，就能把與自我不一致的經驗納入覺
   察中。（Rogers, 1951, pp. 481-533）

對這些人格與行為理論的了解和扎根，可以提供遊戲治療師了解兒童個人及其行為的必要面向，並且幫助遊戲治療師更清楚地看到兒童所知覺到的現實世界是什麼。因此，治療師在遊戲治療關係中的角色將會更一致且有效。

◆ 兒童中心遊戲治療的重要概念

兒童中心遊戲治療是相信兒童具有朝向成長與成熟之先天能力的一種哲學，也是深信兒童有能力做建設性自我指導的一種態度。這種觀點是因為觀察到，人類在歷經成長的不同發展階段時，都是朝向進步及成熟方向前進。這種傾向屬於先天，不是外力促成或因教導而得來。兒童很自然地會感到好奇，對熟練與成就感到高興，而且在不斷發現自己的世界及發現自己和世界的關係過程中過著充滿能量的生活。

談到自我發現和自我成長的過程，Moustakas（1981）說道：

治療的挑戰是去服務；是帶著興趣和關心去等待兒童啟動意願，

並決定開始行動；是敢於追求已經浮現出來的興趣與渴望。這需要對兒童有極度的耐心和不動搖的信念，相信兒童有能力找到方法面對生活的限制和緊張，相信兒童有傾聽內在的力量，並能做出幫助自我成長的決定。（p. 18）

兒童天生有一種傾向，不可思議地朝適應、心理健康、成長、獨立、自主以及被統稱為「自我實現」的方向邁進。兒童生活的基本特質便是活動，他們以一種主動的過程接觸生活，而了解這個過程的最好方法也許就是仔細觀察他們的遊戲，他們的遊戲是積極、向前進、不被動，並且朝向自我豐富的提升方向前進。這種**往發現、發展及成長方向的先天推進力量**，可以在嬰幼兒的成長階段中看到。在嬰兒試圖完成或熟練某個身體發展動作而遭遇困難和挫敗時，他們自然會用自己獨特的因應技巧，並以充滿活力、努力和決心的態度一再嘗試。

嬰兒不會只滿足於爬行，他們內在有個站起來的趨力，接著是繼續向前移動的內心奮鬥，這使他們學會走路。這不是有意識的決定，也不是思慮縝密的計畫，更不是成人努力教導嬰兒走路的結果。它是兒童在成長及發展過程中自然發生的結果，只要條件足夠就會發生。這個先天指導的過程並不能保證每個變遷階段都銜接得很平順。嬰兒攀爬著站立起來、鬆開手、身體搖搖晃晃、蹣跚向前、跌坐在地、再站起來、再蹣跚向前走了幾步又跌倒。

雖然這過程可能會有些痛，嬰兒還是繼續不斷這個努力成長的過程。不需要有人向嬰兒解釋是什麼造成他疼痛、哪裡做錯、他的行為如何影響重要他人，或是他要改變哪些行為才能達到想要的目標。過程中或許會有短時間退化到爬行的情況，但是一旦嬰兒準備好採取下一步驟，這個**有方向性的努力**（directional striving）會自然發生。嬰兒會不斷嘗試，直到他對自己走路的熟練度感到滿意。在這些經驗中，由於嬰兒對自我負責，所以成就感和伴隨而來的滿足感被內化，並且強化了自我。這個不斷努力成長的過程，使得成熟的行為比不成熟的行為更令人滿足。

雖然這個例子似乎是過於簡化一個非常複雜的過程，但它清楚地顯示出兒童有自我決定的能力。這個朝向獨立、自律、自主，同時遠離外力控制的傾向，並不只局限於嬰幼兒的發展成就，也可以被視為處在所有階段和時期的個體內在所擁有的主要動機力量，此力量使個體努力追求有意義的人際關係及自我提升。兒童的自我指導能力遠比我們所知更為強大，而且他們能夠做出適當的決定。

每個兒童都擁有不斷朝向自我實現努力的強大力量，這種先天的努力是往獨立、成熟及自我指導的方向前進。指導兒童行為去滿足情緒需求的不是心思或意識想法，而是追求內在平衡的天生力量帶領兒童前往他需要去的地方：

> 個體行為似乎是由想要完成自我實現的驅力所引發。當個體在追求自我實現遇到阻礙時，會產生抗拒、摩擦和緊張。朝向自我實現的驅力會繼續，並且表現在行為上，個體以外顯的奮鬥在現實世界建立自我概念，以便滿足此內在驅力，或是用一種替代性的滿足，把驅力局限在內心世界中，在較少掙扎的情況下逐漸增強此驅力。（Axline, 1969, p. 13）

適應良好與適應不良

朝向自我實現及肯定自我價值的內在驅力是基本需求，而每個兒童都不斷努力想要滿足這些需求：

> 適應良好的人在成長路上似乎沒有碰到太多障礙——他們被給予機會，得以使用自己的權利成為自由與獨立的人。適應不良的人，不知怎的，似乎是被否定有這樣的權利，他們追求完成的過程充滿掙扎。（Axline, 1969, p. 21）

從某些兒童的生活可以充分看到這些原則的呈現，馬特便是一例。

七歲的馬特機械式地隨我走進諮商室，他的手塞在口袋、駝背，而且眼神空洞。在一個又熱、又臭、又黑的政府機關拘留所被關了四天之久，卻沒有半個他認識的人去探望他，在經過此一恐怖事實後，他看起來比實際年齡還要老，也有很強烈的挫敗感。他的父母就住在離拘留所很近、走路就可以到的地方，但他們一直都沒去看他，其中的理由深藏在連他們都不知道的某處，或故意有所隱瞞。

那天早上，當我看到馬特站在拘留室裡時，他極力表現出一副平靜且近乎冷淡的樣子，但眼中的驚恐和緊咬的下唇流露出內在的焦慮不安，也透露出他是一個受到驚嚇的小男孩。他是體制下的受害者，而這個體制還沒準備好要去了解兒童或滿足兒童的需求，因此也沒有適合青少年留置的設施。

剛開學不久，馬特被二年級導師轉介到遊戲治療中心，因為他「有攻擊行為、注意力不集中、經常發呆、情緒陰鬱」。測驗結果沒有結論，但顯示有學業成就進步的潛力。他被建議接受遊戲治療，由學校職員陪他從學校走一個路口到治療中心來，每週一次，共進行了六次。馬特第七次沒來時，我打電話到學校，知道他被關在監獄。他被抓是因為在雜貨店裡偷了一個空的汽水罐，由於這是一個月當中發生的第二次，所以父母決定放棄監護權，因為他「無可救藥」了，法官因而判定馬特惡習難改，裁決付監。

我說服法院把馬特的監護權移交給我，所以現在我們又一起在遊戲治療室了。在他把挫折猛力打向充氣式不倒翁時，他說：「有時候，一個人會懷疑他的父母是不是真的愛他，這時候你能做的就是出去幹點壞事，然後你會發現，如果他們打你，你就知道他們是愛你的。」馬特努力要提升自我的同時，反而離他最渴望的目標更遠，因為他的行為不被父母接納。

馬特想要感覺到自己是一個值得被愛的人，能被家庭接納並當成有價值的一份子。然而，他發現家裡的氣氛不夠溫暖與支持，也無法提供足夠的安全感和歸屬感，可讓他直接用建設性的方式展現渴望被欣賞及被認為

值得愛的部分。由於馬特無法向外展現提升自我的內在驅力，他只好訴諸於間接且最後結果是自我挫敗的方式來肯定自己的價值。

Axline（1969）解釋適應良好與適應不良的行為之間的差別如下：

> 當個體發展出足夠的自信……有意識且有目的地運用評估、選擇和應用，去指導自身的行為以達到人生的終極目標——自我實現，這個人便是適應良好的人。
>
> 相反地，當個體缺乏足夠信心可以坦率地規劃其行動方針，似乎只滿足於用替代性而非直接的方法在自我實現方面成長，而且也不願意做些什麼努力把這股驅力指引至較有建設性及生產力的方向，這便是適應不良的人……個體行為於是與其想自我實現的內在自我概念不一致，行為與自我概念離得越遠，適應不良的程度就越嚴重。（pp. 13-14）

所有的適應不良都來自於真實經驗與自我概念之間的不一致。每當兒童對一個經驗的知覺受到扭曲或否定，其自我概念與經驗之間的不一致狀態便存在，這會導致心理上的適應不良。基本上，兒童的自我概念與真實經驗之間的不一致會造成行為的不一致。因此，**兒童中心遊戲治療師企圖透過兒童的眼睛來了解兒童對自我與經驗的覺知**，並且建構一個了解及接納的關係，讓兒童在這關係裡可以有足夠的安全感自我表達並探索自己知覺到的經驗。如前所述，在安全關係的脈絡下，兒童具有經驗內在心理適應不良因素的能力，也具有從適應不良狀態轉向心理健康的能力和傾向。

◆ 成長所需的治療條件

如前所述，兒童中心遊戲治療的中心要義是持續向前和實現的傾向。Rogers（1980）簡明將之描述為：「個體內在有廣闊的資源，能夠用來自我了解，以及用來改變自我概念、基本態度與自我指導的行為；若能提供

有益於心理態度的特定環境，這些資源便能被開發出來。」（p. 115）遊戲治療師要形成治療關係以及促進兒童內在資源釋放的基本態度，包括：真誠（genuineness）〔真實（being real）〕、不帶占有性的溫暖（nonpossessive warmth）〔溫暖的關懷及接納（warm caring and acceptance）〕，以及同理心（empathy）〔敏感的了解（sensitive understanding）〕（Rogers, 1986）。

真實

在兒童中心遊戲治療關係中，治療師不扮演某個特定角色，也不以預設的態度來做事，因為那樣就不真實、不真誠了。態度是一種面對生命的方式，而不是在需要時拿出來應用的技術。真誠是最基本的態度，對治療師來說，**它是一種存在的方式（a way of being），而不是一種行為的方法**（a way of doing）。真實不是被冠上去的東西，而是在關係的當下活出自我。真實的程度能有多大，取決於治療師對自己的感覺和態度的覺察有多大。真誠或真實意指治療師對自己有高度的了解和接納，且在關係中，其所感覺和表達出來的東西具有一致性。這個概念不是指遊戲治療師必須完全自我實現，而是認為在與孩子的關係中，很重要的一點是，治療師必須有此領悟並且保持一致。

遊戲治療師必須對自身感覺有充足的自我了解及領悟，例如：拒絕。因為在遊戲室中，治療師可能會經驗到對兒童行為的各種感覺。這部分的自我了解對新手遊戲治療師來說特別重要，因為他們的經驗或價值系統會導致他們感覺到對孩子的拒絕、甚至討厭，只因為孩子出現凌亂行為、想操縱治療師或辱罵治療師。若是治療師在個人動機方面缺乏自我了解，可能會不恰當地把拒絕投射到兒童身上。治療師應在遊戲治療經驗之外的督導或諮詢關係中處理這些議題。

真實就是覺察並接納自身的感覺和反應，而且對於伴隨而來的個人動機帶有領悟，同時願意做自己，也願意在適當的時候表達這些感覺和反應。在治療師保持真實或真誠的這些時刻中，兒童覺得治療師是一個真實

的人而不是專業人員。如果治療師對於兒童提出的要求感到不舒服，表達出那些不舒服的感覺就是真實。兒童對於治療師存在的方式相當敏感，尤其是治療師呈現虛假或專業的角色時。與一個真誠面對當下生活的大人相處，對兒童來說相當珍貴，這種經驗就像某個孩子所說：「你不像是諮商師，你就是一個真正的人嘛！」

溫暖的關懷及接納

　　談到溫暖的關懷及接納，首先必須聚焦在遊戲治療師接納自己的重要性。和兒童在一起時，並不是一種如同機械式接受兒童存在的客觀關係，而是一種被自己接納的自我之延伸，並據此與兒童互動。兒童在接納方面並不做作，而且基本上也毫無條件。在與兒童相處的經驗我知道，他們喜歡並接納原原本本的我，他們不會想要分析或是診斷我這個人，他們接納我的全部，包括我的優點和缺點。體驗到他們對我的接納，讓我釋放自己並成為更接納自己的人。如果治療師沒有對自己感到真誠的溫暖，又怎麼能把真誠的溫暖傳遞給兒童？如果治療師沒有先自我接納，又怎麼去接納兒童？如果我不尊重自己，又怎麼會去尊重兒童？接納跟真誠一樣，是一種態度、一種生活方式，是治療師這個人的延伸以及當下他的全部。

　　這種接納和溫暖關懷的特點是：尊重兒童是個有價值的人。治療師體驗到對兒童的溫暖和關懷的真誠感覺——那是無條件的。這種關懷是實際經驗的感受，而不是從諮商或心理研究所的書本或課堂上學到、對他人價值和尊嚴很抽象的尊重及接納態度。治療師是真的關心兒童，並且真誠重視這個人，所以不會有評斷或是評價。關懷經驗是從關係中的互動並進而慢慢地了解兒童這個人而產生，所以不可能在與兒童相處數分鐘之後就自動達到最深的關懷。就像 Rogers（1977）所指出，治療師也不可能全部的時間都經驗到無條件的關懷。無條件的關懷和接納不是全有或全無的狀態，而是一種程度，是出於治療師對兒童的生命持久不變的感覺、相信和欣賞所帶出的經驗。不論是在反抗、情緒化、生氣、抗拒，或是在合作、快樂或愉快地和治療師互動的時候，兒童都同樣被尊重和珍視（圖

5.1）。

　　溫暖的關懷和接納讓孩子獲得自由和容許，可以在遊戲室內的共度關係中完全做自己。治療師不期望兒童在某方面與現在有所不同。不斷散發的態度訊息是「我接納你現在的樣子」，而不是「假如你……我就接納你」。不過，接納並不是認可兒童的所有行為。如同第 11 章所討論的，許多行為在遊戲室中無法被接受，需要有治療性的設限。然而，這裡所要說的中心概念是**不應該用足以讓兒童覺得自己更值得或更不值得被尊重或珍視的方式來評價兒童的任何行為**。不帶評價的接納對建立關係有絕對的重要性，因為在這樣的關係中，兒童才能有足夠的安全感去表露最深層的感覺和想法。

　　大部分兒童都有取悅大人的強烈渴望，因此對治療師最含蓄的拒絕也

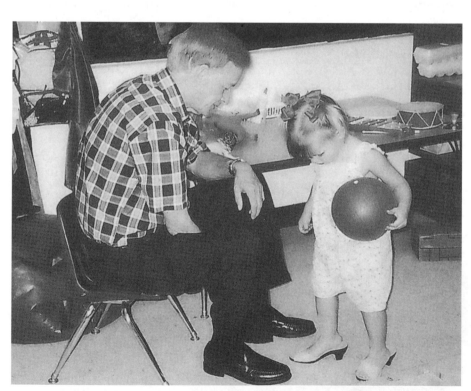

圖 5.1　溫暖的關懷和接納讓孩子獲得自由和容許，可以在遊戲室內的共度關係中完全做自己。治療師是真正地關懷兒童，因此沒有評價或評斷。

相當敏感。兒童對於治療師的所有經驗都能很敏銳地覺察，因此，我們要再次強調治療師自我覺察和自我了解的重要性。兒童相當自我中心，很可能會把治療師覺得無聊、沒耐心、不經意的批評或任何負面的行為當作是在拒絕他們。由於兒童在發展階段上相當依賴「讀取」大人的非語言溝通線索，因此他們對治療師的感受都很敏感。

看到兒童把一團全新的黏土不斷擠進咖啡色的廣告顏料罐裡，假如治療師此時感到緊張不安，這種感受也會被兒童感受到，因而壓抑了更進一步的經驗性溝通和探索。對於兒童安靜地站在遊戲室中央，難以開始玩遊戲，治療師若感到不耐煩，可能會用有點不一樣的語氣說：「這裡的玩具妳都不想玩啊？」或建議：「貝絲，也許妳會想要玩放在那裡的娃娃。」就貝絲聽起來會是一種拒絕，因為她沒有取悅治療師。對於用奶瓶裝水且一直吸奶瓶的一個十歲男孩，治療師可能有這樣的內心反應：「現在是怎樣！他都多大了，不可以吸奶瓶！也許他正在退化，我應該要做點事來阻止這件事。」這樣的批評性反應可能會顯現在治療師的挑眉、瞇眼或緊咬牙齒的動作中，而且兒童會很快地看在眼裡，並認為這是不被允許的行為。然後，兒童可能會因為自己的「幼稚行為」而有罪惡感。如果治療師對兒童的某些活動很快做回應，兒童會以為治療師沒有很快回應的那些活動就是不被認可的行為。

在遊戲治療關係中，這些事看似幽微卻值得注意，而且對兒童所經驗到被接納的程度有重要的影響。溫暖的關懷和接納基本上就是接納兒童的經驗世界，並且幫助兒童覺察到治療師值得信任。

敏感的了解

最典型的成人與兒童互動模式，是成人根據對兒童這個族群的所知來評價他們。很少成人會努力去了解兒童的內在參考架構，也就是他們的主觀世界。**兒童不能自由地去探索、去測試界限、去分享生命中害怕的經驗，或是去改變，除非他們體驗到自己主觀的經驗世界被了解和接納。**要能對兒童有敏感的了解，治療師必須把自己的經驗和期望放一邊，同時去

欣賞兒童這個人，還有他們的活動、經驗、感覺和想法。Rogers（1961）認為，這種同理心就是有能力用另一人的內在參考架構去看那個人的世界，他說：「去感受個案的個人世界，就好像它是你自己的，但卻又不能失去『彷彿』的特性──這就是同理心，它是治療的必要部分。」（p. 284）

從兒童的觀點對他們有敏感的了解，可能是治療關係中最困難卻也是最重要的部分，因為一旦兒童覺得被遊戲治療師了解，他們就會受到鼓舞，進而分享更多關於自己的部分。這樣的了解似乎對兒童有種磁吸特性，一旦覺得被了解，兒童會覺得夠安全在治療關係中進一步冒險，如此一來，他們對自己世界的知覺就可以有所改變。

這類過程在《小王子》（*The Little Prince*）一書中有栩栩如生的例子（de Saint Exupery, 1943）。在故事中，狐狸試著說服小王子來馴服牠（來與牠建立關係）。牠告訴小王子，牠的生活單調而乏味，牠獵雞，人獵牠，規律而無變化。牠形容全部的雞都是一個樣子，而所有的人也都是一個樣子。接下來狐狸說道：

> 如果你能馴服我，我的生命就彷彿有陽光照耀著。我將知道，有一個腳步聲和其他人完全不一樣。其他的腳步聲讓我急急躲回地底下，而你的腳步聲卻像美妙的音樂一般，會把我從洞穴中召喚出來。你看到遠遠的那片田地嗎？我不吃麵包，小麥對我一點用也沒有，麥田對我也沒什麼意義可言，很悲哀。但是你有金黃色的頭髮，想想看，如果你馴服我，那會有多棒啊！同樣是金黃色的麥穀將會讓我想起你，而我也將愛上聆聽麥田裡的風聲。（p. 83）

想想看故事裡的描述，以及了解和接納關係在遊戲治療中對兒童知覺改變的影響，這兩者的相似性相當明顯。對於關係中的療癒力量是多麼棒的描述啊！它可以改變一個人對世界的知覺，過程中原本沒有意義的東西

後來卻具有嶄新、重大的意義。**有意義的關係造成了知覺的改變。**

在遊戲治療關係中，治療師預期兒童的內在節奏，並且在遊戲治療的流程中對兒童的情緒波動保持敏感。所謂「對兒童抱持同理心」，經常被認為是坐在遊戲室裡的椅子上、任由兒童隨興遊戲而不做反應的被動過程。這真是一個大謬誤。對治療師而言，完全與兒童同在的關係是在心智及口語上同時具有高度互動性的一個過程。敏感的了解若要精確，治療師必須與兒童維持高度的情緒互動。治療師對兒童具有一種個人認同感（彷彿），而不只是在兒童遊戲當下偶爾反映一下他們的感受。

要能與兒童完全同在，並且對兒童有敏感及精確的了解，治療師需要對這份關係做出承諾。由於對這份關係的全然承諾，治療師與兒童有了最積極的互動經驗，而治療師全心投入此經驗中，他需要在情感及精神層面有特別的參與，並且做出口語回應。這不是那種可以輕率進入的客觀性觀察活動，必須在精神及情感方面做出努力，才能帶著理解去精確感受並進入兒童的私人世界。兒童會知道他們何時有被這樣的方式「觸動」（touched）過（圖 5.2）。

敏感的了解意謂著遊戲治療師與兒童的現實知覺、經驗世界有著全然的情感聯繫。關於兒童個人世界的情感或經驗，不論是透過口語陳述或付諸行動，都不會被質疑或評價。治療師努力與兒童當下經驗到及表達出來的所有事物保持同調。治療師不會事先設想兒童的經驗，或是用某些方法去分析這些經驗的內容以得出意義。治療師的態度是盡可能深入覺察兒童當下的經驗，盡可能地全然接納內在浮現與直覺式的同理回應在當下就已足夠。因此，與兒童的關係是能持續珍視兒童的獨特性，以及對兒童世界的當下時刻持續抱持著同理的態度，並且以兒童自我的方向及速度來進行。

治療師不會嘗試用不必要的安慰話語將兒童的痛苦經驗趕走，例如安慰一個受驚嚇的孩子說「一切都會沒事」，或是用「可是你媽媽真的很愛你啊」這樣的話試圖安撫孩子。這樣做會否定孩子當下的感受。這樣的回應給了孩子一個清楚的訊息，那便是經驗到的痛苦並不獲允許。無論兒童

圖 5.2　與兒童的關係是能持續珍視兒童的獨特性，以及對兒童世界的當下時刻
　　　　持續抱持著同理的態度，並且以兒童自我的方向及速度來進行。

的感受是什麼，治療師都應該認為那是合理的感受。如果巴比因為掉了最
心愛的蠟筆而感到傷心，治療師也經驗到那樣的傷心，也許還不到孩子所
感受到的程度，但會有一種「彷彿」的傷心體驗。即使治療師未有遭受酒
癮父親身體虐待的經驗，凱文感受到的恐怖和憤怒會被治療師「彷彿」的
直覺經驗所體驗到，並將這種感覺對凱文表達出來。「你感到很無助，而
且非常害怕你爸爸。你真的對他很生氣」。但治療師必須要謹慎，不要讓
自己的生活經驗去侵入及渲染這樣的感覺及經驗。

◆ 治療關係

　　想要描述與兒童共享的那種幾乎覺察不到但又充滿微妙特質的關係，有點像是用指尖抓起一顆小水銀那樣困難，因為水銀本質上就很難被撿起來。一個孩子努力在一個獲得全人接納的安全環境中表達令人無法置信的情緒釋放經驗，並因此感到生氣勃勃，有人能夠恰當地描述這種共享經驗嗎？有任何辭彙可以恰當地形容當下所經驗到的情緒嗎？如果有的話，我還真不知道，因為文字還真不足以傳達與孩子共享時刻裡的那種本質。

　　也許我們該聽聽看在遊戲室中活出這樣經驗的兒童，究竟他們如何形容這種治療關係所呈現出來的意義。五歲大的菲利浦站在遊戲室中央，上下舞動著他的雙臂，興奮地說：「真沒想到世界上有這樣的地方！」的確，大部分的孩子很少有這種關係經驗。在這裡，這個特別的大人讓孩子展現原原本本的自己──就是這樣，做原本的自己！兒童是一個完整的人，他被接納，而且在當下那個時刻，他的所有一切都被接納。

　　在兒童的容許下去了解他的內在世界、真心體驗和他同在的這種互動關係並非透過訓練或增加知識而習得，而是唯有真心開放自己才能習得。在與兒童的關係中，發自內心回應的重要性，可以透過《綠野仙蹤》（*The Wizard of Oz*）故事裡，木頭人和稻草人的談話生動地描述出來：

> 「我知道得不夠多，」稻草人神采奕奕地答道：「我的腦袋裡都是稻草，你很清楚，這就是為什麼我要去找巫師，要求他給我一些大腦。」
> 「噢，原來如此。」木頭人說：「但是，大腦畢竟不是世上最好的東西啊！」
> 「難道你有一些大腦嗎？」稻草人質問。
> 「沒有，我的腦袋空空，」木頭人答道：「但是過去我有大腦，也有一顆心；在試過這兩樣東西之後，我寧可擁有一顆心。」
> （Baum, 1965, pp. 55-56）

尊重兒童整個人與珍惜兒童的世界不是一種心智活動，而是治療師個人內在真誠的感受與體驗，並且要讓兒童感覺到，兒童因而深深感謝並珍惜治療師的無條件接納。於是，在遊戲室與兒童發展出來的這種關係就成為相互共享的接納及欣賞關係，每個人在其中都被視為一個個體。

治療關係是奠基於**盼望**（expectancy）**而非期待**（expectation）的一份獨特關係。期待聚焦於行為，期待孩子成為某個樣子、展現事先指定的某個行為，或以某種方式遊戲，也就是說，「期待」關注的是兒童應該要做什麼。期待的關係將表現當作是身分與價值的基礎所在。期待會限制並框住兒童。在遊戲室裡，我從來不會對布萊恩感到失望，因為我對他沒有期待。

盼望則有一種期望能在一起的動力。布萊恩今天來會是怎麼樣呢？盼望帶有一種渴望的態度。盼望帶有活力、動力、一種未知的潛能。**盼望的關係並不仰賴關於兒童的過去訊息。**

有時候我會幻想，在遊戲治療中與兒童的關係發展，就像是走進一個全黑的房間，而有人在房間的架子上放了一個漂亮又珍貴的花瓶。我帶著一股熱切的盼望走進這個黑漆漆的房間，知道花瓶就放在某處，很想要碰觸它，以便發掘並欣賞它的美麗。在這情況下，我不會大剌剌地走進去直接找花瓶，也不會急亂揮手要去摸花瓶，以免不小心推倒架子或是打破珍貴的花瓶。相反地，我會小心翼翼地走進黑暗的房間裡，先站一會兒以適應新環境，並試著去感受房間的方位。我會把所有的能量聚焦在敏感察覺附近究竟有些什麼物品。

一旦適應了房間內一開始的黑暗，帶著謹慎的心情，我開始和緩地探索我身邊可以觸及的事物。我的動作很慢，我開始慢慢地熟悉在這房間裡所體驗到的一切，並逐漸在心中看清楚我整個人所體驗和感受到的狀況。我所要做的便是盡力去感受花瓶的存在。如果過一會兒還是沒有發現花瓶的蹤影，我也不會馬上轉變尋找的方法為趕快向前衝或在地上爬。相反地，我知道花瓶一定就在某處，因此會有耐心、和緩地向它接近。

我不會匆忙急切想要馬上找到花瓶，相反地，我會持續保持耐心和努

力。終於，在溫柔地移動其中一隻手的時候，我碰到某個東西，我的心情很平靜，我知道它就在這裡了！我感到一陣輕鬆、愉悅、期待和好奇，想知道花瓶是什麼樣子。然後，我用前所未有的溫柔去觸摸它，允許我的手去探索它的形狀和美麗，並在腦海裡想像它的美。與兒童的遊戲治療經驗就好比是尋找花瓶的這種經驗，而我希望用類似的方式和態度來接近、經驗和「碰觸」（touch）這些情感脆弱的孩子。

一旦我與兒童有了治療關係，在觸碰兒童內心那些不得碰觸的部分時，我經歷一種不說出口的內在掙扎。為了要做到這部分，我學會去欣賞及享受兒童的內在靜默。等待是治療過程的一部分，願意等待孩子傳遞出的是對孩子的相信，也傳遞出信任孩子的意願。我希望以耐心對待兒童的內在歷程。如果我想要成功地和兒童有所接觸，

> 我自己內在必須保持平靜，並且能夠看見（see）孩子。
> 我必須保持平靜，並且能夠聽見（listen）孩子。
> 我必須保持平靜，並且能夠接觸（make contact）孩子的想像力。
> 我必須保持平靜，並且能夠跟隨（follow）孩子的指導。
> 我必須保持平靜，並且能夠經驗（experience）孩子的世界。
> 我自己內在必須保持平靜，並且能夠觸及（touch）孩子隱藏在內心的那個人。
> 我自己內在必須保持平靜，並且能夠等待（wait）孩子。

如果我要對兒童有所幫助，在我們相處的時間裡，我必須與他的所有層面的經驗都有所接觸。保持自我內在的平靜，並不代表我沉默不語或是沒有回應。兒童總是會用口語和非口語的方式表達許多事情，而我希望對兒童傳達出我聽到和了解到的訊息。我想要溫柔地接觸孩子的情感世界，而且盡可能完整傾聽他表達的想法、反應和敘述。我想要用全部的我（包含用口語和非口語的方式）來讓孩子知道我深切地想知道及了解他的內在世界，也就是當下他所知道、經歷到、感受到、表達出來的感覺和想法。

就像我想聽一樣，兒童也想要說出來——把他生命中害怕的部分，或擔心被我或其他人拒絕的部分說出來。因此，兒童會在我們的關係中探索著，而一旦兒童經驗到想被傾聽，又害怕被評價或批評的內在衝突，他在關係中會顯得沒有焦點或方向。在這時候，脆弱的自我會以模糊不清或拐彎抹角的方式做幾乎覺察不到的分享，這樣的分享很輕易被忽略，因為分享的訊息是如此不引人注意。

在我們經驗到關係的片刻，兒童在當下可能只是在自我或自我經驗的潛藏深層裡模糊地知覺到自己想要分享，但卻不是在他的意識層面。另外有些時候，我們也能感受到兒童很明顯地渴望脆弱的自己能被傾聽或接納。兒童的行為有時候很怪異或單調，有時候看似失去控制或故意挑釁，他們正在釋出的訊息卻是「有人聽見我嗎？有人注意到我正在受苦嗎？有人關心我嗎？」在我們發展關係的這種時候，我希望用我的態度、話語、感情、聲調、表情和肢體動作，也就是用我整個人，來表示我聽見、了解並接納這個深層的訊息，以便幫助兒童覺得安全、被接納和被欣賞。我要用當下的這些來確認孩子的存在。

在這種時候，我的回應就像是我輕輕地打開門，站在孩子身邊一起面對前面的旅程，而我的姿勢告訴孩子：「我真的不確定門的另一邊是什麼。我知道那一頭也許有你害怕的、不想面對的東西，但我願意跟你一起走過那扇門。我不是要帶領你、催迫你或跟隨你走過這扇門，而是會完全地和你在一起，陪在你身邊，我們一起發現門後面的世界。在這過程中，我相信不管前面是什麼，你都有能力去面對和處理。」Rogers（1952, p. 70）描述這種關係像是：「在與治療師安全的關係中，自我結構放鬆了，原先被否認的經驗也能知覺到，然後整合到一個改變的自我當中。」

一旦兒童感受到治療師的溫暖、興趣、關懷、了解、真誠及同理心，朝向自我改變的行動就能開始啟動。在這有益於心理發展的氛圍中（Rogers, 1980），兒童開始依靠自己的內在資源來指導自我行為，並且改變自我概念及基本態度。因此，**改變的力量存在於兒童本身，而不是由於治療師提供的指導、建議或資訊所造就**。正如 Rogers（1961, p. 33）所

言：「如果我能提供某種特定關係，另一個人就會發現他自己有能力運用這個關係來成長和改變，個人的發展便會產生。」這樣的關係就可以說是有治療性，而這也是兒童中心遊戲治療師的基本關鍵態度：在建立關係的過程中，他願意去了解兒童，也願意被了解。

對兒童來說，兒童中心遊戲治療是一個立即且當下的經驗，在這經驗中，治療的過程是從共享的關係中形成，而其基礎在於治療師持續對兒童傳達接納，以及對他們自我幫助的能力有信心，因此幫助兒童放膽運用他們自己的能力。在經驗到對自己的接納之後，兒童開始重視自己，也開始體認並接納自己是獨特及獨立的個體。

一旦兒童漸漸體驗到做自己，他們就可以放心活在當下，並以有創意及負責任的方式去運用自我的特性。治療師無法製造這種結果，他能做的是盡力去看到及體驗兒童的觀點，並且了解它對兒童的意義；而在這過程中，治療師不把自己的信念或解決之道強加在兒童身上。治療師這樣的基本意圖，並不會因為兒童主述問題或文化背景不同而有所改變。根據Glover（2001）所述：「就是這種接納和尊重的關係，讓兒童中心遊戲治療成為非常適合兒童的治療方式，即使兒童和治療師處於很不一樣的文化脈絡中。」（p. 32）

由於學習及改變的動機來自於兒童內在追求自我實現的傾向，治療師不需要激勵兒童、提供能量或是指導兒童的行為以達到預定目標。**我相信兒童可以引導我們在一起的經驗到他需要去的地方。我沒有那麼聰明，可以知道在我們的關係中兒童應該在哪裡，或是他應該做什麼。我相信兒童**的直覺性內在引導，可以把治療經驗帶到他需要去的地方。我從來都不確定我可以知道在我們相處的時間中，兒童應該要做些什麼。舉例來說，只有兒童和加害者才知道關於性虐待的事。家長和老師只知道他們很擔心的某些行為，像是孩子半夜驚醒，或是咬其他小孩。

在兒童中心取向中，兒童選擇遊戲主題、內容和過程，他選擇要玩什麼玩具，而且自己設定遊戲的步調。治療師不會幫兒童做決定，不論這個決定的意義看來有多不重要。因此，兒童被鼓勵去接受自己的責任，而且

在過程中發現自己的優勢。

在兒童中心遊戲治療取向中，Axline（1969）以《八個基本原則》（*Eight Basic Principles*）闡明治療師和兒童之間互動的本質，以作為與兒童接觸的指南。經過修改及延伸之後，這八個原則如下所述：

1. 治療師對兒童真正感到興趣，並發展出一種溫暖及關懷的關係。
2. 治療師無條件接納兒童，並不期待兒童在某方面會有所不同。
3. 治療師在關係中創造安全與容許的感覺，讓兒童覺得可以完全自由地去探索和表達自己。
4. 治療師總是對兒童的感受保持敏感，並且用能幫助兒童發展自我了解的方式，將這些感受溫和地反映給兒童。
5. 治療師深信兒童有能力表現負責，堅定地尊重兒童有解決問題的能力，並讓兒童發揮這些能力。
6. 治療師相信兒童的內在指導，讓兒童來主導關係中的所有層面，並且抗拒任何想要指導兒童遊戲或對話的衝動。
7. 治療師欣賞治療過程的漸近性，而且不會試圖去催促這個過程。
8. 治療師的設限，只用於穩固治療的現實性，以及幫助兒童接受個人責任及關係中的責任。

在這個取向中，焦點是兒童本身，而非問題。假如治療師與兒童的互動重點是放在解決兒童被認定的問題，這帶給兒童的訊息是：「你的問題比你本身還重要。」

經 驗 法 則

一旦你聚焦於問題，你就看不到孩子。

兒童永遠都比他經歷的任何問題來得重要。如果有兒童認為我對他的問題比我對他這個人更感興趣或更關切，我會感到很沮喪。每個兒童所有做過或經歷的事，都遠比不上兒童本身重要。我從兒童身上學到**經驗並不能定義他們是誰**。兒童不會被他們的經驗所限制，也就是曾經做過的事不

能限制住他們。

　　正在閱讀這本書的某人可能經歷過生命中某個令人震驚的經驗、夢想的毀滅、深深困擾的經驗、創傷事件、令人無法承受的悲劇或是心碎的失落，然而你這個人並不會被那個經驗所限定。也許你讀這本書是因為你正在讀研究所，而你現在有了生命的方向，你已經克服那個毀滅性的經驗，而這也證實了人類的復原力，以及你這個人並不會受到那個經驗所限制。

　　關於某個孩子的事實，無法告訴我們這個孩子究竟是怎樣的一個人。

　　遊戲治療師必須避免因為他自身對於兒童有限的了解而變得盲目，或是成為他自身問題解決法的俘虜。兒童被認定的問題可能只是更深層議題表現在外、可觀察到的症狀，而深層議題才是導因。我不認為家長、老師及兒童生活中的其他重要他人所告訴我關於兒童的事，就是我所要知道關於這兒童最重要的事或全部的事。因此，**我的遊戲治療目標是要發現我不知道的，以及我不知道我不知道的事**。我沒有聰明到知道在兒童身上應該要探詢什麼，而且就因為我不知道要尋找什麼，我如何能去尋找呢？

　　關於兒童，有太多我不知道的了。也許最至關重要的就是我所不知道的。我沒有聰明到可以知道兒童應該致力於哪方面，所以，我相信在關係中，兒童可以帶領我去他需要去的地方。我不對兒童做先入為主的決定，這樣做只會阻礙他創造性的成長。我抱持著好奇和熱切期待做有耐心的等待，直到兒童脆弱的內在個人逐漸出現。

　　關係的旅程中重要的不是確認兒童過去的歷史，不是確認問題的成因，不是揭露過去的行為，不是去發現環境因素，不是發展教育計畫，不是治療師提供方向，也不是介入的結構化，更不是解決兒童問題，而是與兒童同在，完全體驗兒童的世界，也就是去看、經驗及理解我尚未經驗過的某些兒童的部分。督導團體中的一位遊戲治療師做了這樣的結論：「治

療不是我必須要去做什麼，而是我要成為它的一部分。遊戲治療是我必須帶著孩子一同前往的一個旅程。」

診斷並非必要，因為兒童中心遊戲治療不是一種開處方的取向。治療師不會因為要符合特定轉介問題的需求而使用不同策略。關係的發展及這份關係釋放出來給兒童的創造性能量，會激發改變的歷程，並帶給兒童成長。**關係本身就是治療，它不是治療或行為改變的準備動作。**

遊戲治療關係所帶出兒童的發展成果，其實早就存在了，治療師沒有在兒童身上創造出任何東西，他只是幫助兒童把已經存在於自己身上的東西釋放出來。無論正向行為改變或成長的潛能，或是兒童所形成的一切樣貌，這些都是在治療師認識兒童之前就已存在在兒童身上。因此，這份改變的功勞不能歸功於治療師。在改變的歷程中，兒童為自己負責，而且他們相當有能力透過自我指導來行使責任，而這會促成更多的正向行為。

兒童中心遊戲治療取向認為關係才是成長的關鍵，而不是玩具的運用、技巧的應用或行為的詮釋。因此，關係總是著重於當下，也就是與兒童共同的生命經驗：

著重於…兒童本身……而非…問題

著重於…現在…………而非…過去

著重於…感受…………而非…想法或行為

著重於…了解…………而非…解釋

著重於…接納…………而非…矯正

著重於…兒童的方向…而非…治療師的指示

著重於…兒童的智慧…而非…治療師的知識

治療關係提供兒童一致的接納，使兒童發展出足夠的內在自由及安全感，也促使兒童以自我提升的方式表達自己。在關係中，提升兒童成長的促進要素，可以綜合歸納成以下**遊戲治療關係的治療面向**：

- 信任兒童
- 尊重兒童
- 接納兒童
- 傾聽兒童的內在
- 接納兒童的意願
- 專注於兒童的需求
- 讓兒童自由去設定自己的方向
- 讓兒童有機會去做選擇
- 尊重兒童的界限
- 對過程抱持耐心

🞴 兒童中心遊戲治療的目標

　　兒童中心遊戲治療取向所說的目標，強調的是廣泛性的治療目標，而不是針對兒童所訂定的個別化的處方性目標。對兒童設定特定目標並不符合兒童中心哲學思想，因為目標帶有評價性，也暗示兒童必須達到由外在設定的某些成就。如果針對兒童設定特定目標，幾乎可以確定的是，治療師會間接或直接地掉入強迫兒童的圈套裡，使兒童往既定的目標努力，也因而限制了兒童自我指導的機會。難道這表示治療師對家長或老師關心的「問題」沒有興趣嗎？當然不是，這些資料是兒童生命的一部分，可以（但並非絕對必要）幫助治療師更了解兒童在遊戲室裡所傳遞的訊息。

　　要相當注意的是，在治療前知悉兒童的資料可能會讓治療師對兒童的觀感產生偏見，導致無法「看見」兒童的其他面向。雖然這是很實際的擔心，但治療師無可避免會在第一次與兒童會面之前就先得知他的資料，因為治療師通常必須先與家長或老師進行訪談，而這樣的安排是因為機構裡通常排不出其他人員來做這類訪談。假如治療師有高度的自我了解，也覺察到可能的知覺偏見，並且極願意在治療過程中讓兒童成為完全的自己，這種潛在問題就可以獲得克服。

兒童中心遊戲治療的普遍目標著重於兒童能以內在自我指導力量去追求自我實現。一個重要的前提是，這需要一個可以提供兒童正向成長經驗的成人與兒童建立關係，這個成人了解、接納並支持兒童，因此兒童才能夠發現自己內在的力量。

經驗法則

要跟問題建立關係是不可能的事。

　　由於兒童中心遊戲治療的焦點是兒童這個人，而不是他的問題，所以重要的是幫助兒童更有能力去面對現在及未來可能影響他生活的問題。依此目的，兒童中心遊戲治療的廣泛目標是幫助兒童：

1. 發展更正向的自我概念。
2. 承擔更大的自我責任。
3. 更能自我指導。
4. 更能自我接納。
5. 更能仰賴自己。
6. 能為自己做決定。
7. 經驗到控制的感覺。
8. 對於問題處理的過程更敏感。
9. 發展出內在的評價資源。
10. 更信任自己。

　　兒童中心遊戲治療的這些目標提供了一般的架構，用來了解此取向的特性及過程。由於沒有替兒童設立特定的目標，治療師就能夠自由地協助兒童發展這些聚焦於個人的目標，但這不會阻礙兒童致力於他覺得需要表達的某個問題，反而能讓兒童自由地這麼做。在這種兒童中心的關係中，治療師相信並信任兒童有能力為自己設定目標。然而，接受遊戲治療的兒

遊戲治療：建立關係的藝術

童很少為自己設定目標，至少他們不會明白說出來。一個四歲的孩子不會自動說出：「我不能再打一歲的弟弟。」一個五歲的孩子也不會明白地說：「我的目標是要更喜歡自己。」同樣地，六歲的孩子更不會說：「我來這裡是要處理我對爸爸的憤怒感，因為他對我性侵害。」雖然這類問題不會被兒童當成目標說出來，但會透過他們的遊戲表現出來，並且將在關係的過程中，以自己的方式加以處理。在此取向中，治療要有效，兒童不一定要覺察到自己有問題。

在兒童中心遊戲治療中，治療師不試圖去控制兒童，也不勉強兒童要怎麼做，或要兒童達到治療師認為重要的目標。治療師不是一個權威者，他不會去決定什麼對兒童最好、兒童應該想些什麼或如何去感受。如果治療師真的這麼做，那就會剝奪兒童發現自我力量的機會。

◆ 兒童從遊戲治療中學到什麼？

接受遊戲治療的多數小朋友都有上學的經驗，因此檢視「兒童學習到什麼」似乎是一件很自然的事。老師把大部分的心力花在幫助兒童學習，所以老師自然會想知道，小朋友利用上課時間去做遊戲治療，到底學到了什麼。實際上，遊戲治療是在最適合成長的條件中所進行的一種獨特的學習經驗，因此從發展觀點來看，遊戲治療與學校有共同一致的目標：幫助兒童學習認識自己和這個世界。

透過幫助兒童了解與接納自己，遊戲治療得以促進兒童的發展；透過幫助兒童準備好從老師帶領的學習經驗中受益，遊戲治療也協助了兒童達到認識世界的廣泛學習目標。對於易焦慮擔心、自我概念差、正經歷父母離婚，或是同儕關係差的學生來說，最具教學經驗的老師都未必能幫助他們達到最佳的學習狀態。**因此，遊戲治療是學習的幫手，是有助於將兒童的學習極大化的一種學習經驗。**

若有威脅存在或是缺乏安全感時，人們不太可能會去進行冒險、自我探索及自我發掘。遊戲治療中的潛在學習經驗與治療師能創造多少安全氛

圍直接相關；在這樣的安全氛圍中，兒童感到完全被接納，而且可以冒險呈現和表達自己最內心的真實情緒。這不是兒童有意識的決定，而是由於這個氛圍中沒有帶著批評、建議、讚美、反對或想要改變兒童的意圖。

兒童以他們原本的樣子獲得接納，因此，在這段關係中，他們也無需去取悅成人。就像一個小孩曾說：「在這裡，你可以做原來的你。」因為自我沒有遭受威脅，自我探索及自我發掘也就自然而然地發生了。但這並非表示隨意放任就能帶出自我表達——雖然在治療過程初期有可能出現。為了回應遊戲室所營造的容許氣氛、可以做自己的安全性，以及治療性限制的謹慎使用（後面會詳述），兒童學會了自我控制，並且對表達的自由負起責任。

在遊戲治療關係中，兒童得到的多半不是認知學習，而是關於自我的經驗性和直覺性學習，而這種關於自我的學習是由治療師所營造的治療關係所產生。以下所列「關於自我的八大基本學習經驗」對兒童能產生改變：

- **兒童學到尊重自己。**遊戲治療師持續對兒童傳遞關心和尊重，不論他的行為表現如何——被動地玩、表現攻擊性、哭鬧，或賴著堅持別人協助他完成簡單的事。兒童感受並體驗到治療師的尊重，也因為其中沒有評價，而且接納持續地存在，兒童因而內化這份尊重，進而學會尊重自己。一旦兒童對自己產生尊重，他們也會學著尊重他人。

- **兒童學到他們的感受可以被接納。**在了解並接納強度情緒的一位成人面前玩出內心情緒的過程中，兒童學到他們所有的感受都可以被接受。一旦兒童經驗到自己的感受可以被接納，他們對於表達感受這件事就會變得更加開放。

- **兒童學到以負責任的方式來表達感受。**一旦兒童的感覺可以公開地表達且被接納，他們的情緒強度會減弱，也更容易妥善控制情緒。一旦兒童學會對控管情負責，他們就不再被那些情緒所控制。因此，這是讓兒童體驗到釋放的一個過程，讓他們不再受這些情緒所牽絆。

- **兒童學到為自己負責。**在發展的自然過程中，兒童朝著獨立與自我仰

賴而努力，但這個努力經常受到成人的阻撓，大人會用「為孩子做事」的方式來掌控一切，立意雖良好，卻依然剝奪了孩子去經驗到負責任的機會。在遊戲治療關係中，治療師相信兒童有能力找到內在資源，因此會克制自己去做任何可能剝奪他們發現自我力量的事情。如果治療師讓兒童努力為自己做些事，兒童就會學到為自己負責，還會了解負責任是什麼感覺。

- **兒童學到在面對問題時要更有創意和方法。**一旦治療師讓兒童為自己想辦法、為自己找出解決問題的方法、讓他們完成自己的工作，那麼兒童自身的創意資源就會獲得釋放且發展。逐漸增加這類練習之後，兒童就能處理自己的問題，即使是以前看來很難纏的問題也能面對，進而經驗到完全靠自己處理事情的滿足感。雖然兒童一開始可能會抗拒自己解決問題的機會，但是在治療師堅持不懈的耐心之下，兒童自我創造的傾向就會逐漸出現。

- **兒童學到自我控制及自我指導。**假如兒童沒有機會經驗到自我控制，就不可能學會自我控制和自我指導。雖然這個原則看起來很簡單明瞭，若我們仔細觀察兒童和重要成人的互動，就會發現缺乏這類機會的兒童其實很多。和大部分的大人不同的是，遊戲治療師不會為兒童做決定，也不會試圖用直接或微妙的方式來控制他們。在遊戲室中，即使對兒童行為的設限，也是用能讓兒童控制自己行為的方式說出來，因為控制力不是由外在附加，而是兒童在被允許自己做決定後，才能慢慢學會自我控制與自我指導。

- **兒童逐漸學到在感受層次接納自己。**如果兒童從治療師那裡經驗到原本的自己無條件被接納，他們也會逐漸接納自己是個有價值的人。這是溝通及學習認識自我的一個直接過程，同時也是一個間接的過程。治療師不會在口頭上明顯告訴兒童他們被接納，因為這對於彼此的關係或對兒童的自我觀感沒有正向影響。接納是以口語和非口語方式，經由治療師本身及其行為所傳達出來的一種態度訊息。兒童先是感覺到被接納，然後才知道他們被接納，因為他們經驗到原本的自己被對方以不帶批判

的方式所接納，同時對方也沒有期待他們變得不一樣。這種自我接納的提升是發展正向自我概念的重要因素。

- **兒童學到做選擇，並且為自己的選擇負責。**生命是一連串不斷的選擇，但如果兒童不曾經歷過做選擇的過程：猶豫不決、掙扎、想要逃避、覺得做不到、焦慮不安，以及擔心自己的決定不被接受，那麼他們要怎麼學習做選擇，或怎麼知道做選擇是什麼感覺呢？因此，即使是最小、最簡單的選擇，像是畫圖要用什麼顏色，或是要選什麼玩具來玩，治療師也不替兒童做決定。

　　以上這些都是個體邁向成長及成熟的良好指標。

兒童中心遊戲治療的多元文化取向

　　兒童中心遊戲治療是一個有文化敏感度的取向，因為兒童的社會經濟階層或種族背景：

> 並不會改變治療師對兒童的信念、態度、理論或方法。治療師的同理、接納、了解和真誠是平等地給予兒童，無關乎他們的膚色、條件、境況、關切或抱怨的議題。兒童可以自由地透過自己感到自在和熟悉的遊戲方式做溝通，包括遊戲和表達方式都可以做符合其文化的改編。（Sweeney & Landreth, 2009, p. 135）

　　對兒童有敏感的理解及回應兒童的情緒，都是超越文化的事情，也是一種多元文化語言（圖 5.3）。如同本章先前所述，兒童中心遊戲治療師試著去看到並經驗兒童的觀點，並且了解這對他們的意義，而不把信念或解決方法強加於他們身上。治療師的這種基本意圖不會因為兒童的主述問題或文化背景不同而改變。Glover（2001）說：「對於一個與治療師有著不同文化背景的兒童來說，就是這種接納及尊重的關係使得兒童中心遊戲治療成為一個非常合適的治療取向。」（p. 32）一旦兒童玩出的故事所獲

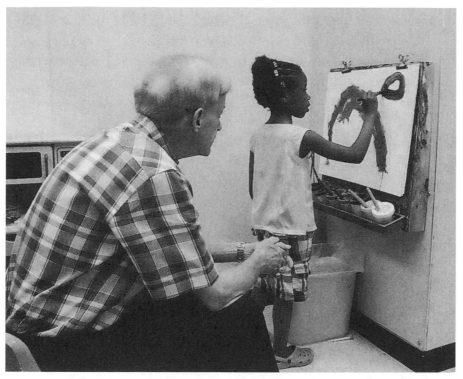

圖 5.3　兒童中心遊戲治療是一種有文化回應性的介入，因為兒童自我指導的遊戲呈現出其文化的面貌，並且超越了語言的障礙。

得的回應是治療師的同理、真誠、溫暖與接納，他便開始發展出對自己和他人的同理和接納，並且接納他自己的文化，因為他的文化遊戲有獲得接納。

　　雖然某些遊戲治療師依靠口語的方式做治療，並鼓勵兒童用言詞表達感覺，以此作為解決問題的必要部分，兒童中心遊戲治療師則是尊重差異性，不會鼓勵或堅持直接用口語表達情緒，同時也允許兒童選擇他們最自在的溝通方式。由於遊戲是兒童很自然的表達語言，他們會用直接卻又通常是象徵性的方式玩出自己的經驗和感受，而不是用口語說出來，因為這種方式讓他們在涉入真實事件和經驗的探索過程中，可與痛苦和壓力保持某種距離。因此，有些兒童原本處於不鼓勵直接表達情緒的文化團體中，他們在兒童中心遊戲治療的關係中，就可以透過安全的遊戲環境來表達並

探索強烈的情緒反應。Glover（2001）認為兒童中心遊戲治療允許兒童自由地做自己，因此提供了有文化敏感度的關係基礎。

在某些遊戲治療取向中，治療師希望兒童主動提供資訊，尤其是與問題有關或是生活經驗的訊息，如此一來，遊戲治療單元可以很結構性地用來處理這些議題。這樣的治療策略與許多文化群體的社會價值相反，他們認為問題不應該拿去跟陌生人討論，而是應該在家族內處理。兒童中心遊戲治療師不會詢問兒童關於他們問題的事，因為兒童中心取向不是一種處方性的方法，況且兒童的背景資料無法提供治療師的行動指引，也無法讓治療師知道在關係中該有何種行為表現。

Lin（2011）發現，在他的兒童中心遊戲治療後設分析（meta-analytic）研究中，與白種人兒童相比，非白種人兒童在接受遊戲治療之後明顯展現出較大的進步。Lin 假設可能的解釋是，兒童中心遊戲治療讓非白種人兒童運用他們的自我指導遊戲超越了語言的障礙，因而讓他們可以用非口語的方式表達出原本在英語世界中無法盡情表達的內在感受、想法和經驗。Lin 在他的研究總結中強烈建議，實務工作者可以很有信心地將兒童中心遊戲治療當作是一種有文化回應性的介入方法。

Garza（2010）研究兒童中心遊戲治療對西班牙裔兒童的影響，她的研究結果顯示：

> 強烈支持兒童中心遊戲治療對西班牙裔兒童是一個值得實施的治療方法。這個結果值得提出來，因為這份研究是將兒童中心遊戲治療拿去和另一種經過研究驗證過的治療方法相比較。這份研究有個特別強烈的跡象顯示，接受兒童中心遊戲治療的兒童，他們的行為結果與西班牙裔家長的行為價值觀（服從）相互接合。（p. 188）

研究顯示，兒童中心遊戲治療與親子關係治療〔child-parent relationship therapy（filial therapy，親子遊戲治療，奠基於兒童中心遊戲治

療哲學、理論及技巧〕對於不同文化的兒童都有效果，包括非裔美國兒童、華裔兒童、德國兒童、西班牙裔兒童、伊朗兒童、日本兒童、韓國兒童、美國原住民兒童和波多黎各兒童（研究結果呈現於本書第 17 章）。

參考文獻 ● ● ●

Axline, V. (1969). *Play therapy.* New York: Ballantine.

Baum, K. (1956). *The wizard of oz.* New York: Rand McNally.

de Saint Exupery, A. (1943). *The little prince.* New York: Harcourt, Brace.

Garza, Y. (2010). School-based child-centered play therapy with Hispanic children. In J. Baggerly, D. Ray , & S. Bratton (Eds.), *Child-centered play therapy research: The evidence base for effective practice* (pp. 177–191). Hoboken, NJ: Wiley.

Garza, Y., & Bratton, S. C. (2005). School-based child-centered play therapy with Hispanic children: Outcomes and cultural considerations. *International Journal of Play Therapy, 14(1),* 51–79.

Glover, G. (2001). Cultural considerations in play therapy. In G. Landreth (Ed.), *Innovations in play therapy: Issues, process, and special populations* (pp. 31–41). Philadelphia: Brunner-Routledge.

Lin, Y. (2011). Contemporary Research of Child-Centered Play Therapy (CCPT) modalities: A Meta Analytic Review of Controlled Outcome Studies. (Unpublished doctoral dissertation, University of North Texas, Denton.)

Moustakas, C. (1981). *Rhythms, rituals and relationships.* Detroit, MI: Harlow Press.

Patterson, C. (1974). *Relationship counseling and psychotherapy.* New York: Harper & Row.

Rogers, C. (1951). *Client-centered therapy: Its current practice, implications, and theory.* Boston: Houghton Mifflin.

Rogers, C. (1952). Client-centered psychotherapy. *Scientific American, 187,* 70.

Rogers, C. (1961). *On becoming a person.* Boston: Houghton Mifflin.

Rogers, C. (1977). *Carl Rogers on personal power: Inner strength and its revolutionary impact.* New York: Delacorte.

Rogers, C. (1980). *A way of being.* Boston: Houghton Mifflin.

Rogers, C. (1986). Client-centered therapy. In J. L. Kutash & A. Wolf (Eds.), *Psychotherapist's casebook* (pp. 197–208). San Francisco: Jossey-Bass.

Sweeney, D., & Landreth, G. (2009). Child-centered play therapy. In K. O'Connor & L. Braverman (Ed.), *Play therapy theory and practice: Comparing theories and techniques* (2nd ed., pp. 123–162). Hoboken, NJ: Wiley.

第 章

遊戲治療師

只有在玩的時候，一個人才是完全的個人。

J. Schiller

在兒童的生活中，遊戲治療師是一個獨特的成人，因為治療師用他自己的人性來回應兒童這個人，同時克制自己想要指導、刺探或教導的欲望，取而代之的是提供一種回應方式來釋放兒童，幫助他們朝向自我指導的內在趨力邁進。兒童其實很清楚這種獨特性，這可從下面遊戲治療單元的摘錄中看出來：

克利斯：我應該給這隻青蛙塗上什麼顏色呢？

治療師：在這裡，你可以決定青蛙的顏色。

克利斯：我不知道，黑色可以嗎？有黑色的青蛙嗎？我們老師說青蛙是綠色的。

治療師：你想要把青蛙塗成黑色，但是你不知道這樣好不好。

克利斯：對啊！所以你應該告訴我用什麼顏色。

治療師：你希望我幫你做決定。

克利斯：對啊！別人都這麼做。

治療師：別人都幫你做決定，所以你想我也應該這麼做，但是在這裡你可以自己決定青蛙的顏色。

克利斯：我要用藍色，全世界第一隻藍色的青蛙！你好好玩！

治療師：你覺得我跟別人不一樣，因為我沒有告訴你該做什麼。

克利斯：是啊！……就像一隻藍色的青蛙。

❖ 創造不同的經驗

　　克利斯說得很對。運用遊戲治療的治療師是「好好玩」的人，但他們的「好好玩」並不是在於製造幽默，而是在於創造出一種嶄新且不同的成人與兒童的關係讓兒童去經驗。這種關係的創造是透過遊戲器材，它們提供了溝通及關係發展的獨特機會，而這些是光用口語與兒童互動並無法達成的。遊戲室不一定要很獨特，因為多數兒童其實都已經玩過遊戲室裡的那些遊戲器材。然而，遊戲室卻能讓治療師創造出使自己顯得獨特的那些差異，也就是兒童所謂的「好好玩」。這個成人——這位遊戲治療師——展現出兒童很少在其他成人身上看到的某些特質。

　　接納兒童、尊重兒童的獨特性、敏於覺察兒童的感覺……這些特質讓遊戲治療師成為兒童心目中很獨特的成人。治療師將兒童視為一個擁有想法、信念、理念、渴望、幻想及意見的個人，而且這一切都值得尊重。有太多成人從未真正看見孩子；他們過於忙碌而無法留意到孩子。他們有太多自認為「重要」的事現在就要做，而且還很急著完成。因此，孩子就沒有真正被看見。在這樣的情況下，成人只隱約察覺到兒童的存在。對於前來遊戲室的多數兒童來說，得到遊戲治療師四十五分鐘完整的關注是一種真正的獨特經驗。這位治療師留意到兒童所做的每件事情，並且對兒童的感覺及遊戲活動真心感到興趣。不像其他成人，治療師能夠給兒童一段完完整整的時間。

　　遊戲治療師是有意地在創造一種氛圍。治療師必須很清楚自己在做什

麼，以及為什麼要如此做。這讓治療師變得獨特，因為他在與兒童的關係裡並不笨拙，而且很注意自己的用語和行為。治療師很努力地創造出一種有助於和兒童建立關係的氛圍；這就創造出一種差異，因為共同在一起的時間是以兒童為中心，而且也容許兒童與治療師分開。兒童被視為有能力及獨特的個體；這就創造出一種差異，因為治療師對兒童有高度的尊重。

🔷 同在（Being With）

在兒童第一次見到治療師時，在他眼裡的治療師和一般大人並沒有明顯不同。治療師或許長得高一點或矮一點，或者有一張容易記得的臉，但是沒有其他身體特徵可以顯示他將會是一個特別的大人。因此，一位有效的遊戲治療師與一般大人的差異一定是來自於內在，因為在治療單元中，前者對兒童做全然的陪伴，也完全屬於兒童。

有許多特性會讓有效的遊戲治療師成為兒童心目中很不一樣的大人，其中最重要的是全然的陪伴（being fully present）——也就是，透過觀察、傾聽，以及做出確認的陳述來與兒童互動。在許多兒童與成人的關係中，很少擁有「同在」的感覺，大人在電視機的吵鬧聲中觀察孩子，或在讀報紙的同時聽孩子說話，而在孩子做錯事的時候才會看見孩子。

遊戲治療師是一位特別的大人，因為他特意地去觀察、用同理心去傾聽，以及用鼓勵的態度去確認的不只是兒童的遊戲，還包括他們的想望、需要和感覺。遊戲治療師知道對兒童全然的陪伴不只是身體的靠近；**同在**真是一門藝術，它讓遊戲治療成為兒童的一種獨特經驗。

遊戲治療師是一個可以聽到兒童內心受傷經驗的人；一個有足夠關懷、可以傾聽兒童深度痛苦的人；一個可以不帶評價、真心接納兒童的人；一個在兒童的絕望中珍視兒童獨特性的人；一個欣賞兒童在孤單中仍奮力一搏的人；一個了解兒童並願意與兒童**同在**的人。

遊戲治療師的獨特性主要來自於不只主動傾聽兒童說出來的話，也傾聽了兒童透過活動所傳達出來的訊息。治療師了解，兒童所挑選的玩具和

器材以及他們的玩法都有其意義，都是他們努力溝通中的一部分。兒童獲得治療師全部的注意力。不像許多其他大人太忙碌或太關注自己需求的滿足，遊戲治療師並不匆忙，他真心想了解兒童的需要，且真正想要聽到兒童的聲音。事實上，在他們共度的這段時間裡，治療師最重要的目標就是傾聽和了解。這種**同在**關係的衝擊效應，可以從兒童多年之後回顧遊戲治療經驗的反應中看出：「當我回顧過去⋯⋯你似乎沒有做什麼，但你與我同在。正如一座港灣也沒做什麼事，就只是靜靜地在那裡，永遠張開雙臂等候旅人歸來。我透過你而回到自己的家。」（Axline, 1950, p. 60）

⬡ 人格特質

以下的討論可能聽起來像是在描述一個難以達到的完人境界。然而，必須強調的是並不是擁有這些人格特質才能有助於幫助兒童的成長與發展。與擁有這些特質比起來，更重要的或許是持續不斷自我驅策的努力過程，力求達成這些特質，並將它們運用在生活及治療關係中。遊戲治療師在努力中的**意圖性**（intentionality）就是過程中有療效的特性，而並不一定要先完全擁有這些特質才能對兒童有幫助。意圖性很難描述，但存在於治療師態度及動機的內在深處，且由治療師的行為中或多或少可以看出端倪。

客觀及彈性。有效的遊戲治療師要足以**客觀**，允許兒童成為個別的個體，同時用願意接受新事物的態度，**有彈性**地接納及調適意料之外的事。治療師不要求兒童必須順從，治療師對兒童的世界有真誠地欣賞，也試著根據兒童自身的表達來理解那個世界。這種欣賞的特點就是，敏於了解兒童、對兒童感興趣、關心兒童，並且喜愛兒童。

經 驗 法 則

治療師如何去感受一個兒童，比去知道關於這個兒童的事更重要。

不評斷或評價。治療師不需去評價兒童，也不需評斷他們做了什麼或沒做什麼。治療師之所以**不去評斷或評價**，是因為他了解一個人不被評斷或評價時的那種經驗有多棒。不管兒童想玩或不想玩、想說話或不想說話，治療師都接納兒童的選擇。兒童不需改變也不需用特定的方式表現，就能獲得治療師的接納。治療師努力與兒童在當下相遇，並且跟著兒童行動。

開放的心胸。治療師保有開放而不是封閉的心胸。遊戲治療師的基本條件就是對兒童世界的開放性及敏感度。應該從兒童的價值和本質來認識及對待他們，而不是從他們被描述的樣子。治療師沒有扭曲訊息意義的任何內在需要，因為他們不帶威脅，本身也沒有焦慮，因此能更開放地去接納兒童本來的樣子或可能的改變。治療師能暫時放掉他自己的現實世界，然後走進兒童的現實世界中。這樣開放的心胸讓治療師能夠完全地、正確地接收兒童口語、非口語及遊戲時所表達的意義。

耐性。遊戲治療師對當下的兒童有耐性、對兒童的表達有耐性、對兒童自身的過程有耐性，並且以熱烈的期盼態度等待兒童用自己的步調前進。耐性可以讓遊戲治療師接收、看見及經驗兒童所看到的世界。White（1952）曾經鮮明地描述這種耐性的過程：

> 種植植物是人類最成功的活動之一。成功或許是來自於一個事實：那就是農夫不會將不可能栽種的原型強加到植物中。他尊重植物的特性，努力提供適合的環境，保護植物免於嚴重的傷害——但是他讓植物自然生長。他不會為了讓種子更快發芽而去撥開種子，也不會在幼苗鑽出土地之後用力去拉它，更不會用手去拉開第一片新葉。他也不會為了讓所有植物看起來都一模一樣而去修剪不同種類的植物。農夫的這種態度很適合用來處理兒童，要成長的是兒童本身，而且他們只有透過自身的發芽動機驅使，才能夠真正有所成長。（p. 363）

這樣的耐性深植於兒童中心遊戲治療師對兒童擁有內在指導、建設性、往前邁進、創造性及自我療癒力量的無可動搖信念。

對不確定狀態的高度容忍力。有效的遊戲治療師對不確定狀態有高度的容忍力，因此他能像一個追隨者般地進入兒童的經驗世界，允許兒童啟動某個活動、話題、方向，並在治療師的鼓勵中獲得滿足，而治療師則持續地將責任放在兒童身上。兒童中心遊戲治療師並不需知道有關兒童的某些事實或答案，對於自己不知道兒童的某些行為所代表的意義也不用放在心上。治療師相當自在地活在兒童的不確定世界裡。

未來心。由於兒童總是處在不斷成長與改變的過程中，遊戲治療師在與兒童互動時要保持未來心（future-minded），回應的方式是必須把兒童當成永遠可以變得比當下更好的人。我有一個朋友是木雕師傅，他可以從老死的殘樹中看到將來可以雕成什麼——牛仔靴、西式帽子、粗線條的牛仔臉等等。他不去看老死殘樹的目前狀態，反而看見殘樹的潛在可能。在他的工作中，他特意且持續地回應他所看見的潛在可能，並且將他所有的精力都放在釋放殘樹的可能改變。同樣地，兒童中心遊戲治療師了解兒童不斷在成長改變，因此不會用屬於過去的態度及口語回應來限制兒童，包括前幾天的上一個單元內容。

治療師總是在努力「趕上」兒童的成長，因此不需特別去知道昨天、上星期、上個月或一年前究竟發生什麼事情——除非兒童帶領往那個方向去。接下來，治療師倒是很願意追隨。治療師並不會特意去提到前一單元的狀況，因為兒童已經不是處在那個時間點了。假設治療單元是一週一次，那麼自從上次與治療師見面之後，兒童已經有一整個星期的時間來成長、發展和改變。因此，治療師必須趕上兒童這星期的進展，避免用聚焦過去的方式來回應。在以下的第六單元遊戲治療互動中，遊戲治療師的主題很明顯是放在過去。

兒　童：（在畫架上畫圖）

治療師：就像上次一樣，你不想要圖畫上面有任何白點。

兒　　童：（在此單元稍後，玩競賽遊戲）

治療師：你就像上次一樣嘗試新的玩法。

兒　　童：（對治療師展示從家裡帶來的塑膠環）

治療師：你像上次一樣從家裡帶來一個塑膠環。

　　這位治療師的回應不具療效，因為這些回應都讓兒童聚焦在過去，而忽略了兒童的想法、行為、感覺、經驗和身體之間的互動其實都在不斷變化。因此，兒童的知覺世界不斷在變化，這個禮拜在遊戲室出現的兒童也已有了某些不同。因此，過去的經驗不再被用同樣的方式來知覺或經驗，而兒童沒有覺得被了解，因為兒童是專注在現在正在做的事，並不是他上星期所做的事。未來心並不是將兒童投射或帶到未來，而是一種感知的態度，知道兒童處在持續不斷的變化過程當中。

　　個人勇氣。一個有效的遊戲治療師有勇氣承認錯誤、容許自己有時候感到脆弱，也可以承認自己的知覺也有不正確的時候。因為有勇氣，因此能冒險，並且能根據直覺來對兒童當下充滿創意的自我表達做回應。由於治療師允許自己感到脆弱，也接受自己可以受到兒童的經驗及感覺所帶來的情緒衝擊或觸動，因此他能有勇氣不帶防衛地分享個人的內在。在兒童測試關係的限制時（例如，威脅要向治療師丟擲積木或對治療師射槍），其實需要有奠基於內在自信的個人勇氣。對冒險行為忍受力低的治療師在這類情況下可能會反應不當，可能會用處罰或威脅的方式來對待兒童。這類情況也需要有高度的耐心來處理。

　　真實、溫暖、關懷、接納及敏感的了解。由於真實、溫暖、關懷、接納及敏感的了解在前面章節已討論過，在此再次提到只是要讓讀者知道，我認定這些人格特質在治療過程中所具有的價值。這些特質也可以進一步被描述為愛與慈悲。

　　海倫‧凱勒（Helen Keller, 1954）在自傳中描述了愛與慈悲在促進生命改變的過程中所具備的重要性：

曾經，我知道我身處在沒有希望、黑暗籠罩一切的深處，但接下來，愛出現了，我的靈魂也得以自由。曾經，我被拒絕、不得其門而入，我為此焦急疲憊。我的生命裡沒有過去或未來，死亡是唯一的衷心期盼。但是，從別人手指頭而來的一個小小的字落到我的手中，它緊抓著空虛，而我的心跳躍起來，為生活感到歡欣雀躍。我不了解黑暗的意義，但我已學會克服它。（p. 57）

個人安全感。 一位有效的遊戲治療師擁有個人安全感，因此能知道並接受自己的限制，不會因有限制而威脅到他的勝任感。兒童對治療師所說的話，沒什麼能夠威脅到治療師的（圖 6.1）。有些治療師覺得自己必須對所有類型的兒童都能帶來幫助。由於害怕被認為不夠勝任，他們持續跟自己根本幫不上忙的兒童工作，或是繼續處理超出他們訓練以外的兒童類

圖 6.1　遊戲治療師有個人安全感，並信任兒童可以將關係帶往他想要去的地方。

型。遊戲治療師必須知道何時該做轉介。

幽默感。兒童很有趣，他們喜歡遊玩和發現新事物，要是覺得某件事很有趣，他們就會大聲笑出來。治療師應該保有幽默感，能夠欣賞兒童覺得好笑的東西。然而，治療師絕對不應該嘲笑兒童。

治療師的自我了解

不管個案的年齡層為何，所有治療師都必須自我了解及認清自己的動機、需求、盲點、偏見、個人衝突，以及情緒困難之處和個人優勢。治療師不應直接認定自己可以將自己的價值觀及需求清楚地區隔、獨立出來，而不影響到他與兒童的關係。治療師是一個真實的人，不是機器人。因此，個人需求及價值觀是這個人的一部分，因而也是關係的一部分。接下來的問題重點就不是治療師的人格特質是否會影響關係，而是它的影響究竟有多大。

治療師有責任做一些可以提升自我了解的自我探索，藉以減少因治療師的動機及需求所帶來的潛在衝擊。這種自我了解過程可以透過個人治療來獲得，不管是個別治療或團體治療都能有所幫助。另一種自我探索的方式是透過督導或諮詢關係，這使得出於個人意願的治療師得以探索自身的動機和需求。由於自我了解是一個持續的過程，而非單一事件，因此治療師在整個專業生涯中都應持續投入。探索以下問題可能有助於促進自我了解的過程：

- 我的什麼需求在遊戲治療中獲得了滿足？
- 被需要的需求對我來說有多強烈？
- 我喜歡這個孩子嗎？
- 我想要跟這個孩子在一起嗎？
- 我的態度和感覺對這個孩子有什麼影響？
- 這個孩子怎麼看我？

治療師若不能了解自己的個人偏見、價值觀、情緒需求、恐懼、個人壓力、焦慮以及對自己和別人的期待，那麼他也無法有效地敏銳覺察到兒童的這些面向。與兒童一起進入遊戲室時，治療師並不是把人格和需求留在遊戲室外，因此這些需求就會變成關係及後續治療過程的一部分。假如治療師無法完全覺察到自己有被喜愛的需求、被拒絕的害怕、設限的罪惡感，或是成功或是被仰慕的需求，那麼這些需求就會以微妙的操控方式出現，進而控制並限縮了兒童的探索及表達。

遊戲治療關係不僅僅是可以觀察到的部分，治療師對兒童的態度、動機、期待、需求及信念構成了無形的力量，對治療關係的發展和結果會帶來顯著衝擊。所有治療關係本身都帶有某種程度的細微結構性，程度多寡則取決於治療師自己對兒童的需求、動機、意圖、期待及信念的覺察程度。不論治療師是否有意如此，兒童在關係中會感受到這些無形的力量，因而會影響或建構出兒童的某些行為。治療師應當在遊戲治療關係中覺察到的無形力量包括：

- 你意圖改變孩子嗎？假如遊戲治療師的意圖是改變孩子，那有可能真正接受孩子嗎？

- 你希望孩子會玩嗎？假如治療師希望孩子會玩，孩子在遊戲室中能有設定自己玩的方向的真正自由嗎？

- 你會接納某些行為多過於其他行為嗎？假如遊戲治療師只接納某些行為，孩子有可能感覺被喜愛或欣賞嗎？

- 你對髒亂的忍受力很低嗎？假如遊戲治療師對髒亂的忍受力很低，孩子可以自由地表達他想要弄得髒亂的需求嗎？

- 你有將孩子從痛苦或困難中解救出來的需求嗎？假如遊戲治療師難以忍受孩子的痛苦，孩子能夠發現自己的內在力量和資源嗎？

- 你有被孩子喜愛的需求嗎？假如遊戲治療師無法覺察自己有被孩子喜愛的需求，治療師可以在需要時設定治療限制嗎？

- 跟孩子在一起時，你感到安全嗎？假如遊戲治療師跟孩子在一起無法感到安全，孩子在遊戲治療關係中會感到安全嗎？

- 你信任孩子嗎？假如遊戲治療師無法信任孩子，孩子有可能信任他自己嗎？

- 你會特別期待孩子處理某些議題嗎？假如遊戲治療師特別期待孩子處理某些議題，孩子會有真正的自由來探索自己的內在議題和關心的事嗎？

　　無以計數的無形力量微妙地影響遊戲治療的動力過程。遊戲治療師的自我了解可以減少這些變數對遊戲治療關係的衝擊。

　　在遊戲治療關係中，治療師所能提供的最重要資源就是自己。技巧是有用的工具，但治療師善用他自己的人格特質才是最大的資產。訓練和技巧是成為遊戲治療師過程中重要的一部分，但光是這些還不夠。治療師還必須能欣賞兒童的主觀經驗世界，能很開心地與兒童相處，並且以興奮的態度去經驗兒童的世界。雖然訓練及治療方法的運用很重要，但治療師「當一個人」的能力才是最重要的。**治療師這個人本身比治療師所知道的任何治療知識來得更重要**。治療師必須能讓兒童相處起來感到安全，而且要安全到讓兒童願意探索，也願意冒險成為完全的自己。同時，治療師也必須是能讓兒童覺得值得信任且會關懷他們的人。跟這樣的人在一起，兒童才能夠獲得足夠的鼓勵而後自我成長。

◆ 治療師的自我接納

　　兒童中心遊戲治療取向之所以能夠有作用，是因為治療師運用了對自己和對兒童的態度。這種態度的特點就是治療師接納自己和兒童，並且深信兒童有能力在引導自己朝向更正向的行為方面負起自身的責任。治療師應對自己有足夠的接納，如此才能容許正在接受治療的兒童可以跟他有所不同。這樣的自我接納是一種內在力量，讓治療師可以有計畫性地跟兒童在一起，並且接納兒童。這種承諾的態度尊重了兒童做選擇的權利，也確認了兒童做選擇的能力，而這兩者都能帶給兒童相當大的滿足，同時終究也可以為社會所接受。治療師能夠自我接納的重要結果就是：建立起讓兒

童感到足夠安全，因而可以選擇改變或不改變的一種關係。

經驗法則

除非兒童有選擇改變與否的自由，否則他不會改變。

這個治療面向完全取決於治療師對自己和對兒童的接納。治療師不會期望兒童在某方面有什麼不同，只要當下這樣就夠了。治療師的目標就是創造出一種氛圍，讓兒童在學習關於自己和他人事物的共享經驗中，能有完全的自由去做當下的自己。出於對兒童這個人的深深尊重，治療師對兒童展現出完整、完全、沒有分割的專注和接納。

治療師必須真心敏感到自己身上可能被兒童加以認同的經驗和感受，因此要審慎地找出或區別出與過去經驗有情緒連結的那些感受。治療師應小心避免將自己的情緒反應或需求投射到兒童身上。因此，遊戲治療師必須持續投入自我覺察及自我接納的過程。投入自我發現的過程對治療師和兒童都能帶來收穫，同時也是自我接納之所需。遊戲治療師之所以能夠開始這個自我接納的過程，通常是因為在訓練課程中經驗到這種接納。這種衝擊可以從一位研究生的自我評價中看出：

遊戲治療讓我大有收穫，因為我幫助一個孩子接納他自己。在遊戲治療中，很大一部分的收穫是來自於能把我自己的個人需求先擺在一邊。我相信，一旦某個人能將自己的需求先暫放一旁，那他不僅是能夠確認自己的情感，同時也能接納這些情感，因而也接納了他自己。在遊戲治療這門課程中，我開始了接納自己的過程，我開始能以負責任的態度去做反應，並將我的需求排除在遊戲單元之外。當然，接納自己是持續一輩子的過程，但很高興我開始了第一步。現在，我要開始將自我信任類化到我生活中的其他層面！謝謝你能夠接納我。

另一位學生寫道：

> 我在督導單元所得到的回饋是容許我做自己、順從我的直覺反
> 應。這很重要，我很需要這個。在我更加放鬆，而且真正進入那
> 種經驗之後，我真的很享受！

　　遊戲治療師對兒童的本性有信心，相信兒童的共通特質是擴展
（unfold）的趨力，並尊重每一位兒童的擴展力都有其獨特性。這種趨力
的內在動力有可能受到壓抑或阻礙，但在某些適當情況下也可以獲得復
甦。治療師對成長及改變的信念並非來自靜態、智能性的決定立場，而是
來自於他自己在關係和生活經驗中持續自我發現的體驗過程。這種自我了
解以及附隨的自我接納，讓治療師可以用預期的眼光等待兒童內在自我的
逐漸呈現。對兒童現在所投射的自己，治療師沒有不耐煩，因為治療師願
意接受個人的不完美，也願意原諒自己的不完美。治療師接納自己「人
性」的那部分，因此，也無需要求兒童必須完美。

除非你能接納自己的弱點，否則你無法接納別人的弱點。

　　自我了解及自我接納令人釋放的層面可從新手遊戲治療師的描述看
出：

> 我越是了解我自己，並且承認自己並不完美，我越能夠放掉自我
> 意識，以及想要符合治療師角色期待的那種需求。這種先入為主
> 的想法常會剝奪掉我的自由及自發性，然而我最好的能力卻必須
> 透過這兩者來加以發展。在遊戲室裡，我不再覺得是在執行一種
> 有壓力的瑣事，而是在跟麥可共同建構一種具有個人創意的工
> 作。我也發現到，若心中感到不安，我就很難親近別人；若能夠

放鬆，我就能在行動中看見自己，也能注意到我下意識所做出來的虛晃一招或額外舉動。

遊戲治療師的態度為遊戲治療單元設下基調，而這種基調會很快貫穿整個治療經驗。遊戲治療不是一種角色，而是一種存在的方式。喜歡運用某種方法或整套技巧的治療師會顯得做作、不自然，最終會導致不滿意和不成功。若遊戲治療師能放棄在遊戲治療經驗中的權威及領導角色，兒童的內在個人就更容易以一種有利於成長的方式逐漸呈現。權威和領導只會製造兒童那方面的依賴期望。治療師的目標是盡可能完整地投射一個個人自我，而這會進一步促進兒童邁向關係發展中的自我。兒童對治療師這個人的所有細微訊息都很敏感，因此比起治療師所使用的任何技巧，兒童更容易受到治療師這個人的影響。有效的治療師能欣賞自己的獨特性，因此也能接納別人的獨特性。

遊戲治療師的角色

治療師不需指導或帶領兒童去進行某個特定主題或活動。治療師容許兒童帶路，並且樂意跟隨。重要的不是治療師的智慧，而是兒童的智慧；不是治療師的方向，而是兒童的方向；不是治療師的解決方法，而是兒童的創造力。因此，兒童獲得完全的接納，如此才有成為獨特自己的自由。

兒童中心遊戲治療師不是一位督導者、老師、同儕、保母、探究者、玩伴或父母代理人。Dibs 總結他對治療師的看法說：「你不是媽媽，不是老師，也不是媽媽橋牌俱樂部的成員，那妳是什麼呢？其實我也不在乎。妳是絕佳遊戲室裡的淑女。」（Axline, 1964, p. 204）治療師不替兒童解決問題、不解釋行為、不詮釋動機、不解救兒童，也不質疑意圖。一旦採取了上述任何角色，將會剝奪掉兒童自我探索、自我創造、自我評價及自我發現的機會。

然而，這是否意謂著治療師抱持被動的態度？當然不是。治療師要扮

演主動的角色，但是，難道要對兒童做些事或為他們做些事，才能叫作「主動」？主動難道是指治療師必須不斷有肢體動作嗎？所謂的主動並不一定是可以被觀察到的特性。治療師是在情緒上保持主動，包括保有敏感度、理解且欣賞兒童所作所為及所說，並保持有回應的態度。這種情緒的投入乃是指兒童及治療師都能感受到的一種互動特性，而且大多可從治療師具有互動性的口語表達中清楚體驗到。在遊戲治療過程中，治療師保持一種主動的角色，但這並不意謂著指導或管理兒童的經驗，而是一種直接的投入，並且對兒童的所有情感、行動和決定都感興趣。

治療師是否透過努力就能教會兒童認識自己？治療師多年來透過教育、閱讀以及與兒童相處的經驗所得來的智慧能夠傳授給兒童嗎？Gibran（1923）的《先知》（*The Prophet*）一書中曾提到：「無人可啟示你任何事情，除非那些早已沉睡在你自己知識中的一隅……一個人的智慧無法借予他人。」（p. 32）遊戲治療師不會試圖操控某些事的發生，因為那是現實中並不存在的選項。操控事情的發生或為別人創造生活的必要內在智慧，都是不可能的事。對兒童的成長十分重要且必須具備的條件都早已存在兒童身上，治療師的角色或責任不在於重塑兒童的生活，或是讓他們朝某種預定的方向改變，而是用一種促進他們身上早已存在的創意潛能得以釋放的方式來回應他們。生命的存在從來都不是一種靜止不動的發生，它是一個不斷學習及更新的過程。Pasternak 對這種過程有下列反應：

若是讓我聽到有人說什麼重塑人生，我就會覺得抓狂且陷入絕望的境地。重塑人生！說這句話的人一定不曾了解過何謂「人生」——他們不曾感受過它的呼吸、它的心跳，不管他們見過多少世面或是做過多少事情。他們把人生看作一堆需要他們去處理的原料，有待他們觸摸才能變得高貴。然而，人生從來都不是一個有待塑造的原料或物質……。人生不斷地在更新、重造、改變及轉換它自己。（Salisbury, 1958, p. 22）

兒童中心遊戲治療關係對兒童及治療師的重要性，從我跟萊恩的遊戲治療經驗描述中可以清楚看出。

萊恩——遊戲治療中的一位瀕死兒童

七歲和五歲的兩兄弟玩摔跤，結果七歲的哥哥摔斷腿。送醫之後的結果令人訝異且造成創傷。之前未被診斷出來的癌症造成骨頭脆弱，因而必須緊急開刀，從髖部那裡截肢，以便中斷癌症的擴散。最終的診斷結果是：萊恩只剩下幾個月可活。

遊戲治療

我第一次接觸萊恩這個案例的結果是：決定對五歲的弟弟進行遊戲治療，因為這對有智慧的父母認為五歲的弟弟可能帶有深度罪惡感的情緒創傷，因而帶他來看我。在弟弟的第八次單元之前，母親來電說弟弟希望邀請萊恩跟他一起到這個特別的遊戲室來。我認為這個舉動是弟弟的一個重要正面發展，理由包括他願意分享遊戲室的經驗，以及他或許某種程度上認為遊戲治療關係中的某些東西對萊恩有所幫助，還有他在我們的關係中有足夠的安全感來讓萊恩加入。

在等候室與母親及兩個孩子碰面時，我的情緒立刻受到萊恩狀況的衝擊。他的頭髮幾乎掉光，臉上的紫斑明白表示他接受過放射治療，同時有著明顯的黑眼圈。這是我第一次見到萊恩，我感到深深的悲傷和心痛。弟弟對母親和萊恩指出遊戲室的方向，母親牽著萊恩，讓他坐在遊戲室的中間，然後就離開了。

萊恩的狀況完全吸引住我，而我也陷在自己的情緒中，因此有一段時間我幾乎忘了弟弟的存在。我深深地沉浸在萊恩描繪的場景中：他拿起一隻十吋高的恐龍，將一個玩具兵塞入恐龍張大的嘴巴裡，並且用手指慢慢地將玩具兵壓入嘴巴，直到玩具兵經由恐龍的喉嚨掉入身體裡面。接下來他讓恐龍站在地板上，並且排出三排玩具兵來面對恐龍。萊恩仔細地確認

所有的武器都朝向恐龍，之後便向後靠，研究這個場景好一會兒。一顆子彈都沒有發射——玩具兵以及他們所擺出的陣式都沒有動，只是出乎意料之外地以無奈的眼神面對這隻巨大的怪獸。喔，現在感覺更加清楚了！它並不是一隻怪獸，而是萊恩心中的敵人，是無法被停下來的敵人。士兵們沒有力量，武器也不管用。怪獸太強大了，沒有辦法停下它！萊恩在整個過程中沒有說一句話，也沒有發出任何聲響，而其實他也不需要。我與他有所接觸，而他也正在表達。

某個短暫的片刻裡，當下飛逝經驗以外的時間及事物現實都不在我們兩個人的意識中，這是遊戲室真實關係中極少出現的經驗。我感受到萊恩的內在經驗，也被此令人敬畏的場景深深吸引。痛苦的呻吟從我靈魂中慢慢移動：「他知道，他知道他內在的恐龍無法被停止。」接下來這剎那消失，我也猛然回到萊恩的弟弟在場的這個現實狀況，因為萊恩邀他弟弟將玩具兵收到桶子裡。萊恩的弟弟跟萊恩一樣需要我。接下來這段短暫卻不凡的旅程幫助我學習到萊恩分享跟我在一起的生活點滴。

在萊恩最後的兩個月生命裡，我跟他在遊戲治療單元中碰面。萊恩的情況在接下來的幾週裡惡化得很快，使得他必須多次回到醫院，而每一次得到的宣告都是「他只剩下幾個小時可活」。在那幾次的情況下，那位親切又敏感的母親都會請一位朋友打電話通知我，而每次我掛斷電話，總在心中哀悼這位無法再見到的親愛小朋友。接下來我收到訊息說萊恩恢復了氣力，幾天之後就會回到家中休養，同時他希望能再見到我。

在生命的最後一個月裡，萊恩身體虛弱得無法離開家，於是我帶著行動遊戲治療箱到他家裡。我很渴望能有機會與萊恩在一起，但每當我將車停在他家門口，坐在車上的幾分鐘時間裡，我都完全經驗到一股悲傷的感覺，彷彿喉嚨有東西卡住，也有一股不想進去的衝動，因為萊恩有太多的東西會讓我聯想到他即將面臨的死亡——放射治療所帶來的紫斑、頭顱兩邊的突出、脹大的胃、瘦弱的身軀。我與萊恩共度的每個單元都可能是最後一次。對感覺和接納發出認命的深深嘆息是我的問題，而不是萊恩的問題，因此我自己要做好面對萊恩的心理準備，要開放自己去接觸他的經驗

世界，還有去分享他想要分享的事物。

雖然身體很虛弱，萊恩還是很高興地參與了我們的單元。我扶著畫圖板架，他畫了擁有巨大手掌以及向外伸出四十隻手指的一隻米老鼠、一隻豪豬，還有一隻兀鷹；而對我來說，這些代表了他對癌症的奮戰。萊恩還曾興奮得尿失禁，我從未想過必須在遊戲治療單元中途協助兒童處理尿壺，因此，在他要求上廁所時，我當下的反應顯得極為尷尬而笨拙，於是我說「我去找護士來」，但萊恩的反應卻是「我們不需要護士」。事實上，我們真的不需要，萊恩信任我，同時對我的笨拙很有耐心。

隔週萊恩又到了醫院，有了一次戲劇性的恢復，因此要求下一週要看我。在那次單元中，萊恩又畫了米老鼠，但是身體和手都比較小。他把米老鼠塗成紫色，臉看起來有點凹陷，眼睛的顏色很深，看起來真的像是已經死掉的樣子。接下來，萊恩從架上拿了一個蛋盒，把放蛋的內部地方都塗上明亮的顏色，然後蓋上蛋盒，再把外面全部塗成黑色。沒錯！美麗、色彩、明亮和希望都在內部。接下來，萊恩畫了一間茅草屋、一間木屋和一間磚造屋；他提到，茅草屋和木屋會被吹掉，但三隻小豬在磚造屋裡很安全。這些房子的一個有趣之處在於，磚造屋的門最大。我認為萊恩某種程度自覺到死亡已近，而他自己會去到一個安全處所。之後萊恩說他累了，於是我便離開。

那是我最後一次見到萊恩，他在三天之後去世。在我們幾次共度的時間裡，萊恩將單元的焦點和探索帶到對他而言很重要的議題，也順著他自己選擇的路走下去，並且用他想要的方式去遊戲。在我們的關係中，我發現即使在最有壓力的處境下，兒童仍可以經驗到遊戲的樂趣，而即使外在環境顯然失控時，兒童也可以覺得有控制感。

我學到關於自己的什麼？

對於孩子在面對死亡時是什麼感受，我所知甚少。

因此，我要開放自己去學習萊恩教給我的東西。

一旦想到孩子即將去世，我感到悲傷。

　　因此，我必須保護孩子免於受到我情緒的影響。

我對生命所知甚少。

　　因此，我要抱持開放的態度去看待孩子生命經驗當中的驚奇。

我有時太過聚焦在問題點——那些不好的地方。

　　因此，我要努力用更寬廣的眼界去看到孩子的經驗世界。

我無法知道另一個人如何看待事物的重要性。

　　因此，在我與孩子的關係中，我要下定決心去發現他們的需要。

我也很喜歡別人「看見」我的世界。

　　因此，我要努力對孩子的世界保持敏感。

在我感到安全時，我擁有更完整的自己。

　　因此，我要盡我所能地幫助孩子感覺跟我在一起很安全。

我學到關於萊恩的什麼？

我想要從任何會聯想到他的痛苦的事物中撤退，

　　但萊恩卻想要跟我在一起。

我無法解決他的問題，

　　但他並沒有期待我這麼做。

我想到他就快要死亡，

　　但他卻專注在活著。

在接近我們共度的時光時，我經驗到深深的悲傷，

　　但他卻是感到興奮和渴望。

我看見的是一個衰弱的身軀，

　　但他卻看見一個朋友。

我想要保護他，

　　但他卻想要與我分享關係。

萊恩仍活著

　　世人會說萊恩已經去世，但我在心中仍會記住他為生命的奮戰、氧氣罩、他選擇的明亮色彩、他忍受的痛苦、他虛弱聲音中所透露的愉悅、他圖畫中的熱情和精神。因此，他還活著——不是他們所見的部分，而是我所見的部分。這個瀕死的小男孩給我上了生命的一課。

　　我記得萊恩曾說：「這是我們的特別時間，只有你和我，沒有人會知道，Garry，只有我們兩個人。」我想知道萊恩究竟記住了什麼。

與萊恩的關係

　　與這位小男孩在他生命中關鍵時刻的這份特別關係，讓我對於容許兒童帶領關係進入他們覺得重要（而非我覺得重要）的議題方面有了一種不尋常的觀點。我經驗到這個獨特孩子的真誠價值，以及一種對他表達渴望的欣賞，而這種渴望只有在他身體病痛造成過度虛弱時才暫時減少。我們一起共度的時間似乎是他生命中的綠洲，在那些時間裡，他可以自由地控制他想要經驗的方向，即使現實情況是他一點都無法控制他自己身體所經歷的一切。

　　在我們一起共度的時間裡，萊恩聚焦在活著而非死亡，聚焦在喜樂而非悲傷，聚焦在創意表達而非無動於衷，並且聚焦在對關係的欣賞而非關係的失落。在他玩出我們活生生的關係時，我與這個瀕死的小男孩經驗到當下共享的喜樂、釋放及興奮。遊戲對萊恩有特別的含義，而他也珍視我們的關係。我學到：成功並不是我知覺到被別人需要，或是矯正了一個問題；它事實上可能是一種關懷、安全關係的短暫當下經驗，而在這種關係中，兒童得以自由地做他可以做的自己。萊恩這個瀕死的小男孩給我上了生命的一課。

經過督導的實務可以促進自我領悟

在學習成為一位遊戲治療師的過程中，研究所課程、討論、閱讀、工作坊、角色扮演以及觀察有經驗的治療師做治療……都是必要的過程。然而，最重要的學習莫過於從經驗中學習，而且透過督導的遊戲治療經驗所帶來對自己、對兒童及對遊戲治療的學習，則是無限深遠。我們無法了解兒童，除非我們親自去經驗兒童；我們難以明白遊戲治療的關係，除非我們經驗到與兒童建立關係過程中的掙扎；我們無法放掉憂慮，除非我們經驗到與兒童同在；我們無法欣賞發展出來的技巧，除非我們接受訓練。

所有的遊戲治療師都應投入一個不中斷的自我評判過程，而到目前為止，觀看自己進行治療單元的錄影帶是自我督導及被他人督導的最佳方法。觀看錄影帶中的自己是自我成長所必備，也被認為是督導的必要方式。若治療師未曾看過自己做遊戲治療單元的錄影帶，他就無法真正知道自己是哪一類型的遊戲治療師。目前已經可以找到不太貴的錄影設備，遊戲治療師若還心存抗拒，不願錄下某些遊戲治療單元，這常常代表治療師有所防衛或有不安全感。任何一位遊戲治療師，不管他的經驗有多少年，都應該保持開放的心胸去學習有關自己的事情。

由北德大遊戲治療中心所發展出來的遊戲治療技巧檢核表（The Play Therapy Skills Checklist, PTSC）（請見下頁的表 6.1）是督導／諮詢過程中所使用的一個很棒的評量表，可幫助遊戲治療師聚焦在兒童中心遊戲治療的口語回應及非口語技巧。PTSC 是一邊觀察遊戲治療單元一邊填寫，可用在錄影下來之後觀看時的自我督導，也可以用在督導者在觀看錄影帶或透過單面鏡觀看遊戲治療師的治療之後，提供回饋給該遊戲治療師。評量表最好用於當作討論的觸媒及督導者的回饋之用。透過要求遊戲治療師自己填寫，再與督導者的填寫結果做比較，然後討論當中的落差，遊戲治療師的領悟就可以獲得擴展。在幫助遊戲治療師發展一致的理論模式及取向方面，督導／諮詢是不可或缺的部分。

正如兒童中心遊戲治療的主要焦點是放在兒童（而非兒童的行為），

表 6.1　遊戲治療技巧檢核表（北德大遊戲治療中心）

遊戲治療技巧檢核表						
治療師：＿＿＿＿＿＿＿　　兒童（年齡）：＿＿＿＿＿（＿＿＿）						
觀察者：＿＿＿＿＿＿＿　　日期：＿＿／＿＿／＿＿						
治療師的非口語溝通	太多	適當	太少	沒有	治療師的回應／例子	其他可能的回應
身體前傾／開放						
看起來感興趣						
自在、放鬆						
聲調／表情與兒童的情感一致						
聲調／表情與治療師的回應一致						
治療師的回應	太多	適當	太少	沒有	治療師的回應／例子	其他可能的回應
跟循						
反映感覺						
反映內容						
促進做決定／責任						
促進創造力／自發性						
建立自尊／鼓勵						
促進了解						

設限：保護兒童及治療師、維持治療師的接納／關係、保護遊戲室／玩具、維持結構、現實測試

立即性／自發性：

兒童做出接觸／連結：

治療師的優勢：

成長的領域：

督導的主要焦點是放在治療師這個人，技巧的發展則是次要。督導者應敏於覺察治療師與兒童之間關係的潛在面向，諸如之前所討論過的治療師的無形力量：治療師有覺察到自己的需要嗎？他對孩子有何觀感？他信任自己嗎？他覺得跟孩子在一起安全嗎？他比別人更能接受孩子的某些行為嗎？他對孩子的不確定狀態可以忍受嗎？

　　以下為正在接受訓練的幾位遊戲治療師所寫的自我評價，可以幫助我們一睹遊戲治療督導經驗所帶來的衝擊和領悟。

遊戲治療師：瑪格麗特

　　透過在遊戲治療中與兒童相處，我才了解到治療關係的真正本質。我更完整地了解及感受到與兒童會心（encounter）的動力經驗，同時在傑佛瑞身上，我發現了從未在教科書上看到的東西——與孩子互動的我自己。我必須跳脫智性的描述和分類、跳脫助人的抽象觀點，並且面對我自己的內在經驗。與一個孩子建立緊密的關係並不容易。

遊戲治療師：凱斯

　　在我的遊戲治療單元中，最重要的發現之一就是，我太缺乏耐性了。我沒有學會等待，而這會加重壓力經驗。或許這就是為什麼除了我自己的觀點之外，我很難看到其他人的觀點。後來我學習到應該去回應兒童，而不是一心想要做出所謂「好的回應」。在賈斯汀拒絕離開遊戲室時，我已能耐心地站在門邊，並且親身經驗到情緒接納和容許的效果——幾分鐘之後，他自行開門走出去。

遊戲治療師：道格拉斯

　　在第二單元中，我最擔憂的狀況終於出現——這個孩子一直問問題。從艾瑞克所問的問題可明顯看出他的自我概念很差。他似乎對自己的判斷毫無信心，也很難決定如何運用遊戲治療時間。我很難直接回答這些問

題，也很難把帶領的權力回給他。只要進行一個新活動，他就會先徵求我的同意，我的回應當中有些屬於促進性質，有些則否。我知道這種不一致會導致更多的疑問，進而增加我的焦慮和不適當回應。我認為很重要的一點是，孩子會從我們的話語中學習。因此，重要的是必須表達出對孩子的判斷有信心，如此他才能學會依據自己的判斷行事。要不要改變的責任在於孩子。這才能對孩子的自信、自重及自尊有幫助。

遊戲治療師：清

在我的遊戲治療單元中，我發現一開始孩子覺得我很奇怪，因為我的國籍和說話方式不一樣，也因為我太過於沉默，導致回應不足。一開始的差異讓孩子覺得陌生，接下來我的保守和沉默行為更增添了不熟悉感。我學到必須增加回應的頻率，如此才能幫助孩子放輕鬆。

建議的訓練課程

對兒童工作的承諾就是要求治療師盡最大的努力來確保兒童獲得有品質的協助。遊戲治療領域正在快速發展，也被認為是符合兒童需求的一種有效方式，但因為兒童在這方面無法為自己發聲，這領域的專業人員因此必須確保從事遊戲治療的工作人員都擁有足夠的知識和技巧，來做出符合兒童最佳利益的遊戲治療。本著這個承諾，以下的指引提供給受訓中的遊戲治療師參考。一個基本前提是，使用遊戲治療來諮商兒童的專業要求標準不能低於諮商成人的要求：

- 助人專業領域的碩士學位，諸如諮商、心理學、社會工作或相關領域。
- 學習內容包括兒童發展、諮商及心理治療理論、諮商臨床技巧，以及團體諮商。
- 遊戲治療相關內容的學習達九十小時。
- 個人諮商經驗；可以是團體諮商或個別諮商，或可以提供機會來檢視

自己的其他經驗。

- 對正常兒童及適應欠佳兒童做觀察及案例分析。
- 觀察有經驗的遊戲治療師做治療，並有機會對治療單元做討論和評論。
- 在有經驗的遊戲治療師督導下進行遊戲治療。

在我的「遊戲治療入門」這堂課中（此為一學期共三學分的研究所課程），學生除了上課聽講、討論、閱讀及交報告之外，還必須參與下列實驗性的經驗：

- 在我們的遊戲治療中心觀察碩士班及博士班實習學生的遊戲治療單元。
- 觀察及評論我的遊戲治療單元錄影帶。
- 觀察我正在進行的遊戲治療單元或為班級所做的特別示範，至少一次。
- 角色扮演，由我扮演兒童的部分，以便改善學生的回應技巧，以及學習如何從容面對兒童在遊戲室裡所做出的一些「凸槌」事件。
- 在遊戲室內，兩人一組做角色扮演，並輪流當兒童，以便增加對兒童的感覺及其知覺經驗的領悟。
- 在幼稚園、日間照顧中心、教堂主日學教室或家中房間不受干擾的空間裡，對自願的正常兒童從事遊戲單元。學生必須自帶一箱合用的玩具，然後將過程錄音下來，再寫下對這次經驗的評論，內容聚焦在他們學到對兒童、對遊戲治療及對自己的了解。
- 在中心對自願的正常兒童進行現場督導遊戲治療單元，然後接受立即的回饋。這些單元是由博士班學生或私人執業的遊戲治療師來做督導。事後學生必須寫一篇對此經驗的評論。

除了上述入門課程，碩士班學生還必須修進階遊戲治療、團體遊戲治療或親子遊戲治療。學生在遊戲治療中心也有一學期的校區內受督導遊戲治療實習課程，需要接受有立即回饋的現場督導。通過校區內實習之後，研究生必須到校外的小學、機構或心理諮商所從事實習工作，繼續他們接

受督導的遊戲治療經驗。

　　必須有更多大學課程提供遊戲治療訓練，這些訓練的指導原則才能被完全認可，目前有些條件可以透過非傳統的課堂學習方式來達成，例如密集式訓練工作坊。這些工作坊可以用由淺而深的四十五小時系列性課程來提供，一般的一到兩天入門工作坊研習並不夠。很重要的部分是受督導經驗，而雖然受督導經驗無可取代，但仍有許多方式可以用來讓遊戲治療師獲得督導的機會，而不一定要透過傳統的學校實習課程。可以約定一個合格的遊戲治療師做個別督導，或者機構內幾位同事定期合聘一位督導，或者大學的遊戲治療課程也可以安排提供濃縮、密集的四十五小時短期遊戲治療督導課程。我曾有過最有動力的經驗是在我的四位博士班學生的協助下，每個暑假一連三天、每天八小時，對十二位私人執業遊戲治療師和機構專業人員做個別及團體遊戲治療督導實習課程。這個督導模式在 Bratton、Landreth 和 Homeyer（1990）的文章中有描述。本章所提到的建議只是最低要求，不能當作建議的標準過程。

參考文獻 ● ● ●

Axline, V. (1950). Play therapy experiences as described by child participants. *Journal of Consulting Psychology, 14*(1), 53–63.

Axline, V. (1964). *Dibs: In search of self*. New York: Ballantine.

Bratton, S., Landreth, G., & Homeyer, L. (1990). An intensive three day play therapy supervision/training model. *International Journal of Play Therapy, 2*(2), 61–78.

Gibran, K. (1923). *The prophet*. New York: Alfred Knopf.

Keller, H. (1954). *The story of my life*. New York: Grossett & Dunlap.

Landreth, G. L. (Adaptation) This case is an adaptation of "*The Case of Ryan—A Dying Child*" from Landreth (1988). Reprinted with permission of the American Association for Counseling and Development.

Salisbury, F. (1958). *Human development and learning*. New York: McGraw-Hill.

White, R. (1952). *Lives in progress*. Orlando, FL: Dryden Press.

第7章

父母在遊戲治療中的角色

　　兒童諮商需要考慮的關係層面比成人諮商更多。兒童通常需要仰賴大人（尤其是父母）來幫他們安排遊戲治療，因此，若治療師想對孩子有任何助益，一定要先考慮到與家長建立關係這層因素。家長需要參與治療嗎？告訴家長有關孩子在遊戲室裡的行為可能會帶來什麼影響呢？

　　要對現今社會中父母角色的改變保持高度敏感是一件很有挑戰性的事，這其中必須覺察並敏感到高離婚率、單親家庭增加、父母角色改變、家庭壓力漸增，以及人際疏離感更強等議題。這些因素大大影響了父母參與的程度以及指導的強度。雖然現在的父母普遍對諮商有更多的了解，但治療師不能因此就假設父母知道關於遊戲治療的一切。父母也需要協助，才能告訴孩子關於遊戲治療的事，以及在第一次單元中幫助孩子處理分離的過程。

⬢ 背景訊息

　　訪談兒童的家長和老師可以得到很多有用的訊息，幫助治療師更了解遊戲室經驗以外的兒童生活情況，也提供治療師一些線索來了解兒童遊戲的意義。這些訊息讓治療師對兒童更敏感也更能同理，也有助於治療關係的發展。然而，外來的訊息也可能影響治療師的看法，促使治療師傾向於用某種特定方式來詮釋兒童，要是之前沒有這些訊息，治療師可能就不會這樣詮釋。想想下方四歲寶拉的例子，在遊戲室事件發生前四個星期，她和治療師一起得知她媽媽懷孕的訊息：

> 在連續兩次單元中，寶拉忙著把所有的椅子緊緊排成一團，用繩子把椅子綁在一起，然後再用紙把它們全部都蓋起來。她留了一個小出入口，從那邊爬進爬出時還有點緊張地咯咯笑。根據治療師對懷孕的知識，他「認為」這個遊戲是寶拉象徵性地演出她對懷孕和生產的幻想。在對寶拉的外顯行為、喜悅以及「緊張的」笑聲有過一些觀察後，治療師心中想著該用何種方式將潛在的特定詮釋意義告訴寶拉。不過，由於第二次單元的時間已經接近結束，治療師決定等到下星期再做詮釋。在接下來一週中的某一天，治療師與父母做例行會談。他們告訴他有關三星期前全家一起去露營的事，他們很高興寶拉在接觸此新經驗時並未感到害怕，他們說：「在幾個月前，她一定還做不到。」他們也注意到寶拉對於跟父母和哥哥一起在帳棚裡睡覺有點緊張，不過她很快就釋懷了。（Cooper & Wanerman, 1977, p. 185）

　　很明顯地，寶拉的遊戲行為與最近的露營和帳篷經驗比較有關係。一般來說，若是遊戲治療師知道母親懷孕但不知道露營旅行的事，就可能會把兒童的遊戲行為「解讀」成對母親懷孕的焦慮。兒童中心遊戲治療師特意把焦點放在兒童及遊戲室裡的關係上面，同時基於尊重及對兒童的相

信，治療師不會把遊戲治療關係之外所得知的片段訊息運用在與兒童獨特的關係建立過程中。遊戲治療師從來都不應該以為我們知道兒童的一切，因為我們的訊息永遠不完整。

　　兒童中心遊戲治療師不會因為聽到什麼訊息而改變他的態度，這個取向不會因主述問題不同而開立不同的處方，也不會用某種特殊技巧去配合某個特定問題。不管面對哪一種問題，治療師對兒童的相信很堅定。因此，在不同的治療單元或面對不同的兒童，治療師始終保持一致。治療師永遠都是與兒童互動，而不是與問題互動。因此，背景訊息對兒童中心遊戲治療師並非絕對必要，但有助於建構整體概念，以作為評估兒童成長或改變的基礎，或是作為提供家長某些教養建議的基礎。

　　由另一位治療師對父母訪談和諮商或許是理想的方式，這可使治療師免於被背景訊息所影響，而能以完全開放的觀點來認識兒童。這樣也能減少兒童知道治療師要與父母一方（或雙方）談話之後可能影響治療關係的問題。由於多數遊戲治療師不太可能有另一位同事協助進行家長訪談，若是父母諮商有其必要，可以把諮商時間安排在兒童不在的時段。然而，對多數家長而言，要安排兩次不同時間到治療師辦公室並不方便，若是如此，治療時段可能有時要挪一些出來做家長諮詢。但最好不要做這種固定安排，只有治療師認為和父母溝通非常必要時才做這樣的安排。

　　若是治療時段同時分配給父母和孩子，應該要把父母諮詢時段放在前面，若兒童治療時段放在前面，孩子可能會覺得治療師和父母在背後談論他的種種行為。在進行父母諮詢前，一定要先讓兒童知道，以免他們某天突然不可置信地發現這個事實。若是孩子的年齡較大，也許可以讓他自己選擇遊戲治療在前面或後面的時段。

◆ 父母必須參與治療嗎？

　　父母無庸置疑地在孩子的生命中扮演相當重要的一個角色，因此，當然有必要參與某些方面的治療過程。父母是否需要親職技巧的治療或訓

第
7
章
　
父母在遊戲治療中的角色

111

練，理當由遊戲治療師判斷。一般來說，治療師會推薦父母參加親子治療，它是用來建構及增加親子關係的父母訓練方法，進行方式是教導父母在與孩子遊戲的特殊時間中，如何使用兒童中心遊戲治療技巧。因此，父母成為孩子生命中治療性改變的媒介。「親子關係治療」（Child Parent Relationship Therapy, CPRT; Landreth & Bratton, 2006）是一個十次單元的親子治療模式，它在多個父母族群與兒童問題的研究報告中，被證實有顯著的正向結果。

　　許多父母就是不知道如何在情緒調節方面幫助孩子，但其實也不能期望他們知道，因為他們一生中可能也沒有機會接受適當的訓練。然而，若是父母對自己比較滿意，他們就比較少焦慮，而且有比較好的情緒調節，如此一來他們就比較可能用正向、自我促進的方式回應孩子。在此要說明的觀點是，父母的親職訓練應該被優先推薦，但不表示它必須被涵蓋在治療中。

　　經常被問到的一個問題是：「假如父母沒有同時接受治療，遊戲治療會有效嗎？」雖然最好的情況是父母也納入親職治療或接受訓練，這可以使兒童遊戲治療的時程縮短，但是，即使父母不能參與治療或接受親職訓練，兒童仍然能有明顯的進步。兒童不完全是受制於環境的可憐蟲，否則我們怎麼解釋那些在極端惡劣家庭環境中成長的孩子，長大之後卻適應良好而且相當成功？雖然這只是可能，而非絕對，但卻說明個體有成長及克服環境的能力。即使父母沒有接受治療或是親職訓練，遊戲治療仍然可以有效。

　　小學的諮商活動可以提供更進一步的實證。由於必須工作，許多家長無法在孩子白天的諮商時間中出席。期待小學諮商師能與他所諮商的每一位學生家長見面是不切實際的。在大部分的小學裡，雖然諮商師只見過少數學生家長，且接觸時間也不多，但他們表示學生行為有明顯的改變。

　　在住宿機構中的兒童，父母無法參與治療，他們的遊戲治療有效嗎？是否要因父母不在而暫停幫助？或是等到兒童在機構中與一個工作人員建立重要關係後才開始，如此才能與此成人一起促成遊戲治療的效用？

這些問題的答案非常明顯。在學校與住宿機構的經驗都顯示，即使父母沒有接受諮商，兒童也有能力去因應、調適、改變及成長。堅持父母必須參與才做兒童的遊戲治療，這是在否定兒童的成長潛能及因應能力，也否定父母有能力因兒童行為的改變而改變自己的行為。一旦孩子因遊戲治療而產生行為改變，父母不自覺地感知到這個改變，即使是個非常小的改變，父母就可能用稍微不同的一種反應方式來回應孩子，如此就鼓勵了孩子的改變。換句話說，孩子帶著些微改變回家，父母的反應也會有一點不同。一般而言，以此為前提的互動情形確實可能發生，但是例外還是存在，例如，父母有嚴重的情緒困擾或有習慣性的藥物濫用問題。

　　以下的案例可以看到上述的改變過程如何發生。爸爸對三歲的莎拉如此描述：「我們根本不敢把她單獨放著一分鐘，因為一定有東西會被弄壞。她把所有東西都搞亂，還亂塗牆壁，根本就不值得信任。」在遊戲治療中，莎拉經驗到治療師一致地接納她、她的堅持要求、她的「嬰兒」行為（吸奶瓶等），以及她想要混亂的內在需求。如此一來，她變得較少要求，也變得更令人喜歡了。她的某些髒亂行為受到治療性的設限，因此她學習在洗澡時控制可怕的髒亂行為，這減輕了爸爸的善後工作。當莎拉開始表現出較好的自我控制，爸爸就變得較接納她、較能放鬆與她在一起，也開始自然地和她玩起來。他們逐漸能一起享受樂趣，而且莎拉也覺得被爸爸接納。

　　莎拉不再去捏或去傷害她五個月大的小弟弟，也較能自己一個人玩，套句她媽媽的話：「她不再整天可憐兮兮地跟著我。」媽媽同時也對莎拉比較放鬆，也更能信任她、更能回應她渴望被照顧的內在需求，也因此能說：「我原來那個可愛的小女孩回來了！」然而，父母既未參與治療，也未被告知莎拉在治療中發生的事。上述的例子說明了兒童不僅可以改變，而且可以在父母沒有參與治療的情況下改變。

◈ 父母是遊戲治療歷程中的夥伴

在第一次遊戲治療單元之前，遊戲治療師與父母會面，孩子則不需一同前來。這樣做是要保護孩子，以防他們聽到父母描述一連串關於他們，以及他們行為方面的負面敘述及抱怨，因孩子聽到這些話之後可能會造成傷害。許多父母之所以讓孩子接受遊戲治療，是因為他們對孩子感到沮喪、完全不知所措、對孩子生氣、感到無助與絕望，而且可能把壓抑的情緒都發洩在孩子身上。兒童不應承受父母強烈情緒的發洩，因此他們很少受邀參與父母的諮詢時間。

治療師這次晤談的主要任務是與父母建立關係，聚焦在父母的需求及他們掛慮的事，同時傳達出父母在孩子遊戲治療過程中的重要性。在第一次會談中，父母會帶來他們對孩子的強烈擔心，同時伴隨著他們的情緒反應。有些父母擔心到不知所措，這時，細心的治療師會以如同在遊戲室裡與兒童建立關係一樣的同理關懷，來回應他們的感受。與父母的情緒接觸有助於父母信任治療師，這是絕對重要的元素，如此父母才可能持續帶孩子來接受遊戲治療。父母需要知道有人聽到他們的心聲，並且理解他們。在第一次的諮詢中，敏感的治療師會公平地回應父母親雙方所擔憂的孩子的相關問題，以及父母的深層情緒反應；在這次的會談中，治療師會一直來回做這件事。這次晤談不是教育或給予指導的時機，因為這會讓父母有無法招架及被評價的感覺。

第一次父母諮詢讓遊戲治療師有機會告訴父母關於遊戲治療的事：遊戲治療是什麼、為什麼把它運用在兒童身上（玩具就像是兒童的語言等）、它如何運作（它如何對孩子有幫助）、過程中可以期待什麼，並且帶父母參觀遊戲室，如此他們才知道孩子不在身邊時是在什麼樣的地方。站在遊戲室裡的經驗，通常可以幫助父母感到放鬆。

治療師也要讓父母做好在等待區可能發生非預期事件的心理準備，例如：孩子拒絕和父母分開且還黏著他們時，究竟該如何處理；孩子在單元結束之後重新回到等待室時，父母可以怎麼做（如何處理在等待室發生的

第一次事件，在下一節有清楚的解釋）。我發現最好預先考慮到可能發生的事，並教導父母如何回應。在北德州大學的遊戲治療中心裡，我們提供父母一份小冊子，裡面的一些範例寫的是有關我們希望父母如何回應等待室裡可能發生的事，以及如何對孩子說有關前來接受遊戲治療的事。在初次父母會談中，也要詢問可能會對治療過程造成影響的兒童特殊考量：藥物、兒童的恐懼、對沙箱裡塵土的過敏反應、幼兒的如廁訓練……等等。

　　保密的重要性和特性有必要做討論。雖然在大部分的州，在法律上兒童沒有被保密的權利，但是遊戲治療師要強調，兒童在遊戲室的特定活動和言語有保密的需要。在遊戲治療中，父母不能去觀察孩子的遊戲治療活動，如此一來，兒童才能全然自由地去表達想法、感覺和行為。在第一次諮詢中，治療師要說明持續治療的重要性，同時指出間歇性參與遊戲治療可能會妨礙治療進展。遊戲治療師也要強調，假如父母決定提前終止治療，最好還是要安排一次最後的單元來做結束。

　　每月至少一次固定與父母會面很重要，這有助父母持續參與治療過程，也讓父母有機會提供有關兒童的發展進展及情緒或行為改變的機會，治療師同時還可藉此持續與父母建立關係。與父母會面的頻率取決於孩子和父母的個別需求。假如兒童遭受過精神創傷或是經歷過危機情況，可能會需要較頻繁的父母會談，以便提供父母所需的支持。這些持續性的父母諮詢可以提供父母相關技巧的簡單訓練，以便協助他們用更正向的方式回應孩子。治療師會在父母討論孩子行為的情境下，向他們介紹這些技巧。一般來說，治療師會教父母有關「親子關係治療」的基本技巧，包含反映內容和感覺、給予選擇、建立自尊、歸還責任，以及設限（Bratton, Landreth, Kellam, & Blackard, 2006; Landreth & Bratton, 2006）。

🔷 對父母說明遊戲治療

　　幫助父母了解「何謂遊戲治療」可能是遊戲治療師最重要的事情之一，這是因為在多數情況下，取得父母的合作才能讓孩子持續接受治療。

在剛開始聽到「遊戲治療」這個名詞時，父母可能會立刻想到玩或是電玩遊戲，也會弄不清楚孩子在家時已經有在玩遊戲了，為何還需要帶他來接受遊戲治療。假如父母不清楚遊戲治療如何產生效果，他們就無法信任這個過程，也無法對治療師產生信心，若是如此，他們的負面態度就有可能會影響孩子對於治療的觀感。像是「你光在那裡玩就必須花很多錢，可是你還是會尿床」這種話當然會讓孩子有罪惡感，也會減損治療關係。以下這段關於遊戲治療的說明可以加以運用，也可以根據治療師獨特需要而加以修改：

> 我知道你們相當擔心麗莎，她似乎很難面對一些事情（在家中、在學校、對於離婚、對於其他孩子等等）。在成長過程中，多數孩子在某段時間難免會遭遇到一些難以調適的狀況。有些孩子可能在某些方面需要較多協助，但在其他方面就比較不需要。孩子通常很難坐在像你現在坐的那種大椅子上談論困擾他們的事，因為他們不知道該用哪些字句來描述內在的感受及想法，因此有時他們會用一些行動來展現內在感受。
>
> 我們在遊戲治療中會提供玩具，待會兒我也會帶你們去看看遊戲室，那是孩子可以使用的地方，他們可以用玩具來表達出難以用語言說出來的狀況。在遊戲治療經驗中，玩具是孩子的字彙，而遊戲是孩子的語言。若是孩子可以對了解他們的人表達或玩出內在感受，他們就會覺得好過很多，因為感受可以獲得釋放。你們或許也有過類似的經驗，過去在你們感到困擾或擔心時，曾經把這些事告訴某個真正關心你們的人，然後你們會覺得好過一點，就可以把事情處理得更好。遊戲治療對孩子來說就像是這樣。他們可以使用娃娃、布偶、顏料或其他玩具來表達出他們所想及所感。因此，孩子在遊戲室裡怎麼遊戲或是做些什麼很重要，就像你們在這裡所說的話也很重要一樣。在遊戲治療中，孩子學習如何用建設性的方式來表達想法及感受、控制自己的行為、做決

定，以及擔負責任。

在遊戲治療單元之後，假如你問麗莎做了什麼，她可能會說「就是玩啊」。就像假如有人問你們今天在這裡做了什麼，你們可能會說「就是講話」。不過，我們談過的話很重要，就像孩子在遊戲室裡所做的事很重要一樣，他們在諮商師的協助下處理自身的問題。在當下，孩子有時並不了解在遊戲室中發生了重要的事情，因此他們覺得沒什麼重要的事可說。孩子有時比較容易對某些可以保持客觀並接納他們的人探索感受，特別是害怕或生氣的感受，但這些人並不一定是父母或老師。因此，你們可以不用去問麗莎做了什麼、發生什麼事，或是覺得好不好玩。

對孩子來說，在遊戲室裡的時間是一段既特別又私人的時間。他們不用覺得必須跟誰報告，即使是父母。對孩子的遊戲治療單元必須保密，就像對成人的諮商單元一樣。我對麗莎尊重的程度就像我對你們的尊重一樣。因此，我會很高興與你們分享我的整體意見，並且提供一些建議，但我不會告訴你們麗莎在遊戲室裡說或做了什麼。我會與你們分享一些我認為你們應該知道的一般訊息。假如你們其中之一前來接受諮商，並且與我分享你所擔心的事情，之後我不會告知你的另一半或老闆。我們在一起談的事情會保密。若是我和麗莎走出遊戲室，你們最好不要問：「狀況還好嗎？」或是「好玩嗎？」只要說：「我們現在可以回家了。」麗莎可能有時會帶圖畫回家。假如你們稱讚那幅畫，她可能會覺得必須再為你們畫一幅畫。最好只是說出你們在圖畫上面看到什麼，例如：「妳用了許多顏色，有藍色、綠色，在圖畫下面還有一整排棕色。」由於顏料有可能會弄髒衣服，而且遊戲室地板可能有些沙子，因此我建議你們讓麗莎穿舊的衣服來，比較不用擔心她弄髒衣服。假如麗莎的手腳沾到顏料，不用感到驚訝，也不要責備她。多數孩子在遊戲室裡畫圖時難免都會沾到顏料。這些顏料都可以水洗，有些孩子還真的很樂於把顏料弄得髒兮兮的，

而這可以是治療過程的一部分。

我相信你們也很想知道該怎麼告訴麗莎有關來見我的這件事。你們可以告訴她：她每週都會在一間特別的遊戲室裡跟 Landreth 先生碰面，在那裡有許多玩具讓她玩。假如麗莎想知道為什麼她必須去遊戲室，你們可以這樣告訴她：「妳在家裡的狀況好像不太好（或其他與被認定的問題相關的一般描述），有一段特別的時間去跟一位特別的人分享，有時候可能會有些幫助。」

這段說明是在與父母邊談邊問的情況下說出來，當中要有一些時間讓父母陳述疑惑或想法。一次對父母講完整篇說明的方式，可能會讓父母無法吸收、消化。

在初次晤談的過程中，可以帶父母去參觀遊戲室，或是展示你辦公室裡遊戲櫃中的玩具器材給父母看看，這有助於他們更了解你所解釋的遊戲治療。這個部分的過程不要急就章，而且要鼓勵父母問問題，這個時間也是進一步說明遊戲目的的好時機。

❖ 幫父母做好分離的準備

假如孩子不願意進遊戲室，父母通常會覺得很尷尬，因此為了讓孩子與治療師一起離開等候室，父母可能會說出一些不太好聽的話。某位家長曾說：「假如妳不跟這位好心人士進他的遊戲室，他會認為妳很醜。」但這段話註定會讓關係的建立變得很困難。一個不情願的孩子正在用當下她所知的唯一方式來表達自己——不多也不少。她表現得很不情願，並且說：「我不想要去遊戲室。」但這並不表示她很醜、很壞，或是很負面。這只是表示孩子不想離開媽媽或爸爸，或是由於大人當下不了解的理由而不想進遊戲室。若是父母知道第一次帶孩子來遊戲室時該有何期待，也事先被告知該如何回應，那麼父母與孩子分離的過程通常就不會太難，這對治療師來說也是一種解脫。事先有了準備，父母就更能幫助孩子更加的獨

立。以下的說明對父母通常都頗有幫助：

孩子第一次來的時候，有時可能不願意跟我一起進遊戲室，因為
這裡對他來說是一個陌生的地方，而且他又不認識我。儘管如
此，多數孩子還是很想去看看遊戲室。在我進到等候室對羅伯特
自我介紹時，我會說：「我們現在可以去遊戲室了。」你接著這
樣說會有幫助：「好，我會在這裡等，羅伯特，你從遊戲室回來
時，我還會在這裡。」（父母不要說「再見」，因為那會讓孩子
覺得他要去很久，甚至是永遠不回來了！永遠要想到孩子會怎麼
看待事情）。請不要對羅伯特說「要乖」或是其他指示。
假如羅伯特不願意跟我進遊戲室，我會用耐心來處理他的不情
願，也會反映他的感受。他可能會需要一兩分鐘來決定是否進去
遊戲室。在這段時間裡，我希望你靜靜坐著就好，讓我來處理這
一切。孩子不進去遊戲室並不會讓我覺得不舒服，也相信最後我
們肯定可以進到遊戲室去。這只需要幾分鐘的時間。假如幾分鐘
之後，羅伯特還是不願意去遊戲室，我會請你跟我們一起走過大
廳去遊戲室。一旦我們走到遊戲室門口，我會讓你知道是否要跟
我們一起進到遊戲室。假如我請你進遊戲室，你就走進去並坐在
我指的那張椅子上，然後只要看著就好。假如羅伯特在遊戲時間
內想要拿玩具給你看或是跟你互動，我會替你回應。

治療師應事先對父母預警說他們可能會聽到孩子大叫或丟東西的聲
音，但這類聲音很平常，因為孩子在遊戲室裡通常玩得很興奮。父母有時
可能會聽到孩子在哭，因為孩子想要離開遊戲室，但這種行為也還是可以
接受。出現噪音或哭泣聲並不代表事情就不對勁。

通常在治療師一踏進等候室時，父母就很想告訴他有關孩子的許多事
情。但是治療師應該提醒父母，當他在等候室也要全心專注在他們的孩子
身上。因此，最好的作法是先不讓父母表達，而是等到安排的會面時間再

說。

假如治療師對孩子的身體狀況有疑慮，要請父母帶去看小兒科醫師。在遇到尿床或尿失禁問題時，做此建議是一項適當作法。

🔷 家長晤談

對大部分的父母來說，要承認自己或是孩子需要幫助是很敏感且困難的事。他們通常會盡量拖延求助，希望情況會慢慢好起來。因此，通常的情況是父母在找上治療師前，兒童的問題早已持續很久，或是嚴重到讓父母感到害怕或挫折。治療師應敏感於父母決定前來求助的內心掙扎，也要去體諒這種心情，而不是馬上針對兒童的主述問題進行探討。家長可能會有愧疚、沮喪、無能或生氣的感覺，這些情緒需要先以同理態度處裡，就如同在遊戲室裡對待孩子的方式一樣。治療師與父母所建立的關係非常重要，這與兒童中心遊戲治療取向的觀點一致。

家長的情緒調適及挫折忍受度是決定他們是否會帶孩子尋求治療的因素。Shepherd、Oppenheim 和 Mitchell（1966）對五十名被轉介到兒童輔導中心的兒童，以及另一組五十名年齡相同且問題相仿、但未被轉介接受治療的的兒童所做的研究指出，轉介組兒童的母親通常顯得憂鬱、因壓力感到心煩、焦慮、為孩子的問題感到困惑，並且不知道該怎麼辦。另一組的母親對他們孩子的行為比較不在意，把孩子的問題視為只是暫時的，需要耐心和時間去克服，她們看起來也比較有自信。

這項研究及其他研究的發現點出，治療師需對潛藏在父母反應底下的情緒動力保持敏感並有所回應。在第一次晤談中，有技巧的治療師在父母協助下，會把焦點來回穿梭於兒童的問題與父母的內在情緒間。假如把這次晤談單元切開來看，一部分像是治療單元，一部分是基本資料蒐集，還有一部分是對父母提供教養建議。舉例來說，若問題是晚上難以讓孩子上床睡覺，同時父母又沒有習慣唸故事給孩子聽，我就會建議父母在把孩子塞進被窩之前，先唸個小故事。不過，在還沒有完全了解父母、兒童及其

關係之前，治療師做這類建議時要非常小心。如何自然地回應父母所關心的所有層面，在下面的第一次父母晤談中有所說明，這是與兒童進行初步診斷前，決定兒童是否需要做遊戲治療的單元。

母　親：我這個孩子，一個抵五個。

治療師：他一定讓妳忙得不可開交。

母　親：沒錯，我有一份全職工作，要照顧一個家，還有他。在學校方面，只要他有吃藥，一切都很好。但是，只要他一沒吃藥，這個小孩就沒人管得住。

治療師：他吃什麼藥？

母　親：利他能（譯註：治療注意力不足過動症的藥物）。

治療師：妳今天早上有給他吃藥嗎？

母　親：有啊！他上學前有吃兩顆，放學後再吃一顆。到了晚上，藥效過了以後，他就好像有無窮精力。

治療師：聽起來要是他精力無窮，一定弄得妳又忙又累。

母　親：對啊！晚上剛好是我很累、想要休息的時候。要應付白天的工作、照顧他，還有一堆家務事，真的很難。而且他真的是活蹦亂跳，他一出生就是這麼好動。

治療師：做全職工作，加上照顧安東尼，就耗掉妳全部力氣了，而且自從他還是嬰兒的時候就這麼好動。

母　親：對啊！沒人相信。我說他過度興奮又精力旺盛，但是沒人相信。我在家照顧他幾乎兩年，直到我們把他送到托兒所，問題就來了，大家才開始了解我以前說的話，他們才說：「這小孩有點不對勁。」他其實很有藝術天分，要是他想要好好表現，他其實可以做得很好，只是大部分時間他都不是這樣。

治療師：妳的意思是，要是他決定要控制自己的行為，他可以做得到？

母　親：有時候。

治療師：妳不確定他是不是真的可以控制自己。

母　　親：不常，而且你一定要跟著他，我是說嚴格地看管他。

治療師：「嚴格地看管他」是什麼意思？

母　　親：你必須一直跟在他屁股後面，我是指看緊他。感覺是你要他做
　　　　　什麼，他就偏不做。

治療師：妳必須隨時跟著他，看著他確實去做。

母　　親：差不多是這樣。有時候他不照著做就會挨巴掌，而且他很會狡
　　　　　辯。

治療師：他對妳回嘴。

母　　親：對，他會狡辯。

治療師：妳多常會打安東尼巴掌？

母　　親：很難說，因為我會盡量避免。就像我之前所說的，惹到我受不
　　　　　了的時候。

治療師：是最後的辦法。

母　　親：嗯，不會每天都打他，而且我盡量避免，除非他真的弄到我忍
　　　　　無可忍。

治療師：嗯嗯。

母　　親：然後，你知道，現在我幾乎都不用打他，有時我只是威脅要打
　　　　　他而已。

治療師：然後他就會停下來。

母　　親：他就會去做我叫他做的事。

治療師：所以聽起來他可以控制自己的行為，但其他時候，若是他太過
　　　　　好動，他就根本沒想到要控制自己。

母　　親：對啦！大概就是這樣。他精力太旺盛；如果能夠耗盡他的精
　　　　　力，大概就會沒事了（大笑）。但是除非吃藥，不然沒辦法讓
　　　　　他靜下來。

治療師：他吃藥多久了？

母　　親：大概兩年了。

治療師：醫生最近一次調整藥物是什麼時候？

母　親：大概是一個月前，我們根據他的情況改變藥量，醫生多少會根據我的觀感來調整。有一陣子他的情況比較穩定，我們就降低藥物劑量。一旦學校開學，他又開始好動起來，我們只好增加劑量。

治療師：妳剛剛說晚上藥效就過了，那麼安東尼睡覺的時候是怎樣的一個情形？

母　親：糟糕透了！

治療師：什麼意思？

母　親：嗯，要讓他睡覺其實不難，他通常會在沙發上跟我一起睡著。我會坐在沙發上休息，他會在旁邊睡著，但是，通常十點前他就睡著了。這下好了，每天一大早四、五點他就會把我搖醒，可是早上四點我還沒清醒呢（笑）。

治療師：對妳來說實在太早了，妳還不能清醒地做事。

母　親：非常早！他想要和我一起在床上睡覺，但是我不要，因為床不夠大，我想要舒舒服服地多睡一下。最後我會把他放回床上或沙發上，他會再睡一陣子。有時候他會和我吵，有時候不會，總之他就是不需要太多睡眠。他還有尿床的問題，我沒辦法讓他戒除這個毛病，現在這變成一個大麻煩，我是說他已經六歲了，他應該停止。醫生說可以開藥給他吃，但我不想讓他再多吃一種藥。我想一種已經夠了。

治療師：尿床的問題讓妳很頭痛，有沒有哪段時間他沒有尿床的問題？

母　親：有，這問題斷斷續續的。前幾年有段時間，他半夜會自己起來上廁所，然後再回去睡覺，根本不會打擾到我，他持續了好一陣子。可是現在這種情況大概已經有半年或一年了。

治療師：相當長的一段時間。

母　親：對啊！已經好久了。

治療師：所以是天天都尿床，還是幾乎天天尿床？

母　親：幾乎天天。

治療師：有幾晚他沒有尿床。

母　親：對，可是大部分時候他都會尿床。我猜他是懶，他懶得起來上廁所。

治療師：所以妳認為，如果他想要的話就可以停止。

母　親：對，如果他願意的話。如果他睡覺時能決心讓自己起來的話，他就能做到。

治療師：妳有沒有試過在固定的時間把他叫起來上廁所？

母　親：沒有（笑）。我自己都睡不夠了，沒去想到那個。他太早就把我吵醒了。

治療師：這對妳來說很困難，因為休息不夠。爸爸呢？他會跟著一起起床嗎？

母　親：爸爸是一到床上倒頭就睡，不醒人事直到天亮。就算炸彈在他床底下爆炸他也不知道。

治療師：沒什麼事情可以打擾他，所以事情都落到妳身上。

母　親：一點都不會打擾到他。除非我們其中有人病得很重才會打擾到他睡覺。我是指病到快死了，他才會聽到一點什麼。安東尼早上三點、四點、五點就來床上跳，他根本沒感覺。所以到目前為止，那對他起不了作用。

治療師：所以妳不認為爸爸可以給妳什麼幫助。

母　親：對，他晚睡的時候就沒辦法幫我。

治療師：從妳說的話聽起來，好像妳是主要負責照顧安東尼的人，而且還試著要幫他改變行為。

母　親：差不多是這樣，大部分是我在做。直到一個月前，因為爸爸沒有工作，安東尼跟他在家兩個月。若是他沒工作，我們就沒錢請保母，所以那時候他的確有照顧安東尼。情況還算好，雖然他還是很好動。他們相處得很好，在學校也沒什麼問題。不過現在又請保母帶，我們不能把他放在托兒所，我已經換過四、五家，沒有一家能管得動，因為他太好動了。現在他在保母

家，是一對一，情況還不錯。

治療師：所以在安東尼有得到密切關注時，他在家和在學校的情況就好
多了。

母　親：很多人都告訴我他需要一對一的照顧。他需要一對一。我曾嚇
他說我要辭掉工作，然後二十四小時跟他在一起，因為這樣才
能讓他好好待著，但他不要。他不想要媽咪辭掉工作，因為這
樣就沒有新玩具、新東西了。

治療師：好像妳已經氣到願意做任何事來讓他控制他自己。

母　親：對！讓他能完全控制自己，可是他並不了解。我不知道是他不
想要，還是他沒辦法做到。

治療師：我聽到妳的困惑。一部分的妳認為「只要他夠努力，也許他就
能控制自己」。可是另一部分的妳好像又知道，那似乎不是他
可以控制的事。

母　親：我不知道。

治療師：就是不太確定。

母　親：嗯。我希望的和真正發生的是兩回事。我是說，我已經忍受這
麼久了。我最擔心的問題是，他幼稚園畢業之後不曉得會變成
什麼樣子。我們現在大部分是用藥物來控制他，可是以後他全
天上學會變成怎樣？還有，以他的年紀來說，他很大隻，這是
另一件讓我害怕的事……我是指他長得很高了。

治療師：所以妳已經在擔心他上小學一年級之後，情況如果還繼續，他
可能真的會有麻煩。

母　親：連帶我也會有麻煩。

治療師：妳也會跟他一起惹上麻煩。我聽到妳很挫折，有時挫折感太重
了，超過妳的負荷。

母　親：對！但是其他人看不到我承受的這些。在過去半年裡，有幾次
我覺得快崩潰了，想要控制每一件事。有一次我幾乎崩潰了，
有些事就是必須要去做，而且如果不馬上做，那就不是安東尼

能不能生存的問題了，是關係到媽咪我的生存了。

治療師：妳的壓力真的很大，這麼久以來妳一直努力要把每件事做好，只是現在妳已經幾乎忍受到極點了。

母　親：是啊！我是壓力很大，事情必須要有些改變。可是，一直以來我是那個推動事情的人，而我也是那個需要事情有所改變的人。我一度覺得很難讓我先生也加入這個問題的解決過程；要叫他做很困難——我的意思是我先生的年紀比我大很多，他已經五十八歲了，他有自己的生活方式。這是另一個我正在奮戰的事。

治療師：要讓先生投入一起做似乎很困難，而妳覺得需要一些幫助。一個人照料全部的事情讓妳喘不過氣來。

母　親：是啊！他最近有比較關心一點，因為我一直在大吼大叫。因為我已經到了極限，我沒辦法應付了。

治療師：現在妳終於讓他知道妳需要幫助，可是即便這樣，妳還是要花很大的力氣，妳覺得好絕望。

母　親：嗯，大概就是這樣，我真的需要幫助。

在此晤談後，接著說明什麼是遊戲治療，再帶家長參觀其中一間遊戲室，然後這個單元就結束。很明顯地，這位母親自己也需要接受治療，這樣她才能好好處理她兒子的問題。

🔷 遊戲治療的倫理及法律議題

由於遊戲治療師在諮商、心理學或社會工作等特定精神衛生領域方面已經接受過訓練，因此我們假定他們已經獲得相關專業組織有關倫理及法律一般事項的訓練及運作知識。儘管如此，在此還是要聚焦在兒童工作的某些倫理及法律議題，因為兒童是尚未獨立的一個族群。這個段落的意圖是提及兒童遊戲治療這個獨特情境的一些基本指引，也是一些提醒，不是

想要提供倫理及法律議題的完整討論。

遊戲治療師應該要遵守專業組織的倫理指引及實務標準，這意謂著他們要採取一些預防措施，例如，獲得知情同意書、專業諮詢及督導，以確保個案受到保護，這也意謂著他們在專業界限之下從事實務工作。對於未成年人的治療工作，各州法律有所不同，遊戲治療師應該要熟悉職業所在地的該州法律。

法律及倫理上的考量認為，若是精神衛生專業人員從事兒童工作，父母應該積極涉入。Sweeney（2001）指出：

> 從事兒童工作時必須記住，治療焦點固然是孩子，但從法律及倫理觀點來看，法定監護人基本上才是個案。這單純是因為這個國家假定未成年人在法律上屬無行為能力。這意謂著兒童在法律上沒有能力可以同意（或拒絕）接受服務，在保密訊息方面也無法保有權利。法定監護人（一般是父母）才擁有這樣的權利。這有時候會讓所有參與的人弄不清楚兒童諮商工作的法律及倫理議題。（p. 65）

Thompson 和 Rudolph（2000）指出，「未成年人的權利與父母充當指引者角色的權利之間有時候會帶來混淆。成人固然同意兒童有其價值及尊嚴，但也必須了解未成年人在法律上比成人享有較少的權利，因為他們的人生經驗較有限，做決定的能力也較不足」（p. 502）。治療師必須告知父母有關遊戲治療的目的及過程，也必須取得適當的知情同意書。取得知情同意書對遊戲治療師來說是一件頗為複雜的事項。根據 Sweeney（2001）：

> 為了滿足「知情同意原則」這個法律及倫理規定，個案的同意必須在自願、知情及勝任的情況下做出。因為兒童屬於未成年人，不被認定是處在自願、知情及勝任的個案。遊戲治療師選擇運用

遊戲作為溝通方式，是因為兒童缺乏發展技巧，無法從事像成人一樣的治療工作。知情同意的概念相當複雜且抽象，通常超乎兒童所能理解。既然兒童在法律上不被認定有能力對遊戲治療過程實施同意權，替代人士就必須做出這個決定，在多數的情況下，這位替代人士通常是父母或法定監護人。（p. 68）

在安排遊戲治療前，必須先獲得兒童法定監護人的同意。治療師最好不要假定安排孩子接受遊戲治療的家長就是孩子的監護人；在辦公室與你討論孩子的那位成人可能是孩子的母親，但她可能已經離婚，而父親擁有全部的監護權。在涉及父母離婚的情況下，治療師最好取得法院有關孩子監護的最後簽署影本。取得離婚判決證明並不代表知道孩子的最新狀況。作為預防措施，遊戲治療師的筆記應寫有要求父母提供法院的最近一次宣告證明。遊戲治療師必須從法定監護人處取得孩子接受遊戲治療的知情同意書。另外的一個表格是為了同意訊息的釋出，以及同意在單元中錄音或錄影。

在與學校人員、機構討論孩子的情況前，一定要先獲得父母的同意，這一點非常重要。在還沒獲得法定監護人的同意前，千萬不要與老師或其他人討論孩子的事。這個規則不適用於許多小學，因為在那裡，諮商師被視為教育團隊的一部分，與老師互相討論是一件合宜的事情。

🔷 精神科轉介

在有自殺危險性的情況下，可能需要精神科的評估。假如兒童必須接受住院治療，治療師也必須知道許多精神科機構事實上照顧年幼兒童的設備並不充足。治療師可以去參觀一下機構，並且對工作人員提出一些問題。在治療兒童方面他們有過那些訓練或經驗？工作人員擁有什麼學位或證照？對十歲以下兒童所做的治療程序為何？他們是否對所有年齡層的孩子都使用同一種方法——例如，對八位介於五到十二歲的兒童只提供口語

互動團體嗎？工作人員看起來真正在乎及了解孩子嗎？他們令人感到溫暖嗎？有遊戲治療室嗎？假如有，要求參觀一下。不能只是因為精神科機構裡面寫著有某些治療項目，你就認定所有這些治療項目都擁有合格的工作人員。在協助轉介時，治療師必須知道這些訊息。

參考文獻 ● ● ●

Bratton, S., Landreth, G., Kellam, T., & Blackard, S. (2006). *Child parent relationship therapy (CPRT) treatment manual: A 10-session filial therapy model for training parents* (includes CD-ROM). New York: Routledge.

Cooper, S., & Wanerman, L. (1977). *Children in treatment: A primer for beginning psychotherapists.* New York: Brunner/Mazel.

Landreth, G., & Bratton, S. (2006). *Child parent relationship therapy (CPRT): A 10-session filial therapy model.* New York: Routledge.

Shepherd, M., Oppenheim, A., & Mitchell, S. (1966). Childhood behavior disorders and the child-guidance clinic. *Journal of Child Psychology and Psychiatry, 7*, 39–52.

Sweeney, D. (2001). Legal and ethical issues in play therapy. In G. Landreth (Ed.), *Innovations in play therapy: Issues, process, and special populations* (pp. 65–81). Philadelphia: Brunner-Routledge.

Thompson, C., & Rudolph, L. (2000). *Counseling children* (5th ed.). Pacific Grove, CA: Brooks/Cole.

第 **8** 章

遊戲室與遊戲器材

　　遊戲室的氛圍極為重要，因為它是最早衝擊到兒童的一項因素。遊戲室應有它自己的一種氛圍來傳達出溫暖及一個清楚的訊息：「這是一個屬於兒童的地方。」為兒童打造一個友善的環境需要有計畫和努力，也需要敏感地了解當一個兒童是什麼樣的感覺。若一個地方能讓兒童感受到開放的氛圍，而且這種氛圍彷彿在告訴他：「你可以自由使用這裡的一切，做你自己，盡情探索吧！」那麼兒童在這裡就比較能感到自在。使用遊戲室的感覺應該要像是穿上一件已穿多年但仍貼身的溫暖毛衣一樣。遊戲室內的玩具和器材看起來應該像是在說：「把我拿起來玩。」一間全新的遊戲室裡放著全新的玩具，很難讓人有上述的感受，甚至還可能造成冰冷的感覺。通常需要有極大的努力和創意，才能夠將一間新的遊戲室改造成一個可以引發兒童互動的自在處所。舊舊的、溫暖的感覺是比較好的一種氛圍。

🔷 遊戲室的位置

由於兒童有時相當喧嘩，遊戲室的位置最好安排在不會影響或打擾其他個案或同事的地方。假如讓父母或其他孩子聽到遊戲室裡所發生的狀況，個案可能會覺得隱私不受保護，而治療關係也可能受到傷害。同樣地，家長也可能用無益的方式去質問孩子有關他們所聽到的內容，因而讓孩子感覺受到威脅。雖然有些學者建議遊戲室應該要有隔音設備，但是這種建議似乎不太實際且難以做到。一旦兒童大吼大叫、丟擲積木，或是敲擊鐵棒，這些聲音就會傳到室外。在天花板上面裝隔音板可以大大減少噪音音量。不要將隔音板裝在牆上，因為那種材質會讓兒童很想去挖它、刺它，或一片片把它扒下來。而且由於它會吸水，所以沾上顏料就很難清洗乾淨。

完全獨立出遊戲室可能也不是一個合乎現實的作法，儘管過去有幾年的時間裡，我在某一處諮商機構工作時，的確也曾經將大建築物後面的一間獨立小屋改裝成兒童專用的兩間遊戲室。那是一個相當美好的經驗，而且孩子很快就認同了這個「小屋」。

🔷 遊戲室的大小

大約 3 公尺半乘 4 公尺半大小的房間最符合遊戲治療的需要。雖然我也曾使用過較小面積的遊戲室，我還是覺得大約 14 到 15 平方公尺的遊戲室最為理想，因為孩子不至於離得太遠，長條型或太大的房間都不能滿足這個目的。若是房間太大，為了靠近孩子，治療師可能會常常在房間裡追逐孩子，而在此過程中，則剝奪了孩子用自己的方式主動接觸治療師的機會。

在此建議的遊戲室大小，也有足夠空間進行二到三位兒童的團體遊戲治療，但是人數不能再多了，因為孩子們的活動量高，肢體活動有時會影響其他孩子的活動，或干擾到想要獨自遊戲的孩子，或侵犯到想要坐著沉思的孩子，而這些都可能會導致許多衝突。應該要有足夠的空間，才能使

得每個兒童都擁有自己想要的活動空間，而不用擔心會碰撞到別人或干擾到別人的遊戲。的確，孩子們需要學習如何一起玩，然而，遊戲治療情境對兒童可能是一種相當強烈的情緒經驗，因此有的兒童需要有暫時拋開一切、獨處或重新調整心理的機會。但是他們無法自己說出這樣的需求，而別的兒童當然也不可能看到這樣的需求，因為他們光忙著玩都不夠了。空間不夠再加上孩子太多，有可能會造成混亂，甚至造成孩子的傷害。對於較大的五人遊戲治療團體，比較理想的房間大小大約是 30 平方公尺。

🔶 遊戲室的特性

遊戲室應該要有視覺上的隱私，朝內的牆面或門上不要有窗戶。朝戶外的牆面有窗戶可能不會有問題，但應該要有可拉上的窗簾或是百葉窗之類的設計。房間沒有窗戶是最好的設計。

乙烯塑膠地板耐用、易清洗，是地板的理想材質，而且損壞之後很容易替換，價格又不貴。同樣的道理，硬質乙烯地板的成本效益就沒那麼好。要避免使用任何地毯材質，因為地毯很難清洗，也很難完全把沙子弄掉，而且顏料灑在地毯上面會弄得一團亂。遊戲室或遊戲區的地毯若無法拿掉，可以在畫架下面鋪一大塊塑膠墊。然而，這種作法可能會讓兒童覺得必須很小心並且保持乾淨。地毯也可能傳達出同樣的訊息。

遊戲室的牆面應該用可水洗性塗料粉刷，容易清洗是主要考量。陰暗、沉悶或易令人激動的顏色都應該避免。最好採用乳白色系的顏色，因為它會帶來明亮、愉快的氣氛。

如果經費允許，可以加裝一面單面鏡及收音線，以利督導及訓練。遊戲治療單元可以透過單面鏡錄影下來，如此便不會因在遊戲室安置錄影機而干擾到個案。在遊戲室內放置攝影機通常會導致孩子想去打掉它，治療師會因為想要保護昂貴的攝影機而使得焦慮感增加。

雖然父母通常不被允許觀看遊戲治療單元，不過，理想的過程是讓父母在參加家長訓練（如：親子治療）時，可以看到治療師示範如何與孩子

遊戲。對家長訓練而言，單面鏡是最有效的工具。讓父母有機會看到治療師示範討論過的題材，然後又有機會在治療師的督導下進行自身與孩子的單元，這樣的經驗相當寶貴。

　　遊戲室中最好有水槽和一個冷水龍頭設備，熱水龍頭可能造成危險，因此並不需要。關掉水槽下熱水龍頭開關，也將冷水龍頭開關扭緊一半，這樣個案就可以完全將水龍頭轉到底，又不用擔心把水濺得到處都是，同時水槽也比較不會滿溢出來。這樣的事先計畫可以幫助治療師展現更多接納，也減少許多需要設限的情況。

　　一個底部有溝槽的黑板釘在牆面上時，應該距離地面約 53 公分，以適應各種不同高度的兒童；而且需要一個板擦及一些白色和彩色的粉筆。可以事先將粉筆折斷成數段，如此個案在使用時就不用顯得小心翼翼。

　　在牆上掛一面擦亮的金屬鏡（不要用玻璃製品）。兒童會運用鏡子來檢視他們的表情、端詳自己，以及演出跟家庭有關的一些遊戲場景。

　　典型的遊戲室需要在兩面牆置放櫃子，以便提供足夠的空間來展示玩具及器材，而不會有擁擠或東西堆在一起的感覺。櫃子應該緊釘於牆面上，且必須穩固到可讓孩子在上面攀爬。最高的一層櫃面不應超過 96 公分，如此一來，即便是幼兒也不需幫助或攀爬就能拿到自己想要的東西（圖 8.1）。假如你有機會在一棟新建築物或重新裝修時設計一間遊戲治療室，最好設置一間有門開向遊戲室裡的洗手間，如此可減少個案半途離開遊戲室去上廁所的麻煩。如此一來，治療師就不用掙扎於究竟要容許個案上幾次廁所，以及上廁所的要求究竟是不是個案真實的需求或另有其含義。兒童也有可能將遊戲室內的廁所當成遊戲室的延伸，以演出廁所相關的場景，或是當成躲避治療師的地方，以便發現完全忽略、不理會大人的滋味如何。

　　遊戲室應該選用堅固、木製或硬表面的兒童尺寸家具。大致需要有一張桌子和三張椅子，其中一張是大人尺寸。另需要一個儲物櫃來放顏料、黏土、指畫顏料等等。儲物櫃可以設計在水槽下方。

圖 8.1　在兒童感覺渺小和脆弱時，堅固的櫃子便是躲藏的好地方。

可以做遊戲治療的其他環境

　　雖然我們期待有一間設備完善的遊戲室，但對兒童表達自我來說，這並非絕對必要。我不能接受「沒有遊戲治療空間」這種藉口，重要的是要提供兒童機會去選擇他們最自在的溝通方式；對某些兒童來說，這可能意謂著結合遊戲及口語這兩種可用的方式。允許兒童做選擇所帶來的一種立即效益就是，兒童可以設定自己的方向，並對自己的作法負責。

　　德州西部有一位很有創意、服務範圍涵蓋五所學校的小學諮商師，她將校車巴士的後半截改裝成遊戲治療室；她用一面隔板將遊戲區和前半部區分開來，而前面就充當團體輔導區。她駕駛這台移動式遊戲治療室每週到各校一天，然後把巴士停在停車場，就進行起遊戲治療來了。

許多在私人機構執業的治療師在辦公室的某一角落就可以很有效地執行遊戲治療單元。小學裡的諮商師通常不只跑一所學校，在辦公室裡只有很小的容身之處，或甚至必須與其他人員共用辦公室，那麼以下的地方也可以執行遊戲治療單元，包括：騰空的教室角落、工作間、保健室，或是廚師離開後的餐廳角落。曾有一位很有創意的小學諮商師充分利用教科書儲藏室。在開學並已將教科書發給學生之後，她在空的書架上陳列玩具和器材，讓學生在地板上和書架上遊戲。她報告說在這樣環境下的諮商結果也很不錯。另一位諮商師獲得緊鄰學校的教會同意，可以使用其中一間主日學教室。其他諮商師也曾運用禮堂舞台或餐廳進行遊戲治療，並獲得滿意的結果。這些區域多半很少人在使用，而且只要拉起舞台布幕，舞台或後台也可以有很好的隱私。

如果是在餐廳或教室這類環境，可以用椅子或桌子圍出一定的範圍作為遊戲區域。不應讓兒童隨意在整間餐廳內走動，否則無法發展出治療關係。在這類環境下進行遊戲治療，治療師要有設定較嚴格限制的心理準備。不管遊戲治療在何種地方進行，都必須努力維護治療單元的保密性。若是不可能做到完全的隱私和保密性，就應告知兒童：「別人有可能會聽見我們所說的話或是看到我們。」

在這些變通的環境中，治療師可以挑選一些玩具或器材放在箱子或袋子裡，再置放在書桌下、角落旁或櫃子裡，然後在每一次遊戲治療單元開始前，再將遊戲器材擺在書桌上、椅子上和地板上。有布簾的書架或是有門的木櫃都很適合用來放置遊戲器材。在每個單元開始前就先擺好玩具，會讓兒童感到更加自在，覺得好像在邀請他參與，同時也傳達出一種容許的氛圍──這些都是為你而準備。

挑選玩具和器材的原則

本章的目的是提出一些指引，以幫助治療師挑選出可以讓兒童表達感覺、探索關，以及了解自己的玩具和器材。

挑選玩具的某些普遍性指引包括了玩具應該要經久耐用，而且傳達出來的訊息應該是「盡量玩吧」而不是「要小心使用」。玩具和器材應該提供兒童各種不同表達方式的選擇性。玩具不需包羅萬象，還記得嗎？人類在遊戲中使用的第一種玩具是木棒和石頭。兒童很容易操弄分齡、不複雜、非機械性的玩具，可使他們避免挫折的產生。切勿準備需要治療師幫助才能操弄的玩具，因為許多需要接受遊戲治療的兒童早已有依賴的傾向，治療師必須避免強化這類行為。因此，應該挑選兒童可以自行操弄的玩具。許多競賽遊戲並不符合這些準則，因為它本質上需要治療師直接參與其中，而且通常是以競爭者的角色參與。在這種情況下，治療師就被迫進入一個打敗兒童或不誠實地讓兒童贏的二選一立場。兒童通常會敏感察覺到治療師在讓他們，兒童也因此無法感受到對正向自尊發展很有助益的那種滿足感。非競爭性的棋盤遊戲（board game）對較大的兒童很有促進性。

挑選玩具和遊戲媒材是根據完整考量後的精心過程，同時也必須考慮到一開始對兒童運用遊戲治療的基本原理：確認兒童的發展程度，而這會從兒童的遊戲及活動中自然地表達出來。正如我前面所指出的，玩具是兒童的字彙，而遊戲是他們的語言。因此，挑選玩具和器材（字彙）的原則，應該是要藉由提供廣範圍的遊戲活動（語言）而來促進兒童的表達。兒童透過遊戲可以更充分地表達自己的感覺和反應，因此遊戲治療所挑選的玩具和器材是很重要的一項治療變數。挑選的玩具和器材應該要：

1. 促進廣範圍的創意表達。
2. 促進廣範圍的情緒表達。
3. 吸引兒童的興趣。
4. 促進表達性及探索性遊戲。
5. 不需口語就可以探索及表達。
6. 不需指導就能成功使用。
7. 不需承諾就可以玩。
8. 構造經久耐用。

玩具和器材是兒童溝通過程中的一部分，因此必須謹慎挑選適當的品項。挑選的規則是挑選玩具而非累積玩具。若是任意堆放蒐集來的玩具和器材，遊戲室就會變成沒有意義的房間，也註定遊戲治療過程的失敗結果。

經 驗 法 則

要挑選玩具和器材，而非蒐集。

玩具和器材應謹慎挑選，以便：(1) 使它們更能達成遊戲治療的目標；以及 (2) 更能吻合遊戲治療的理論基礎。並不是所有的遊戲器材都會自動鼓勵兒童表達出需要、感覺及經驗。機械性或電子玩具或是電動遊戲並不適合做遊戲治療。電動遊戲無法促進關係的發展及兒童的創造力。它也無法從事象徵性遊戲，因為遊戲已經事先設定好了。**玩具品項應該要能做出兒童想要表達的東西。**

玩具和器材是供兒童在遊戲時表達其個人世界所用。因此，玩具和器材的選擇應該符合**遊戲治療的七點要素**：與兒童建立正向的關係、廣範圍感覺的表達、真實生活經驗的探索、限制的現實測試、正向自我概念的發展、自我了解的發展，以及提供發展自我控制的機會。

與兒童建立正向的關係

治療師與兒童之間的關係奠基於治療師有無能力了解兒童的溝通表達，以及創造一個讓兒童可以自由表達的環境。要挑選可以促進治療師清楚了解及幫助兒童玩出真實生活主題、攻擊和創意表達的一些玩具，因為這有助於建立清楚的溝通。因此，提供一個能代表兒童所有家庭成員的「娃娃家族」，可以給兒童機會創造出治療師更容易理解的場景，這樣比讓兒童用不明確物件來表達，更容易幫助治療師了解兒童想要傳遞的訊息。

了解兒童溝通的意義對治療關係至為重要，而適當挑選玩具也有助於

治療師了解兒童遊戲的意義，這些論點在 Ginott（1994）書裡的某些例子中被強調得很清楚：

> 兒童通常用娃娃來代表媽媽、爸爸和手足，並以之玩出一些家庭主題。若是沒有這些娃娃，兒童只能利用大小塊積木象徵性地玩出家庭主題，但是治療師可能會錯失這些訊息的真正意義。拿兩塊積木互相敲打可能代表挨打或性交，或者只是在測試治療師對噪音的容忍程度。把一枝鉛筆插進削鉛筆機裡可能代表性交，但也可能表示鉛筆的確該削了。然而，若是一個爸爸娃娃壓在一個媽媽娃娃身上，治療師誤解的機會就少多了。對兒童而言，鉛筆和娃娃是同等有用的表達工具，但對治療師而言就大大不同了。提供娃娃家庭可以讓兒童幫助治療師來了解他。（p. 54）

廣範圍感覺的表達

提供增加表達感覺的玩具（如：布偶），可以促進廣範圍感覺的表達。挑選一些容易用來表達感覺的玩具，這些玩具可以在兒童有需要時幫助他們表達感覺出來。假如兒童有需要，但卻缺少工具或方法去表達某些特定的感覺，那他就會困在那裡。布偶提供了一種不受威脅、安全的感覺表達方式，因為兒童覺得在表達感覺的是布偶，而不是自己。極少棋盤遊戲可以符合促進廣範圍感覺的表達、真實生活經驗的探索、限制的測試等標準。有哪種棋盤遊戲可以幫助兒童玩出性侵害或伴隨的恐懼經驗呢？

真實生活經驗的探索

不論兒童或成人，真實生活經驗的探索都是必要的一環，因為真實生活經驗就是導致他們需要治療的原因。挑選的玩具要能幫助兒童在生活情境中發展自我控制並促進內在平衡，例如：醫藥箱。一旦兒童可以在遊戲中表達真實生活經驗，而治療師也可以理解並接納這些經驗，那麼這些真實生活經驗就可以被調整到兒童可以處理的範圍內。

限制的現實測試

　　兒童會表現攻擊，諸如標槍之類的玩具可以讓兒童有機會去測試哪些狀況被允許、哪些不被允許。在遊戲治療的過程中，兒童逐漸學到這兩者之間的界線。限制的測試有助於兒童發現自己與治療師之間的關係界線在哪裡。限制的測試也是一種現實經驗，而不只是一種空想。在測試限制時，壓抑的感覺可以充分地發洩出來。

正向自我概念的發展

　　許多需要遊戲治療的兒童都有不良的自我概念，因此提供一些像是黏土、蠟筆和積木等容易掌握和操作的玩具和材料就很有必要，因為這些有助於建立「在這裡，我可以為自己做些事！我可以成功！」這種感覺。這些感覺接下來就會類化到兒童的其他生活層面。複雜和機械性的玩具不容易掌控，有可能會強化兒童已有的不良自我概念。

自我了解的發展

　　自我了解來自於兒童在與遊戲治療師互動時可以有足夠的安全感做自己、表達感覺。這些感覺有許多屬於負面情感，但一旦兒童表達出這些感覺，同時經驗到治療師可以接納並反映這些感覺，兒童首先就會將治療師的接納內射（introject），進而更加了解自己。許多玩具和器材（例如：充氣式不倒翁和娃娃）可以促進廣範圍的感覺表達，有助於兒童的自我了解。

提供發展自我控制的機會

　　自我控制的發展來自於兒童做決定的責任（在沒有成人干擾或指導之下做選擇），以及兒童將不被接受的行為重新導入可被接受的正軌這兩者之間的交互影響。沙子是表達感覺的一種良好媒材，可以提供豐富的限制測試機會，也有助於自我控制的發展。

🔷 玩具的類別

雖然本章內容相當強調如何挑選適當的玩具和器材，但這並非暗示玩具和器材是與兒童建立治療關係的最重要因素。治療師的態度、人格特質，以及治療師和兒童之間的自然互動這三者所營造出來的情緒氛圍，無法被任何東西所取代。儘管如此，玩具和器材還是可以決定或建構出兒童的表達類型及程度，以及兒童與治療師的互動，因此在挑選時還是必須謹慎。基於結構及設計的本質，某些玩具和器材特別會引發兒童的某些行為，以及在某個程度上建構出兒童的行為。蠟筆和顏料會讓人想要畫畫及彩繪，沙子會鼓勵人去做挖埋動作。這種基於玩具和器材的特性所帶來的初期行為特徵，比較容易在治療早期出現，因為兒童當時尚未感受到可以發揮創意所需要的安全感。

本章所提到的建議試圖提供一般性的一些指引，以協助遊戲治療師挑選出可以促進兒童探索及表達的結構化和非結構化的玩具和器材。適當的遊戲治療玩具和器材可以分成三大類。

1. 真實生活玩具

娃娃家族、娃娃屋、布偶及無名人偶可以代表兒童生活中的家庭成員，因此可以提供直接的感覺表達。在兒童使用家庭人偶娃娃演出一些場景時，憤怒、恐懼、手足爭寵、危機及家庭衝突都可以直接表達出來。汽車、卡車、船和收銀機對抗拒、焦慮、謹慎（害羞）或退縮的兒童特別重要，因為這些玩具可以用曖昧的方式來玩，不必展現任何情緒。一旦兒童準備好了，他們就會選擇一些有助於更完整及開放表達感覺的遊戲媒材。治療師何時準備好或是何時希望某種感覺被表達出來並不重要，兒童不應被逼著去討論某個主題或表達某種感覺。一旦兒童感到安全、經驗到被接納，並且知道治療師值得信任，他們自然會表達出自己的感覺（圖 8.2）。

收銀機可以幫助兒童在按鍵及數錢的當下發展出控制感，汽車和卡車幫助兒童找到可以到處移動並探索房間的極佳理由。這也是靠近治療師的

圖 8.2　真實生活玩具可以提供兒童一些機會去玩出他們經驗過但卻難以用言語
　　　　表達的遭遇和事件。

一種安全方式，有助於兒童在身體接近治療師時，「覺察到治療師會有什
麼感覺」。兒童在遊戲室裡所做的許多行為都隱含很微妙的理由，治療師
必須敏於覺察這些動機。許多兒童從學校的規定中學到「不要弄髒黑
板」，但是遊戲室裡的黑板則是要讓兒童感受到充分地獲得容許。假如治
療師想要與兒童的內在做接觸，營造容許的氛圍就相當重要。

2. 行動外化、發洩攻擊性的玩具

　　接受遊戲治療的兒童通常會有一些受到壓抑的情緒，但卻難以用言語
來描述或表達這些情緒。有一些玩具和器材，例如：充氣式不倒翁、玩具
兵、鱷魚布偶、槍（不要看起來像真槍）和塑膠刀，可以讓兒童用來表達

出憤怒、敵意和挫折。

把攻擊性玩具，特別是充氣式不倒翁，放入遊戲室這種作法倒是引發了某些遊戲治療師的擔心及爭議，因為他們認為這種作法會鼓勵兒童的攻擊性。這種觀點顯示出對兒童中心遊戲治療過程缺乏了解，因為這個取向聚焦在兒童的感覺和需要，而非行為，同時在關係中也容許在適當的界限下，可以對無生命的物體展現攻擊行為。攻擊行為出現時的一個關鍵作為是運用治療性設限，但首先還是要了解兒童的感覺。在這種接納、了解和關懷的關係中，兒童表達／玩出內心感受到、但卻深埋的憤怒情緒。在玩出憤怒的過程中，兒童發洩出他們的感覺，然後在治療性設限的脈絡裡，他們開始學習用一種更成熟、更滿意且自我促進的方式來因應、控制及表達他們的感覺。治療師對憤怒或攻擊性的附帶感受所表現的接納，再加上對兒童渴望打破限制所展現的接納，就建構出有療效的層面，使得兒童得以減少行動外化行為出現的內在需要，進而真的減少行動外化的攻擊行為。這種改變就是所謂自我控制的發展。

有關在遊戲室擺放充氣式不倒翁將會引發攻擊性的這個論點，被治療經驗及北德大遊戲治療中心所做的遊戲治療單元研究得到的結論所駁斥。此研究蒐集了對二十位兒童所做的 205 次遊戲治療單元的案例紀錄，結果發現 205 次單元中，有 65%的兒童沒有玩充氣式不倒翁。用攻擊的方式玩充氣式不倒翁者占 22%，用滋養的方式玩充氣式不倒翁者占 11%，用不明顯的方式玩充氣式不倒翁者占 0.05%（Trotter, Eshelman, & Landreth, 2004）。這些結果與 Smith（2002）的觀察結果一致，Smith 的研究發現，十二位遊戲治療研究對象其實很少去玩充氣式不倒翁。兒童在遊戲室中使用玩具品項的方式，一般來說跟他們的個人需求比較有關，與玩具品項的設計反而關係不大。

回到遊戲治療建議玩具這個主題，我認為每一次的遊戲治療經驗都應該涵括兒童可以摧毀的某些東西。裝蛋用的紙板盒就很好用，因為可以用來踐踏、切割、撕開、上色等等。冰棒條可用來折成兩半，也可以將它用力插入黏土。有攻擊性的兒童很享受在遊戲室這種接納的環境裡，被容許

盡情釋放攻擊欲望，接下來他們就能提升對自己的正向感覺。在遊戲室裡對玩具大叫、掩埋它、打它或戳它都是可以接受的行為，因為這只是用象徵性的方式表達出來。

兒童在遊戲室裡表達憤怒和攻擊情緒的強度，有時候會造成新手遊戲治療師心情上的起伏。在這種情況下，治療師必須覺察到應該要保護自己免於受到這些尷尬、起伏情緒的衝擊，也必須告訴自己不可以太快介入兒童的表達。然而，有時還是必須對兒童的某些行為設限，例如，在兒童開始把沙子撒得到處都是的時候。但是，把釘子釘入圓木座裡則有助於發洩情緒，同時用增加專注的方式來促進注意力和能量的聚焦。

有必要準備一些代表野生動物的動物玩具，因為有些兒童在遊戲治療初期難以表達攻擊情緒，即使是對著人物娃娃。舉例來說，這些兒童不會去打父親娃娃，但是會去打獅子。有些兒童會用鱷魚布偶去狂咬、咀嚼和啃食，藉以表達攻擊性。黏土可以說是創造性器材，也可以說是攻擊性器材。它可以拿來痛快搗碎、壓扁、扭捲及用力撕裂，也可以被兒童用來創造遊戲中的人物。

3. 創造性表達及情緒發洩的玩具

沙子和水（圖 8.3）是兒童最常使用的非結構性遊戲媒材，但也是遊戲治療情境中最少發現的器材，儘管水其實是所有遊戲室器材中最有效的治療性媒材之一。要是遊戲治療設施中沒有沙子和水，最可能的原因是治療師無法忍受凌亂，希望東西都保持整齊和乾淨。之所以猶豫也可能因為考慮到遊戲之後的清理問題。不過，這些都不足以成為理由，因為只要有適當的設限，就可以讓大部分的沙子和水都保持在容器裡面。在空間有限的非遊戲室環境中，一盆一吋厚的沙子加上一桶幾吋高的水也一樣能用。沙子和水沒有沒有固定形狀，因而可以變成兒童想要的各式各樣東西，例如：月球表面、流沙、沙灘、清潔用品……等無限多的可能。玩沙子和水的方法無所謂對錯，因此兒童都能經驗到成功。這對謹慎（害羞）或退縮的兒童特別有幫助。

圖 8.3 沙子和水沒有沒有固定形狀，可以變成兒童想要的各式各樣東西：月球
　　　表面、流沙、沙灘、清潔用品……等無限多的可能。

　　積木可以當作房子，可以用來丟擲，也可以堆積起來再把它踢倒，這
讓兒童可以探索建造和破壞的滋味。就像在玩沙子和水一樣，玩積木也可
以得到類似的滿足感，因為沒有所謂對的方法。在畫架上畫畫提供兒童一
些機會去搞創意、弄髒、假想洗手間場景和髒亂，或是表達感覺（圖
8.4）。

🔷 活動型遊戲室

　　在兒童尚未發展出足夠的能力來完全表達和探索自己及內在情感世界
之前，應該要謹慎挑選玩具和器材來促進這個過程。我的經驗是，兒童能
用很有限的玩具和器材表達出很廣泛範圍的訊息及感覺。在變通的遊戲治

圖 8.4 在畫架上畫畫提供兒童一些機會去搞創意、弄髒、假想洗手間場景和髒
　　　　亂，或是表達感覺。

療場地中，玩具和器材的大小和輕便性是另一個考量。以下所列的玩具和
器材是進行一個遊戲治療單元最基本的要求，我建議至少要有這樣的一套
遊戲器材，因為它們可以促進廣範圍的表達，而且很容易裝到一個手提袋
中攜帶，或是儲藏在角落或櫃子裡。

- 攻擊性的手偶（如：鱷魚、狼、龍）。
- 繃帶。
- 可彎折的娃娃家族。
- 軟質可彎折的塑膠橡皮人（非特定人物造型）。
- 鈍頭剪刀。

- 玩具寶石飾品。

- 棉繩。

- 蠟筆（八色一盒）。

- 標槍。

- 娃娃。

- 娃娃屋（利用放紙張的紙箱，箱蓋當作娃娃屋，在箱蓋內側畫線以標示出房間；箱子本身可以儲放玩具）。

- 娃娃屋家具（至少有臥室、廚房、浴室組）。

- 手銬。

- 獨行俠面具。

- 醫療口罩（白色防塵口罩即可）。

- 軟質球（不要用彈力過大的橡膠球）。

- 白報紙。

- 塑膠奶瓶。

- 清潔刷（pipe cleaners）。

- 黏土。

- 冰棒條。

- 塑膠刀。

- 小飛機。

- 小汽車。

- 湯匙（不要用叉子，因有尖頭）。

- 電話（兩具）。

- 玩具兵（二十個就足夠）。

- 透明膠帶。

- 兩個玩具盤子和杯子（塑膠製或錫製）。

假如儲放空間還夠，此時再放一個充氣式不倒翁那就太棒了。若為長遠考慮，裝有 1 吋厚沙子的一個淺盤型盒子可能也會很有用。假如清理會

成為困擾的話，可以考慮用米粒取代沙子。裝有 1 吋高的水的一個桶子也會有用。

遊戲室玩具和器材的建議品項

北德州大學遊戲治療中心使用以下的完整配備遊戲室玩具和器材清單，並認為這些玩具和器材可以有效地用來促進兒童的表達。這份清單是經過二十五年的經驗及多次增減，最後保留多數兒童持續用各種不同方式來表達自己的那些品項：

- 球（大小都有）。
- 繡帶。
- 芭比娃娃。
- 可彎折的娃娃家族。
- 鈍頭剪刀。
- 充氣式不倒翁。
- 掃把、畚箕。
- 積木（不同形狀及大小）。
- 裝麥片的盒子。
- 黑板、粉筆。
- 彩色粉筆、板擦。
- 勞作色紙（幾種顏色）。
- 蠟筆、鉛筆、紙張。
- 銅鈸。
- 標槍。
- 恐龍、鯊魚。
- 盤子（塑膠製或錫製）。
- 洗碗盆。

- 娃娃床、衣服、毯子。

- 娃娃家具（木製）。

- 娃娃屋（兒童可以開門彎身進去）。

- 洋娃娃、嬰兒衣服。

- 禮服。

- 鼓。

- 裝蛋的紙盒。

- 空的水果蔬菜保藏罐。

- 可擦拭、無毒性的馬克筆。

- 手電筒。

- 塑膠橡皮人（可彎折且無特定造型）。

- 手偶（醫生、護士、警察、媽媽、爸爸、姊妹、兄弟、嬰兒、鱷魚、狼）。

- 手銬。

- 帽子：消防員、警察、教宗、皇冠。

- 獨行俠面具及其他面具。

- 醫藥箱。

- 醫療口罩（白色防塵口罩即可）。

- 塑膠奶瓶。

- 安撫奶嘴。

- 顏料、畫架、白報紙、畫筆。

- 水壺。

- 玩具相機。

- 假錢及收銀機。

- 深鍋、平底鍋、銀器。

- 用來敲釘子的圓木座及槌子。

- 布偶舞台架。

- 皮包和珠寶首飾。

- 破布或舊毛巾。
- 冰箱（木製）。
- 繩子。
- 塑膠刀。
- 橡膠蛇和鱷魚。
- 沙箱、大湯匙、漏斗、篩子、提桶。
- 校車。
- 肥皂、刷子、梳子。
- 蜘蛛和其他昆蟲。
- 海綿、清潔巾。
- 爐灶（木製）。
- 填充動物（兩到三隻）。
- 電話（兩具）。
- 木匠工具玩具箱。
- 紙巾。
- 壓舌板、冰棒條。
- 可發出聲音的玩具機械槍。
- 玩具兵及軍隊裝備。
- 玩具錶。
- 透明膠帶、無毒膠水。
- 卡車、汽車、飛機、牽引機、船、救護車。
- 水彩顏料。
- 木琴。
- 動物園動物、農場動物。

　　在玩具挑選的過程中，遊戲治療師必須敏於覺察文化及多樣性的議題。許多玩具和器材可以用便宜的價格在車庫拍賣會買到，也有些父母可能會在孩子長大後把玩具捐出來。在社區機構中做事的治療師可以把他們

的遊戲治療計畫遞交給民間團體，同時羅列出他們所需要的器材，並且尋求財務上的支持。小學諮商師可以尋求家長會每年固定捐贈特定的一些器材來舉辦遊戲治療計畫。上述的清單也可以張貼在機構或教師休息室的公布欄，好讓大家知道可以把玩具品項捐贈到哪裡去。這個動作應該在教師會議中說明遊戲治療計畫之後才進行。要避免隨意去跟別人要玩具，因為隨意「蒐集」來的玩具有很多並不適用於遊戲治療。

應以有組織的方式將玩具陳列在架子上，好讓此清晰可見的方式可以呈現視覺上的整齊及穩定感，並促進兒童的探索及創造力。有些人會用類似洗衣籃的東西將玩具分類並將籃子散放在房間內，或是利用塑膠容器將玩具一群一群地收在架子上，但這些作法其實會讓人感到混淆，並且抑制了表達的治療過程。比較畏縮或自我概念比較差的兒童通常很難翻箱倒櫃去找到藏在籃子底層的玩具。參觀過這類遊戲治療室之後的經驗通常告訴我，會用籃子和容器來放置玩具，很可能意謂著房間裡面的玩具太多了。不需要有十台小汽車或一打填充娃娃，其實同類型的玩具只要有個兩三項即可。

🔷 特殊的考量

雖然成功完成一幅拼圖能有助於挫折容忍力及成就感的發展，但它並不適合放在遊戲治療室中，因為隨便都可能會為了掉一小片而使得原本已經很挫折的兒童感到更加挫折。遊戲室內的經驗不應用來加重兒童生活中的負面經驗。對自己有不適切感或是難以完成任務的兒童，應在玩具的運用中經驗到成功及隨後而來的滿足感。

兒童故事書比較適合放在其他地方，但並不適合放在遊戲室，因為放在遊戲室的書籍並不吻合促進兒童表達及經驗的行動外化等角色。書籍會讓兒童從遊戲中分心，也可能會讓兒童坐在那裡很長的一段時間觀看圖片或閱讀。兒童通常會要求治療師讀故事書給他聽，而這樣會讓治療師脫離在遊戲室中該有的慣常角色，使得治療師在讀故事書時必須負責帶領，結

果就是焦點從兒童轉到了治療師。

應避免使用樂高類的建構玩具，主因是數量太多。即使是小盒的樂高玩具都至少有 100 到 200 個。對治療師來說，把所有塊數找齊並放回蒐集盒還真是一件麻煩事。若是兒童拿起內有 200 個積木的盒子，然後興高采烈地將 200 個積木往遊戲室的各角落亂丟的話，那對一位有壓力且疲倦的遊戲治療師來說，真是在嚴重考驗他的耐心和接納度。在面對必須找出所有 200 個樂高類積木的當下，我想遊戲治療師的內心難免有所抱怨。

不應允許兒童將食物帶進遊戲室，因為食物會令人分心且成為關注焦點所在。在孩子進入遊戲室前，父母可以先給孩子一些點心吃。若是治療師走進等候室的時候發現兒童正在喝果汁，治療師可以說：「看來你正在喝果汁，果汁要留在這個房間裡，我們進去遊戲室時，你可以把它放在那裡（指出一個地方），我們回來的時候它還會在那裡。」

把壞掉的玩具拿掉。遊戲室裡的物品都應該保持原狀、完整，而且可以使用。許多被轉介來接受遊戲治療的兒童都來自令人困惑和挫折的環境，因此，遊戲室裡的一切不應有不完整及破損的東西，以免增加了兒童的困惑及挫折。

水彩顏料應常保新鮮。沒有什麼事比發現水彩乾掉、結塊更令兒童挫折的了。顏料在腐壞之後會產生一種恐怖的怪味，因此必須定期更新。在混和顏料時，可以滴幾滴清潔劑到每一個顏料杯裡，如此有助於抑制產生怪味的那種細菌滋長。即使有很多顏料都標榜可水洗，加一點清潔劑還是會讓沾色的衣服更加好洗。在顏料容器架上放幾個小杯的可拋式咖啡杯，也可使得清潔及更換顏料的工作變得更容易些。每一個顏料紙杯放大約 2 到 3 公分厚的顏料在裡面，這樣就比較不怕顏料翻倒，也讓清理工作更加容易。兒童並不需要滿滿整杯顏料，這樣做只會自找麻煩。

一個穩固的小型塑膠儲物箱就可以當作很棒的沙箱，沙箱應該定期灑一些水，這樣就比較不會塵土飛揚。

兒童需要有一個地方可以逃避或躲開治療師。布偶舞台架可以藏身，也可以在遊戲室裡將某些東西（如：爐台）橫置一角，這樣兒童在有需要

時就可以在治療師看不到的另一側遊戲。這種可以離開或拒絕治療師的經驗，十分有助於發展關係中的自由。

遊戲室不能用來當作托育中心。不是從事兒童諮商的其他同事常有的一種想法就是，他們在與成人個案會談時，經常會理所當然地認為個案的孩子就可以到遊戲室裡去玩，這個規則也適用於正在接受遊戲治療的兒童。遊戲治療關係是發生在特殊的遊戲室裡的一種特殊情感關係。遊戲治療室是一個情感的處所。若是父母在接受遊戲治療師會談時，讓孩子單獨在遊戲室裡面玩，有可能會干擾到這種重要情感關係的發展。

遊戲治療師在每一次單元結束之後整理場地，並且將玩具歸位（第13 章會提到為什麼採取這個立場，也會討論要求兒童整理場地這個議題）。由於玩具是兒童的字彙，不應讓他們很難找到需要的玩具來表達。接受遊戲治療的兒童經常來自於混亂、令人困惑的家庭環境，假如在每一次遊戲治療單元中，玩具都被任意擺放到不同位置的話，遊戲治療師其實是在強化兒童內心那種混亂及困惑的經驗。遊戲室應呈現出一種整齊及一致的感覺。這些都具有療效的面向。

一致性有一部分是展現在兒童每次進入遊戲室時，玩具都被放在同一個位置。奶瓶不應有時放在遊戲室的某一邊，有時放在另外一邊。玩具品項都應放在原本設定好要放的架子上。這並不意謂遊戲室必須保持得乾乾淨淨、一塵不染，但的確應該要保持固定位置。如果兒童知道玩具放在哪裡，他們就會覺得更加安全。這樣也有助於讓遊戲室及關係都變得可以預期。一間整齊、有組織的遊戲室可以提升環境的一致性，象徵這個世界可以很有秩序，也確保兒童的遊戲不會受到前一位孩子遊戲的影響。

若是有幾位治療師共用一間遊戲室，可以每月排定一次清潔時間，會使用到遊戲室的全部人員在那個時間都聚在一起做清潔工作，並且將房間做整理、歸位。假如不這麼做，房間可能很快就弄得很髒亂，而一間像垃圾場的遊戲室其實帶不出什麼治療效果。

學校內遊戲治療計畫的建議名稱

　　由於有些老師、校長和家長對「治療」這個用語相當敏感，小學的諮商師可能會想要用不同於「遊戲治療」的名稱。學校裡的「遊戲治療計畫」可以被稱為「用玩具做諮商」、「透過遊戲來讓情緒成長」、「透過遊戲來得到發展上的成長」或其他名稱。小學諮商師應該最能夠判斷周遭環境中的人對「遊戲治療」究竟會有何反應。對兒童如此重要的計畫，不應僅僅因為某些人反對這個用語就受到擱置或延誤。我很鼓勵小學諮商師想出一個饒富創意的名稱，以描述兒童如何自發地運用玩具和器材來對諮商師表達他們的世界。在運用遊戲治療時，小學諮商師應該要強調自己正在使用可以有效協助兒童發展、成長的一種方法。在學校中，運用遊戲治療的最終目標是：幫助兒童做好準備，以充分吸收老師所教的東西。

參考文獻 • • •

Ginott, H. (1994). *Group psychotherapy with children: The theory and practice of play therapy*. Northvale, NJ: Aronson.

Smith, M. (2002). Filial therapy with teachers of deaf and hard of hearing preschool children. (Unpublished doctoral dissertation, University of North Texas, Denton).

Trotter, K., Eshelman, D., & Landreth, G. (2004). Yes, Bobo should be in the playroom! *Association for Play Therapy Newsletter, 23*(2), 25–26.

第9章

關係的開始：兒童的個人時間

誰能想到世界上竟然還有這麼一個地方呢？

一位接受遊戲治療的兒童

　　什麼叫作「兒童的個人時間」？這是一段很難得的時間、一段由兒童指導自己的難得關係，也是由兒童決定該如何運用的一段時間。治療師不用努力去指導兒童的遊戲。這是一段特別的時間，能容許兒童按照他自己的意願，做自己想要做的事。兒童的步調想要多慢就可以多慢，沒有人會說：「快一點啊！」兒童可以抱怨、發牢騷、表現出不痛快，沒有人會說：「快樂一點嘛！」兒童可以什麼事都沒做、沒有完成，沒有人會說：「積極點，找些事來做。」兒童可以很大聲、很吵，或拿東西敲打，但沒有人會說：「安靜點！」兒童可以裝傻、咯咯笑、大聲笑，沒有人會說：「像樣一點！」兒童可以像小小孩一樣吸奶瓶，沒有人會說：「你長大了，不適合再吸奶瓶了。」兒童可以用黏膠、剪刀、塑膠片做一艘太空船，沒有人會說：「你太小了，還不能做這個。」這是一段非比尋常、奇特的時間、空間和關係，在這段時間裡兒童可以成為、經驗及表達當下的自己，並且受到完全的接納——這就是所謂「兒童的個人時間」。

治療師知道成長是一個緩慢的過程，既不能催促，也急不得。這是兒童可以放鬆的一段時間，也是成長得以不受強迫、自然發生的處所，更是一段特殊的關係。站在遊戲室的中央，五歲的拉斐爾說出他對這獨特治療時間的感覺：「但願我可以住在這裡。」他的說法清晰捕捉了兒童對這個特殊時間、處所及關係的看重。

◆ 建立關係的目標

兒童中心遊戲治療師並不會為兒童設下必須完成的目標，但卻會關注在彼此互動時可以促進治療關係發展的一些目標。焦點是放在兒童。目標完全投注在與兒童的關係，也因此治療師所有的舉動都是對關係的回應。以下的一些目標便是為了達成這個目的。

1. **為兒童建立一個安全的氛圍**。治療師不能叫兒童感到安全，兒童必須在關係發展的過程中自己發覺。在完全沒有限制的關係中，兒童無法感到安全。治療師的一致性可以促進兒童的安全感。

2. **了解及接納兒童的世界**。不管兒童在遊戲室內做什麼，治療師都熱切而真心地表達出興趣，這樣便能傳達出對兒童世界的接納。接納意謂著對兒童探索的步調有耐心，而了解則意謂著透過兒童的觀點、而非成人的現實標準來評斷事物。

3. **鼓勵兒童情緒世界的表達**。雖然遊戲器材很重要，但更重要的是兒童透過遊戲器材所表達出來的感覺。在遊戲治療中，感覺不會受到評價。兒童所有的感覺都應當獲得不帶任何評斷的接納。

4. **建立一種容許的感覺**。這並不是一種完全不受限制的容許，但很重要的是，必須讓兒童感受到在這裡有足夠的自由。讓兒童自己做決定，可以創造出一種容許的感覺。

5. **促進兒童自己做決定**。要做到這樣，必須避免替兒童提供解答。要提供機會讓兒童自己選擇想玩什麼玩具、怎麼玩、用什麼顏色，以及某個東西可以變成什麼，這樣就能製造做決定的機會，進而促進自我負

責。

6. **提供兒童一些機會去承擔責任及發展控制感**。真正控制環境其實並不可能，但重要的是兒童感覺能控制。在遊戲室中，兒童為自己所做的事負責；若是遊戲治療師替兒童做兒童自己可以做到的事，就會剝奪兒童經驗到自我負責的機會。控制感是很有威力的因素，有助於兒童發展正向自尊。對 2,800 個都市兒童所做的調查發現，學業成就最佳的預測指標就是兒童對環境的控制感（Segal & Yahraes, 1979）。

◆ 與兒童接觸

　　由於通常不是兒童自己決定要接受遊戲治療，這表示兒童生活中的某位重要大人認為兒童需要做某些改變。因此，兒童第一次來遊戲治療單元時，通常會預期治療師也會要他改變。所以，若是從兒童的觀點來體會，我們不難了解兒童一開始會抗拒、生氣或退縮，同時覺得有必要保護或防衛自己。不管是哪種感受，那就是兒童當下的真實感受，而且兒童把經驗到的東西帶進關係裡。治療師不能無視於這些最初的反應及感受，而只想盡快處理「兒童被帶來這裡的真正原因」。那就是兒童，他的所有感受都應被接納，並被視為在那些情況中他當下的真情流露。

　　與兒童做情感接觸的過程從見到孩子的第一眼開始。我面對的挑戰是：「孩子跟我可以在這裡創造出什麼？這孩子是怎樣的一個人？這孩子想要什麼？這孩子現在有什麼感覺？這孩子怎麼看我？這孩子想要從我這裡得到什麼？」在此時，我心裡最強烈的一個念頭是：「在與這個孩子的互動中，我不要像別的大人一樣。」事實上，這不僅僅是一個念頭，而是真正渴望成為一個不一樣的大人。我不想要逼迫孩子，不想要太快接近孩子，或一下子太過親密。

　　這個孩子以前從沒見過我。「我很好奇這孩子眼中的我是怎樣的一個人？這孩子在我的臉上看到什麼？這孩子從我的聲調中聽到什麼？我對孩子的喜愛和溫暖有流露在臉上嗎？我的語氣顯露出友善嗎？在當下我願意

變得小一點，以便能更完全進入這孩子的世界。這孩子知道我覺得他很重要，是這個房間內最重要的人，且其重要性更甚於他母親嗎？我的眼神有這樣表示嗎？孩子知道我關心他的內在感受嗎？我的話能傳達出我的關心嗎？」在大部分的經驗及關係中，特別是新開始的關係，兒童總是很好奇：

我安全嗎？ 我不認識你，跟你在一起安全嗎？這裡安全嗎？我在這裡會發生什麼事情？你會對我做什麼？

我能應付嗎？ 如果我不照你的要求做，我會怎樣？如果我無法回答你的問題，我會怎樣？如果你不告訴我你想要什麼，我該怎麼辦？如果我做錯了，我會怎樣？

我會被接納嗎？ 你會喜歡我嗎？你會喜歡我做的事嗎？我能做什麼來確保你會喜歡我？

關係的建立開始於兒童從治療師身上看到及覺知到什麼，而這取決於治療師對兒童當下經驗的敏感度。與兒童接觸意謂著用溫和、友善和柔軟的方式回應兒童的自我表達。透過接納兒童的態度、感覺及想法這個過程，治療師便得以進入兒童的世界。一旦可以用這種方式與兒童接觸，信任的關係就可以開始發展。根據 Moustakas（1981）所說，「只有在治療師用充滿熱情、勇氣的方式來深入探索，並以堅定的意志與兒童站在一起時」（p. 11），與兒童的真正接觸才會發生。

經 驗 法 則

對於兒童如何看他的世界，要保持敏感度。

保持敏感也意謂著必須要知道，多數情況下兒童被帶去某個地方，都是有某個人要對兒童做些什麼，例如：醫師、牙醫、學校測驗中心等等。因此，不難想像兒童也會預期遊戲治療師將會對他們做些什麼。這個地方對兒童來說像什麼呢？是一個歡迎人們來的地方，或是像醫院一樣令人感到畏懼？走廊的設計乏味嗎？牆上有任何色彩嗎？牆上掛的畫是兒童懂得

遊戲治療：建立關係的藝術

欣賞的嗎？掛的畫適合兒童的高度嗎？等候區的設計透露出這是屬於孩子的地方嗎？若是能從兒童的眼睛來看看他們自己和周遭環境，治療師將會發現這對自己很有幫助。

◈ 在等候室的初次相遇

關係的建立開始於治療師與兒童在等候室的初次互動。治療師進入等候室時，通常以充滿期待的心情來面對充滿各種可能性的新關係，而他所見到的父母通常早已準備好要告訴治療師對孩子行為的所有擔心。父母早已盤算好應該告訴治療師哪些關於孩子的重要訊息，甚至已經做過多次演練，以便讓治療師精確知道問題的核心所在。治療師向父母致意，接下來父母就立刻開始讓治療師了解案情的最新發展，但此時並不是治療師練習主動傾聽或耐心聽完父母抱怨的時機點。若是治療師站在那裡與父母交談，這當中所透露的明顯訊息就是治療師認為父母比孩子重要。用這種方式來開啟與孩子的重要關係其實並不適當。孩子可能會覺得自己不重要，甚至不像個活生生的個體，因為這種情況已經發生過太多次了——父母用第三人稱的方式談論他，彷彿他不在現場一樣。

想像一下自己像一個附屬品，掛在那裡沒有真正用處，只是在巨人們身邊隨處扭動，這樣可能有助於治療師體會孩子的心情。這就是許多孩子所感受到的心情：不重要、沒有被注意到——除非他們造成某個巨人的困擾，然後他們就會得到許多關注；嗯……負面的關注總比沒有獲得關注來得好一點。治療師當然不要加重孩子對自己的這種覺知，因此，治療師應委婉地對父母說現在並不是討論這些議題的時機，因為他們要談的事情很重要也需要一些時間，可以再安排一段時間坐下來好好地談。接下來治療師要馬上蹲下來跟孩子打招呼。

對治療師有用的方式是進入等候室，給父母一個短暫親切的問候，立即蹲下來，與孩子眼神接觸並友善微笑，然後在父母還沒來得及開始對話之前就先對孩子做自我介紹。孩子在當下是整個建築物裡最重要的一個

人，而治療師在那裡是為了要跟這個重要的人建立關係，並且讓他知道自己的重要性。因此，治療師不會站在孩子面前討論有關他的事。

在對孩子做簡短介紹後，治療師可以說：「我們現在可以到遊戲室去，你媽媽會在這裡等，我們從遊戲室回來時，她還會在這裡。」接下來治療師就站起來，用眼神確認剛才所說的話。治療師不應該問：「你想去遊戲室嗎？」或是「我們現在可以去遊戲室，好嗎？」要是遇到一個抗拒性強的孩子，這類問話等於在自找麻煩，因為他可能會回答「不要」。再者，這樣問也讓孩子以為能拒絕到遊戲室去。假如孩子真的不想到遊戲室去，這個議題最好在遊戲室裡來處理，在那裡他可以挑選一些器材自由地來表達感覺及渴望。

與孩子的關係發展開始於等候室，但問問題並不是與孩子建立關係的好方法。在走到遊戲室的走廊上，假如治療師試圖用詢問「你幾歲？」或「你讀哪一所小學？」來與孩子建立關係，孩子就會預期到了遊戲室之後還是一樣會被問很多問題，於是他就會被動等著治療師問更多的問題；提問會讓治療師主導這段治療關係。而兒童中心遊戲治療師則允許兒童帶領這段治療經驗與關係去到兒童想去的地方，因此治療師會避免提問。

若有父母或其他觀察者在遊戲室外，可能會誘發兒童出現一些意料之外的行為。告訴孩子，父母會在等候室等待，而且等他和治療師從遊戲室回來時，父母仍會在那裡等他，這樣可以讓孩子放心一點。治療師必須記住，對兒童而言，他是跟一個完全陌生的人去一個陌生的地方，而且一去不知道多久才能回來。

對於抗拒去遊戲室的兒童，遊戲治療師可以回應：「關於去遊戲室這件事，你需要更多的時間來決定，我會回到我的辦公室，你可以選擇一分鐘或三分鐘之後進去遊戲室，你想選哪一個？」選擇會帶來合作，因為控制權回到了兒童手上。

若選擇的時間已經過去，但兒童仍不情願進遊戲室，治療師可以說：「媽媽，妳可以跟我們一起走到遊戲室，這樣羅伯就曉得妳知道遊戲室在哪裡。」羅伯也可以參與這個決定過程，讓他選擇走在媽媽身邊，或是牽

著媽媽的手。這樣子通常就能讓兒童往遊戲室的方向移動，因為他不會想要一個人留在等候室而讓媽媽跟治療師一起走向遊戲室。在大多數的情況下，兒童都能自己跟治療師進入遊戲室。萬一兒童仍不願意，治療師可以邀請媽媽陪伴孩子進入遊戲室，同時說：「媽媽，查德好像希望妳在遊戲室裡陪他一會兒，妳可以跟我們一起進來。」媽媽進入遊戲室後，治療師可以說：「妳可以坐在那張椅子上，假如查德需要妳的回應，我會讓妳知道。」一旦治療單元繼續，而且孩子放輕鬆之後，治療師可以選一個適當時機讓父母離開，且父母離開時不用做任何表示。

是否讓父母進入遊戲室乃是根據治療師的判斷。治療師要能預期到的是，一旦讓父母進到遊戲室，孩子可能更難與父母分離，因為孩子已經學到不情願的行為可以換來父母的陪伴。一般說來，父母留在遊戲室的時間越久，父母和孩子分開的困難度就越大。治療師也應該了解，有時候父母比孩子更難面對分離的議題，而孩子感受到這種狀況，因此針對父母的感覺做出反應。假如情況真是這樣，最好在遊戲室門口處理分離的議題。必須考慮的另一個因素是治療師的感覺。治療師或許會覺得讓父母在遊戲室幫忙有抗拒的孩子，總比自己處理來得更容易一些，然而，只要父母仍在遊戲室，孩子心理上很可能會沒有足夠的安全感去探索某些重要部分。

是否要接受治療這件事，實在是超乎一個四歲孩子的決定能力。父母不會讓一個扁桃腺腫大、無法吞嚥的孩子決定是否服藥；四歲大的孩子同樣也無法負起決定的責任。父母不會讓一個骨折的八歲孩子決定是否送醫，同樣地，對孩子來說，決定是否接受治療責任過大。一個有自殺念頭的十歲孩子不應該自己決定是否接受治療，然而，一旦進入遊戲室，孩子就可以自由地決定如何運用這個經驗，以及是否要善用這個機會做改變。別人能提供兒童一些機會去做改變，卻無法強迫他們改變。是否改變是由兒童自己做決定。

兒童可以選擇哪一天來，或是到遊戲室或其他治療室，但必須在某個時間點之前決定。兒童的情緒福祉與他的身體及教育福祉一樣重要。這個時間就好像要被定罪一樣，需要有很大的勇氣，要由父母和孩子共同決

定。有些人認為治療師無論如何必須將不情願的兒童帶進遊戲室，但我並不覺得如此。下下策是由父母將孩子帶進遊戲室，但仍應盡可能避免發生肢體上的拉扯。雖然我還不曾用過上述方法，但我的確碰過一些抗拒性很強的兒童，需要花費二、三十分鐘才能讓他準備好進入遊戲室。

在遊戲室中發展關係

兒童中心遊戲治療的結構性低，並且順應這個取向的一般原則及目標：自由、安全及自我控制的促進。

介紹遊戲室

最低限度的關係結構是在一進入遊戲室，治療師對兒童介紹遊戲室那時開始。治療師用音調及表情投射出一種溫暖及友善的形象。這不是過度嚴肅的時間，要保持微笑！治療師的表情很重要，可以傳達出話語無法傳達的東西。

此時治療師的口語表達盡量簡單，因為此刻並不是說服兒童接下來會有多好玩的時機。對一個長久活在害怕被批評、責備及拒絕的兒童而言，治療經驗的價值無法用口語來向他解釋。關係的價值只有透過實際體驗才能真正了解和感受到。對關係做過多解釋反而無意間會對關係設下限制，進而抑制了兒童的探索及表達。光用語言無法讓兒童知道遊戲室裡會發生什麼事，兒童必須冒險探索之後才能真正理解。

要謹慎選擇話語來對兒童表達出關係的自由、自我指導等特別層面。治療師可以說：「梅麗莎，這是我們的遊戲室，在這裡妳可以用很多種方法來玩這些玩具。」事實上，這種說法多少帶點指導性質，因為它似乎暗示著治療師期待兒童會去玩，然而兒童是有不玩的自由。不過，要對兒童表達其實他們有不玩的自由，可能必須做出冗長的解釋。上述的說法讓兒童保有自由，也容許兒童做自我指導，因為它對兒童傳達出指導的責任在於他們自己。

「用很多種方法」傳達出自由度的界限，事實上也表達出行為的限制，這是一個關鍵詞。要避免使用「用你想要的任何方法」，因為這裡並不是一個完全自由的地方。經驗較少的治療師通常會這樣對兒童介紹遊戲室：「這是我們的遊戲室，在這裡妳可以用你想要的任何方法來玩這些玩具。」但是在兒童拿著飛鏢要射治療師，或是兒童拿飛機丟向玻璃窗時，治療師卻必須取消絕對的許可。治療師應該謹慎思考在初期場面結構時所說的話。

讓兒童主導

　　在介紹遊戲室後，治療師就坐下來，進一步對兒童表達願意讓他主導。治療師的椅子是遊戲室內唯一中立的位置，而治療師要一直坐在那裡，直到獲邀進入兒童的身體空間或遊戲中。在每次單元一開始都坐在相同位置，這樣可以向兒童表達出一種可預測性的訊息，也有助於兒童感到安全。可預測性可以帶來安全感，而這兩者都具有治療性。治療師坐下時也在表達將責任回歸給兒童。假如治療師持續站著，就會有一種高高在上的感覺，傳達出來的訊息就是治療師掌控一切或是想要做些別的事情，於是兒童就會用預期的心態在那裡等著。同時，治療師站著的時候就很容易跟著兒童走動，這會引發兒童過多的自覺意識，覺得治療師不斷地在盯著他。

　　若是遊戲治療師讓兒童主導遊戲治療關係，那治療師就是貫徹了相信兒童有朝向成長及成熟的先天能力這個基本哲學，也實踐了深信兒童有能力做建設性的自我指導這個態度。這個哲學以及隨之而來的態度和信念，會讓治療師信任兒童可以把遊戲治療經驗帶到兒童需要去的地方。治療師允許兒童主導關係的所有層面。在我督導團體中的一位遊戲治療師總結了信任兒童的這種內在面向精髓：「我第一次完完全全地經驗到信任我自己和孩子，允許孩子去到他需要去的地方，做他需要去做的事，而我也驚訝於孩子所擁有的內在資源和驚人的創意語言。」

　　在遊戲室中的時間限制結構及最低限度的設限之下，兒童可以經驗到

以下選擇的自由，包括要玩或不玩、要談些什麼或不談、要安靜地站著或坐在遊戲室中間、要將治療師納入或排除在遊戲中、要不要躲著治療師、要坐在地板上或在遊戲室裡跑跳、要玩得快一點或慢一點、要接納或拒絕治療師、要不要聽治療師的話、要大聲說話或保持安靜（圖 9.1）。在兒童中心遊戲治療中，做選擇是治療過程中很重要的部分。有機會選擇要不要玩或哪一個玩具先玩看似不重要，但是對兒童而言，所做的每一次選擇都代表著對他自身生活的某種控制。

為了試圖表達出友善及放鬆的氛圍，有些治療師會坐在地板上。對於治療師坐在地板的這個舉動，兒童有可能會解釋為治療師期待被邀請一起來玩，如此一來，即使兒童原本並不打算邀請治療師一起玩，他可能還是會開口邀請。假如治療師沒有坐在地板上的話，兒童可能就不會邀請治療師一起玩。地板是兒童的地盤，除非兒童邀請，否則治療師不應進入。跟

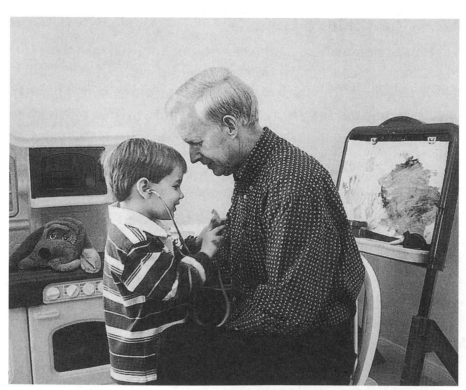

圖 9.1　在建立關係中，兒童經常運用玩具當作與治療師接觸的方式。

隨兒童的主導並不表示不參與兒童的遊戲，只是這種參與必須在兒童的主導或邀請之下才進行。

在參與兒童的遊戲時，治療師必須謹慎地讓兒童主導。參與涉及從兒童身上找到線索。兒童是戲劇的導演和編劇，所有的內容都來自兒童的決定。下列方式都會干擾到兒童的遊戲，包括：問問題、提供解答或建議，或是讓兒童操縱治療師變成老師角色或為孩子做事情。一旦治療師提供解答或指導，兒童就不會學到自我指導及負責。

當然，在跟隨兒童的主導方面有一些合理的限制。即使兒童要求治療師脫衣服，治療師也不應這麼做，但可以回應：「你要我脫掉衣服，但我的衣服不是用來脫的，你可以假裝那個娃娃（指向娃娃）是我，然後把娃娃的衣服脫掉。」治療師不是兒童的玩伴，必須在參與兒童的遊戲同時仍維持治療性的角色。

一位受虐女孩創造出施虐父親正用口語攻擊她的一個遊戲場景，接下來女孩指示治療師：「你扮演我爸爸，對著我大聲咆哮、咒罵我，罵我很笨，而且非常討厭我！」無論如何我都不可能去執行這個角色，因為這角色根本違反我的價值觀和我對兒童的關心。即使在遊戲中，我還是不會對著孩子大叫或咒罵，因為這類施虐語言在遊戲中仍然顯得太有情緒上的穿透力。即使兒童只是腦海閃過我可能會傷害她的這個念頭，我依舊會深感困擾。在這樣的一次經驗後，她跟我在一起時怎麼可能還會感到安全呢？在遊戲治療關係中，治療師應有絕對的一致性和可預測性。我對孩子的回應會是：「對妳大叫或咒罵妳會讓我感到不自在，即使是在遊戲中；我不希望妳認為我可能會傷害妳，即使是在遊戲裡。妳可以假裝那個充氣式不倒翁是我，讓它對著妳大叫。」這種轉換可以讓兒童繼續她的表達或探索（我的回應共有六十六個字，遠超過我建議的十六個字以內，有可能是因為這個議題對我來說情緒性很強）。

五歲的托比在治療師和他自己前面各排了一排玩具兵，拿給治療師一把填裝好的標槍，也給了自己一把。他對著治療師的一個玩具兵射了一發標槍，然後說：「現在換你，你可以射我的一個玩具兵。」在採取任何行

動之前，我們有必要檢視一下我們對兒童發展的知識，看看年幼兒童是如何知覺他們的世界。我們從兒童發展的文獻了解到，年幼兒童視他們擁有的東西為自己的延伸。這個訊息會讓治療師停下來想想。假如治療師真的射了兒童的玩具兵，托比有可能會將這個行為內化成針對他個人的對抗。了解這點之後，治療師可能就會回應：「你可以替我做，射你的士兵。」同時將標槍拿給托比。對於我所做的某些事是否會讓兒童視我為難以預測，或是讓兒童認為我可能會傷害他，我都保持高度的戒心。我希望我的行為可以有足夠的一致性，這樣一來孩子才能預測我會如何回應，跟我在一起的時候也才能感到安全。一致性可以帶來可預測性，而可預測性可以促進安全感。

讓兒童在關係中主導，可以充分表達治療師對兒童的尊重。在這個發展中的關係裡面，我信任兒童可以帶我到他需要去的地方，到他生命中需要探索之處。因此，我很樂意跟隨兒童的主導，並且成為兒童自我探索旅程中的一部分。可以被允許去經驗孩子對自己的創意發現，這是一件多麼有特權的事啊！

聽見非口語表達

多數精神衛生專業人員比較依賴個案的口語表達，但有效的遊戲治療師會仔細傾聽兒童沒有說出來的東西，包括他們的體驗、感受、渴望、需要、想法、好奇以及無法用口語表達的東西。兒童無時無刻不在傳達出他個人的某些東西，但不一定是透過話語。

經 驗 法 則

用你的眼睛還有耳朵來傾聽兒童。

遊戲治療師需要從兒童那兒聽到的東西多數無法用耳朵聽見。你不可能用耳朵聽見兒童的臉上的害怕，你只能用眼睛去看見；你不可能用耳朵聽見兒童臉頰上留下的淚水，你只能用眼睛去聽見。在遊戲治療關係裡，

最重要的訊息只能透過你的眼睛聽見。一個孩子可能靜靜地玩著玩具，但卻透過遊戲大聲地表達。這不就是為什麼遊戲對兒童而言是最符合他們發展程度的治療首選嗎？遊戲是兒童最自然的表達方式，而口語溝通卻非絕對必要。

尊重兒童的空間

兒童獲得允許與治療師分開，並維持兒童感到自在的身體距離。卡拉在房間的那一頭玩農場動物，而且背對治療師，其中自有原因，這原因必須獲得尊重。在兒童覺得自在或覺得必須這麼做時，他自然就會接近治療師。若是治療師尊重這個關係層面，那他就相當以兒童為中心。治療師的這類行為雖然細微，但卻對關係傳達出很有力的訊息。

對兒童做身體方面的跟循

要在房間裡跟隨兒童，不一定要身體跟著走，不過在之後的單元中，若是兒童要求治療師這麼做，那麼跟著走動有時也是適當的作法。治療師即使沒有離開座位，也可以表達出主動的關注。當兒童向外走開，治療師可以坐在椅邊、轉動身體姿勢以表示關注，例如：治療師可以身體向前傾、雙手在腿上交疊，以便更靠近在離治療師約 1.5 公尺遠的娃娃屋活動的兒童。這樣可以讓治療師的頭部位置下降，就像是治療師把自己投射到兒童的遊戲中，進而傳達出治療師的興趣及投入。在兒童四處移動時，治療師隨著從椅子上的一邊挪動到另一邊，這可傳達出治療師的持續投入。

經 驗 法 則

治療師的腳尖應該跟隨他的鼻尖方向。

兒童應像是磁鐵一樣吸引治療師整個人，包括身體的部分。只要兒童在遊戲室，治療師的鼻尖和腳尖都應朝向兒童的方向。在督導遊戲治療師的時候，我常常觀察到治療師把頭轉九十度、用眼睛去跟循兒童，但身體

的其他部分卻維持不動，而且方向也遠離兒童，這其實傳達出對兒童只有很少的投入。若是治療師整個身體及腳尖都朝向兒童，兒童才會真正感受到治療師的存在。

治療師也可以透過揣想及完全投注於兒童活動的方式在房間裡跟隨兒童，試著去感受孩子的情緒強度、感覺他的投入、好奇於他的創意、思索他遊戲的可能意義、感覺當下的氛圍，以及用表情、聲調和姿勢來傳達出**同在**的感覺。治療師可以投入一部分的活動中，卻不一定要用身體跟著孩子。真正的投入是透過真誠的關心、完全的興趣以及想知道兒童內在參考架構的真切渴望，而非跟著孩子在房間到處走動。

在兒童與治療師開始彼此了解和信任之後，治療師就可以自在地移動椅子到房間的較佳位置，以便與兒童有所互動。由於這是滿足治療師的需要而非兒童的需要，有幫助的作法是先告知孩子接下來會發生什麼狀況，到時候孩子才不會嚇一跳或是中斷遊戲。治療師可以這麼說：「卡洛斯，我現在要移動我的椅子（治療師開始移動椅子）到沙箱旁邊，這樣我才能更靠近你的遊戲。」若說成「這樣我才能看見你在做什麼」，聽起來就像是父母在監視孩子的口氣，一點都無法傳達治療師的意圖。再一次地，這些都是很細微的差別，但是對關係的影響卻是很大。

反映非口語遊戲行為：跟循

治療師所做的跟循（tracking）回應是透過話語來描述治療師用眼睛所聽到的東西，以此來回應兒童的活動及非口語遊戲表達。跟循回應就是治療師用話語將所看到及觀察到的兒童作為描述出來。治療師剛剛在第一次遊戲治療單元中幫伊凡介紹了遊戲室，之後伊凡開始在遊戲室內一邊走動，一邊看著某些玩具，同時將兩隻手貼在屁股上，還用好奇的神情往房間的另一頭望著。治療師跟循伊凡的行為：「嗯，你正在決定要先玩什麼。」伊凡走到房間另一頭，撿起一部車子，坐在地板上，接著開始前後移動車子。治療師跟循伊凡的行為，說：「你決定先玩這個，你把它前後移動。」跟循回應傳達出治療師對孩子的興趣，也傳達出孩子正在做些什

麼。下一章將對此治療技巧做進一步說明。

反映內容

在遊戲治療中，反映口語內容類似於在青少年及成人談話治療中的反映內容。遊戲治療師將遊戲單元中兒童的口語互動做總結或改寫，然後再反映回去給兒童，於是兒童就會知道自己有被聽到。反映兒童口語表達的內容有助於治療師沉浸在兒童的世界裡。珍妮佛拿起一隻恐龍，並進一步分享恐龍的種種知識，此時治療師回應：「妳知道許多關於恐龍的事。」珍妮佛（假裝一顆炸彈掉在有坐人的車子附近）說：「大家都沒有受傷，因為他們全都躲在車子裡面，丟炸彈的那個人不知道。」治療師說：「他們很安全，但那傢伙並不知道。」這些對內容的反應表現出了解、接納，以及允許兒童主導。下一章將對反映內容做進一步說明。

反映感受

有些治療師對兒童保證一切都會沒事，以求更快速建立關係，但在過程中卻也漠視了兒童的諸多感受。七歲的卡拉麗坐在椅子上喃喃說道：「你的東西都不好玩，我不要待在這裡。」治療師說：「卡拉麗，親愛的，其他的孩子都覺得這裡很好玩呢！妳看那裡有洋娃娃，或許妳會想玩一下。」治療師現在的感覺可能好一點，因為他提出了一項建議，但是孩子現在卻感覺更糟，因為她的感受被忽略了。

假如卡拉麗真的遵從治療師的建議，依賴就會隨之產生。一位心存接納的治療師不會催促兒童一定要玩或一定要說話，因為那必須由兒童來決定。所需的回應必須聚焦在兒童的感受：「妳不喜歡遊戲室裡的東西，妳想要離開。」卡拉麗現在感覺到被了解。容許意謂著兒童可以選擇玩或是不玩。催促兒童一定要玩或一定要說話，其實是忽略了兒童的感受，也剝奪他做決定的機會。同樣地，一位心存接納的治療師不會藉由詢問一些探索性的問話來「啟動孩子」。兒童應該被允許去主導對話和遊戲（圖9.2）。

圖 9.2 　若是治療師可以在情緒上與兒童分享當下的經驗，並且反映兒童的感受，兒童就能經驗到同在的關係。

　　安潔莉娜在桌上擺玩具碗盤，邊微笑邊說：「我知道每一樣東西擺在哪裡。」治療師回應說：「妳為妳自己感到自豪。」下一章將對反映感受做進一步說明。

🔷 回應遲疑、焦慮的兒童

　　兒童可以自由選擇他想要的方式來主導互動。儘管如此，要是兒童很焦慮，就只是站在遊戲室中間且不說一句話，那接下來要怎麼辦？若是因為兒童不說話也不玩，治療師就認為什麼事都沒發生，也就沒什麼好回應的話，那就會犯下治療上的錯誤。兒童總是無時無刻不在傳達出他們的訊息，因此，治療師永遠不怕沒有東西可以回應。四歲的安琪拉在第一次單

元進入遊戲室時不發一語，顯然她很焦慮，不確定在遊戲室裡該做些什麼或是別人期待她做些什麼。這時治療師對遊戲室已經做過介紹。

安琪拉：（站在治療師正前方，扭動雙手，看著治療師，然後看向櫃子上的玩具。）

治療師：妳正看著那裡的玩具。（暫停）

安琪拉：（看著單面鏡中的自己，露齒而笑。）

治療師：妳看到那邊鏡子中的自己。（暫停）我猜有時可能……很難決定要先做什麼（暫停，安琪拉又看了看玩具），不過在這裡妳可以玩任何妳想玩的玩具。

安琪拉：（開始去刮挖一根手指上已磨損的指甲。）

治療師：嗯……妳在弄……（暫停，指著安琪拉的指甲）妳的手指上面。（暫停）嗯，妳好像想從指甲上面拔掉什麼東西。

安琪拉：指甲片。我已經拔掉另一片了。

治療師：哦，妳已經拔掉一片了。

安琪拉：在學校的時候。

治療師：妳在學校的時候拔掉一片，嗯，現在妳要拔這一片。

171

　　治療師對安琪拉的非口語線索所做的回應有助於她放輕鬆，而且治療師的口語專注最後也使安琪拉加入了對話。安琪拉即使沒有口語回應也不影響過程的進行，因為她還是有用眼神、表情和手勢來表達一些訊息。若是孩子不說話是由於在遊戲室中感到焦慮或不自在，治療師此時就不宜保持沉默，因為這樣只會增加孩子成為焦點的不安感，也更不知道接下來該做什麼。一位新手遊戲治療師體驗過這點，他說：「我學到了我的沉默、面部表情和體型都足以嚇阻到孩子，而我也可以用接納、容許和感覺來釋放孩子所抱持必須做些什麼的心態。我必須謹慎地運用我自己，因為孩子比較容易被我傷害，更甚於我被他們傷害。」

以下的獨白是累積了諸多兒童遊戲治療的經驗而來，包括了治療師與兒童的假設性互動、兒童對此經驗的觀感，以及兒童對第一次遊戲治療經驗的反應。

媽媽說我將會有好玩的事，耶，我以前就聽到過！她告訴我說我會去一個房間，那裡有很多六歲孩子喜歡玩的玩具和東西。她說我會跟某個叫作「諮商師」的女士在一起。但到底是哪一個女士想跟我玩呢？她長什麼樣子？我會喜歡她嗎？她會喜歡我嗎？她會對我做什麼？也許我再也回不了家。我連她長成什麼樣子都不知道！哦，我聽到腳步聲了……會不會是……

這個女士大概就是他們叫作「諮商師」的人吧。她溫暖、友善，在跟媽媽說「嗨」之後對我做了自我介紹。她一直在微笑，這讓我覺得輕鬆不少，所以我也說了聲「嗨」。她蹲下來對我說話，也注意到我的蜘蛛人Ｔ恤和綁著紅鞋帶的全新網球鞋。她說這雙鞋看起來像是賽跑鞋，那是當然的囉！哦，我現在更喜歡她了！或許她會很不錯。

現在我們一起沿著走廊往下走，她注意到我有點害怕。她說這一定是很奇怪的感覺，因為我不曾見過她或她那間很特別的遊戲室，有時候這對小朋友來說有點恐怖。她這樣說大概表示覺得害怕是很正常吧。一個大人會這樣說倒是很有趣！她一定是一個很體貼別人的人，而且她看起來很關心我。或許她也曾經害怕過。

她帶我到那間叫作「遊戲室」的特別房間。哇，真的不一樣耶！好多玩具耶！她說我們會一起在這兒待四十五分鐘，嗯，這滿奇怪的，以前從來沒有人會說我們可以一起待多久，或是我應該要玩多久。她說在這裡我可以用很多種我想要的方式來玩這些玩具。哇，她真的是那個意思嗎？嗯，她好像滿關心我，也很喜歡

我，即使她還不太認識我。太奇怪了！我很想知道她是不是對所有的孩子都這樣。或許我最好先等等看她是要我做什麼。別的大人總是會告訴我該做什麼，我先沉默一下子好了。她注意到我在看水彩，然後說有時候很難決定該先做什麼，可是在這裡我真的可以自己決定。這整件事確實很不一樣。我拿起一枝畫筆，把整張紙塗滿紅色……感覺好棒。

我想畫一棵紫色的蘋果樹，不知道可不可以？或許我應該只畫紅色和綠色，但是我討厭綠色——讓我想到蘆筍，很噁！我問她該用什麼顏色，她說我可以自己決定。奇怪，別人都會告訴我該用什麼顏色，看來在這裡我可以決定大部分的事。嗯，那我就用紫色囉！她說我似乎已經決定要用很多紫色，對，那當然！很難把它畫得剛剛好，嗯，簡直是一棵可笑的蘋果樹，但是我喜歡它，因為它很大棵。很想知道她覺得怎麼樣，我來問她喜不喜歡。她說我似乎很努力去畫出我想要的樣子。對，就是這樣！這就是我想要的樣子——全紫。這位女士讓我自得其樂。

這真是一個好玩的地方。如果把她的鼻子畫成紫色一定更好玩！紫鼻子女士，那太棒了！哈哈，我把這一整團紫色塗在她身上一定會讓她跳起來，說不定還會到處躲哩！嗯，她看來不怎麼害怕，也沒有大叫阻止我，她只是說她知道我想把顏料塗在她身上，但是她不是用來給人畫的。她說我可以畫在紙上，或是假裝不倒翁是她，然後畫在不倒翁上面。她對每件事都好冷靜，但如果她不害怕的話，塗她身上就沒什麼意思了。不過，塗在不倒翁身上這個主意倒是不錯，我以前怎麼都沒想過。

我現在開始玩其他玩具。真好玩，叫作「諮商師」的這個人好像真的有在注意我到底在幹嘛。我喜歡我做的事，不知道她是否覺得重要？她很注意我，大部分的大人不會這樣注意我。她很聰明，都能看出我在做什麼，甚至還能評論我最愛玩的東西。耶，她留意到我最愛玩黏土，她真的對我和我做的事有興趣。

天啊，我已經喜歡上這裡了，我要試試看別的東西，像是玩沙箱啦！我希望她跟我一起到沙箱裡玩，但她說她在一旁看我玩就好。我喜歡她直接這樣說，因為多數大人會說：「我等一下就陪你玩。」然後「等一下」卻忘得一乾二淨。管他的！我想我只能再待幾分鐘，然後就要走了。她說我們還可以在遊戲室待十五分鐘，然後我就可以離開了。她好像相信我會把該做的事情做完，這種感覺真棒。

想想看，接下來做什麼好呢？真好，可以決定我接下來要玩什麼，在家裡我都不能做我想做的事。保母總是說什麼時間該做什麼事，哥哥們也總是催我去做我不想做的事，甚至爸媽也常叫我去學一些我還學不會的東西。這位女士不會，她都不會逼我；她都等我做自己的決定，而且不會像學校裡的孩子那樣嫌我動作慢。她喜歡我是因為我就是我，至少我是這樣覺得。

我想跟她玩球，一定很好玩，可以一邊講話一邊接球。啊！她真的對我做的事都很感興趣，而且像大人說的，很有修養。若是我故意把球丟歪，不讓她接到，她只是讓球跑過去，自己留在原處不動，然後說假如我想要這個球，可以自己去撿回來。她離球比較近，其實可以輕易地將球撿回來，但是她知道我在耍詐。我喜歡她不隨便讓我得逞的態度；我媽最後總是會幫我撿球——只要我多求她幾次。不過，媽媽最後都會大罵。這位女士好像都不會被任何事惹怒。

我真的很享受跟這個叫作「諮商師」的人相處的時光。她相信即使沒有她的幫忙，我仍然可以自己做好一些事情。我要她幫我打開膠水蓋，因為我怕自己做不來，她卻說這件事我可以自己做做看。後來我就試試看，你猜結果怎樣？我真的就把蓋子打開了耶！要是我早知道自己可以做到一些事情該有多好，那我就有可能在棒球賽中擊出全壘打，也不會每次都被三振而讓爸爸丟臉了。嗯，或許我能做一些她相信我能做的事。這位女士很有趣，

這個地方也很好玩。全部事情自己來……用我自己決定的方式，感覺真棒！

我想要畫一輛警車。哇，看起來很帥……全是亮亮的藍色！哎呀！上頭車燈的紅色顏料流到車身了！我好抓狂。她說我好像對這件事很生氣，我的確很生氣！不過，她怎麼會知道呢？以前沒有人留意過我的感覺，難道這表示對某件事抓狂是可以的嗎？一定是可以的，因為她好像一點都不在意我抓狂。

要是我把這支大飛鏢當作火箭，不知道她會怎麼想。我猜可以問她這是幹嘛用的，結果她說在這裡它可以被當作任何東西來使用。你能想像嗎？一個大人會讓我將它當成任何東西來用！哇，現在我可以垂直上升，假裝我要飛上月球，在那裡沒有人可以管我……就像在這裡我是自己的老闆一樣。

希望現在還不到要離開的時候，我還有好多事想告訴她，但一直沒有機會說。真奇怪，有時候即使是一件小事也很難對父母說，但我卻什麼事都想跟她說。她告訴我下禮拜要再來，而且她很期待再跟我共度一段時間。聽起來她是當真的，而我現在感覺很棒，因為她是第一個真正把我當作大人來對待的人，而不是只把我看成小孩。她尊重我──就是這樣，而且她知道我能做很多事，至少這是我現在的感覺。

◆ 兒童提出問話的技巧

兒童常常會問治療師許多問題，而這或許是他們用來跟治療師接觸或建立關係的方式。儘管如此，治療師也應該要想到，兒童對於自己問的許多問題其實心中早有答案。若從這個觀點來考慮，回應兒童的問話應該是去了解問話背後的動機，而非提供答案。提供答案會讓兒童局限在成人的現實世界裡，進而限制了兒童對玩具器材的使用。五歲的賀薛拿著手銬問：「這些是什麼？」治療師回答：「手銬。」如此一來，手銬就不再是

賀薛原先想當成的特殊的、新型的太空船。若是回應：「你想要它是什麼東西，它就是那個東西。」治療師就可以促進賀薛的創造力和想像力。接下來賀薛就會自由地將原本放在心中、卻沒說出口的想像表現出來。若是裘蒂問：「誰把洋娃娃弄壞了？」她很可能是想知道弄壞玩具的那個孩子後來怎麼了。敏感的治療師會回應：「在這裡有時會有意外發生。」裘蒂就會知道這裡不是處罰人的地方，也不是必須隨時小心翼翼的地方。這個大人知道意外狀況難免會發生，因此她就可以更自發且完全地自由表達自己。

經 驗 法 則

不要回答沒有問的問題。

回答表面的問題會帶來冗長的一問一答，進而增加兒童的依賴。若是兒童在遊戲治療中問問題，治療師應先思索背後的意義，而不是急著對表面的問話做回應。在回答兒童的問話前，治療師先問自己：「這個孩子試著要告訴我什麼？」史谷特撿起奶瓶並問：「這是火箭嗎？」他是在告訴治療師，對他而言，這個奶瓶看起來像火箭，因此治療師可以回應：「對你來說它很像火箭。」若是兒童指著沙箱問：「那是沙箱嗎？」治療師可以回應：「對你來說它很像沙箱。」以此接納孩子認為它是沙箱的這個知覺。要試著去了解兒童透過問話想表達什麼，而不是去回答問題，如此才能有助於更多的表達和探索。治療師在當下的感受會決定該做何種回應。以下的問話以及背後可能的一些意義，是用來幫助治療師覺察兒童可能透過問話在表達些什麼。

1. 別的孩子會來這裡嗎？

兒童可能是：

a. 想要確定自己的特殊性。

b. 在遊戲室建立一種歸屬感──「我的地方」，一種擁有的感覺。

c. 對遊戲室的獨特性感到好奇。

d. 想知道這段時間內這個房間是他的，以便有安全感。

e. 想知道是否有別的孩子會玩這些玩具。

f. 想知道是否有別的孩子會跟他同時使用這個房間。

g. 想知道他能不能帶朋友來。

h. 留意到這個禮拜房間有些東西不一樣。

2. 你知道我接下來要做什麼嗎？

兒童可能是：

a. 表示他心裡已經計畫好接下來要做的事。

b. 想要將遊戲治療師納入他的計畫中。

c. 完成前一個活動或改變遊戲主題——結束先前遊戲的一種方式。

3. 我明天能再來嗎？或是，我什麼時候能再來？

兒童可能是：

a. 正投注於某項重要活動，想要把它完成。

b. 喜歡當時正在做的事，希望有機會再做一次。

c. 表明「這裡是對我很重要的地方」。

d. 再次確認他的時間——的確有一段時間遊戲室是屬於他的。

e. 不確定是否要相信他的世界是一致、不會讓他失望。

f. 在表明「我真的很喜歡來這裡」或「能再來這裡對我很重要」。

4. 每個人都玩這個嗎？

兒童可能是：

a. 在表達「我能玩這個嗎？」

b. 不確定遊戲室的容許程度，想要確認它。

c. 不確定這個玩具是什麼，或不知道該怎麼玩。

d. 想決定自己想做什麼。

e. 想要與治療師接觸。

5. 你知道這是什麼嗎？

兒童可能是：

a. 自豪於自己的成果。

b. 想要與治療師接觸。

c. 已準備好特殊的目的來使用這個玩具——已有使用這個玩具的計畫。

d. 想獲得一些訊息。

6. 這是什麼？

兒童可能是：

a. 不熟悉這個玩具或遊戲器材，不確定該怎麼玩。

b. 正在決定自己想要怎麼玩它。

c. 不確定遊戲室的容許程度，正在表達「我能玩這個嗎？」或測試遊戲室的容許程度。

d. 想要與治療師接觸。

e. 想從治療那裡尋求指示或許可。

f. 想用非尋常的方式來使用這個東西。

g. 在檢視房間和遊戲治療師的同時試著與遊戲治療師建立關係。

h. 試著讓狀況回到某種「安全」的層面——通常是在遊戲治療師碰觸到某個敏感議題或感覺的時候出現。

7. 你喜歡小孩嗎？或是，你有小孩嗎？

兒童可能是：

a. 想與治療師建立關係。

b. 想對治療師有更多了解。

c. 覺得自己被遊戲治療師喜愛和接納（這個問話後面經常會接著「我喜歡來這裡」。）

d. 表達對遊戲治療師的占有欲。

e. 想把焦點帶離自己。

f. 想進行「有禮貌」的對話。

g. 想把話題轉到「你屬於哪一邊」這類的問話。

8. 現在幾點？或是，還剩下多久？

兒童可能是：

a. 玩得正起勁，不想離開。

b. 想確定還有一些時間可以玩。

c. 想知道剩下多久，以便有控制感。

d. 焦慮得想離開。

e. 計畫玩某個遊戲，希望有足夠的時間可以完成。

9. 你為什麼那樣子講話？

   兒童可能是：

   a. 不習慣跟大人講話。

   b. 對口語的關注感到驚訝。

   c. 對過多的語言反映感到厭煩。

   d. 表示他留意到遊戲治療師反映式的回應方式與別人有所不同。

10. 你可以幫我弄好（或幫我做）這個嗎？

   兒童可能是：

   a. 依賴且缺乏自己可以做好的信心。

   b. 想與遊戲治療師建立關係。

   c. 測試在一起體驗的自由度。

11. 假如我這麼做會怎樣？

   兒童可能是：

   a. 測試環境的限制。

   b. 表達好奇心。

   c. 想獲得關注。

12. 我必須把它整理乾淨嗎？

   兒童可能是：

   a. 逐漸熟悉遊戲室，在那裡也更有安全感。

   b. 想要讓這裡亂亂的。

   c. 想知道界限在哪裡。

   d. 想知道這裡是否跟別的地方不同。

13. 小孩們曾經在這裡一起玩嗎？

    兒童可能是：

    a. 覺得孤單。

    b. 覺得不安全。

    c. 想要逃避與遊戲治療師建立關係。

    d. 想帶某個朋友來。

14. 你會告訴我媽媽嗎？

    兒童可能是：

    a. 害怕做了某件事會被處罰。

    b. 準備好要打破某個限制。

    c. 想要確認這份關係的保密性。

15. 你有新的玩具嗎？

    兒童可能是：

    a. 難以決定要做什麼。

    b. 覺得無聊，想要有一些新玩具。

    c. 表示他已經準備好可以結束治療了。

16. 這個作品怎麼樣？

    兒童可能是：

    a. 真的想知道。

    b. 想操控遊戲治療師。

    c. 表達依賴，想要治療師告訴他，那他就不用自己判斷。

    d. 想與治療師建立某種接觸。

17. 我什麼時候會再來？

    兒童可能是：

    a. 想要獲得他可以再來的保證。

    b. 真的想知道什麼時候再來。

    c. 對於來這裡感到焦慮，想知道是否一定要再來。

    d. 覺得自己的行為很糟糕，治療師一定不會再讓他來。

18. 我應該要做什麼？

　　兒童可能是：

　　a. 想把責任推給治療師。

　　b. 想知道他被允許做些什麼。

　　c. 尋求別人容許他去玩。

　　d. 想要取悅遊戲治療師。

19. 誰打破了這個東西？

　　兒童可能是：

　　a. 好奇是誰做的。

　　b. 想知道有人打破東西會有什麼後果。

　　c. 對東西被打破感到不舒服。

20. 你從哪裡弄到這個東西？

　　兒童可能是：

　　a. 好奇它從哪裡來。

　　b. 想與治療師接觸。

　　c. 想要有時間可以檢視房間和治療師。

21. 我可以把這個帶回家嗎？

　　兒童可能是：

　　a. 想要獲得帶東西回家的許可。

　　b. 想知道拿了這個東西之後會怎樣。

　　c. 想要延續這份經驗或關係。

　　d. 覺得對遊戲室有擁有的感覺。

　　e. 想把焦點帶離自己。

　　f. 想進行「有禮貌」的對話。

　　g. 想把話題轉到「你屬於哪一邊」這類的問話。

22. 你怎麼玩這個？

　　兒童可能是：

　　a. 想要遊戲治療師與他互動。

b. 害怕自己做錯。

c. 依賴或沒有安全感。

對觀察用單面鏡及錄影／錄音的說明

對年幼兒童解釋單面鏡後面有錄影設備，可能會讓他們感到困惑，因此多數情況中無需做此說明。年幼兒童難以理解鏡子背後為何能看見人，因為他們從家裡的鏡中並無法看穿過去。有些年幼兒童會認為鏡子裡面有一個房間還有一群人，是頗為奇怪的經驗。雖然帶年幼兒童到觀察室透過單面鏡看看遊戲室這種作法不一定有助於理解，假如他們表達想看看「另外一個房間和那群人」的話，也可以讓他們看看觀察室的樣子。不過，整個過程倒是可以解釋給較大的兒童了解，而且也應該向他們保證：父母、老師和其他不相干的人不會在這裡觀看。

假如是使用錄音方式，兒童很可能會看到錄音器材，也可能想聽聽錄音內容。最佳的時機是在單元的最後幾分鐘來做這件事。假如是採用錄影方式，而且兒童想看看錄影內容或自己在錄影中的樣子，他們的要求也應該受到尊重。一般來說，兒童不太會要求聽錄音內容或看錄影內容。然而，還是有些兒童做出要求，而且在看過或聽過內容之後，有些人會對自己的某些負面行為感到尷尬或不好意思，也可能覺得自己的某些滑稽舉動很爆笑。觀看他們自己的行為可以帶來新的領悟，也可以促進其他感受的表達。看到自己在畫架上一邊畫圖、一邊將顏料滴到地板上時，傑瑞米說：「我想那時候你看到我顏料亂滴，心裡一定很生氣。」（觀看錄影中的自己這方面仍需進一步研究。）

在單元中做筆記

在初期剛開始進行遊戲治療那段時間，我會在單元中做筆記，但我發現那對我和孩子都造成一些干擾。當我低下頭寫筆記再抬起頭時，卻發現

孩子已經不在同一個地方，而我也就漏掉了孩子的某些遊戲行為。由於遊戲是孩子的語言，因此我也漏掉了孩子的某些溝通表達。我也留意到，我只記下我覺得重要的某些狀況，而不是全部都記下。孩子當然也會留意到這點，而我慢慢覺察到孩子會多做這些被我視為重要的事情。也就是說，我其實是在影響孩子的遊戲，儘管我並非有意如此。另一方面，知道自己的某些事情會被寫下來，也可能造成某些孩子的擔心，因而局限了他們的遊戲。

　　早期曾有一次，我在六歲馬修的遊戲治療單元中做筆記，他走過來想看我的筆記，我就把筆記本交給他（遊戲室中不該有祕密）。馬修拿著我的筆記本走到畫架旁，用黑色顏料把整頁筆記都塗得黑壓壓，再把筆記本還給我。我當時感受到他對我寫下他的所作所為表現出的強烈反應，而那是我最後一次在遊戲治療單元中做筆記！我很快地發現，一旦我不再在意是否記下孩子的某些行為，我反而能將關注全部放在孩子身上。單元中需留意的地方可在結束之後立即記錄，這對治療師理解主題發展及確定進展這兩方面都會有幫助。我曾認識一位很有創意的遊戲治療師，他在皮帶上面夾了一個由聲音啟動的錄音裝備，這樣他就可以在結束單元後，一邊整理遊戲室，一邊錄下筆記。

◆ 準備好結束每一次單元

　　兒童在遊戲室裡經常投入許多的情緒和身體活動，也因此常常沒有覺察到時間的流逝。心思敏感的遊戲治療師應該要幫助兒童預期到每次遊戲治療單元的結束時間，方式是提前五分鐘先提醒，兒童才不會因突然宣告時間到而嚇一跳。「金姆，我們還可以在遊戲室待五分鐘，然後我們就要去等候室找媽媽了。」一定要用具體、確定的方式來說出剩下的時間。治療師切勿說：「我們還有大約五分鐘。」「大約」是一個模糊的字眼，沒有人知道「大約」指的是多久。對某些人而言，「大約」指的可能是十至十五分鐘，但對有些人而言可能是「想多久就多久」。時間是遊戲治療經

驗結構的一部分，因此治療師應該精確掌握此經驗結構。提前五分鐘提醒可以提供兒童掌握自己的機會，同時進一步準備好離開這個令人滿足或很有趣的經驗。若是兒童非常投入，有時候需要提前一分鐘再次做額外的提醒。不變的原則就是，要避免兒童因突然終止遊戲時間而嚇一跳。提前五分鐘提醒這個作法表現出對兒童的高度尊重。

遊戲治療經驗是在建立好的界限中的一種容許關係，在此關係中，兒童通常會用很有創意且意味深長的方式來表達。常見的現象是，兒童在畫架上畫圖，經常會把顏料塗到畫紙以外的地方。若是在測試遊戲室的容許程度，兒童可能會將顏料塗在手上，而這應該還在可以接受的範圍。應該要設限的是，限制將顏料塗在遊戲室裡的衣服、牆壁、椅子等物品上面。

有時候顏料會跑到兒童的臉上去，而且經常是刻意的舉動。七歲的傑生因為長水痘而錯過了前兩次遊戲治療單元，在他述說生病的過程中，他用紅色顏料點在臉上來告訴我當時他的臉變成什麼樣子。我認為這種方式非常有創意。接下來他換玩其他遊戲，而當我提醒他還剩五分鐘的時候，顏料還留在他臉上。此刻的治療師面臨額外一個擔心的議題：對於遊戲治療師容許她兒子在自己臉上塗顏料這件事，媽媽會有什麼反應呢？即使遊戲治療師在初次晤談時，幾乎都會告知父母說孩子的手上可能會沾上顏料，一旦父母真正面臨這個狀況，有時仍免不了會有極端排斥的反應。我的擔心其實是：父母一次的生氣情緒反應，很可能就抵銷了我一直在努力營造的東西。

我等了兩分鐘，讓傑生知道自己臉上有顏料，並且去把它洗掉。若是他不願意，我就會說：「傑生，留在你臉上的顏料是為了要在我們去等候室找媽媽之前洗掉的。」假如遊戲室內沒有水，治療師可以在走向等候室的途中停在洗手間旁邊，等候兒童進去把臉洗乾淨。假如傑生不願意將顏料洗掉，我會比傑生先一步走進等候室，對媽媽說：「有些顏料留在傑生臉上（幫她做心理準備），妳可以帶他到洗手間、協助他洗掉。」讓孩子手上帶著顏料進入車中，可能會引發一堆麻煩事，因為孩子可能會把車子裡弄得到處都是顏料。若是能夠留意這裡所提到的一些注意事項，就能夠

讓父母更加支持遊戲治療過程。

遊戲治療師對自己第一次遊戲治療單元的反應

凱西

在我還沒清楚狀況之前，一切就開始了。我坐在那張保留給所謂「遊戲治療師」的椅子上面——那個我曾聽過、讀過、當下也應該要扮演的角色。許多念頭同時出現在我腦海，心中也七上八下地感到不安。我不記得有特別緊張，只記得很期待這次經驗，不管這次經驗將會帶來什麼狀況。那是一種奇怪卻又很特殊的感覺，我經驗到某些不安，但那短暫的三十分鐘竟像是幾秒鐘那麼快就過去了，真的有夠怪，所有的東西好像是我思緒中最遙遠的記憶。

比爾

我以為我準備好了，也以為每件事都會來得很自然，但老實說，在過程中仍有許多掙扎。我很想去指導孩子如何進行活動、告訴他該玩什麼，並且具體地去「讓他動起來」。我很想去解釋事情是怎麼回事，並且主導一切，也想替他做一些事，包括修理東西、組合玩具、打開或關上東西等等。我必須經驗自己的挫折，也讓他去體驗自己的挫折，如此我們兩個人才能同時成長。我認為這次單元其實對我比對布萊恩更有療效。我了解自己更多，也更清楚自己的需求，特別是我想要去幫助、主導、指導、替兒童把事情弄簡單的這些需求。最重要的是，我學會克制我自己，以便給兒童一些機會去成長。

瑪莉琳

在進行第一次遊戲治療單元之前，我開始感到緊張和不安。我努力想記住該說哪些「正確」的話，腦中卻是一片空白。很棒的是，當我與卡琳手拉手一起走向遊戲室時，我開始覺得放鬆，也很享受她在我身邊。當我們進入遊戲室後，我腦中不再一片空白，反而覺得自己很開放、很能接受新事物，同時也準備好要經歷這段奇妙的新關係。

史蒂芬

我在遊戲室的第一次經驗還頗為愉快。我能夠丟掉權威和療癒者的角色，也能接納孩子，並且讓她主導。我並不覺得需要去說服或教導她，僅需要去觀察她並努力了解她的世界。我能夠專注在她身上，而不是專注在我的技巧上。現在我知道我跟兒童一樣享有同等的自由。

關係的基本層面

遊戲治療過程中與兒童的關係發展，是基於治療師巧妙地運用自己在遊戲過程中回應兒童的自我表達，同時也有賴於治療師敏於了解兒童世界的動力，以及兒童在關係中的情緒表達。只有在兒童對治療師感到安全時，兒童才會開始表達並探索有情緒意義的經驗及令人害怕的經驗。治療師必須耐心等待這個發展，此一發展無法被催促，也無法無中生有。這段時間是兒童的時間，不管兒童是否已經準備好要遊戲、談話或探索，我們都應該尊重。

一旦在同理和關懷的關係中經驗到主導遊戲的自由和容許，兒童就會發展出自制力和堅忍精神，這是因為在過程中他必須持續努力去完成自己選擇的活動或計畫。這種獨立選擇活動、主導活動，以及為結果負責的過程，也增強了自我概念並促進了自我仰賴能力。

治療師在這段關係中的責任可以總結成下面**四個療癒訊息**，這同時也是兒童中心治療師盡全力想對兒童傳達的訊息，而且不只是靠語言，而是用治療師全部整個人。

我在這裡

沒有任何事能讓我分心，我的身體、心理和情緒都完全放在這裡。我想要完全地在這裡，如此一來，我和兒童之間就沒有距離。我想要完全地進入兒童的世界，在兒童的世界裡自由移動，去覺察兒童的知覺，還有感受兒童的感覺。一旦我達到了這種接觸程度，我很容易就知道什麼時候我沒有跟兒童保持接觸。我能夠做到完全進入兒童的世界，而不需對兒童有所評價嗎？

我聽見了

我用耳朵和眼睛完全傾聽、關注兒童的一切，包括他們已經表達與尚未表達出來的東西。我想要完全聽見並看見孩子的一切，我能如實地經驗、聽見這個孩子嗎？為了要達成這種聽見，我的內在必須有足夠的安全感，才能讓這個孩子與我有所分離。

我了解

我想要兒童知道我了解他正在表達、感受、經驗，以及玩出來的一切，也會努力把我的了解傳達給兒童知道。我想要了解這個孩子所經驗和感受到的內在深度和意義、沒人在意的那種孤單感、面對失敗的恐懼感，以及伴隨著悲傷的絕望感。治療的關鍵層面就是將這種了解和接納傳達給兒童知道。

我關心

我真的關心這個小孩，也希望他知道這點。假如我成功地完全表達前面三個訊息，他就不會把我當成威脅，也會允許我進到他的世界裡。這個時候——也只有在這個時候，孩子才會知道我關心他。過去的經驗告訴我，這種關心將會釋放早已存在兒童身上的動力潛能。我並沒有創造任何東西，兒童所做出的所有改變和成長其實早已存在兒童身上。

參考文獻 ● ● ●

Moustakas, C. (1981). *Rhythms, rituals and relationships*. Detroit, MI: Harlow Press.

Segal, J., & Yahraes, H. (1979). *A child's journey: Forces that shape the lives of our young*. New York: McGraw-Hill.

第章

有效回應的特質

　　許多成人認為兒童需要有人直接告訴他們該怎麼做，因此這些成人很自然地就用質疑、命令或直接提供答案的方式回應兒童。以一種能表達敏感、了解及接納，又能傳達自由及責任的方式回應兒童，對許多新手遊戲治療師而言，就像在學外語，需要大幅修改自己的態度並重整用字遣詞的方式。一個新手遊戲治療師就如此描述：「我知道該怎麼回應，但我就是弄不懂要怎麼把回應付諸言語。」

　　從這種新觀點來看，兒童被視為有能力、有創造力、有彈性和能負責任的人。因此，成人與兒童關係的目的之一，就是藉著回應來激發或促進這些既有能力的發展。治療師真誠地相信兒童有能力解決問題，能在其發展程度內做出最恰當的決定，治療師同時也透過回應，將這種信任態度傳達給兒童。

◆ 敏感的了解：與其同在

瑞秋唸小學一年級，每天和其他孩子一起走路上學。她母親總是提醒她，每天一放學就要馬上且直接回家。媽媽提醒了瑞秋好多次，因此有一天瑞秋晚了幾分鐘到家，媽媽的擔心可想而知。媽媽在人行道上往路的那頭瞧，沒看到瑞秋。她在馬路上來回踱了十分鐘，還是沒有瑞秋的影子。十五分鐘後，媽媽快急瘋了。二十分鐘過去，瑞秋終於出現了。

媽媽鬆了口氣，但隨即怒氣沖沖，大聲吼瑞秋，抓著她的手並拉扯著她進屋。發了幾分鐘怒氣之後，媽媽終於問瑞秋原因。瑞秋告訴媽媽，她在回家的路上經過莎莉家，看見莎莉因為洋娃娃丟了而在院子裡哭。「哦？所以你停下來幫莎莉找洋娃娃？」「不是的，媽咪，」瑞秋說：「我停下來幫莎莉哭。」

這個小故事敘述了兒童中心遊戲治療的基本哲學，也生動地描繪出兒童自然而然就會傾向於以兒童為中心。媽媽的焦點在於解決娃娃丟掉的問題，而瑞秋第一時間的反應則是**與莎莉同在**，參與莎莉的情感世界，並用同理方式回應莎莉的痛苦及沮喪。瑞秋並沒有想著要解決莎莉的問題，或幫莎莉找洋娃娃。她直覺知道：「一旦你注意的是問題，就會忽略兒童本身。」遊戲治療師，甚至是所有成人，都應該從瑞秋身上學到與兒童**同在**的重要性。

瑞秋的同理式**同在**描述了遊戲治療師要努力建立的關係：不必因同感而流淚，而是由陪伴而了解。典型的成人與兒童互動關係著重於問題解決，以及根據對兒童及過去環境的了解來評價兒童。很少成人會努力去了解兒童當下的內在參考架構及他們的主觀世界，進而真誠地與兒童同在。若是治療師能夠擱置自己的個人經驗及期望，並且欣賞兒童的個人世界，以及他們的活動、經驗、感受及想法，對兒童的敏銳了解就能出現。除非兒童在關係中覺得自己的主觀經驗世界被了解及接納，否則他們就不會自在地探索、測試界限、改變或分享生活中令他們害怕的事物。

就如同其他治療層面，治療師的態度至關緊要，應該以讓兒童感到被了解及接納的方式接觸他們。這種深層的了解意謂著避免固著的角色，而

是深入且有意義地參與了解兒童的過程。也就是說,擱置評價及評斷的傾向,改從兒童的觀點來了解。關係中如果沒有了解及接納,治療工作就不會有效。

🔷 關懷的接納

接納來自於對兒童真誠的興趣、對他們權利的敏銳感受,以及相信他們能為自己負責。在遊戲室中體驗到這種接納氛圍的兒童會發現,自己在發展信心及獨立感的同時,也能得到別人的支持。透過耐性及對整個發展過程的信任,治療師傳達了接納。治療師總是對兒童有耐心,而耐心使得治療師從兒童的觀點來體認事物。治療師的接納也表現在避免忠告、建議或解釋,而且從不質疑或干擾兒童。治療師具同理心的回應也顯示了對兒童的了解及接納,從而讓兒童能自由地創造及表現(圖 10.1)。

圖 10.1 一旦兒童覺得被了解及接納,就能安心地用自己的步調表達自己。

對治療師來說，兒童的舉止或感受並無好壞之分。這些行為及感受都會被接納，絲毫不受評判態度所篩檢。透過同理地反映事件及感受，治療師表達自己對兒童的尊重，確保兒童有權感受並表達自己。接納因容許而出現，但這並不必然意謂著治療師贊成兒童的行為。治療過程的重要一環是，無論兒童是否能力不足、有不當行為或缺點，都必須被接納為有價值的人。在這種關係建立之後，就能讓兒童依自己的步調表達自己，而不受到治療師的催促或壓力。此乃尊重的意涵：接納他之所以為他，沒有批評、評價、評斷、拒絕、反對、責備、非難、處罰、訓斥，也沒有讚美、恭維或獎賞。

治療師的接納回應會鼓勵兒童進一步探索自己的想法及感受。一旦兒童表達了自己的感受並為治療師所接納，他們對這些感覺的壓力就會減少，這也幫助他們接納這些感覺。在透過更聚焦且具體的方式表達正向及負向的情緒之後，兒童也更能充分整合並處理自己的情緒。這就是兒童中心遊戲治療的核心概念，也是治療師同理回應的基礎。焦點應該是兒童的感受，治療師重視的不是問題是否嚴重，而是兒童本身。

◈ 治療性回應的重要特質

以下所述的治療性回應特質，是兒童中心遊戲治療過程中非常重要的治療技巧。治療師對於這些促進技巧的使用能力，代表了他在治療當下對兒童的直覺敏感度。

簡短且有互動

多數治療師傾向於使用太長的語句來回應兒童。過長的回應會令兒童困惑，而且通常代表治療師不了解兒童。治療師回應兒童或跟兒童說些話，隨即假設兒童聽不懂，然後為了努力讓兒童聽懂，就加以補充或是稍微換個方法再說一次。太長的回應使兒童必須花費心力來了解治療師所說的話，因而打斷兒童的注意力，也干擾他們的遊戲過程。這種干擾通常會

改變遊戲的表達方向，並妨礙兒童完成他們的探索及表達過程。兒童記不住太長的回應內容，也沒辦法內化這些回應背後的意義。

　　過長的回應會干擾兒童的注意力，讓他們必須花額外的力氣來了解聽到的每一句話。治療性回應必須簡短、集中在兒童身上，不只是固定的敘述或簡單的語言反射，而是配合兒童的步調及情緒強度，以對話般的節奏與其互動。太長的回應常是因為治療師想要對兒童提出某些觀點、教育兒童或解釋兒童的行為。簡短的回應則往往展現了治療師的同理、了解，以及與兒童同在的渴望。

經 驗 法 則

回應應該要簡短，不超過十六個字。

幫助兒童繼續下去

　　若是我對兒童的回應恰恰吻合兒童的意思，卻又不干擾他們的遊戲或語言流暢性，那就是我最喜歡的回應：在最適當的時機提出，不著痕跡地切入兒童的表達，和諧得令兒童幾乎沒有察覺。我希望我的回應就像世界級的跳水運動員，輕鬆而優雅，在正確的時候從跳水板上躍起，溫柔地切入水面而幾乎不起漣漪。若回應不影響兒童的表達流暢性，那就是最有效的回應。此時，我感到與兒童有種和諧的一致性、一種真正的了解，以及一種超越彼此生活經驗的「同在」感受。我們同在一起，彼此間存在著相互的接納。

　　治療師要能敏感察覺兒童對治療師回應的反應。治療師回應後，若兒童常常停下遊戲、改變遊戲的方向或過程，就清楚表示治療師的回應干擾了兒童的表達。這時候，應該藉由督導來協助治療師運用不同的回應方式。

反映非口語的遊戲行為：跟循（tracking）

　　治療師以口語回應親身參與兒童的活動。假如兒童覺得自己被人觀察，治療關係就會惡化。兒童若問：「你為什麼看著我？」通常表示治療師的口語反應不足。治療師透過跟循來回應兒童的行為及非口語遊戲表達，而這種跟循是用話語描述出眼睛所看到的兒童內在語言。跟循式回應將治療師所觀察到的兒童行為化作口語，並藉以認可（validate）兒童：「你在那上面畫了很多顏色。」「現在你把那個放在那裡。」「那個剛好撞倒另外一個。」（注意，治療師並沒有替兒童為物品命名。）「你把那個（車子）推過那裡（隧道）。」這些回應的焦點在兒童身上，因此會讓兒童感到自己有能力、有主控權。通常跟循式回應最好以「你是」或「你在」為開頭。舉例來說，梅根從醫藥箱裡取出聽診器聽自己的心臟，治療師可以說：「你在聽你的心臟。」

　　有時候描述正在發生的事也很合宜。例如：「嗯，那個掉下來了。」又例如兒童畫畫時顏料滴到地板上，他低頭看著顏料，治療師可以說：「那個滴到地上了。」跟循式回應認可兒童的遊戲表達，幫助兒童感受到治療師對他和對他的遊戲有興趣，表示治療師努力嘗試了解兒童的世界，展現治療師的投入，也讓兒童感覺到治療師參與了他的遊戲。

　　假如治療師在遊戲中保持沉默，兒童可能會覺得自己被盯著看，或覺得治療師興趣缺缺。光是坐著觀察而不回應，會讓兒童更為焦慮。聽到治療師出聲描述自己的活動，將會增加兒童的安全感和溫暖感受。跟循式回應能傳達出治療師對兒童及其行為的興趣。

　　必須注意的是，過度的跟循反應可能反而讓兒童忸怩不安，比如以下發生在十秒鐘內的回應：「你正要走到那裡，你在彎腰。」「你在把那個撿起來，你在看那個裡面，你把那個放回地上，現在你在找別的東西。」這種火速的跟循反應聽起來不誠懇也不像對話，反而可能讓兒童覺得被冒犯。跟循式回應不應該步步緊跟著兒童的活動或遊戲表達，而應該是真誠、溫暖、體貼，就像談天。遊戲治療關係與成人諮商關係類似：成人會

從治療師的聆聽及語言回應中知道治療師關心他們。同樣地，遊戲治療師用耳朵和眼睛聆聽，並把聽到的化為口語。

反映內容

如同成人，兒童也需要知道自己的意思有人聽見、有人了解。聆聽兒童也就肯定了兒童的存在及價值。遊戲治療中對兒童話語內容的反映技巧與成人的諮商過程類似。遊戲治療師將兒童的話總結或改述，然後反映回去，兒童就會知道治療師聆聽並了解他。對內容做反映會認可兒童的主觀經驗，也有助於釐清兒童對自己的了解。遊戲治療師與兒童的溝通中有四種基本的療癒信息，反映兒童的口語表達內容就是其中之一。以下的例子說明遊戲治療單元中如何反映內容：

史考特：（拿起一盒黏土）這個可以做什麼？

治療師：在這裡你可以決定要做什麼。

史考特：嘿，這是炸彈！（把黏土罐丟到沙箱裡的小汽車上面）砰！你看那輛車！

治療師：車子炸掉了！

史考特：對啊。（抓起沙鏟，很快地挖洞把車埋起來）炸了一個大洞把車子蓋起來了。

治療師：對啊，那個洞真大。看不到車子了。

史考特：人沒有受傷，他們躲在車子裡，丟炸彈的人不知道。

治療師：人都很安全，（丟炸彈的）那個人不知道。

這段治療中，治療師的回應很簡短，與兒童的行動及口語描述相互呼應，反映了行動及語言的內容，傳達了治療師的接納及了解，也讓兒童繼續帶頭說他的故事。很顯然這個孩子覺得被了解，也覺得可以自在地繼續探索。

反映感受

　　兒童會在遊戲內容中表達自己的感受，若是再強烈的感受治療師都能了解及接納，那麼兒童就會知道自己所有的感受都可被接受。一旦兒童經驗到自己的感受被接納，就會更開放地表達出來。透過用口語描述這些感受（你對那件事很挫折），遊戲治療師就傳達出自己對兒童感受的了解及接納。治療師接納並反映這些感受之後，兒童就會學到如何信任自己的感受。反映兒童的感受認可了兒童及其感受，也促進兒童的自我信任。反映兒童感受的必備要素是傳達出同理，也就是「與其同在」。

> 查　德：（拿起手銬）這個怎麼鎖？
> 治療師：你想知道這個怎麼鎖（這個反映很精準，但沒有表現出同在）。

　　換個比較有同理的回應：

> 治療師：嗯，很想知道怎麼鎖的（如果兒童好奇，那麼有同理心的治療師也要好奇，這個回應才有「同在」的特質）？

　　懂得接納的治療師會重視所有的感受，也因此接納每一種感受。不要嘗試告訴兒童他的感受不恰當。有些治療師不知不覺中試圖對兒童再三保證、「安撫」，但這不僅多餘，也否定了兒童的感受。安迪在娃娃屋裡很詳細地演了一段場景：一個小孩單獨在房間裡玩，媽媽玩偶進房後反覆戳刺小孩布偶。小孩布偶非常害怕，試著逃跑。接下來媽媽布偶進入小孩布偶的臥室，把睡著的布偶帶出娃娃屋，丟進湖裡（沙箱）。

　　在這段場景中，安迪說出自己的恐懼：「媽媽會抓到我，她會對我做很過分的事。」治療師曾多次與媽媽會談，便對安迪說：「安迪，你知道媽媽很愛你，絕對不會做傷害你的事。」雖然似乎有足夠的證據支持這個

論點，但治療師永遠無法百分之百知道他人的行為。我們不能替人發言，畢竟沒有人知道別人家裡可能發生什麼事。

為了想讓安迪放心，治療師忽略了他的感受，因此安迪並沒有覺得被了解。治療師自己是覺得放心多了，但代價呢？要反映安迪的感受，更適當的回應應該像這樣：「你真的很害怕媽媽會對你做過分的事，會傷害你，那真的很恐怖。」

克莉斯汀娜，六歲，由於與父母和老師在關係中頤指氣使而被轉介接受治療，父母親說她很跋扈，很難跟其他小朋友相處。以下摘錄是她幾次嘗試操控治療師，以及治療師如何接納和反映她的感受：

克莉斯汀娜：（坐在桌邊畫畫）把那些顏料拿過來，我要用。（其實顏料離克莉斯汀娜反而比較近）

治　療　師：妳要我拿顏料給妳，但是在這裡，如果你想要顏料可以自己拿。

克莉斯汀娜：可是我在忙，你沒看到嗎？

治　療　師：妳很忙，所以要我幫妳拿顏料。

克莉斯汀娜：對！現在你就幫我拿顏料！

治　療　師：妳對我很生氣，因為我不幫妳拿顏料，但是如果妳想要顏料，那是妳做得到的事。（克莉斯汀娜起身，拿回顏料繼續畫畫。）

克莉斯汀娜：（用畫筆在調色盤上沾更多顏料，而治療師微微轉頭，視線跟著畫筆移動）你不用轉頭也可以看我畫畫。

治　療　師：我做的事有時會讓妳生氣。

克莉斯汀娜：對。

玩具和器材讓克莉斯汀娜在與治療師的即時互動中，表現出她之所以被轉介來治療的特殊行為。治療師展現出自己接納克莉斯汀娜的憤怒，並用理所當然的語氣連結到她為自己做事的深層議題。下面的例子也是有關

於對感受的反映及接納：

利卡多：（拿起槍，看起來很生氣，假裝射擊治療師。）

治療師：你在生我的氣（治療師反映兒童的感受，並表達了解）。

利卡多：我沒有生你的氣（利卡多可能認為憤怒情緒不會被接納，所以糾正治療師）。

治療師：喔，你沒有生我的氣。

利卡多：可是我真的很煩。

治療師：嗯，你沒有生我的氣，你只是很煩。

　　一旦治療師表達接納及了解，治療關係也隨之產生。在此關係中，遊戲治療師透過口語及非口語的表達接納並反映感受，敏銳地回應兒童的內在情緒世界，於是，兒童也就開始確認自己的內在價值。

　　反映兒童感受的同理回應可以將兒童的情感狀態與其面部表情、語詞和聲調配合起來。反映感受的回應語句開頭包括：

你喜歡……

你不喜歡……

你很好奇……

你想知道……

你覺得失望，因為……

你很生氣，因為……

你覺得那很好笑。

建立自尊

　　兒童的行為主要來自於他們對自身的感受，因此遊戲治療師要利用建立兒童自尊的方式來回應他們，也就是對他們知道或他們做的事情給予肯定。四歲的克莉絲算出家裡總共有幾個人，治療師說：「妳知道怎麼

算。」肯定並回應兒童的努力會強化他們的自我感。若是治療師回應的是努力而非成果，這些語句就會讓兒童覺得自己有能力：「你把那個做成你想要的樣子。」「你很努力做那個。」對努力在遊戲中把兩個物件裝在一起的兒童可以說：「看！你弄出來了。」

建立自尊的回應方式還包括：

你知道怎麼用那個。

你腦中有一些想法。

看起來你知道怎麼……

你記得那個在哪裡。

你決定……

你知道要讓它變成什麼樣子。

看，你把它打開了。

看，你把它裝好了。

建立自尊的回應會讓兒童覺得自己有能力，幫助兒童發展內在的自我感，進而培養內在動機。

符合兒童的情感狀態

治療師回應兒童時的面部表情和聲調比話語傳達更多的訊息。同理心意謂著全心地與兒童同在，並感覺兒童的經驗及感受。要讓兒童感受到這種同理心，治療師的聲調及情感強度必須配合兒童表現出的情感強度。治療師的回應速度也要配合互動程度，以表達治療師對兒童的了解及同理。如果兒童說話時若有所思或深思熟慮，治療師的回應也要跟上兒童的步調。

治療師的回應要避免過度興奮到超出兒童的情感強度。艾莉卡在沙箱中撈出一個綠色小石頭，以平常的語氣說：「我找到一顆石頭。」治療師回應：「哇！超棒！妳在沙箱裡找到一顆彩色石頭！」這種興奮的口氣會

讓兒童以為自己做錯事或懷疑自己的反應，因為兒童並不覺得自己跟治療師一樣興奮。治療師的情緒表達如果超越了兒童表達的情感強度，就會引導兒童用超過自己真實感受的方式表達情緒及行為。另一個例子是，大衛輕輕地打了玩偶，治療師卻說：「哇！你剛剛真的揍他了！」於是，大衛被治療師所引導，這次用盡全力打了玩偶。

有些治療師習慣對小小孩提高聲調，就像跟小嬰兒說話一般，這種行為反映了治療師不信任兒童的能力，認為兒童在治療關係中無足輕重。治療師也應避免平板的聲調，以免乏味。要用聲調來表達意義及感覺。

避免發問

詢問兒童行為的原因通常無益於進一步的探索，這是因為回答需要以口語表達認知概念，而這違背了兒童遊戲治療的基本原理。如果兒童用口語就能完整地表達自己，就根本不需要遊戲治療。發問會將治療師置於主導、控制的地位，因此對治療幾乎沒有幫助。就算是為了澄清而發問，通常也都沒有必要，也沒有益處。

若你手邊有的訊息足夠讓你提出問句，也就足夠讓你直接敘述。

發問代表著不了解，因而不可能透過發問來傳達了解。治療師若沒有察覺到兒童在生氣，就不會問出「那讓你生氣嗎？」這樣的話，但是這種問句傳達給孩子的卻是治療師並不懂他。透過兒童的面部表情、肢體動作或發怒聲調，治療師發現兒童在生氣，此時他應該信任自己的直覺，進而陳述「你覺得生氣」。同理性的陳述會打進兒童的心靈；發問則進到處理及評估的理智層面。同樣地，對兒童的遊戲內容發問也會干擾遊戲的過程。

滿足治療師好奇心的問句，例如：「你被送到校長室幾次？」或猜測

如：「你在家裡這麼做的時候，媽媽會不會生氣？」都很不恰當。得到答案會影響治療師的處置嗎？相同地，試圖產生領悟的問句通常超出兒童的覺察能力，因此也沒什麼用，例如：「你有沒有注意到，你用了很多深的顏色？」

有一次，治療師要五歲的亞倫說個故事，最後問亞倫：「故事的寓意是什麼？」亞倫反問：「寓意是什麼意思？」留意兒童發展階段的治療師，就應該知道五歲兒童大概不懂什麼叫作「寓意」，而且這種問句超過這個階段兒童的推理能力。過了一會兒，亞倫玩恐龍和蛇大戰的遊戲，弄出很大的聲響。治療師又問：「假如恐龍和蛇不打架，變成朋友了會怎樣？」亞倫沒有回答，也難怪，畢竟連大人都不一定能恰當地回答這種抽象的問題。

治療師完全沒有進入亞倫的世界。亞倫很挫折地把恐龍丟到治療師身上，治療師的回應還是有問題：「亞倫，你好像對我很生氣，我猜你可能不想來這裡，也可能你對媽媽有點生氣，因為她逼你來。媽媽逼你來表示她才能做決定，而你不喜歡這樣。」治療師完全避開了自己和兒童關係中的問題，並用詮釋方式的回應把過錯推給母親。這個回應對五歲兒童來說過於冗長，其中的抽象連結也讓兒童糊里糊塗。治療師或許自鳴得意，但我們卻必須想想亞倫的感受。治療師的回應顯示他不了解亞倫。

發問會將兒童（或其他年齡的個案）從情緒世界拉入認知世界，而這違背了遊戲治療背後的發展原理。發問也會把治療關係限制在治療師的劇本中，因而將關係的焦點放在治療師，而非兒童身上。

促進做決定與歸還責任

讓兒童自由地參與做決定的過程，可以讓兒童有機會將自己的個人意義投射到玩具及遊戲器材。做決定的內在經驗強化了兒童的自我概念，也能讓兒童融合過往經驗並轉化為全新的知覺觀點。這個成長過程會幫助兒童在日後面對問題及困境時，能運用更有效的情緒反應方式。因此，無論決定多簡單，治療師都應拒絕擔負替兒童做決定的責任。若兒童問：「月

亮是什麼顏色呢？」治療師回答：「你想要月亮是什麼顏色，月亮就是什麼顏色。」如此，治療師鼓勵兒童接受對自己的責任，兒童也在過程中發現個人力量。選擇的過程幫助兒童覺得自己能夠主導自己的生活。

除非有機會學習，否則兒童無法發現並發展自己的內在資源，同時體驗自己的潛能。責任感沒辦法教，必須透過經驗而習得。治療師替兒童做決定，就剝奪了兒童運用其潛在創造力的機會，也干擾了責任感的養成。大部分的兒童治療師坦言，培養自我負責（self-responsibility）是主要的治療目標之一，但實際上許多治療師卻替兒童做決定，使兒童維持原本的依賴心理，因而扼制了兒童學習負責的良機。回答兒童的問題、替兒童做決定、提供不必要的協助、喧賓奪主替代兒童指揮遊戲進行，這些互動方式儘管沒有急遽的傷害，但仍逐步蠶食了兒童在自我負責方面的發展。

如果你幫兒童做了他會自己做的事，就是在告訴他：

他很無能。

以下的互動範例中，治療師將責任還給兒童，鼓勵兒童做決定，也允許兒童發揮創造力：

大　　衛：我想到沙子裡面玩，你可以幫我脫鞋子嗎？

治療師：你決定要在沙裡面玩而且想先脫掉鞋子。你如果想脫鞋，可以自己脫。

• • •

莎　　莉：（沒有試著自己轉開膠水瓶）你可以幫我打開這個嗎？

治療師：這件事妳會做（當然，治療師要確定兒童會做這個動作，才可以把責任還給她）。

• • •

真　　妮：我要畫一條魚，魚是什麼顏色？

治療師：妳可以決定魚是什麼顏色。

● ● ●

提摩西：我想畫圖，其他小朋友都畫什麼？

治療師：噢，你喜歡畫圖。嗯，此刻重要的是，「你」想畫什麼。

● ● ●

瑪　莉：我不知道要做什麼，你要我先玩哪個？

治療師：有時候很難決定，要先玩什麼可以由妳來決定。

治療師很容易不小心就引發了依賴心，有個治療師寫道：

有時我脫口而出的回應卻是過去那種會讓兒童依賴的方式。艾波
問我是不是可以玩洋娃娃，我順口說了「當然可以」，接著才想
到這樣回應不對。以後一定要把這個詞踢出我的字典。這次的治
療單元再度提醒我們，治療師要時時與兒童保持連結，短短一秒
鐘的脫節就可以看出適當的治療回應與引發依賴性的回應之間有
所不同。

對治療有益的回應會把責任還給兒童，因而讓兒童覺得自己有掌控的
能力，並增加內在動機。兒童中心治療師信任兒童，願意讓兒童自己做決
定，不干涉遊戲過程，並用心提供兒童自我指導的機會。這展現了治療師
對自我的了解，以及對兒童深刻而持續的同在態度。有位遊戲治療師如此
形容這段過程：

我開始慢慢掌握到，儘管透過語言可以促進責任感，但賦予責任
卻不是口頭上說說就算。我認為賦予責任的同時，也是讓我自己
放下責任。如果我不是一直想著要讓妮娜放輕鬆、要把事情做
好，那整個單元就會很不一樣。我的意思是，我是什麼人？我有
哪裡特別能幫妮娜「搞定」一切？要幫到什麼時候？要滿足的是

誰的需求？要讓誰覺得舒服？

　　第一次遊戲治療單元剛開始，兒童常會要求治療師說清楚希望他們先做什麼、東西怎麼用，甚至連開瓶蓋之類很簡單的事也要治療師幫忙。兒童或許會拿著自己明明知道的玩具，問：「這是什麼？」此時治療師並不清楚問句背後的動機，替物品命名可能會妨礙兒童的創造力、局限兒童的表達，或把責任握在治療師自己手裡。要把責任交給兒童可以這麼回應：「你想要那個是什麼，它就是什麼。」或根據兒童的問句改成類似的：「你可以自己決定。」或是「這個你可以自己來。」這些回應讓兒童接受責任並做決定。這樣回應之後，通常第一次治療單元結束前，兒童就會自己說出玩具的名字，而不必再問治療師的決定。

　　如果三歲大的兒童拿起一罐黏土，看著蓋子問：「你可以幫我打開蓋子嗎？」治療師可以回應：「讓我看看（show me）你想要我做什麼。」這個回應和「告訴我（tell me）你要我做什麼。」有很大的分歧，後者將焦點置於治療師身上，意謂著如果兒童告訴治療師要做什麼，治療師就會做。前者則是將焦點置於兒童身上，讓兒童接受責任，主導遊戲過程。在讓治療師看看他想做什麼的過程中，兒童常常就會自己把事做好了。接下來，治療師可以給予建立自尊的回應：「看，你弄好了。」或「看，你做到了。」如果治療師說了「讓我看看」的回應之後，兒童開蓋子遇到困難再度求援，治療師可以回應：「看起來你知道手指頭應該放在這裡。」同時把自己的手指擺在蓋子底下兒童的手指邊邊，稍微掀起一點蓋子，讓兒童完成整個動作，然後再給予建立自尊的回應。**歸還責任讓兒童主導遊戲過程，也讓兒童自覺有能力。**下面的例子是第三次遊戲治療單元的互動內容：

海　　特：（拿起鏢槍和飛鏢）幫我把鏢裝到槍裡面。

治療師：這件事你可以自己來。

海　　特：（微笑）我就知道你會這樣說。（試了三次，終於成功把鏢裝

好）哇！我很會裝這個！

有位治療師對自己的遊戲治療中有關歸還責任的過程有如下的評論：

整個治療單元中，安潔莉娜要我給遊戲室裡的每樣東西命名，比
如說她會拿著芭比娃娃的髮片問：「這是什麼？」然後拿了娃娃
衣服、粉盒、空罐子，問同樣的問題，要我說出每樣東西的名
稱。我回答她：「妳想那是什麼，它就是什麼。」以及「妳可以
決定那個用來做什麼。」每一次她都可以很快決定好：髮片是皇
冠、粉盒是放顏料的地方、芭比的衣服是舞衣、空罐子是放芭比
髮捲用的。假如我幫她回答，就會養成她的依賴心理，她就不會
像這樣自己找出答案。這種歸還責任的方法看起來真的大大加強
了自尊。第一次單元結束前，安潔莉娜幾乎就不再問問題，而是
很果決地描述及行動。她看起來很獨立也很有自信心，我想這是
我不回答問題而將責任還給她的最直接成果。

經驗法則

賦予兒童的責任應該與其回應能力相當。

責任回到兒童身上後，他們會想出治療師從沒想到的創意點子。五歲
的布萊特問治療師：「你想要我煮什麼午餐給你吃？」治療師回應：「在
這裡你可以決定要煮什麼。」布萊特選了「碎蜘蛛派」。過了一會兒，布
萊特拿起一串塑膠圓手鐲問：「嘿，這是什麼？」治療師回應：「你想它
是什麼都可以。」布萊特決定那是一副手銬。

若治療師不那麼急著回答，兒童常常會自己回答自己的問題。有時候
治療師只需要關心地說聲：「嗯……」。四歲的札克拿起飛機問：「為什
麼它有兩個門？」治療師只說了聲：「嗯……」札克很快聲明：「因為如

果小朋友買了這個，更多人能出來，大概是這樣吧。」瑪麗亞在顏料旁坐下並對圖畫品頭論足。本該在治療前打開的顏料罐還是蓋著蓋子，治療師原想打開蓋子，旋即停下來等，之後瑪麗亞輕而易舉地打開顏料罐。要從兒童手上奪走責任實在是很容易的事。賦予責任也可以用非口語的方式呈現：

> 莎曼珊話太少，因此我沒辦法確定她什麼時候需要幫忙。她坐在娃娃屋旁邊，讓泰迪熊繞著屋子走路，從箱子裡拿出一項家具，連著熊一起放進屋裡。然後她把兩樣東西拿出來，很快地看了我一眼。我說：「妳可以決定娃娃屋裡面發生的事情。」莎曼珊於是繼續把所有的家具堆進屋子裡。

回應必須針對個人

回應應該針對個人並強調兒童的存在。對於正忙著用力打不倒翁的大衛說：「大衛真的很喜歡打不倒翁。」這是否認了大衛本身的存在，讓他覺得自己不像有生命的個體；「你真的很喜歡打不倒翁。」則是針對大衛個人。治療師對正在畫畫的麥可說：「麥可畫了一張圖畫。」這就好像在講另一個人的事。第二人稱「你」可以給兒童肯定感，讓他知道現在是在說他。

有些治療師在互動中會不恰當地把自己給包含進去。貝絲談著踢足球的事，說自己好希望球隊會贏，可是最後還是輸了。治療師回應：「有時候當我們很想贏卻輸了的時候，會覺得很難過。」治療師並沒有參與貝絲說到的事，因此使用「我們」就會把焦點從兒童身上移開。另一個例子中，南西說：「去年他們到我們家……，呃，我忘了他們的名字。」而治療師不恰當地回應：「有時候我們會忘記一些難記的名字。」同樣地，治療師應該用「妳」來確認兒童這個人。

避免替玩具命名

在兒童提出玩具的名稱之前，遊戲室裡的玩具都不該被定義或命名。對治療師很明顯的東西（卡車），在兒童心中可能是完全不同的東西（救護車）。假如治療師給了錯誤的名稱，兒童就會覺得治療師不了解他。替玩具命名會把兒童局限在治療師的現實世界，干擾兒童的創造力及幻想。一旦治療師把東西定義為卡車，這個東西就不能再變成校車、家裡的轎車、坦克車或救護車。用「它」、「那個」、「它們」或「那些」等不定代名詞能讓兒童決定自己想要玩具變成什麼。

除非兒童說汽車是汽車，不然那就不是汽車。當兒童把小汽車放進沙子裡，治療師回應：「你剛把那個放進那裡面」，兒童就可以自由地繼續他還沒說出來的想法，把小汽車當成大蟲子。這樣的回應也告訴兒童，治療師與他同在。避免替玩具命名也有助於建立更容許的治療關係，使兒童能覺得安全，進而放心用有別於常規的方法繼續探索。

不評價、不讚美

對兒童來說，評價存在於大部分的關係：家裡、學校、遊戲、操場、體育活動。然而，遊戲治療關係應該是接納的場合，要讓兒童覺得放心，能夠安全地探索、安全地冒險、安全地做自己、安全地創作、安全地嘗試新的行為。兒童被評價時就不會覺得安全，因此，**在遊戲治療關係中不應容許任何形式的評價**。評價奠基於對是非、對錯、美醜、應否……等等的判斷。治療師不可能帶著評價的態度同時又表現出接納，因此應該嚴格避免任何形式的評價。評價式的回應會壓抑兒童的內在動機。

七歲的海莉畫了張圖，滿面笑容地轉頭問治療師：「你覺得我畫得漂亮嗎？」治療師回應：「噢，很漂亮！」讚美的話來自於外在評價，會讓兒童追求外來的獎賞，因此推動了外在動機而非內在動機。評價是把雙面刃，如果治療師有權力評論圖畫漂亮，那也同時有權力評論圖畫很醜。下次海莉可能就會害怕治療師是否會說她的圖畫很難看，因此就覺得不自

在、不想創作，也會覺得受到壓抑。治療師應該把海莉的作品留給她自己評論。

「噢，很漂亮！」這種回應漠視了兒童而誇讚了畫作。讚美會增加兒童的依賴性，助長外在動機，壓抑創造力，最後導致低自尊。這個回應也忽視了海莉的臉部表情傳達的訊息。治療師可以回應眼睛所聽到的訊息，把焦點維持在兒童身上：「妳很驕傲畫了這張圖」或「妳很喜歡妳畫的圖」。這樣的回應反映了海莉的感受，幫助海莉信任自己的內在反應，也有助於培養她的內在動機。

假如兒童面無表情，治療師可以用音調來回應自己所觀察到的：「妳用了很多顏色畫畫，那個顏色一直畫到那裡。」同時手指沿著圖比劃。聚焦於兒童的表情、重視兒童的表達、描述觀察到的內容，都可以肯定兒童，並加強兒童的自尊。

◈ 有效的回應

有效的回應再重要不過了。想幫助兒童並不代表真的幫了兒童，就如以下的例子，是幾位沒有經驗的遊戲治療師對相同遊戲治療情境的不同回應。

情境

羅伯，七歲男孩，在學校拼字比賽得到二年級冠軍，但有社交適應不良行為。在第一次遊戲單元中，羅伯在黑板上寫 "skool"，然後問「這樣拼，對嗎？」寫下你會如何回應羅伯。

回應

1. 你告訴我那樣拼對不對（回應沒有讓孩子覺得自由，而且把重點擺在對錯上）。

2. 你想知道這樣拼對不對（拖延戰術。孩子的話在字面上的確是這樣，但這可能不是他真正想知道的）。

3. 你不確定拼得對不對，所以要我告訴你（這個回應試圖表達了解，但卻誤解了孩子發問的原因。同樣地，沒有給孩子自由）。

4. 你想要我告訴你怎麼拼，不過我知道你會拼（反映了孩子外顯的要求，重點放在治療師上，讓孩子覺得有壓力）。

5. 我想你可以決定想怎麼拼（焦點在治療師和治療師的想法）。

6. 聽起來你想要我告訴你對或錯，在這裡你可以用任何你想要的方式拼（第一句話顯示治療師不太確定孩子的要求，故而重述了顯見的意圖，使得回應過於冗長）。

7. 你要我告訴你那樣對不對，不過在這裡這是你可以決定的事（比較有效的回應，「決定」一詞告訴孩子這是他可以決定的地方。但第一句實非必要）。

8. 在這裡，你可以用任何你喜歡的方式來拼（很具體，抓住重點，並且給了孩子自由）。

　　前幾個回應看起來忽視了羅伯既然贏了拼字比賽，應該就知道 "school" 正確的拼法。當然也可能羅伯的確拼對了，因為他正好想著 "Skool" 玩具公司（美國玩具製造公司）在玩具上面印的字樣。遊戲治療的目標是給兒童決定方向的機會。兒童不需要治療師當他們的拼字老師或數學老師，難不成事情都應該照著治療師的想法進行？

情境

　　吉姆，八歲男孩。第二次治療單元中，他拿起兩個有塑膠吸盤的大飛鏢問：「你怎麼用這些東西？」寫下你會如何回應吉姆。

回應

1. 你想要我告訴你怎麼用那些飛鏢（不恰當的拖延反映，這時治療師該說下一步的話。另外，這個回應也直接指出「飛鏢」的名稱，干擾了孩子的創意。孩子本來可能在想那些東西還能用來做什麼）。

2. 那些是用來射飛鏢靶或牆壁，但是不可以射我或射鏡子（此回應無形中指導並限制了孩子的活動，也壓抑了創意。治療師個人的焦慮導致過早設限，因為根本沒有跡象顯示吉姆想用飛鏢射治療師或鏡子）。

3. 你要我告訴你那些怎麼用。在這裡，你可以決定怎麼用（第一句畫蛇添足；第二句可以讓孩子覺得自由，也讓孩子發揮創造力）。

4. 在這裡，你可以用那些做任何你想做的事（治療師想要讓孩子覺得自由，但這句話並不是事實。遊戲室中仍有限制，兒童不可以用飛鏢扔向治療師的臉）。

5. 在這裡，你可以決定怎麼用那些東西（這個回應讓孩子發揮創意，也經驗到做決定的過程）。

　　治療師的回應不該將兒童束縛在治療師的現實世界中，兒童可能想假裝飛鏢是火箭、人或炸彈，這時候玩具就變成他心目中的東西，幫助他表達自我。

情境

　　康妮，七歲大，在第二次單元中，走進遊戲室，環顧四周之後，她問：「這個房間真的都是我的嗎？」寫下你會如何回應康妮。

回應

1. 每星期二我們碰面時，妳有四十五分鐘可以用這個房間（沒有回應孩子在問題中強調的自我）。

2. 有別的小朋友也跟妳一樣到這裡玩，不過現在這個房間是妳的。妳可以用妳喜歡的方式玩這些玩具（提供了過多的訊息，也沒有回應到孩子潛在的感覺）。

3. 我們在一起時，這個房間就是給妳用的（回應著重在活動本身，忽略了孩子潛在的感覺）。

4. 妳很難相信這些都是妳的（此回應顯示了解孩子的感覺）。

有效的回應會盡可能觸動感受。藉此，治療師展現其對兒童內在的了解，也避免回答兒童尚未提出的問題。重點是兒童想說的是什麼，而不是他問的問題。

情境

　　凱西，八歲，在第二次遊戲單元中說：「今天是我的生日⋯⋯可是⋯⋯媽媽說⋯⋯她說我對弟弟太壞⋯⋯所以⋯⋯她不要幫我做生日蛋糕。」凱西看起來很難過，眼眶含淚，垂頭喪氣，盯著地板看。寫下你如何回應凱西。

回應

1. 噢，妳因為太不乖而沒有生日蛋糕，我猜妳一定很難過（這個回應實在太離譜了！首先，第一句話直接認定是孩子不好，但實際上孩子說的是「媽媽說我對弟弟太壞」，這只是媽媽的觀點而不是事實。這是很遲鈍的回應。另外，嘗試觸動孩子感覺時卻說了「我猜」，會將焦點放在治療師身上，也顯示治療師不確定自己

所說的話，可偏偏孩子就站在那裡哭呢）。

2. 妳覺得很難過，希望媽媽能給妳一個生日蛋糕。妳很擔心媽媽從此以後不愛妳了，因為妳對弟弟不好（第一句話算是恰當。第二句話太詮釋性，在實際情形未明時就直接認定孩子不好，而且這也不是重點，重點是孩子此刻的感受）。

3. 若是別人不照我們希望的方式做，有時候會令人很傷心（的確點出了傷心，但使用「別人」一詞過於空泛，減弱了這句話的力道。此外，治療師並沒有參與這個事件，故「我們」一詞並不恰當，沒有把焦點放在孩子身上）。

4. 對媽媽不做生日蛋糕給妳，妳覺得很失望（只是粗略地描述孩子的感受，忽略了明顯的淚水及難過）。

5. 聽起來妳很難過媽媽不做蛋糕給妳，聽起來妳在生她的氣（不恰當地使用常見的諮商字眼「聽起來」。孩子不是聽起來傷心難過，她正在經歷並表達她的傷心及難受。沒有跡象顯示孩子在生氣，這是治療師自身的投射）。

6. 妳很難過媽媽不做生日蛋糕給妳，因為她認為妳對弟弟太壞了（好一點，但仍沒有抓到孩子的感受。沒有必要執著於乖不乖，因為那只會讓焦點偏離孩子的感受）。

7. 生日沒有蛋糕，妳真的很難過，很想哭（簡潔，了解並觸動孩子的感受）。

　　兒童不需要治療師解釋其經驗或做冗長的論述。治療關係中最重要的一環是兒童在關係中的感覺及經驗。有趣的是，上述回應中只有最後一個明確指出兒童當時最明顯的感受：眼淚。若治療師無法口語指出最明顯的情緒，兒童可能就會認為這些情緒或表達方式不被接受。

典型的無效回應

　　以下的治療摘錄，是典型的無效回應例子。治療師回應的方式及使用的詞彙都大大影響兒童是否覺得被了解、接納，或是被局限。以下建議的回應方式也都只是建議，而非唯一有效的回應方式。本段落的目的是協助你了解你對兒童的回應模式。

感受被忽略

兒　　童：別人常常來這裡嗎？（興奮的聲音、渴望的表情）

治　療　師：有時候（兒童不是真的想要一個答案）。

建議回應：你真的很喜歡來這裡（確認兒童的感受）。

• • •

兒　　童：我的小狗死了，我哭了。

治　療　師：我很遺憾你的小狗死了（治療師的焦點在他自己的反應而忽略了兒童的感受，這樣的回應無法讓兒童繼續探索自己的感受）。

建議回應：你很傷心你的小狗死了，你就是很想哭（觸動情感，表達了解）。

• • •

兒　　童：（治療師剛解釋過錄音只有他自己和兒童可以聽，沒有別人會聽到）我知道你要做什麼！你要把它拿給我媽媽聽！

治　療　師：錄音帶不會給媽媽，它只是給我聽，你想聽的話也可以給你聽，聽完了我就會洗掉（治療師有點防衛。兒童需要知道自己被了解）。

建議回應：我知道你很在意，你不希望媽媽聽到這個帶子。這個帶子只有你和我可以聽，別人不行（確認兒童的感受，並再次保證會保密）。

• • •

兒　　童：（東西組合不起來）不對，還是弄不起來（聽起來很生氣）！

治 療 師：這讓你很生氣嗎（治療師問了一個早知道答案的問句，所以聽起來就好像根本不了解兒童的感受）？

兒　　童：對啊！不然你以為是什麼（兒童覺得自己不被了解，轉而對治療師發怒）！

建議回應：組不好東西時會讓你很生氣（確認感受）。

．．．

兒　　童：我的狗死掉了，我們把牠埋在後院。好奇怪！牠剛好死在牠的舊狗屋旁邊耶（對狗的死亡沒有明顯的情感表達）！

治 療 師：牠死在舊狗屋旁邊，然後你們把牠埋在後院裡（只是簡單重複兒童的話，把肯定句改成疑問句）？

建議回應：牠就死在牠的屋子旁邊，真是令人驚訝（表示了解兒童的感受）。

搶先替物品命名

兒　　童：隆⋯⋯隆⋯⋯。（在地板上推積木）

治 療 師：你玩車玩得很開心（兒童並未說積木是車子，治療師說的只是自己的假設）。

兒　　童：那不是車，是船。

建議回應：那真的發出好大的聲音（避免替積木命名，且表示自己和兒童在一起）。

．．．

兒　　童：（手戴上鱷魚布偶）

治 療 師：現在你有那隻鱷魚（兒童並未說明是什麼布偶，治療師將布偶命名，限制了兒童的創造力及遊戲活動可能的發展方向）。

建議回應：現在你把那個戴起來（讓兒童繼續主導遊戲並為布偶命

名）。

. . .

兒　　童：（反覆察看太空梭，但沒說那是什麼。接下來他從桌上的娃
娃家族中拿出兩個男性人偶。）

治 療 師：看起來你挑了兩個東西進去你的太空船（治療師引導遊戲方
向，並替太空船命名。兒童並沒有說明自己要拿那兩個男性
人偶做什麼）。

建議回應：看起來你心裡有想法要怎麼玩那些東西（讓兒童覺得治療師
在參與他的活動，也給兒童繼續引導遊戲的自由）。

. . .

兒　　童：（用蠟筆畫了一隻貓）這是我的小貓咪。（畫了腳，然後在
腳的末端點了數個點。）

治 療 師：我看到你幫貓咪畫了腳趾甲（兒童並沒有說那是腳趾甲，所
以是治療師在引導）。

兒　　童：不對（繼續幫貓咪著色。兒童畫的是腳趾而不是趾甲，他會
覺得自己做得不對）。

建議回應：你現在幫貓咪在那裡畫了一些東西（此回應顯示治療師注意
到兒童在做什麼，表達興趣，也讓兒童自己說明畫的是什
麼）。

評價與讚美

兒　　童：（找到一把梳子，拿來幫兩個娃娃梳頭髮。）

治 療 師：妳把娃娃弄得好漂亮（兒童為了討好治療師，可能會繼續類
似的活動以博得更多讚美）。

建議回應：妳知道怎麼幫娃娃梳頭髮（反映兒童的能力，而非判定結果
的好壞）。

. . .

兒　　童：等我做完這個，我可能會去畫畫。

治 療 師：聽起來是個好主意（兒童現在可能覺得治療師希望他去畫
　　　　　畫，所以就不能隨意改變主意了）。

建議回應：你在想接下來可能你會想要畫畫（表達了解，兒童有決定的
　　　　　自由）。

• • •

兒　　童：我做了一架飛機。（拿著飛機在遊戲室裡到處飛）

治 療 師：噢，你做了一架飛機！很好看的飛機（治療師的興奮程度超
　　　　　過了兒童的感覺，末句話帶有價值判斷）。

建議回應：而且你可以讓它到處飛（避免只是重複兒童的話，並給予兒
　　　　　童肯定）。

• • •

兒　　童：（假裝在煮蛋，放在盤子上給治療師）好不好吃？

治 療 師：當然好吃啊（評價並鼓勵外在動機）！

建議回應：你努力煮蛋給我吃（確認兒童的努力，鼓勵內在動機）。

不恰當地發問

兒　　童：我和柯尼玩跳房子……。（開始談論各種活動，並不斷提到
　　　　　柯尼）

治 療 師：柯尼是你的朋友嗎（問句滿足的是治療師的好奇，但柯尼是
　　　　　不是孩子的朋友根本不相關）？

建議回應：聽起來你和柯尼一起做了很多事（表示治療師了解兒童所
　　　　　說，也把焦點放在兒童身上）。

• • •

兒　　童：（不斷地用力打不倒翁，但看起來面無表情。）

治 療 師：打不倒翁的感覺怎麼樣（不恰當的回應，兒童看起來沒有明
　　　　　顯的情緒變化，這個問句卻暗示孩子應該要有什麼感覺）？

建議回應：（並不需要對孩子在遊戲室裡所做的每件事都做回應）

• • •

兒　　童：（談論他的棒球隊，很興奮地說）我知道今天下午我們一定
　　　　　會贏！

治 療 師：你喜歡贏嗎（問題的答案顯而易見，反而顯示對兒童缺乏了
　　　　　解）？

建議回應：贏了球賽你真的會很高興（表示了解）。

• • •

兒　　童：（找到一個小盒子）裡面的東西到哪裡去了？（然後把芭比
　　　　　娃娃的鞋子放進盒子）

治 療 師：妳覺得那些應該放在那裡面嗎（質疑孩子的決定，令孩子懷
　　　　　疑自己。此回應無法傳達對孩子的了解）？

建議回應：妳決定把那些放進去那裡（肯定孩子做「決定」的能力）。

將陳述句改成疑問句

兒　　童：閃電很可怕。

治 療 師：閃電有點可怕嗎（「有點」這個詞對兒童真正的感覺來說太
　　　　　過輕描淡寫，疑問句尾也顯示治療師不了解兒童的感覺而需
　　　　　要再確認）？

建議回應：閃電會讓你覺得很可怕（表示了解兒童的感覺）。

• • •

兒　　童：現在我要煮晚餐。

治 療 師：你決定現在是晚餐時間了嗎（疑問句表示缺乏了解）？

建議回應：你決定現在是晚餐時間了（避免句尾提高音調，這表示了解
　　　　　也肯定兒童做決定的能力）。

• • •

兒　　童：我喜歡看布偶表演。你喜歡嗎？

治 療 師：你喜歡玩所有的布偶（提高句尾的音調會將陳述句轉變為答
　　　　　案只有是或否的疑問句）？

建議回應：你覺得布偶表演很好玩。

．．．

兒　　童：（玩好幾個玩具）

治 療 師：衛斯理，我們還有五分鐘可以待在遊戲室，好嗎（「好嗎？」暗示兒童有選擇，但在這件事上兒童沒有選擇餘地）？

建議回應：（同樣的回應方式，但去掉句末的「好嗎？」）

引導兒童

兒　　童：（用塑膠刀子刮顏料瓶蓋，很努力地把顏料刮乾淨。）

治 療 師：雖然很困難，但是妳不放棄（現在就算有些顏料很難刮掉，孩子也很難停下來，因為她可能會擔心治療師認為她要放棄而對她失望）。

建議回應：妳很努力要把它刮掉（確認兒童的努力）。

．．．

兒　　童：這間房子是你的，你想要什麼顏色？

治 療 師：我喜歡紅磚蓋的房子（現在兒童的焦點就會擺在試圖討好治療師。他可能會覺得自己應該畫一間完全用磚頭蓋成的房子，於是就花了許多時間畫上百個磚頭。如果孩子不會畫磚頭怎麼辦？）。

建議回應：這間特別的房子要給我，你可以選你想要的顏色（這讓孩子自己決定、主導遊戲，也把焦點擺在孩子身上。房子的整個設計就交給兒童負責）。

．．．

兒　　童：（在廚房區玩小娃娃、鍋子及盤子，拿起咖啡壺。）

治 療 師：妳要喝咖啡嗎（治療師摻入自己的現實，干擾了兒童的創造力與遊戲方向。如果兒童想做別的事呢？會不會她是要倒柳橙汁或牛奶給小娃娃喝）？

建議回應：現在你要用那個（表示治療師注意孩子的活動，避免命名，讓孩子繼續主導遊戲進行）。

．．．

兒　　　童：我要煮什麼來吃呢？

治 療 師：噢，有很多不同的東西可以煮（暗示治療師知道兒童可以煮
　　　　　　什麼，這會讓兒童等著聽治療師的指示）。

建議回應：你可以決定（給兒童自由去負責做決定）。

　　這種新的同理回應方式需要治療師的努力及承諾，也需要治療師真誠
地渴望了解兒童、用不莽撞的方式與兒童在一起，充分地讓兒童在當下有
完全做自己的自由。以下是我的一次治療單元，從中可以看到兒童中心遊
戲治療師在互動中聚焦於兒童的有效層面。

🔶 保羅──在遊戲治療中感到害怕並出現行動外化的兒童

　　保羅和祖父的關係非常親密，他們總是結伴開著一台老舊的小貨車到
處跑。保羅四歲時，祖父過世了，看起來對保羅似乎沒有造成什麼傷害，
但保羅真的很想念祖父。兩個月後，保羅堅持要母親帶他去墓園看爺爺。
到了墓園，保羅衝到祖父的墓前，趴下身子開始透過墓石上的小洞跟爺爺
說話。那個洞本來是用來放花瓶。說了幾分鐘的話之後，保羅回家了。又
過了兩星期，保羅再次要母親帶他去墓園跟爺爺聊天。同樣的事情重複了
兩年，每隔一週他們要花一個鐘頭開車去墓園跟爺爺說話。這兩年中，保
羅對死亡產生了難以遏止的強烈恐懼。保羅六歲時就讀國小一年級，在學
校沒有好好上課，在操場上對其他孩子很兇，而且總是很害怕。於是，媽
媽帶他到遊戲治療中心。接下來的片段摘錄自我和保羅的第二次遊戲單
元。

保　　羅：（打開門，走進房間，開始打充氣式不倒翁）那是什麼？砰！
　　　　　（打不倒翁）

治療師：你真的用力揍了他一下。

保　羅：我是警察，我現在是警察。

治療師：你當了警察。

保　羅：嗯。（打不倒翁）天啊！你看到那個嗎？

治療師：你讓他轉了一整圈。

保　羅：我，你知道我是誰嗎？我是警察。不，我要玩一下娃娃屋，我
　　　　喜歡玩這個。

治療師：上次你也喜歡玩那個。

保　羅：對啊。（玩娃娃屋，搬動家具）蝙蝠俠（剛剛的不倒翁）怎麼
　　　　了？上面有記號。

治療師：看起來有人在他上面做了記號。

保　羅：我猜有人這麼做。（注意力轉回娃娃屋）喔，他們有電視。這
　　　　是什麼？（發現有人留在娃娃盒子裡的玩具士兵）之前有人來
　　　　這裡。

治療師：你發現今天你來之前有人來過這裡。

保　羅：誰？

治療師：有時候其他小男生和小女生也會來這裡。

保　羅：喔。（滿意了，又回到娃娃屋）這個，這一定當過小孩子的房
　　　　間對不對？車子呢？我需要車子。喔。（繞著遊戲室找車子，
　　　　找到之後就拿到娃娃屋）在這裡。

治療師：那就是你要找的東西。

保　羅：對啊。（用車子戳自己）噢！噢！該死！爸爸應該買新電視，
　　　　他已經買了一個。這個是他房間用的。他們剛剛搬進去。（指
　　　　著娃娃家庭）

治療師：原來他們剛剛搬到這間房子。

保　羅：又搬進來了，對不對？電視……他們以前住這裡，對不對？

治療師：現在他們又要來這裡住了。

保　羅：對啊。喔，知道他們要做什麼嗎？他們要去旅行。他們要上飛

機了。（拿了一架費雪牌大飛機，把娃娃家庭放進飛機。）

治療師：他們要飛到某個地方。

保　羅：你知道其實他們要去哪裡嗎？他們要去……（假裝關掉卡通）
　　　　現在要去紐約了。

治療師：好遠的地方。

保　羅：我猜應該很快就會到。不知道那些小孩覺得坐飛機怎麼樣。他
　　　　們會很開心，對不對？對不對？

治療師：他們會非常喜歡坐飛機。

保　羅：我知道，因為他們要坐飛機去玩。我要讓他們坐下，對嗎？

治療師：你要把他們好好放在那裡。

保　羅：如果他們不坐好綁安全帶，你知道會發生什麼事嗎？他們就要
　　　　待在家裡，他們就不能坐飛機去玩了，對嗎？

治療師：所以，他們要做應該做的事，不然就不能去了。

保　羅：對。我猜，寶寶不會哭，因為她也很高興。媽媽要……（笑）。
　　　　媽媽和其他人都太大了不能坐進飛機，對不對？（雖然這麼
　　　　說，但所有的娃娃家族成員都已經放在飛機裡面）他們回來了
　　　　（飛機從未離開起點）。他們就停在他們家旁邊，不是嗎？

治療師：所以他們真的離家很近。

保　羅：（把娃娃從飛機裡拿出來，回到娃娃屋）天啊！真快。你猜怎
　　　　樣？你知道爸爸要做什麼？他要買一輛新卡車。

治療師：原來他要買一輛新卡車。

保　羅：對啊！他們有兩輛卡車。他們可能搬進這一輛，他們正在準備
　　　　搬。（玩娃娃屋裡的娃娃）

治療師：然後他們可以搬進他們的卡車。

保　羅：可能喔，他們可能會搬。小孩在看卡通。寶寶，寶寶在玩。你
　　　　知道嗎？看完卡通他們可以出去外面。

治療師：所以他們要先看卡通然後出去。

保　羅：爸爸要買一輛新卡車。她（媽媽）留在這裡煮晚餐。爸爸找不

到新卡車。（拿了另一輛卡車，回到娃娃屋）這裡有一輛，他要買這一輛。（把卡車推來推去）耶，那是一輛大卡車，對不對？他可能不會買那輛卡車。喔！啊！看，現在看這個。爸爸在工作，他不能買卡車，他沒有找到卡車。

治療師：他沒有找到喜歡的卡車。

保　羅：（走向沙箱）有一天他會找到他喜歡的，對不對？你有沒有另外一輛卡車？現在要專心看蝙蝠俠。（跑到充氣式不倒翁處，用力打了不倒翁的臉九下，摔打他，然後把他推倒）他倒了。我要把他放在這張椅子上。（把充氣式不倒翁放在椅子上）他要……我要射他！我有這麼多槍，我要射他（拿起槍和一台小塑膠電視）喔喔！這是不一樣的電視。

治療師：嗯。

保　羅：（把電視放進娃娃屋）我猜這是爸爸的電視。

治療師：所以他有一台特別的電視。

保　羅：對。（拿起一把可以發射乒乓球的來福槍）嘿，那些圓球在哪裡？（拿起一顆乒乓球）我要把他（蝙蝠俠）永遠打死，對不對？對不對？

治療師：你知道你要做什麼，你計畫好了。

保　羅：看！準備好看蝙蝠俠了嗎？蝙蝠俠有大麻煩了，對不對？（射擊）我打中了，對不對？

治療師：你第一槍就打中了。

保　羅：我要再殺他幾次。（瞄準、射擊、落空）嗯，最好試試看另外一把槍。（試著用飛鏢手槍）這裡有另外一把槍，我打中他了。（打不倒翁的側面）我沒打到，對不對？

治療師：剛剛好擦過去。

保　羅：（再射一次，擦過不倒翁的側面）真難打中，對不對？

治療師：從這麼遠的地方很難打到他。

保　羅：（又射擊，再度落空）很多次我都沒打中，對不對？（拿起飛

鏢）等我抓到他，猜猜看我要做什麼？我要把他綁起來殺掉，我要把他砍了。

治療師：你真的要殺了他。

保　羅：（射擊，又落空，又射擊）中了！（跑過去把不倒翁放平在地上，不倒翁的頭放在椅子下）我想他大概會死掉一下下，你知道我要對蝙蝠俠做什麼嗎？啊！（拿一把橡膠刀子割不倒翁的中央，去廚房看看盤子）你知道我要做什麼嗎？

治療師：你現在有計畫要做一些事。

保　羅：我不要給他下毒（上次治療單元他煮了毒藥給蝙蝠俠吃）。你知道這次我要做什麼嗎？不，我不要，我要再把他殺掉。我要毒死他，我就是要那樣做，我看看。（拿起手槍，走到蝙蝠俠旁邊，瞄準蝙蝠俠的臉然後射擊）哈哈！（走到沙箱，站在中間，然後在水桶裡裝滿沙子）猜我要做什麼？

治療師：你可以告訴我你要做什麼。

保　羅：嗯，我要把蝙蝠俠放在這裡面。（放下水桶，開始在沙箱內外掃來掃去）把血掃掉。哈哈，把血掃掉。蝙蝠俠這次真的死掉了，因為我真的殺掉他了。

治療師：這次你會確定你殺掉他了。

保　羅：你說對了。這次我會確定你會被殺掉。

治療師：噢，我也會被殺掉。

保　羅：我知道，你是羅賓。

治療師：你要殺掉我們兩個。

保　羅：你說對了，希望我會打中你。（露齒而笑，高興地說著）

治療師：我不是拿來打的。（保羅瞄準治療師的頭，然後射擊牆壁）我知道你想要射我，你可以假裝蝙蝠俠是我（指著蝙蝠俠），然後射蝙蝠俠。（保羅又射治療師的頭，但顯然他不是故意射治療師。）

保　羅：喔！我沒打到你。（又射擊）啊啊！（開始玩電話）你知道我

要打給誰嗎？鈴……鈴……（拿起另一支電話，撥號）對，蝙蝠俠死了。嗯嗯，好。（離開電話，穿越房間）嘿，我要彈一首歌叫蝙蝠俠起來，對不對？（敲木琴，用期待眼神看著蝙蝠俠）他差不多要醒了。（走向蝙蝠俠）砍掉他的頭，對不對？（打蝙蝠俠）現在他死了。現在我要再去和爸爸玩了，老爸爸先生。（玩娃娃屋和拖板車）這是他的新卡車，那會比較好開。他買了一台新電視，對不對？

治療師：所以現在他們有兩台電視。

保　羅：對。嘿，這個能用嗎？你把它放在這裡面嗎？（檢查電視，研究其中一個零件應該放哪裡。）

治療師：看！你找到了。

保　羅：它會動嗎？（試著讓圖片螢幕動動看）

治療師：我猜你正在想，這個是不是和真的一樣可以用？

保　羅：它不會動。爸爸買了一台新電視，對不對？爸爸先生，買給他們的。

治療師：爸爸把它買回家給他們。

保　羅：給他們看……小孩看到爸爸買的新卡車。爸爸。小孩還不知道，他們開始跑。

治療師：噢，他讓他們驚喜。

保　羅：小孩沒有看過這種東西，對不對？

治療師：所以這是個特別的驚喜。

保　羅：爸爸，爸爸有一天會把它收回去。

治療師：所以爸爸也不能留著它。

保　羅：（把娃娃放進卡車）他們要去兜風。寶寶呢？喔，進來了。（把娃娃家庭放進拖板車）他們會玩得很開心，對不對？

治療師：所以他們都會一起坐新卡車去玩。

保　羅：（推著卡車慢慢地繞著娃娃屋，製造機器的聲音，把車開得離娃娃屋非常近。）他們快到家了，對不對？

治療師：他們回來了。

保　羅：下車時間到了。（拿出娃娃，放回屋子裡）噢，小孩說：
　　　　「嗚！嗚！」

治療師：他們不想……。

保　羅：他們不想回家，他們喜歡兜風，對不對？

治療師：他們玩得很開心。

保　羅：你猜怎樣？他可能會買一台牽引機，他要工作。

治療師：所以他買了一台電視，然後一輛卡車，他可能還要買一台牽引
　　　　機。

保　羅：他們可能會搬家。

治療師：嗯，他們可能會搬家。

保　羅：對，他們會有一陣子錯過卡通，對不對？爸爸該走了，媽媽要
　　　　送寶寶上床睡覺，對不對？（拿起寶寶）我猜這個寶寶以後會
　　　　禿頭，對不對？

治療師：他沒有頭髮。

保　羅：我知道，這代表有一天他會禿頭。

治療師：嗯……。

保　羅：這個寶寶一定會，對不對？我們不要寶寶禿頭，那就像禿頭的
　　　　小男生，他們一定要想辦法。爸爸要去工作，他可能會搬東
　　　　西，他可能會買新的牽引機。我猜他會，他需要一台。然後他
　　　　可能會搬家。啊喔！他們來了！新的牽引機來了。（玩牽引
　　　　機）我想小孩會喜歡牽引機。喔！糟糕！這個方向盤太大了！
　　　　（試著把牽引機拖上拖板車）

治療師：這個放不太進去。

保　羅：我想他需要再買一輛牽引機。好了，翻過去了。不行。（沒辦
　　　　法把牽引機塞進卡車）從後面可以嗎？不行，我猜他今天不能
　　　　買。這裡有一輛牽引機。（找到另一台大小剛好的）你看牽引
　　　　機，牽引機在這裡。我們繼續。卡通結束了。（高興地說）他

們要看卡通，對不對？

治療師：可以看卡通讓他們很高興。

保　羅：（開始把家具裝上拖板車）對，可是可憐的媽媽不能再煮飯了（一邊把瓦斯爐裝上去一邊說）。她餓了，爸爸餓了。你知道，他們可以把浴室搬走。

治療師：嗯，幾乎房子裡面所有的東西他們都能搬走。

保　羅：搬到卡車。喔！他們搬好了，對不對？

治療師：把所有東西都搬到房子外面了。

保　羅：對，他們又決定住在這裡了（把家具放回娃娃屋）。

治療師：所以他們搬出去，然後又決定搬回來。

保　羅：知道爸爸要做什麼嗎？（拿著爸爸玩偶走到沙箱）

治療師：你可以告訴我他要做什麼。

保　羅：好，他要……他死了。

治療師：喔，爸爸死掉了。

保　羅：對，所以他們要把他埋在沙子裡面。（在沙裡挖出一個洞，開始埋爸爸玩偶）

治療師：他死了，現在他被埋在那裡。

保　羅：我知道，我猜他們必須有新爸爸，對不對？（繼續用沙子把娃娃蓋起來）

治療師：所以如果爸爸死了，他們就要找一個爸爸。

保　羅：嗚，他被埋起來了。

治療師：現在看不到他了。

保　羅：他在那裡，（把一個漏斗翻過來放在墳墓上面）小孩來看他。寶寶還在睡覺。（從娃娃屋拿出男孩娃娃和女孩娃娃）

治療師：嗯，他們要去看他被埋在哪裡。

保　羅：（把男孩娃娃的頭放在漏斗旁）他們聽到聲音，呃……。（聲音從墳墓傳來）

治療師：他們聽到爸爸被埋的地方有聲音。

保　羅：對。你猜怎樣，他們要把他挖出來。（把娃娃從沙子裡拉出來）噢！天啊！他活著！

治療師：所以他沒有真的死掉，現在他活著。

保　羅：他們都很驚訝。（聽起來很興奮、很高興）

治療師：他們很驚訝，不過很高興。

保　羅：噢，你看！他們家旁邊有龍捲風，他們最好趕快回家，對不對？

治療師：龍捲風很危險。

保　羅：我知道，會把房子吹倒。還有，還有人在墓園裡面，是女生。（把一個娃娃埋進沙子，治療師看不到被埋的娃娃。）

治療師：那個女生被留在墓園裡面。

保　羅：喔喔！她被埋住了。

治療師：喔，她被埋在墓園裡面了。

保　羅：她不想……她不想被龍捲風吹走。

治療師：她在那裡沒有被龍捲風吹走。

保　羅：龍捲風走了。呼！看看發生什麼事！（敲打娃娃屋旁的玩具）天啊！

治療師：龍捲風弄壞了一些東西。

保　羅：對，一些東西，可是沒有弄壞這個。（指著拖板車）所有小孩都要趕快進去房子裡面，躺下來休息。

治療師：他們希望在房子裡面會安全。

保　羅：她也叫她進去休息，爸爸要去把貨車弄過來。（把卡車拉過來）啊，喔！龍捲風走了。知道嗎？爸爸會很驚訝，知道嗎？準備好看蝙蝠俠囉！

治療師：現在又是蝙蝠俠時間了。

保　羅：（走到蝙蝠俠旁邊，試著給自己上手銬）喔喔！他們抓到我了，對不對？

治療師：你被人抓到了。

保　羅：警察。（繼續試著把手銬在背後）

治療師：喔，警察抓到你了，呃。

保　羅：因為我殺了蝙蝠俠。

治療師：你殺了蝙蝠俠，然後警察抓住你。

保　羅：對。蝙蝠俠活起來了。噢，怪不得我把手放在背後的時候沒辦法把這個戴上。（拿手銬要治療師幫忙，治療師把手銬綁在他背後）好了，我在監獄了。

治療師：警察把你銬起來，帶到監獄。

保　羅：我知道。他要先做壞事，他不可能沒有殺人。警察包圍他，所以他要把這個（刀子）放回去。

治療師：他們把他治好了，所以他就不會殺人了。

保　羅：對，他們要把刀子收好。蝙蝠俠活了，最好把他拉起來。（讓蝙蝠俠站起來）

治療師：現在他好了。

保　羅：可是先等一下。（把蝙蝠俠移來移去）那裡，喔喔！我出獄了。幫我一下。（試著脫掉手銬）噢，噢。（手銬刺到他的手腕）

治療師：有時候那個會刺人。

保　羅：對。（脫掉手銬）

治療師：不過你還是把那脫掉了。

保　羅：你猜怎樣，現在我是警察，我變成警察了，對不對？

治療師：現在你要變成有手銬的人。

保　羅：現在我是警察。我是蝙蝠俠，我要帶你去監獄，好嗎？

治療師：你可以假裝有人做那件事，我會看你做。

保　羅：好吧！那個，警察先生有麻煩了，對不對？（試著把手銬勾在一起）

治療師：看起來他很難把那些弄好。

保　羅：喔，不好，他弄好了。現在他沒有麻煩了。

治療師：你弄好了。

保　羅：喔喔，我找到方法了。（把手銬勾在口袋上）

治療師：嗯，你找到方法了。保羅，我們今天還可以在遊戲室待五分鐘。

保　羅：喔……。（不想結束。製造射擊的聲響，跑過去，撲到地上。
　　　　假裝和某人搏鬥）我抓到他了，對不對？

治療師：你在那裡抓到他了。

保　羅：（和想像中的人纏鬥了幾分鐘）

治療師：你真的很努力。

保　羅：對啊，我知道，他很難抓。

治療師：他很難抓，可是你正在對付他。

保　羅：我把他打倒了。

治療師：你贏了！保羅，今天我們的時間到了。該去等候區了，媽媽在
　　　　那裡等你。（起身）

保　羅：啊……好吧。（走過去開門）

　　與許多遊戲治療一樣，這次治療單元中出現了幾個明顯的主題。看起來電視對保羅很重要，在此單元中提到了很多次。搬家與離開安全的家這個主題也很明顯，出現了很多次：人沒有起飛的飛機旅行、一直離娃娃屋很近的汽車旅行，以及保羅宣布全家人要搬家，接著把所有家具物品搬進卡車，然後說：「他們又決定要住在這裡了。」另一個主題則是透過遊戲及敘述表示死亡並非永久，「大概會死掉一下下」。這個主題的高潮是在沙箱裡埋葬父親玩偶，以及男孩娃娃透過漏斗和被埋葬的父親玩偶說話。這個場景戲劇化地近似於保羅去墓園，從墓石上放花瓶的洞跟祖父說話的情形。在保羅開始接受遊戲治療後，他只有一次要求去墓園，顯示有明顯的轉變。在第五次單元，保羅宣布：「我爺爺死了，你知道的。」這是他第一次清楚表示自己接受了祖父的死亡。

第**11**章

治療性設限

　　設限是遊戲治療重要的層面之一，也是遊戲治療師覺得最有問題的部分。經驗較少的治療師往往不太有安全感，因此很慢才運用設限。有時候治療師會因為渴望被兒童喜愛，因而猶豫著要不要設限。限制可以提供治療關係發展的結構，而且有助於讓經驗成為一種真實生活的關係。沒有限制的關係其實沒有多大價值。治療師掙扎於是否要設限的這個事實，充分顯示出治療師對自己、兒童和關係的重視。在無組織和混亂的關係中，兒童的情緒和社會成長不太可能發生。正如 Moustakas（1959）所言，沒有限制，就不會產生治療效果。

設限的基本指引

　　兒童中心取向所提到的容許，並不是指接納所有的行為。治療是一個學習的經驗，而限制提供兒童一個學習自我控制的機會，如此他們才知道

自己是可以有選擇的，然後感受做選擇時的經驗，且體會什麼是責任感。因此，當應該被設限卻沒有執行時，兒童就被剝奪了有關自己的一個重要學習機會。在治療性設限中，兒童被賦予選擇的機會，因此，他們也經驗了一堂為自己和自己的福祉擔起責任的生命課程。

治療師對於兒童會選擇正向和合作行為的信念，是治療歷程中相當重要且具有影響力的一項因素。若是兒童感受到自己被尊重，同時他的正向或負向行為和情感也都被接納，他們就比較可能遵守限制。因此，治療師要聚焦在兒童沒有表達出來的反抗需求，同時也要持續表達對兒童的基本理解、支持、珍視以及真誠的相信。

遊戲室裡的限制應該要盡量降到最少，也必須可以執行。在很多限制之下，兒童難以學習有關自己的事情，也無法適當表達自己。無法執行的限制將會嚴重破壞治療關係，因為它會干擾信任感的發展。

建立完全的限制比有條件的限制來得有效果。完全的限制比較不會造成兒童的困惑，也會讓治療師比較有安全感。「你可以捏我，但是不能傷害我」這種說法最大的漏洞是：到底捏到什麼程度才叫作傷害。「你可以放一點點水在沙子裡面」這種說法也同樣無法被接受。假如治療師說「你不要塗太多膠水在不倒翁上面」，兒童會不知道治療師希望他怎麼做。有條件的限制會引起爭辯。完全的限制像是：「我不是讓你捏的！」兒童就確實知道不被允許的是什麼，例如：「你不能太用力踢門」這種有條件的限制將會引發爭辯，因為治療師所認為的用力，兒童可能不覺得是用力，因此兒童可能會想要去說服治療師。治療師不應該跟兒童爭辯，最好的方法是單純重述一次原來的限制或議題，然後反映兒童的感受或渴望，例如：「你很想要說服我你沒有射玻璃，但是玻璃不是用來射的。」

表達限制時要以冷靜、有耐心、理所當然和堅定的方式來陳述。倉促設限或表達得太快，只會顯示出治療師的焦慮，以及缺乏對兒童的信任。假如治療師是真的相信兒童會有負責任的回應，那麼治療師就會冷靜地設限。假如兒童站在距離治療師 10 英呎遠的地方，拿著標槍威脅要射治療師，在兒童扣動板機之前，事實上，治療師根本沒有辦法很快地跑過去制

止兒童射擊。因此，治療師最好還是冷靜地坐在原位，相信假如自己能適當地反應，那麼兒童就會有負責任的回應。假如治療師是跳離自己的位置，企圖奪下兒童手中的槍，那麼治療師的動作就會傳達出「我不相信你」的訊息，而兒童也就會真的做出原本想要做的動作，因為他心裡會想著「治療師真的預期我會那樣做」。

這個激烈的互動過程會引起治療師的焦慮感，而治療師內心深層的態度、信念和動機也會很快地流露出來。若兒童不斷挑戰限制、威脅要去做需要設限的事，或是蓄意破壞限制時，新手遊戲治療師可能會感到焦慮，甚至會有那麼一些些排斥兒童。治療師唯一能學習的，就是在這種情況下仍然要真誠地信任兒童，親自體驗設限過程中可能出現的「暴風雨」，然後治療師就會發現，只要反應得當，兒童真的就能夠控制他們的行為。因此，在協助治療師處理他們自己更深層的感覺和態度方面，接受督導的經驗就有其必要性了。

在治療性設限中，焦點和重點都應擺在兒童身上，這樣才能清楚傳達誰該負起責任。譬如：「在這裡，我們不能脫掉褲子。」這樣的反應並不適切，因為治療師不可能脫褲子，但使用「我們」和「我們的」，就暗示治療師也是這個過程的一部分。應該把兒童分離出來，例如：「在這裡，我們不能把顏料扔在地板上。」這個反應並沒有聚焦在兒童身上，也會沖淡限制對兒童的衝擊。治療師把自己包含進去，用「我們」做反應，可能是一種文化反應的習慣，但也可能顯露出治療師自己沒有覺察到的需求和態度。

🔹 何時該設限？

對遊戲治療師而言，最常見的疑問就是何時該設限。應該是在第一次遊戲單元一開始就陳述所有限制，當作介紹遊戲室、場面構成的一部分，或是應該等到出現需要設限的場合時才設限？沒有必要在第一次遊戲單元就提出一長串限制，這樣恐怕會建立一種負面的基調，並干擾到建立自由

和容許氛圍的治療目標。在遊戲治療中，治療師一直要關心的是，自己的態度會如何影響兒童及關係的建立。

對某些兒童而言，列出限制清單反而是提供他們一些鬼點子；對於害羞和畏懼的兒童，過早提出限制只會讓他們更加壓抑自己；而有些兒童根本不需要對他們的行為設限。由於遊戲治療對兒童是一種學習經驗，因此在設限的議題發生時，就是最好的學習時機。在需要設限的當下，情緒學習才成為可能。

只有在有需要的時候才必須設限。

除非有機會練習自我控制，否則無法學習自我控制。因此，並不需要限制兒童離開遊戲室，除非他已經起身要離開遊戲室了。在那當下，才反應：「我知道你想要離開遊戲室，但是（治療師看一下手錶）我們待在遊戲室的時間還有二十分鐘，之後就可以離開。」這樣可以讓兒童掙扎於要不要負起遵循限制的責任。在這個例子中，治療師使用「我們」來強調關係，而且最後治療師也真的會跟兒童一起離開遊戲室。

治療性限制的基本原理

遊戲治療師經常經驗到難以設限的情況，因為他們缺乏設限的基本原理，結果就是有時候某些行為被允許，但其他時候相同的行為又可能會被設限。了解設限的目的，以及何時該設限，就能在運用設限時前後一致。需要在遊戲室中設限的時機可能在某個時間點出現，但並不是在當下那個時間點才開始思考要不要對這個特定行為設限。

治療性設限是以健全、深思熟慮後的原則為基礎，而且考慮到設限的介入有其必要時才使用。設限不應該只是零落、片斷出現，或只是治療師缺乏安全感的心血來潮之作。限制是有其清楚和可定義的標準，並以深思

熟慮的原理為依據，同時希望藉此促進治療師和兒童的關係。設限並不僅僅只是為了限制行為；限制會被施用，是因為它們被認為可以促進心理層面的成長。

雖然，要我們去欣賞一個具攻擊性、憤怒的兒童可能很奇怪也很困難，但是**兒童想要打破限制的渴望其實比展現在外的行為更具治療意義**。因為在這裡，我們要處理的是與內在有相關的變項，例如：動機、自我概念、獨立、接納需求以及跟一個重要人物的關係。雖然兒童展現出來的行為是次發的，但是這些行為仍然經常吸引新手治療師的關注及能量，使得他們積極想要去制止這些行為。**兒童所有的感覺、渴望、願望都可以被接納，但是並非所有的行為都可以被接納**。破壞行為不被接納，但是兒童還是被容許象徵性地去表達自己，而且不必擔心會被譴責或拒絕。治療性限制的原理包含以下七項原則及伴隨的討論。

1. 限制能提供兒童生理和情緒上的安全感

雖然與兒童在遊戲室外的關係比起來，遊戲室內的氛圍有比較多的容許性，但是在遊戲室內仍應有平常基本的健康和安全限制。對兒童的行為設限，顯示治療師對兒童的尊重和關注，以及提供兒童生理和心理安全感的意圖。這麼做會產生一個讓兒童感覺到安全的關係和氛圍，鉛筆是尖的，因此兒童不會把鉛筆當成飛鏢來射擊，也不會喝生鏽瓶子裝的水，或是拿剪刀剪自己。在遊戲單元中，假如因為兒童從事可能造成傷害的活動，因而造成治療師的煩躁不安，那就無法產生療效。所有兒童都不應被允許拿東西插進牆上的電器插座，而預防措施就是把插座覆蓋住。

有時候兒童也需要受到某些限制，以避免罪惡感出現的可能。舉例來說，有個兒童想要拿玩具敲治療師或打他的頭，而假如他真的這麼做，之後他可能會感到非常焦慮，擔心治療師受到傷害，或是擔心治療師從此不再喜歡他。假如兒童獲得允許去畫治療師的臉、把顏料倒在治療師的衣服上、用飛鏢射治療師……等等，也會產生類似的感覺或反應。因此，兒童不應得到允許對治療師敲、踢、抓或咬。雖然兒童可以表達自己想要打治

療師、想在牆壁上塗鴉、想弄壞設備的渴望，但是為了避免稍後伴隨而來的罪惡感，這些行為都應該受到限制。在回應上述情況時，治療師還是要持續用接納的態度面對兒童的感覺和渴望。

在兒童感覺不安全的情境中，兒童的成長潛能無法發揮至最大。假如行為沒有界限和限制，兒童反而會感到焦慮和沒有安全感。**限制可以對環境和關係提供結構，如此兒童才會感到安全**。有些兒童難以控制自身的衝動，他們需要在一個有足夠安全感的情況下，有機會透過限制來學習控制自己的行為，因此限制有助於確保兒童獲得情緒上的安全感。一旦兒童開始發現遊戲治療關係中的界限在哪裡，並且體驗到這些界限的實施有其一致性，他們就會覺得有安全感，因為這個關係和情境都有可預測性。限制可以界定出治療關係中的界限。

2. 限制能保護治療師的身體安全，並促進對兒童的接納

在治療過程中，治療師的身體安全以及情緒和身體的舒適都是重要的面向。假如治療師不斷被對面的兒童丟擲積木，此時治療師一定很難專注了解兒童攻擊的潛在理由，以及兒童在當下的感覺是什麼。大概很少有治療師可以坐著任兒童倒沙在他頭上，或是看著兒童切掉他新鞋子上的裝飾帶，而仍能專注於兒童的需求。對每個人而言，身體的舒適和安全都是最基本的需求，個體在有意識或無意識之下都會關注到這些。治療師必須能自我覺察，才能適當地處理和解決這個議題。

設限能讓治療師在治療過程中保持對兒童的同理和接納，而這份接納和溫暖關懷可以促進兒童的成長潛能。**限制所設定的目標是阻礙治療師接納兒童的那些行為**。治療師面對一個拿鐵鎚敲他膝蓋的兒童，是不太可能保持溫暖、關懷及接納的態度。在這個情況下，治療師可能會怨恨和排斥這個兒童，進而在某種程度上對兒童傳達出這樣的訊息。兒童不應該獲得允許去拉扯治療師的頭髮、對治療師丟沙子、畫治療師的鞋子，或是用任何方式打治療師。對治療師身體的任何直接攻擊形式都應該被禁止，在任何情況下都不能容忍這類行為，因為這些行為會干擾治療師對兒童的同

理、接納、尊重和客觀性。限制有助於治療師保持對兒童的高度接納。

　　遊戲治療師不是「超人」，他們還是會感受到正常、甚至是失控的情緒反應，而一旦他們經驗到生氣或排斥的反應，兒童也會感受到。因此，在適當的時機設限是保持對兒童接納和正向態度的重要關鍵。可能會引起治療師焦慮或生氣的活動一般都應該受到限制。不過，有些治療師會被兒童視為很小的凌亂情況弄到相當焦慮和生氣，若有這樣的情況，我會強烈建議治療師仔細檢視自己的動機，到底設限是為了促進治療關係，或是為了讓兒童遷就治療師對整潔的僵化要求？

3. 限制能促進兒童做決定、自我控制和自我負責的發展

　　兒童在遊戲治療中學到的其中一件事，就是他們的感受都會被接納，不管是正面或負面的感受。因此，沒有必要拒絕或否定他們的感受。在遊戲室中，總有可以被接受的方式來表達他們的所有情感。在兒童能夠抗拒遵從及抗拒表達由原始衝動所主導的感覺之前，他們必須先對自己的行為有所覺察，有一種責任感，然後才能展現自我控制。在強烈情緒湧出的當下，兒童通常不會覺察到自己的行為，也無法有責任感。透過諸如「牆不是用來在上面畫畫的」這類表達，設限能讓兒童立刻面對眼前的現實情境，也間接地讓兒童注意到自己的行為。

　　假如兒童無法覺察自己正在做什麼，他們又如何能產生責任感呢？假如兒童過於防衛而無法改變自己的行為，他們又如何能經驗自我控制感呢？治療性在試圖阻止某些行為出現時經常伴隨著防衛的發生，但設限並不會挑起兒童的防衛感，因為焦點不在於兒童的行為，而是兒童的感受、渴望以及該行為的領受對象。「你想在牆壁上畫畫，但是牆壁不是用來在上面畫畫的」這個陳述可以清楚表達上述焦點，但「不准在牆壁上畫畫」卻不能。

　　兒童想在牆上畫畫、想弄得凌亂，以及想破壞限制的這些需求應該獲得接納，可以透過特定和具體的方式提供兒童可被接受的替代行為，例如：「你想在牆上畫畫，但是牆不是用來在上面畫畫的，然而在畫架上的

紙就可以用來畫畫。」藉此向兒童傳達出接納。不要試圖阻止兒童表達感覺和需求。上述的陳述清楚地對兒童指出可以被容許的自我表達方式。現在兒童面對一個選擇，到底是要根據原始衝動來行動，或是透過另一種替代行為來表達自己。這個選擇權在兒童身上，而治療師要容許兒童做選擇，決定權在兒童，而做決定就需要負責任。假如兒童選擇在畫架的紙上畫畫，那是因為兒童自己決定要，也真的展現了自我控制，而不是治療師要他這麼做。

4. 限制讓治療單元拉回到現實，並且強調此時此地

有些兒童在遊戲室過於投入幻想遊戲，投注全部時間在演出幻想的場景，如此一來，就可以不用替不被社會接受的行為擔負起個人責任。一旦治療師以口語設定一個限制，就很快地將兒童從幻想拉回到與大人的現實關係中，且意識到遊戲室跟外在的真實世界一樣，某些行為並不被接受；不同的是，遊戲室裡的行為限制比較少。一旦治療師反應：「你真的很想把顏料倒在地板上，但是顏料不能倒在地板上，不過你可以把顏料倒進水槽裡。」兒童就面臨著是否要跨越現實世界裡不被接受的界限，也面臨一個下一步該怎麼做的選擇機會，同時經驗到伴隨而來的責任感。此時兒童就無法再陷於幻想中，因為一旦設定限制，表示治療師拒絕被忽視。此時，兒童必須聚焦在做出與遊戲室及治療師有關的決定這個現實當中。

限制能確保遊戲治療經驗具有真實生活的特性。治療經驗不應完全脫離遊戲室外的現實生活，否則治療所產生的經驗和學習就無從移轉到真實生活中。限制存在於每一個重要的關係中——一個沒有任何限制的關係，對參與其中的人而言，沒有什麼價值。一旦治療師提出保護自己免於受傷害的一個限制，治療師就是在聲明自己和自己的人格值得被尊重。在當下，與兒童的互動經驗會成為停留在當下現實動態過程的一種現存關係。

5. 限制能促進遊戲室環境的一致性

兒童所處的家庭和學校環境經常有很多的不一致性，因為環境中的成

人難以維持一致的規則。在這些環境中，今天被禁止的事，到了明天就不一定被禁止；今天被允許的事，到了明天就不一定被允許。成人在早上表現出接納的態度，到了下午就不一定那麼明顯了。因此，在這樣的環境中，兒童無法確定什麼才是符合期待的行為，往往會過度謹慎以對，或是藉由公開的行動外化來試探界限在哪裡。假如兒童想要達到某種程度的情緒平衡，他們就必須在生活中經驗到一致性。**治療師展現的一致性態度和行為能幫助兒童感受到安全，而這種內在安全感能使他們朝向自己想要成為的那種人的方向去發展。**

治療師想要建立一個一致性環境的方法之一，就是透過限制的一致運用。要用一致且不帶威脅的方式來呈現限制，而治療師也要用一致的態度來堅持限制——不是用僵化的方式，而是前後一致的方式。僵化可能暗示著處罰，或是缺乏了解和接納。反之，了解和接納並非意謂著可以讓兒童恣意而為或是做什麼都可以。治療師可以有耐心地了解和接納兒童的想望和渴望，但不接受兒童的某些行為。因此，**限制有助於提供一致性環境的建構。**在遊戲單元中，治療師不允許兒童破壞玩具，不管在儲藏室裡還有多少個類似的玩具，而在下一次單元中，仍然也要設限不能破壞相同的玩具。在上一個遊戲單元所禁止的事情，在這次遊戲單元中也要禁止；在上一個遊戲單元允許的事情，在這次遊戲單元也要允許。如此一來，不同的遊戲單元都有一致性和可預測性。這些都是治療的向度（therapeutic dimensions）。

沒有一致性就沒有可預測性，沒有可預測性就沒有安全感。堅定地執行一致的限制，有助於建立遊戲治療關係的可預測性，進而增加兒童的安全感。設限的一致性是治療師的基本態度，也是治療師承諾接納兒童並以兒童福祉至上的具體示範；設限的一致性也是治療師願意投入能量於兩人關係的具體展現。藉由這種明確的方法來表達一致性，治療師可以讓兒童真實感受到治療師身上無法表達得太明確的其他感覺和態度，像是接納。

6. 限制能維持專業、合乎倫理以及可被社會接受的關係

　　相較於其他諮商情境，由於遊戲治療室情境的本質及個案年齡比較低，相形之下，就比較容易產生失控和行動外化的行為。無法想像成人或青少年個案會在治療師的晤談室內脫掉衣服、撫弄治療師或是撒尿在地板上，但是這些行為在遊戲治療室裡並非少見。相較於一般的晤談室，自由、容許的氛圍及遊戲治療室的結構，都使得這些行為更容易出現。有時候，發生這些行為有一定的邏輯和順序。首先，兒童會先脫掉鞋子和襪子，然後進到沙箱，稍後兒童就會脫掉其他衣物，然後在沙箱裡面玩，或是假裝自己是一個小嬰兒。

　　允許兒童脫掉鞋子和襪子然後在沙箱內玩並無不當，畢竟，在學校操場、公園和海灘上，這是很平常的舉動。但即使同樣在這些場合，脫掉褲子和內衣這樣的舉動就不尋常，也非社會所能接受，就算在遊戲治療中也同樣不被接受。在地板上撒尿同樣不被社會所接受，應該用堅定、一致的設限加以回應。

　　有些遭受過性侵害的兒童可能會對治療師做出加害人教的性挑逗或性暗示動作，這是因為兒童在遊戲室裡覺得安全，或者是下意識地想要透過這些舉動讓治療師知道他們曾遭受過的經驗。**兒童不應被允許對治療師做出愛撫或其他誘惑行為，這類行為應該受到限制**。治療師和兒童之間任何形式的性接觸都是不恰當、不專業、不合倫理且違反法律的行為。就像許多其他行動外化行為一樣，治療性設限能讓兒童象徵性地表達出行為及伴隨的感受，且讓治療師維持一個客觀但卻投入的態度，因而得以維護專業且合乎倫理的治療關係。同樣地，這些限制也可以應用在團體遊戲治療中，也就是說，不允許兒童跟團體中的任何人發生同樣的行為。

7. 限制能保護遊戲治療室和器材

　　遊戲治療方案多數沒有編列無上限的預算，可以讓遊戲室隨時補充玩具和器材。讓兒童隨意破壞玩具會浪費錢，而且對兒童的情感成長沒有幫

助。大多數遊戲治療師無法經常更換由三層厚的乙烯基材料和帆布所製成的拳擊用不倒翁，因為它要價動輒超過四千塊台幣，因此「拳擊用不倒翁是拳擊用的，不能拿剪刀把它剪壞」。

對兒童來說，跳上木製娃娃屋讓它變成碎片雖然很有趣，但是這個娃娃屋可能就無法修理，因此應該用以下的說法來加以保護：「娃娃屋上面不能跳上去。」比較便宜的東西也不能隨便破壞或砸爛。同樣地，遊戲室不能受到破壞，也不允許兒童用積木在牆壁或地板上挖洞。這些都是設限的機會，也是讓兒童學習控制自己的好時機。**遊戲治療室不是一個完全無限制、可以為所欲為的地方**，那裡也有一些限制，而這些也是治療過程的一部分。

然而，一個重要的考量是，兒童可以有機會透過一些弄壞也沒關係的物品來適當表達自己的感覺。單單限制行為並不夠，因此，每一間遊戲治療室都應該要有一些可以不擔心被壓扁、打破、丟來丟去的物品。商店裡裝雞蛋用的盒子非常符合這個用途；這些盒子可以堆疊起來，然後用腳踢翻、跳上去壓扁、砸爛、亂丟一通，或是塗上顏色。培樂多黏土也可以用來壓扁或用力亂丟在地上。

事實上，在遊戲治療中需設限的數目其實很少，而多因涉及下列行為領域：(1) 對兒童或治療師具傷害或危險性的行為；(2) 破壞治療常規或過程的行為（不斷地離開遊戲室、想要在遊戲單元時間結束後繼續玩）；(3) 破壞遊戲室或器材；(4) 從遊戲室帶走玩具；(5) 社會不能接受的行為；(6) 不適當的情感表達。

治療性設限的程序

設限是經由深思熟慮後的程序，主要是用來對兒童傳達了解、接納和責任感。**治療師的目的並不是要禁止行為，而是要促進兒童以一種比較能被接受的方式來表達自己的動機、欲望或需求**。遊戲治療師是一個表達的促進者，而不是一個行為的禁止者。因此，目的是促進兒童透過比較能被

社會接受的行動和行為去做表達。在兒童以適當的方法促進情感表達的過程中，他們學會了控制自己原本的行為，也學會了對自我說「不」。

　　我們很快就會發現到，遊戲室中的某些行為必須受到限制。治療師在這些時刻所抱持的態度和目的，將會大大決定其設限所造成的衝擊。假如治療師決定要禁止那些令人厭惡的行為，比較可能用嚴苛的語句來設限，例如：「不可以那樣做。」結果使得兒童覺得被治療師拒絕或治療師不了解他。假如治療師缺乏自信，不確定設限的程序，也可能透過這樣的陳述來傳達，例如：「我不認為你應該那麼做。」結果使得兒童不是無法感到安全，就是繼續做出被設限的行為，因為沒有一個好理由讓他們不再繼續做下去。

　　許多還在學習的遊戲治療師很快就會了解，有些兒童之所以會持續出現治療師所設限的行為，是因為他們知覺到治療師不夠肯定和缺乏安全感。在面對一個苛求或權威的態度時，例如：「之前我就已經告訴過你了，你不能那樣做。」兒童往往會藉由堅持原來的行為來保護自己。在這樣的情況下，改變原來的行為幾乎等於失去自我，結果就演變成治療師與兒童兩者之間的權力鬥爭。

　　治療師的目標不是要去制止兒童的行為，而是以一種讓兒童為行為改變、負起責任的方式來回應兒童。假如治療師告訴兒童該做什麼，治療師便將責任攬在自己身上，若是治療師相信兒童有能力做負責任的回應，他會這樣說：「鏡子不是用來丟東西的，但是沙箱可以。」如此一來，兒童就能自由地決定下一步要做什麼，因而負起了責任。

　　一旦出現需要設限的情況，我會鼓勵遊戲治療師仔細檢視自己的態度和意圖，並且縝密思考如何以最好的方式傳達真正的限制。對一個正想在牆上塗鴉的兒童，下面每一種說法都在傳達不同的訊息：

　　「在牆上畫畫可能不太好喔。」

　　「在這裡，我們不能在牆上畫畫。」

　　「你不應該在牆上畫畫。」

　　「你不能在牆上畫畫。」

「我不能讓你在牆上畫畫。」

「除了牆壁，或許你可以在其他地方畫畫。」

「這裡的規定就是你不能在牆上畫畫。」

「牆壁不是用來在上面畫畫的。」

治療性設限過程中的步驟

在治療性設限的過程中會運用一些特定的步驟，主要是用來促進治療師表達對兒童動機的了解和接納、做出清楚的限制，以及建議可被接受的替代行為。

步驟一：確認兒童的感受、願望和需求

治療師說出對兒童感覺和需求的了解，可以傳達出自己對兒童內在動機的接納。這是一個很重要的步驟，因為這步驟確認了兒童真的有某些感受在遊戲治療活動中表達出來，而且這些感受可以獲得接納。單單設限卻沒有確認兒童的感受，可能會讓兒童覺得自己的感受並不重要。

以口語說出對兒童感受的同理、了解，通常有助於降低其強度。憤怒的情況更是如此，而這也正是兒童最需要開始修正個人行為的地方。一旦治療師了解及接納兒童的動機，似乎就能讓兒童感到滿足，這時候兒童就不需要藉行為來發洩情緒了。一旦確認出兒童的感受，就要立刻反應給兒童知道，例如：「你在生我的氣。」一旦木質積木被扔得滿屋子飛，接納感受就不夠用了。

步驟二：表達限制

應該要以特定、明確的方式表達出被限制的到底是什麼，而不是以一般性的說法。一般性的限制會讓兒童感到困惑、疑問，甚至會干擾兒童安全感的發展。一旦設定限制，兒童就應清楚地知道什麼行為恰當、什麼不恰當，什麼行為可被接受、什麼不能被接受。模糊不清或不明確的限制會

阻礙兒童承擔責任和負起責任的能力。因此，治療師這麼說並不恰當：「你不可以在牆上塗太多顏料。」這樣的說法不夠明確，也不夠清楚，特別是對總是認為自己做的事情只有「一點點」的兒童而言。

治療師不可能一切都按照步驟的順序進行，在緊急情況下，例如：兒童拿著小卡車正想丟向窗戶，可能有必要馬上說明限制：「窗戶不是用來丟東西的，」接著再反應：「你想把卡車丟向窗戶。」在這個例子，兒童沒有表現出明顯的感受，所以治療師只反映兒童的渴望。

步驟三：標示可被接受的替代行為

兒童可能不知道還有其他方法可以表達他的感覺。在那當下，兒童只能想出一種方式來表達自己。在設限過程的這個步驟，治療師可以提供替代行為，供兒童作為表達之用。可以指出不同的替代行為給兒童，有必要時也可以指出某個更耐用或恰當的物品，例如：「娃娃屋不是讓人站在上面的，你可以站在那把椅子或那張桌子上面。」

有時候必須標示出別的物品可讓他作畫其上，例如：「牆壁不是用來畫畫的，你可以畫在畫架的紙上或木塊上。」有時可能需要標示出一個替代品，以取代治療師作為被攻擊的對象，例如：「艾倫，我不是用來讓人打的，你可以打那個拳擊用不倒翁。」運用指向一個或多個替代行為的非口語線索，再加上口語說出替代行為，這樣特別有助於兒童將注意力從原先的焦點目標移開，並且促進做決定的過程。另外，在過程中稱呼兒童的名字也有助於抓住兒童的注意力。

在有必要設限時，治療師要記得執行設限過程中的 **ACT** 步驟序列：

A——確認（Acknowledge）兒童的感受、願望和需求。

C——表達（Communicate）出限制。

T——標示（Target）可被接受的替代行為。

兒童中心遊戲治療認為，對發展中的關係比較有療效及助益的作法，是對需要設限的行為做出某些行動（act）而不是反動（react）。下面的互動例子顯示如何將這些步驟應用在羅勃這位六歲小男孩身上，當時他對治

遊戲治療：建立關係的藝術

244

療師非常生氣，拿起鏢槍，一邊裝上射鏢，一邊瞪著治療師。

治療師：你很氣我。

羅　勃：對，我要射死你！

治療師：你很氣我，氣到想要射我（羅勃裝上射鏢，開始瞄準治療師），但我不是讓人射的。（在治療師繼續設限之前，羅勃插嘴打斷）

羅　勃：你不能阻止我，沒有人可以阻止我！（他拿著槍對準治療師）

治療師：你很有權力，沒有人可以阻止你，但是我不是讓人射的，你可以假裝那個拳擊用不倒翁是我（治療師指著不倒翁），然後射不倒翁。

羅　勃：（搖晃著槍，用槍瞄準不倒翁，大叫）中鏢！（他射向不倒翁）。

　　這裡的重要考量點是兒童的感受已經表達出來，而且兒童也承擔感受及控制行為的責任（圖 11.1）。在學習自我控制、自我指導，以及知道感受可以被接受的治療過程中，這是相當重要的一步。限制可以讓兒童表達負向情緒，卻不造成任何傷害，更不用害怕隨後會受到報復。

　　關於這一點，正在讀這本書的你們當中可能有某些人正在想著：「話是這麼說沒錯，Garry，但假如兒童真的射你呢？」我相信兒童不會射我，我相信兒童會控制自己。此處很重要的治療向度是對兒童的一種態度和信念。我曾經被鏢槍射中過嗎？當然，有很多次，但是我仍然相信兒童不會再射我，兒童的行為不會讓我改變對兒童的信念。我仍然相信兒童有能力控制自己，並且決定不要射我。假如沒有人相信他，兒童又怎麼會相信自己呢！這種對兒童堅定不移的信念是兒童中心遊戲治療理論和取向的核心。

圖 11.1　ACT 設限模式可以促進自我控制及自我負責的發展。

◈ 當限制被打破

　　打破限制有很多意思，從輕微的測試行為，到意志力的較量都有可能。打破限制通常也是低自尊兒童對協助的呼求，因為他們真的需要一種安全感，而那種安全感來自於知道確切的界限真的存在。因此，比起任何其他時刻，這個時刻兒童最需要的是了解和接納。治療師應該要充分了解兒童的感受和渴望，並且反映出來讓兒童知道，同時也要堅定地說出設定的限制，但要避免爭辯和冗長的解釋。千萬不要威脅兒童一旦破壞限制可能會有什麼後果，限制絕不能拿來作為處罰兒童的方式。這是練習耐心、冷靜和堅定的時機。即使限制被打破了，治療師仍然要接納兒童。

　　若兒童不願意遵守限制且衝撞界限，治療師不能威脅兒童，也不能將後果延續到下一次的遊戲單元，就像艾利克這個案例，治療師在這次遊戲單元中已經四度提醒艾利克「時間到了」，但他卻繼續在沙箱中玩。治療

師反應：「假如你選擇繼續玩，你就是選擇下星期減少待在遊戲室的時間。」這樣的說法並不恰當。選擇和後果只適用在當次遊戲單元，下星期艾利克的生命可能已經有了嶄新的風貌。**對兒童來說，每一次遊戲單元都應該是嶄新開始的一個機會。**

若是兒童堅持表達或做出原來的行為，並且持續打破設定的限制，此時就必須提出設限序列的一個額外步驟。在說明這個步驟前，必須先提出警告，因為治療師有時太急著要迫使兒童接受限制，因而太快執行最後一個步驟。**耐心是最高原則**；在大部分的情況下，前面三個步驟至少應該要執行三次以上，若仍無成效，才會進到最後一個步驟。最後一個步驟應該盡量少用。

步驟四：陳述最後的選擇

最少要重複 **ACT** 步驟三次之後，才會將最後的限制或最後的選擇告訴兒童。治療師可以向兒童指出，他可以選擇將破壞性玩具放到某個地方，從當下到單元結束之前都不去碰它，否則就是選擇離開遊戲室（我必須特別說明，要兒童離開遊戲室絕對是萬不得已的最後一招。這個選項很少是恰當的作法，我甚至連提都不該提）。若兒童只是不恰當地使用玩具，沒有必要將離開遊戲室作為一種選項，除非他在牆壁上亂畫、敲打遊戲室內的雙面鏡，或是出現類似的破壞行為。至於治療師要選擇哪一項行為提出最後通牒，端視情境、兒童及治療師的忍受程度而定。對於善於操控及已經想離開遊戲室的兒童，不應該把離開遊戲室當作一個選項。

第四個步驟必須要清楚陳述，如此兒童才會了解他自己具有選擇權，而且最後無論發生什麼後果，都將是他選擇的結果。「假如你**選擇再射我一次**，你就是**選擇今天不能再玩槍**；假如你**選擇不再射我**，你就是**選擇今天在遊戲室剩下的時間可以玩槍**」。請注意，「選擇」這個字總共出現四次。這段陳述清楚表達出選擇／責任及正向或負向的結果都取決於兒童。以這種方式表達限制，既不是處罰兒童，也不是拒絕兒童。假如兒童選擇再一次射擊治療師，他就是藉由行動清楚地表達自己選擇了不再玩槍。是

兒童自己選擇不再玩槍，而不是治療師所做的選擇，因此，兒童並沒有被治療師拒絕。

假如兒童選擇繼續射擊治療師，治療師可以冷靜地反應：「我知道你已經選擇我們一起在遊戲室的剩餘時間裡不再玩槍，你可以選擇把槍放在我身旁的桌子上，或是在那邊的架子上（用手指出來）。」此時有些兒童就會開始討價還價：「我答應不會再射你了，請讓我再多玩一會兒槍。」這種設限方式是一種學習的經驗，兒童將會經驗到做選擇的過程和伴隨的結果所帶來的感受。因此，**一旦兒童已經做出選擇，治療師無論如何都不能撤銷兒童的決定**。若兒童繼續玩槍，治療師就要堅持看到兒童的選擇獲得執行，但這並非意謂著治療師必須從椅子上跳起來，跟兒童搶那把槍。這時候需要對過程保持耐心，並持續對兒童的渴望保持了解，同時也要繼續藉由口語表達：「你想要繼續玩槍，但是當你選擇再射我，你就是選擇我們一起在遊戲室的剩餘時間裡不再玩槍。」這個回應需要重複好幾次，而且都要帶著關懷和了解，此時治療師可能會開始想著「我聽起來像一台破唱機」，但訊息最終還是會傳達給兒童。

其他的考量包括必須盡全力保護兒童和治療師不受傷害，並且不讓遊戲室內有價值的設備遭受破壞。若是兒童拿起玩具卡車猛敲雙面觀察鏡，治療師就不能只是坐在椅子上，一而再、再而三地重複設限步驟而已，因為飛散的玻璃可能會傷害到兒童。在這種情況下，治療師可以先呈現一次 ACT 步驟，若是兒童再度撞擊雙面鏡，就應該要聲明最後的限制：「假如你選擇再一次用卡車敲打鏡子，你就是選擇今天要提早離開遊戲室。假如你選擇不再用卡車敲打鏡子，你就是選擇在這一次剩餘的時間內要留在遊戲室裡。」

先執行設限步驟三次，是為了給兒童承擔自身責任及約束自身行為的機會，因此治療師必須能夠忍受被軟質射鏢射中。自我負責是主要的目標，而且有機會練習負責可能比治療師被射中一兩次來得重要——不過，人身安全還是最重要的考量。

不確定的設限

在設限的時候，治療師應該就事論事，而且用堅定和明確的口吻表達，好像心中早已確定哪些行為必須受到限制。以下例子來自對猶豫不決的遊戲治療師的督導經驗：

兒　　童：（在這次遊戲單元還有三十分鐘時起身要離開遊戲室。）

治 療 師：剩下的時間我們都待在這裡，不要進進出出，好嗎（治療師
　　　　　聽起來不夠確定，而且還在尋求兒童的同意）？

建議說法：傑生，我們今天在遊戲室的時間還沒結束，還有三十分鐘，
　　　　　然後你就可以離開了（設定一個明確的限制，並指出兒童何
　　　　　時可離開）。

• • •

兒　　童：我想要去那裡。（手指著辦公室）

治 療 師：我們稍等一會兒再離開（試圖哄勸兒童留下，希望兒童忘記
　　　　　想離開這件事）。

建議說法：你想去其他人在的地方，但我們在遊戲室的時間還有十分鐘
　　　　　才結束，之後你就可以去那裡了（展現你了解兒童想要什
　　　　　麼、設下堅定的限制，然後說明稍後可以做什麼）。

• • •

兒　　童：我可以把水倒進這裡嗎？（拿著槍）

治 療 師：你想要把水倒進那裡，但是我們現在不能這樣做（沒有設下
　　　　　明確的限制，這似乎表示待會兒有可能可以把水倒進槍裡
　　　　　面。用「我們」這個詞，似乎意謂著治療師將會協助兒童把
　　　　　水倒到槍裡面）。

建議說法：你想要把水倒進那裡，但是那裡不能倒水進去，你可以把水
　　　　　倒進鍋子裡（確認兒童的需要、設下堅定的限制，並且說出
　　　　　一個可被接受的替代行為）。

• • •

兒　　　童：我想把這輛卡車往窗戶那邊扔過去。

治 療 師：你可以做點別的事嗎（暗示假如兒童想不出別的事情可做，原來的計畫可以被接受）？

建議說法：你想要把那輛卡車扔向窗戶，但是窗戶不是用來被扔的。卡車可以用來在地板上玩（了解兒童的願望、設下堅定的限制，然後說出一種可被接受的卡車玩法）。

情境限制

從遊戲室帶玩具或器材回家

當兒童非常可憐地乞求：「拜託，我可以帶那輛小汽車回家嗎？我都沒有小汽車可以玩，這輛小汽車是最特別的一輛。」治療師的情緒可能會受到極大的衝擊，第一時間的反應可能是：「好啊，為什麼不可以？這裡還有許多玩具，甚至一模一樣的小汽車還有兩輛呢！」有四個理由不允許兒童把玩具帶回家。第一，遊戲治療的基礎在於情緒關係，**兒童內心獲得的經驗遠比帶走的外在物質更加重要**。在太多的家庭裡，兒童從父母的行為學習到物質的分享比情感的分享更重要。禮物的給予取代了自我的分享，因而兒童不恰當地學習到，有形的物品才能表達彼此關係的重要性。

第二，同樣重要的是預算的考量。大部分遊戲治療室的運作經費相當有限。第三，考量其他兒童的利益。遊戲治療室的玩具和器材都是根據「玩具是兒童的文字，遊戲是兒童的語言」這種基本理論而選擇。玩具是兒童自我表達的方式；玩具從遊戲室被拿走會干擾其他兒童表達的自由度。因此，遊戲室裡的玩具也不應該被工作人員拿到等待室作為安撫兒童之用。此外，也不應提及還有其他兒童在使用遊戲室的這個事實。曾有治療師說：「玩具得留在遊戲室裡，因為還有別的孩子會使用這些玩具。」當下兒童可能並不在意別的孩子；而這說法也使得焦點放在別的孩子身上，兒童的內在訊息可能會是：「別的孩子比我還重要。」第四，假如兒

遊戲治療：建立關係的藝術

250

童被允許帶玩具回家，但沒有帶回來，那要如何處理呢？在要求兒童把玩具帶回來時，治療師恐怕得處在一個不同的角色上面了。

遇到兒童要求帶玩具回家，治療師可以這樣回應：「有這輛車在家裡玩會很有趣，但是玩具必須留在遊戲室，這樣，當你下次來的時候，這些玩具都還會在這裡。」這個回應可以類化到所有玩具，以避免當兒童想要把其他玩具帶回家時，治療師還要反覆重申限制，更何況如此的反應：「這樣，當你下次來的時候，這些玩具都還會在這裡。」也顯示對兒童最大的尊重。

假如兒童想要向父母展示遊戲室裡的一個特別玩具，兒童可以在遊戲單元結束後邀請父母到遊戲室來看。兒童可以帶他們畫的圖畫回家，但是治療師不會主動建議他們這麼做。假如治療師想保留兒童的圖畫做成紀錄，他可以在徵求兒童同意後，將作品留到下一次遊戲單元再還給兒童，治療師在這期間可以為作品拍照保存。

有些兒童將圖畫帶回家，只是想當作禮物送給父母和手足，在這樣的情況下，治療師認為這樣的活動根本沒什麼探索和自我表達的意義，因此他們會要求兒童把所有的作品留下來，直到最後一次遊戲單元才全部帶回家。假如設下這樣的限制後，兒童就很少再從事繪畫活動，這似乎也證實了治療師先前的假設。培樂多黏土創作的作品是否可以帶回家？可能需要設限，也可能不需要，主要取決於遊戲室的經費充裕與否。假如經費不足，大部分遊戲治療師就可能需要對帶黏土回家這個舉動設限，這當然是可以接受的作法。

離開遊戲室

允許兒童在遊戲單元中隨意進進出出遊戲室並不適當，因為這可能會嚴重限制關係的發展，並且阻礙雙方互動的進行和完成，尤其是在治療師已經設限，或是兒童剛剛才表達某種生氣或害怕的情緒後，影響更大。兒童需要學習到他們不能逃離解決事情的責任，也要學習到對關係的承諾意謂著要留下來面對事情和解決問題。允許兒童在遊戲室中隨意進進出出，

會讓他們將這樣的經驗轉化成好像是一場遊戲。治療師可能很想要告訴某些兒童，假如他們選擇離開遊戲室，就代表他們選擇今天都不能再回到遊戲室了。

在大多數情況下，除非兒童要喝水或上廁所，否則在預定時間來到之前，都不要允許兒童離開遊戲室。一般原則是讓兒童出去喝一次水和上一次廁所就夠了。然而，這個原則並非絕對或僵化不變，因為有些兒童可能真的需要上廁所超過一次，有許多缺乏經驗的治療師可能在地板上發現一灘水，才驚覺兒童已經尿溼褲子，此時兒童往往會覺得尷尬和難堪。為避免這樣的問題發生，**應該要求父母在每一次遊戲單元之前先帶兒童去上廁所**。我們遊戲治療中心裡的兩間遊戲室都有設置小廁所，上述問題並不會發生。

以下在遊戲室裡的互動情形可以說明有關離開遊戲室的設限過程：

凱薩琳：這裡沒有一樣東西我喜歡，我要走了。（立刻朝著門走去）

治療師：凱薩琳，我們在遊戲室的時間還沒到，這裡沒有一樣東西妳喜歡，妳想要離開，但是我們的時間還沒到（治療師瞥了一眼自己的手錶），我們還有十五分鐘，然後才是離開的時候。

正如早先所指出，治療師使用「我們的」和「我們」這兩個詞，因為治療師和兒童兩人都是這個關係中的一部分，而且兩個人會一起離開遊戲室。加上陳述的最後一部分「然後才是離開的時候」，則是向兒童傳達最終她可以離開遊戲室。否則兒童，特別是年紀小的兒童，可能會害怕自己不能離開遊戲室，而且會認為「媽媽和爸爸再也看不到我了」。

時間限制

一個單元四十五分鐘就夠了，而在兩個遊戲單元中間需要留十五分鐘整理遊戲室，以便給下一位兒童使用。在某些小學或婦女庇護所等機構裡，諮商師都背負著極大的個案量，這時一次單元三十分鐘也相當足夠。

不管時間多長，只要告訴兒童了，治療師就應該要遵守。在離開遊戲室之前五分鐘，治療師應該要提醒兒童還有多少時間。年幼兒童沒有清楚的時間概念，或是有些兒童完全沉浸於遊戲中，他們可能需要在結束前一分鐘再度提醒一次。

這些提醒可以幫助兒童做好結束遊戲單元的準備，並且讓他們有機會完成手邊的任務，或是很快地轉而去做原先計畫好要做的事情。後面這類行為是許多兒童經常出現的狀況，而這些很可能就是他們在遊戲治療一開始，或甚至是前來接受遊戲單元進行之前就已計畫好要做的事，就像保羅所說：「我來之前就想過要玩那輛卡車了。」兒童很快地轉而去做某些其他活動的另一個可能解釋，是因為他們知道快要離開遊戲室了，此時較有安全感去玩出更直接觸及他們困境的遊戲。這個過程與成人有時等到治療單元最後幾分鐘才開始談論重要問題的道理如出一轍。

目標不是要兒童離開遊戲室，而是提供機會讓兒童承擔離開遊戲室的責任。因此，治療師的耐心和了解要一直持續到遊戲單元結束。治療師不要顯露出急於讓兒童離開遊戲室的態度。當治療師宣布：「我們今天的時間已經到了，你的媽媽在等待室，現在我們可以去那裡了。」這時治療師可以站起來作勢要離開，但可以多等待幾秒鐘或一分鐘，好讓兒童完成他手上的工作。治療師必須持續保持將責任交回給兒童的態度，因此可以讓兒童走在前面，帶領治療師步出遊戲室。

限制噪音

遊戲室裡所有的一般噪音都應被接受。兒童可能會大叫、尖叫、敲打積木，很大聲，又持續很久。然而，在某些臨床機構和學校可能需要限制噪音的聲量，因為隔壁房間或辦公室裡的人及正在進行的活動可能會受到干擾。雖然不希望這樣做，但是此時限制噪音在實際上有其必要性。在小學進行遊戲治療所發出的噪音可能會造成問題，因為諮商室和行政辦公室通常都很靠近。在這種情況下，限制噪音遠比被行政主管禁止使用遊戲治療來得好。

私人物品不是用來玩的

治療師的手錶、眼鏡、襯衫口袋裡的記事本及其他個人物品一律禁止兒童把玩，此一設限明顯可增加治療師的自在程度以及對兒童的接納。讓兒童試戴治療師的眼鏡，有可能會帶來災難，也會讓治療師對兒童產生生氣和排斥的情緒。簡單地對兒童反應「我的眼鏡是我要戴的」就足夠了。假如兒童堅持要戴，治療師可以再多加一句：「我的眼鏡不是拿來玩的。」

有時候你會帶錄影設備進遊戲室以錄下整個遊戲單元，這時錄影設備應放在靠近治療師椅子附近較不起眼的地方，而且在兒童進入遊戲室前就先開機，以避免兒童將注意力放在錄影設備。假如兒童開始玩起錄影設備，治療師可以說：「錄影設備不是玩具，不能拿來玩。」

限制將水倒進沙箱

兒童喜歡把水倒進沙箱，喜歡一桶一桶的倒，直到沙箱裡的沙變成爛泥巴。即使治療師覺得變成爛泥巴沒關係，但還是有幾點考量。有可能下一個來遊戲室的兒童原本計畫要在沙箱裡玩，卻因為沙子太溼而不能玩，因而限制了第二位兒童的表達。泥巴可能需要好幾天才會乾，假如沙箱是木製材質，箱底可能很快就會爛掉。最好是限制只能倒多少次容器的水，而不是限制多少數量的水。在兒童第四次走向水槽裝水時應該告訴他：「詹姆斯，規則是只能倒三次水到沙箱中。」不論兒童選擇的容器大小，都要堅持倒三次水的規定，這樣就可以避免爭辯到底可以倒多少量的水。

在遊戲室尿尿

讓兒童在沙箱或遊戲室地板上尿尿作法值得商榷的，這顯示出治療師沒有顧慮到其他想玩沙箱的兒童，除非治療師打算每次都把沙箱清空，然後再換上新沙。兒童需要學習控制這種行動外化的行為。同樣地，也不應允許兒童尿尿在奶瓶中然後把它喝掉。

新手遊戲治療師對設限的反應

喬安娜

我原本很擔心自己是否有能力處理遊戲室中發生的突發情況。第一次遊戲單元中，兒童把手放在門把上，似乎想要打開門離開。我很驚訝自己竟然能夠回應：「我知道你現在想要離開，但是我們的時間還沒結束。」我沒有預料中那麼過度焦慮。第二次遊戲單元中，當時間結束時，兒童很明顯不想離開遊戲室時，我也能保持耐心和冷靜地讓兒童離開。在這兩個例子中，我沒有直接對兒童下指令，但是他們都能按照我所預期的來做。

卡門

在蘿拉要玩錄音機時，我過度反應了。我把她的手拉開，而不是設限並讓她有機會做決定。然而，在另一次遊戲單元中，莎拉看到麥克風，我沒有碰她，只說它是麥克風，不是玩具。她輕易就接受了。我認為從蘿拉和莎拉身上學到的，比我從一本書或期刊文章學到的還多。

參考文獻

Moustakas, C. (1959). *Psychotherapy with children: The living relationship*. New York: Harper & Row.

第12章

如何處理遊戲治療中常見的問題

　　治療師與每一個兒童在遊戲室中的關係都是新鮮、富創意、刺激且有所差異,因此,不太可能事先預測每一個兒童在遊戲單元中會做出什麼。然而,對於新手治療師來說,試著先猜測兒童可能會做什麼,並準備好回應的方式,可能會是較有助益的作法。在面對突發情況還能知道該如何回應,此有助於治療師保持鎮定與對兒童的接納。但是,事先計畫該做的事及如何回應,不應減損治療師以創意和自發的方式來運用自己。不管有多常使用某些口語或其他回應,這些回應都不該變成一種敷衍或常規。治療師的回應方式應抱持著熱情、了解,以及對兒童感受的終極關懷。將以上這點牢記在心,治療師可以參考以下所呈現的遊戲室中一些常見的問題以及可能的處理方式。

⬡ 兒童沉默不語，應如何處理？

兒童的沉默不語帶給治療師一種很有趣的矛盾現象，同時也是一個令人困惑的問題。治療師會運用遊戲治療是因為他相信兒童透過遊戲來表達，然而，一旦面對不說話的兒童，又會覺得兒童應該要說話。假如治療師在面對兒童的沉默時覺得尷尬，或是暗自希望兒童應該要開口說話，他就應該要仔細檢視自己的價值系統、對兒童的期待，以及是否真的意願讓兒童做自己。

是否有過兒童完全不表達的經驗？兒童一定要用口語才算是表達嗎？努力讓兒童開口說話是誰的需求？要能誠實回答最後這個問題，治療師需要勇敢地往自己內在深入探索。兒童需要說話才能完成自己想達成的目標嗎？想要兒童開口說話的治療師是否有耐心去接納兒童不說話？一個合理的假設是，若治療師對兒童的沉默感覺不自在，就無法真正接納兒童。兒童對治療師內在的感覺和態度相當敏感，假如他們覺得自己不說話就不被治療師接納，他們就會更抗拒開口說話，且感覺自己被治療師拒絕。接納的意義是要接受兒童本來的樣子——沉默。若是兒童說話才會被接受，就不是真正的接納。**接納是沒有條件的—— 沒有「假如你……，我才會……」這種情況。**

在遊戲治療中，不管是否透過語言表達，兒童持續發出訊息（圖12.1）。因此，治療師必須維持一種回應的態度，那種態度就是在口語或非口語方面都傳達出對兒童沉默的接納。治療師必須仔細地傾聽兒童，不管他們是否開口說話。與沉默的兒童保持接觸的關鍵，是以口語回應兒童當下正在做的行為或當下的感受。態度是否有回應性並非取決於兒童是否說話。這類回應態度的促進性本質，可從下列與一個沉默兒童的互動中看出：

麥　可：（坐在沙箱旁，不斷地用勺子將沙子舀到鞋子上。）
治療師：你把很多沙子放在你的鞋子上面。

圖 12.1　在遊戲室中，兒童可以重新創造他們經驗過的場景，而且溝通並不一定
　　　　需要透過語言。

麥　可：（沒有回應，甚至沒有抬頭。持續舀起沙子把鞋子完全覆蓋。）

治療師：那裡，你把那一隻鞋子完全蓋住，看不見鞋子了。

麥　可：（轉移活動，小心翼翼地將沙子舀到他擱在沙箱側邊的左手上
　　　　面，灑出一些沙子在地板上，瞥了一眼治療師。）

治療師：你很好奇我會如何看待你把沙子灑到地板上。在這裡難免會出
　　　　現一些意外狀況。

麥　可：（回到用沙子覆蓋他的另一隻鞋子，直到完全覆蓋。）

治療師：現在它們兩隻都被蓋住，看不見了。

麥　可：（喃喃自語）沒有人喜歡它們，所以它們就藏起來了。

麥可被轉介來接受遊戲治療的原因，是因為他都獨自在操場玩，在二年級好像也沒有朋友，其他兒童也不會主動找他到教室外面玩。

這一段回應過程顯示出治療師配合麥可的步調，讓他持續主導互動的方向。主要原則是要有耐心，治療師必須小心避免對兒童所做的每一件單一事情都做回應，那樣會干擾兒童，並造成兒童產生過多的自覺意識。治療師也要避免對兒童造成必須說話的壓力。在一段冗長的沉默過後，治療師覺得不自在，可能會問兒童：「你知道你為什麼在這裡嗎？」這明顯就是企圖要引導兒童說些什麼，同時這個問話也意謂著兒童有問題，而且需要處理這些問題，這麼做的結果只會讓兒童更加疏離。

兒童想帶玩具或食物進入遊戲室，應如何處理？

在第一次遊戲單元，有時兒童會帶一樣自己最喜歡的玩具或娃娃來，這可能意謂著他內心有些焦慮，因此，兒童帶一樣特別的娃娃來遊戲室的渴望應該被治療師確認和接納。假如兒童用手臂夾著一輛特別的卡車，隨著治療師步出等待室並走向遊戲室，這個舉動可以被允許，可以作為治療師與兒童接觸的開始。「羅勃，我看到你帶了一樣東西要到遊戲室去，那一定是一個特別的玩具，它是綠色的，而且還有黑色的大輪子」。這個回應表達出對兒童渴望帶卡車進遊戲室的接納、意謂著容許、確認卡車對兒童的重要性，以及表示對卡車的欣賞。

這是否意謂著只要對兒童來說是特別的東西都可以帶進遊戲室？當然不是。**原則上，只有類似於一般被挑選放到遊戲室的那些玩具才能帶進去。**遙控玩具、機械玩具、發條玩具、隨身聽、玻璃製品……等等，這些玩具無助於與兒童互動或幫助兒童表達，因此不能帶進遊戲室。兒童最喜歡的書籍也不可以帶進遊戲室，因為防衛心強、謹慎（害羞）或退縮的兒童可能會藉此躲進到書裡，把全部時間都用來看書，以避開新環境或與治療師有所互動。在遊戲室內很少使用書籍來促進關係的建立。

兒童可能會到等待室吃各種點心。一般來說，最好不要帶食物進遊戲

室，因為吃東西會讓兒童分心。吃洋芋片並不能有利於兒童更投入或更積極地玩，萬一兒童要拿食物給治療師吃，更可能會產生問題。假如治療師沒有喝兒童拿給他的汽水，兒童是否會覺得被拒絕呢？若允許兒童帶食物到遊戲室，通常會導致兒童後來堅持治療師一定要喝點或吃點東西。假如兒童拿著吃了一半的雪糕，治療師此時應展現耐心和善解人意，同意兒童吃完雪糕再進入遊戲室。但是，同樣的建議可能就不適用於等待一個兒童喝完 12 盎司的汽水了。你曾看過一個四歲兒童一口氣喝完一罐汽水嗎？可能需要花上幾小時也說不定。

在對限制的項目做回應時，治療師應該敏於覺察兒童的感受：「我知道你想把那台遊戲機帶進遊戲室，但是它應該留在等待室裡，在你從遊戲室回到這裡時，它還會在這裡。」在四十五分鐘的遊戲治療結束後，治療師有責任提醒兒童：「遊戲機還放在等待室。」同樣地，兒童也容易忘記自己帶進遊戲室裡的玩具，治療師也需要在遊戲單元結束時主動提醒兒童。

◆ 兒童過度依賴，應如何處理？

許多被轉介來接受遊戲治療的兒童通常是依賴成人來滿足他們的需求。父母和照顧者總是順理成章地幫兒童做事，因而助長了他們的依賴性，同時也影響了他們的勝任感和責任感。治療師的目標就是要把責任交回給兒童，並且促進他們的自立自主。有些兒童會不斷要求治療師幫忙，或堅持治療師幫他們做決定。在遊戲室裡，兒童其實都相當有能力為自己做決定，而且唯有透過做決定的掙扎過程，他們才得以發現自己的這項能力。必須讓兒童學習如何做決定，以及學習如何為自己做事。

治療師不是兒童的傭人，不必幫兒童跑腿拿東西、幫他穿衣服、幫他開他自己可以輕易打開的容器、幫他選擇該用什麼顏色、決定該畫些什麼，或是應該先玩什麼。這樣的行為只會加深兒童的依賴性，並且證實他們心中自認為不適切或沒能力的自我概念。治療師的回應應該要能傳達對

兒童的信任，並將責任交還給兒童。

　　以下的例子是兒童說出來的話以及治療師如何透過回應將責任交還給兒童：

羅　勃：把那些剪刀拿給我。

治療師：你想要剪刀。假如你想要剪刀，你可以自己拿。

● ● ●

梅蘭妮：玩具玩完的時候，你希望我把玩具放回原處，還是放著就好？

治療師：這件事妳可以自己做決定。

● ● ●

威　爾：這是一隻貓或是一隻老虎呢？

治療師：你希望它是什麼，它就是什麼。

● ● ●

茱　蒂：你想要我玩什麼？

治療師：在這裡，妳可以決定自己想要玩什麼。

● ● ●

里維托：（不自己嘗試）你可以幫我把這些積木疊起來嗎？

治療師：這件事你可以自己做。

　　上述這些回應都清楚傳達出關係的變數，並且把行動和主導的責任交還給兒童，這樣他們就必須經歷自我發現的過程。假如不讓兒童經歷為自己做事的過程，他們如何能發現自己的價值呢？假如沒有人相信兒童有能力決定自己的方向，他們又如何能相信自己呢？

◆ 兒童不斷尋求讚美，應如何處理？

　　在與兒童互動時，若遇到兒童堅持要治療師的評價或評斷，治療師應該要敏於覺察兒童的感覺和自我觀感。兒童堅持想要知道治療師是否喜歡

他畫的圖畫，是否暗示著他缺乏安全感和低自尊，或是想控制互動？面對要求一定要獲得特定答案的兒童，治療師的勝任感及對兒童的接納將會受到嚴峻的考驗。

若是碰到兒童說：「告訴我，我想知道，你認為我的圖畫好不好看？」治療師可能會很想把問題丟回給兒童，以便有更充裕的時間來思考如何做出比較好的回應。一個猶豫的回應如：「你想知道我覺得你的畫好不好看。」並沒有太大的價值，除了會讓兒童感到挫折和困惑，也會讓他質疑治療師是否了解他所說的話，同時堅持要一個答案。兒童也會感受到治療師猶豫、不確定的特性，進而強迫治療師一定要給一個明確答案。雖然這看起來好像是一件簡單的事情，只要給兒童一個明確的答案，例如：「我認為你的畫很好看。」但是，讚美會引導兒童的行為、限制他們的發展、製造依賴，並且助長兒童受外在動機的影響。

兒童中心遊戲治療的目標是不讓兒童去評價自己的行為，而能欣賞自己的創意美感，並發展出一個獎賞和滿足的內在系統。讚美無助於治療關係的建立，往往只顯示出治療師其實無法真正接觸到兒童的內在動力，或是治療師需要讓兒童心情很好。遇到這樣的狀況，治療師的回應應該是去澄清遊戲室裡的治療關係，或是協助兒童能夠欣賞自己的畫，如同以下摘述：

馬　丁：（展示他畫的一張圖畫給治療師看）你認為我畫的房子好看嗎？

治療師：（指著畫）你在這裡畫了一間紅色房子，嗯（仔細地研究這幅畫），你在這裡畫了三個窗戶（指著窗戶），而且，喔，上面全部塗滿了藍色。我看到你在角落整個塗了橘色（用一種真正有興趣和讚賞的語氣說話）。

一旦治療師用一種沒有評價、仔細觀看細節及欣賞的態度來做回應，兒童往往會忘記最初想問的問題，而開始研究起自己的作品，注意治療師所關注的地方，並且對完成的作品感到滿意。接下來兒童常常會接替治療

師的角色，開始解說起自己的作品：「在這裡，我還畫了一個黃色的大太陽，這幾隻小鳥還挺不好畫的。」治療師可以接著做這樣的回應：「是的，我看到那個黃色的大太陽，而那些看起來像小鳥，它們很難畫，但你還是畫出來了。」現在兒童可以自由地去評論和欣賞自己的作品了。若是治療師對兒童所完成的作品做出評斷和評價，並且說出「很漂亮」或其他的讚美回應，其實正顯示治療師有權力去評斷某樣東西很醜或很負面。因此，應該避免帶有評價的回應。

有些兒童會堅持要求治療師一定要說清楚他的畫有沒有很漂亮。若是發生這樣的現象，治療師可以藉由下面的回應來澄清遊戲室裡的關係：「在這裡，重要的不是我認為你的圖畫漂不漂亮，而是你覺得自己的畫怎麼樣。」這樣的回應對某些兒童而言可能不夠精簡，治療師或許可以更簡要地說：「重要的是，你覺得自己的畫怎麼樣。」這樣兒童就可以自由地說出他認為自己的畫漂不漂亮。評價的權力屬於兒童，因此，治療師將評斷的權力歸還給兒童。

上述例子涉及認知的評價，但是我們也可以運用類似的方法來處理對於一幅畫或其他物件的感覺。

吉　米：看我正在做什麼？

治療師：你正在玩黏土。

吉　米：我應該做成什麼呢？

治療師：你想做成什麼，就可以做成什麼。

吉　米：好的，我要做一隻河馬。

治療師：你決定要做一隻河馬。

吉　米：（很小心地捏黏土，捏出像是動物形狀的造型）它是什麼？你喜歡它嗎？

治療師：你很認真在做，它可以是任何你想要的東西（這樣說是因為在實際塑造或捏成形的過程中，兒童有時會改變他們原來的心意）。

吉　米：但是你喜歡它嗎？……你覺得它好看嗎？

治療師：重要的是，你覺得它怎麼樣。

⬡ 兒童說你講話很奇怪，應如何處理？

　　由於治療師不問問題、不提供意見，也不告訴兒童該怎麼做，兒童可能會覺得很奇怪。治療師這樣的說話方式，讓兒童聽起來好像治療師講的是外國話；因為兒童不習慣別人替他說出內在的想法和感覺。其他時候，若是一個兒童說：「你說話很好笑。」他可能是指治療師的回應內容或回應方式不自然。若是治療師說話太誇張或是死記硬背一些治療回應，聽起來就會不像平常的互動對話。

　　若是治療師只是像鸚鵡似的複述兒童說的話，或是以一種含糊、報導的方式，用口語跟循兒童的遊戲活動，兒童很可能就會留意到並覺得惱怒。他會覺得治療師只是在報導他正在做什麼，這會讓兒童覺得治療師很無禮，因為他知道自己在做什麼。目標應該是與兒童同在，且傳達對兒童的了解，而不是報導你看到或聽到什麼。「現在那輛車子在桌子上」和「你把那輛車子放在……最靠近……邊邊的地方」，這兩句話傳達出完全不同的訊息。第一句回應很客觀，著重在事實的描述；另一句則傳達與孩子同在的感覺。

　　假如兒童對治療師表達「你講話好奇怪」，這應該要被接納，而且可以如此回應：「喔，我講的話聽起來跟別人不太一樣。」或是治療師可以如此解釋：「我只是想讓你知道，我對於你和你正在做的事情很感興趣，我猜，可能我講的話聽起來跟別人不太一樣。」有時候兒童說：「你講話很怪異。」是想藉此負面方式來「貶低」治療師，或作為抗拒的一種表達；若是如此，治療師可以用這樣的方式回應：「你不喜歡我說話的方式」，或是「聽起來好像你希望我不要再說了。」至於該如何回應，取決於當時治療師所感受到兒童的意圖為何。

◆ 兒童要治療師玩猜謎遊戲，應如何處理？

「你猜我要做什麼？」或「你認為這是什麼？」是兒童在遊戲治療中常會問的問題。當面對兒童這些要求或問題，許多治療師傾向於參與這一場猜謎遊戲，但在這過程中卻可能限制了兒童的自由，同時也承擔了指導的責任。「你猜我要做什麼」這個問話有可能並非真要治療師回答，反而比較像是感到興奮的兒童將治療師納入自己活動的一種方式，其實他並不期待會得到回答。「你認為這是什麼？」可能確實是要治療師針對某一個物品或兒童的一幅畫來回答。即使如此，也要考慮到：與一個低自我概念、依賴，或非常需要取悅他人的兒童進行這樣的猜謎遊戲，可能造成什麼樣的後果？兒童可能會以治療師的回答來決定圖畫應該怎麼畫，或是治療師期望他接下來做什麼，因而改變自己原來的打算。

假如治療師猜測兒童畫的是一棵樹，而兒童原本的意思其實是原子彈爆炸，此時兒童可能認為治療師不能接受圖上畫的是人被炸毀的樣子。一旦治療師做了明確的表態，兒童可能會難以改變圖畫內容，也無法繼續原先的活動，因為他可能覺得這麼做就是違背治療師，這樣治療師就不會再喜歡他了。

遊戲治療的時間並不適合陷入猜謎遊戲中。這段時間裡，治療師必須在意圖、態度、接納、目標和方法上都維持一致性。兒童能負責且有能力，這個訊息必須在所有互動中都獲得清楚的表達。因此，若兒童問：「你猜我接下來要做什麼？」一種理解且令人釋放的回應會是：「你心裡有一些想法了。」或是「你已經計畫好一些事情了。」我們可以這樣假設，假如兒童說：「你猜我接下來要做什麼？」其實兒童在心裡已有想要做的事了。假如兒童問：「你認為這是什麼？」治療師可以簡單回應：「你可以告訴我。」這樣就會把帶領的責任交還給兒童。

❖ 兒童要求更親暱的情感表達，應如何處理？

有些接受遊戲治療的兒童過去可能很少有人直接對他表達情感，因此他們很需要獲得情感的慰藉。他們可能不確定自己在這個關係中的角色地位，因此經常需要治療師對他們保證是真正關心他們。若是兒童問：「你喜歡我嗎？」治療師可能來不及細想，就直接回應：「你想知道我喜不喜歡你。」沒錯，那就是兒童想知道的事及想要問的問題，因此，沒有必要再告訴兒童他剛才問的是什麼。這個時機適合治療師用來分享，以便發展出一種個人關係。在下面的例子裡，治療師迴避了兒童的情緒需求，使得兒童很快地改變互動焦點。這是八歲大男孩富蘭克的第六次遊戲單元：

富蘭克：（坐在沙箱裡）我要告訴你一件事，但是……（坐著沉默了一會兒，用手指撥弄沙子。）

治療師：你有事要告訴我，但是你不確定是不是要說。

富蘭克：是，可能會讓妳傷心，也可能會哭。（把手指埋在沙裡，眼睛朝下看。）

治療師：你不想讓我傷心。

富蘭克：對，而且……（不看治療師，把手埋得更深，默默地坐了一會兒，然後瞥了治療師一眼）是關於你的小孩。

治療師：是關於我小孩的事。

富蘭克：是，而且……嗯……（很快地，上氣不接下氣）就是……你有愛我嗎？

治療師：你想要知道我對你的感覺。

富蘭克：是……對，你有嗎？

治療師：知道我對你的感覺對你很重要，你想知道我有沒有愛你。

富蘭克：（持續坐在沙裡，眼睛避免接觸，手埋得更深，手指碰到某個東西）嘿，這是什麼？（從沙裡挖出一個玩具兵）

與富蘭克交心的一個時機就這樣錯失了。回應他情緒需求的機會可能會再度出現，因為這個議題對兒童很重要，但是現在這個特別的時機也已經永遠失去了。

治療師總是希望兒童能感受到自己對他們的真心關懷和鼓勵，但有些兒童可能需要更具體的確定，因此會問治療師：「你喜歡我嗎？」在此當下，兒童的感受和自尊往往很脆弱，因此治療師需要非常溫暖、關懷，並且做出個人的回應。假如治療師真的關心並珍視兒童，表達感情將是十分適當的事，在我們的社會裡，「喜歡」和「愛」這兩個字就像是被扔滿地的五彩碎紙，通常不代表什麼特別意義。因此，治療師對兒童回應時，就需要傳達出自己的情感：「你對我而言很特別，我們在一起的時間也很特別。」類似的回應適合用來回答兒童提出的「你愛我嗎？」這類問題。

◆ 兒童想要擁抱治療師或坐在治療師的腿上，應如何處理？

若兒童要求擁抱，或要求坐在治療師的腿上，治療師應謹慎考量兒童背後的動機。當然，假如兒童主動擁抱治療師，治療師並不適宜像塊板子般僵坐不動。假如此時治療師想要以擁抱作為回禮，就要特別謹慎。不妨想想，這是一個遭受性侵害的兒童嗎？還是已經有人教這個兒童，假如他喜歡或愛一個人，就要與人有親密接觸？喜歡兒童就意謂著要藉由觸摸、撫弄、磨蹭等動作來表達嗎？假如一個女孩突然跳上男性治療師的腿上，然後開玩笑似地扭動身體，這代表什麼呢？治療師當然必須覺察這些行為的可能性，並且做出回應：「我知道妳覺得這麼做很有趣，但是，即使妳沒有坐在我的腿上，我還是知道妳喜歡我。」在此同時，治療師應溫柔地將兒童帶離自己的腿上。

對有些兒童來說，在遊戲室的場景裡，靠在治療師的腿上是最自然不過的事。他們覺得舒服，而且這是一個無意識的行為，只是出於自發和自由，沒有特別的意涵。假如治療師此時伸手抱住這個兒童，那麼人們可能

要問：到底是誰的需求得到滿足？治療師接下來可能就會主導治療關係和單元的方向。

另外，有些兒童可能會拿著奶瓶開始吸吮，爬到治療師的腿上，想要像嬰兒般被治療師抱著。治療師當時的自在程度可以用來決定什麼才是恰當的回應。假如治療師覺得這是一個單純的要求，沒有微妙的深層動機，只是一個兒童單純地想要重新經驗當嬰兒的感覺，此時最自然的回應就是抱著兒童幾分鐘。然而，治療師必須有心理準備，兒童可能會接著要求治療師唱歌、搖他、幫他換尿布。在某些時候，治療師開始被兒童要求扮演某種角色時，可能就需要設定限制。

在治療歷程中，這個情況有點尷尬。假如治療師不讓兒童爬到他的腿上，兒童可能會覺得被拒絕。治療師將兒童抱在腿上，可能會激起自己當父母的感覺，好像正在搖著自己的孩子，這是否會因此干擾治療師對兒童獨立的接受度呢？

身體或性虐待已是一個普遍現象，在我們社會中，這已經成為容易引起情緒波動的議題，除了謹慎處理這類問題外，我們無法明確建議何謂適當回應。假如對兒童的需求和意圖有疑慮，可以這樣回應：「我知道你想要假裝自己是一個小嬰兒，正在吸奶瓶。你可以在那邊的嬰兒床上這麼做。」這個回應語帶保留，因為有可能遭受誤解，然而，這個回應卻也有其必要性，因為治療師可以用來維持兒童成長所必需的條件。假如治療師沒有仔細檢視自己在這方面的需求，光靠自覺抱一個兒童很自然，並不能將治療師的行為正當化。大部分的情況下，應兒童的要求而去擁抱和搖他們看似十分自然而適當，但是為了保護遊戲治療師，我們會極力建議將每一個遊戲單元錄影下來。

◆ 兒童想要偷玩具，應如何處理？

賈斯汀是一個五歲的兒童，這是他第二次來到這個他覺得很棒的遊戲室。除了玩具店外，這間遊戲室裡的玩具比他到過的任何地方都還要多。

他想不起來他爸媽上一次買玩具給他是什麼時候了，但是現在在這裡，眼前的所有東西都沒有價格標籤在上面。他假裝在玩一輛卡車，同時用另一隻手把一輛小汽車偷偷放進口袋，希望治療師沒有看見他在做什麼。不過，治療師還是看見了他把小汽車放進口袋。賈斯汀繼續玩那輛卡車，直到治療師宣布時間到了。

現在，治療師應該做什麼？等待賈斯汀誠實招供？允許他拿走那輛汽車，然後期待他會自己拿回來歸還？利用這次機會教導他誠實的重要性？還是那輛車子的價格反正不超過台幣 30 元根本不必擔心？答案是以上皆非！我們必須關心賈斯汀把玩具帶回家之後可能產生的罪惡感。這輛車的價值微不足道。我們真正關切的是兒童的行為和感覺，而不是價格。在遊戲室裡，兒童自己去學習價值，而非靠治療師教導。

有些新手治療師可能會問：「賈斯汀，你是不是忘了什麼事？」或是：「賈斯汀，在你今天離開這裡之前，想想看，你是不是還需要做什麼事？」也可能會問：「你拿走一輛小汽車嗎？」但這樣的問話方式卻帶給賈斯汀混淆的訊息，因為他感覺到治療師應該知道他拿了車子，但這樣的問話卻又好像暗示他並不知情。在這種情況下，治療師是否也不誠實呢？似乎是這樣。質問已經知道的事情往往沒有幫助。

經 驗 法 則

若是你已經知道答案，就別問問題，可以直接說。

這時候可以直接表達，態度保持理解和堅定。

治療師：我知道你想要把車子帶走，但是你口袋裡的車子（用手指著口袋）應該留在這裡，這樣下次你來的時候，車子還會在這裡，你就可以繼續玩。

賈斯汀：什麼車子？我沒有拿車子。（用手輕拍沒放東西的那個口袋）

治療師：你想要假裝你不知道那輛車子在哪裡，但是在你那個口袋裡的

車子（指著那個口袋）應該要留在遊戲室裡。

賈斯汀：（手放進口袋，拿出那輛車子。）

以道德勸說的話語「你知道你不應該拿走任何不屬於你的東西」來質問賈斯汀為什麼想拿走那輛車子，或藉由問話：「要是你在學校拿走別人的東西，你知道會有什麼後果嗎？」來引導賈斯汀討論相關的後果，只會增強對話的緊張及出現罪惡感的可能性。這些回應也把主導的責任帶離兒童，換由治療師來決定什麼比較重要。此外，要求兒童以口語說出很有領悟性的比較，其實是忽略了兒童之所以會進入遊戲治療的緣由。兒童在遊戲治療過程所進行的遊戲，並不是為了引發更重要的口語探索活動。

兒童拒絕離開遊戲室，應如何處理？

在遊戲單元結束時，有些兒童可能會藉由拒絕離開遊戲室，來表達他們的抗拒或測試限制。兒童不願意離開可能是一種操控方式，他們想藉此知道時間限制及治療師耐性的底線在哪裡。有一個指標可以用來判斷兒童是否在操控；若是在操控，兒童通常會去觀察治療師的回應，此時兒童的臉部表情不會很緊繃，肢體語言也顯示出他沒有很投入。別的兒童則是想要在遊戲室待久一點，因為他們覺得在遊戲室很有趣，在這種情況下，遊戲對他們的重要性可以從兒童專注投入遊戲時，那緊繃和專注的臉部表情中傳達出來。即使如此，遊戲單元仍不應該延長時間。治療歷程很重要的一部分，就是發展足夠的自我控制能力以停止遊戲，並對自己的期望或渴望說不。因此，對於遊戲單元結束時不願離開遊戲室的兒童，下列的過程可以用來結束該次單元。

治療師：今天我們在遊戲室的時間已經到了（治療師站起來），現在可以去等待室找你媽媽。

潔西卡：可是我還沒有玩沙箱。（她跑過去，開始在沙箱裡玩沙。）

治療師：妳想要繼續留在這裡玩沙，可是，潔西卡，今天的時間已經到了。（朝門口走兩步，並繼續看著潔西卡。）

潔西卡：（露出一個很大的微笑）這真的很奇妙，我可以再待一下子嗎？（開始將沙倒進漏斗中）

治療師：（朝門口再走兩步）妳真的覺得很好玩，可是離開的時間到了。

潔西卡：你不喜歡我。假如你真的喜歡我，你就會讓我繼續留在這裡。（繼續倒沙）

治療師：喔，妳認為假如我喜歡你，就應該讓妳留下來。我知道妳想要再待久一點，可是現在是離開遊戲室的時候了。（再往前走兩步，伸手轉動門把，讓門開著十來公分寬。）

潔西卡：（看著治療師把門推開）我就快要好了，再給我一分鐘就好。

治療師：（把門開得更大一點）潔西卡，我知道妳想要決定自己可以在這裡待多久，但是時間已經到了。（以期待的眼神看著潔西卡，同時走出門口一步。）

潔西卡：（慢慢地站起來，放掉手中的漏斗，然後緩緩地朝著打開的門走去。）

這個過程大約維持了四分鐘，但若是治療師卡在一直想讓兒童離開遊戲室的壓力中，那感覺會像是四十分鐘。即使潔西卡花了五或六分鐘才離開遊戲室，最重要的是，雖然她很想留下來，最後還是自己離開了，而且在這個過程中，她作為人的尊嚴和自重不僅獲得保留，還進一步獲得強化。

治療師必須取消遊戲單元，應如何處理？

在告知取消單元方面，兒童受到的考量及尊重程度應該與成人一樣。治療師最好在前一次單元的一開始就告訴兒童這個訊息，然後在這個單元

結束時再次提醒兒童，同時清楚表達兒童下次來的時間是在兩週後或下一個定期預約的時間。在遊戲單元一開始就應提及下次取消的事情，這樣兒童才不會誤以為是自己在遊戲室裡做錯了什麼事，才會受到下次不能來的這種處罰。「我要到另一個地方開會」這類取消的理由也可以幫助兒童了解，取消遊戲單元並不是因為他做錯了什麼。

　　假如發生突發狀況，無法在前一次遊戲單元就預告下次取消，治療師可以寄明信片或打電話通知兒童，這樣可以溫暖地傳達對這份關係的重視。萬一發生緊急狀況，不可能在見面前及時通知兒童，治療師可以留下個人的語音訊息或書面便條，以便兒童能看到或聽到。**關心兒童的感受永遠是最優先的事。**

第13章

遊戲治療中的議題

在助人的專業中，遊戲治療的治療關係可能比任何其他關係引發更多關於程序和過程的疑問。雖然治療師無法預料在遊戲室裡會發生的所有議題，但若能在開始和兒童建立關係之前就先思考過這些議題，將有助於治療師做出肯定回應，而不至於因猶豫不決而造成兒童的困惑。在此討論的這些議題能提供這類自我探索的起始點，而治療師也需要問問自己，他在這些議題的立場是什麼及為何如此。

保密

非常年幼的兒童一般來說不會關心保密的問題，但他們仍需被告知這是一段安全、保密的時間。較大的兒童會比較有覺知和社會覺察，因此他們有可能會懷疑治療師會把事情告訴誰、會說什麼，因為他們聽過父母把他的某些特定行為告訴親朋好友。一定要留意兒童是如何被告知的，免得

他們覺得這是一段祕密時間，且對於不能和父母分享感到罪惡。在處理曾遭性侵且被誘使或恐嚇要閉嘴的兒童時，這是一個特別敏感的部分。對大部分的兒童來說，這樣的說法應該就足夠：「在這個特別的時間裡，無論你說或做什麼都是保密的。我不會告訴你的爸媽、老師或任何人，除非是為了保護你的安全才必須說出來。假如你想要他們知道你在這裡做什麼，你可以告訴他們，那樣也很好！你可以自己做決定。」

兒童的藝術作品不應展示於遊戲室的牆上或走廊，因為這可能有違他們的隱私。這就如同跟成人進行諮商的紀錄副本不會掛在牆上，或展示在走廊上。兒童的藝術作品是他們溝通的方式，也不應拿去給他的老師或父母看，除非兒童決定這麼做。展示藝術作品可能會影響其他進到遊戲室的兒童做活動，他們會看到牆上的作品，可能就認定這是他該做的事情。而且，兒童們一定會與展示的藝術作品較勁。

與兒童進行遊戲治療時，有個普遍的指導方針是，除非符合專業的倫理規定，否則絕不透露兒童在遊戲室說或做了什麼特定的事。兒童確切的意見和特定的遊戲行為，只專供治療師看與聽，以及供給專業同僚諮詢之用。那麼，什麼能與父母分享呢？治療師必須謹慎地評估父母會如何反應或運用那樣的資訊。一般而言，若涉及保密議題，要犯錯就犯過於謹慎之錯。治療師在將他對兒童及其行為的印象傳達給父母時，也必須避免違背保密的嚴格規定。

父母渴望知道一些保密資訊，治療師可表達對此感到理解，能有助於避免父母覺得「被敷衍」、憤恨或憤怒。要單單傳達一般的訊息給父母，而不會讓他們覺得被敷衍，治療師需要很棒的技巧。**大原則就是討論一般的觀察，而且避免揭露特定的行為**。舉例來說，可以跟家長用下列方式互動：「克里斯似乎很生氣，他在家中如何表達怒氣？」但這樣說或許就不適當：「克里斯真的很生氣，他花了十五分鐘用力地打充氣式不倒翁，我還擔心他可能會把它弄壞。」

跟兒童工作時，保密是一個困難的議題。畢竟，父母在法律上對兒童有責任，他們或許真的想知道怎麼幫忙。他們也付治療的費用，或許就會

覺得有權利知道他們的錢花在哪裡，以及諮商單元發生什麼事。父母能知道的權利極限，以及兒童隱私權的起始點在哪兒呢？這是個很難回答的問題，而且這個決定取決於幾個狀況，包括父母適當使用訊息的能力、訊息的內容、兒童的情緒脆弱度，以及所有牽涉人員的身體安全。

　　兒童一定得受到保護，以避免他們自己或其他人發生身體傷害，特別是在威脅要自殺或逃跑的情況下。一旦可能發生自殺，父母一定要被告知，而治療師需要熟練地帶領父母，透過預警的步驟來幫忙確認兒童的安全。父母也一定要把藥物、武器、通水管的廚房清潔用品、腐蝕性的清潔劑等東西藏起來，這是自殺預防程序的標準動作之一。

🔶 加入兒童的遊戲

　　是否加入兒童的遊戲是一個重要的決定，治療師一定要在治療開始之前就做好這個決定。雖然此決定主要與治療師的人格特質有關，但仍應奠基於符合治療師目標的理論基礎。兒童中心遊戲治療師必須相信兒童有能力做自我指導，且避免讓治療師的個性干擾了兒童的遊戲。這是兒童的獨特時光，他可以主導自己的生命方向、下決定、盡情玩耍而不被干擾，而且無論想表達什麼，都可以在遊戲中呈現。諮商時間屬於這個兒童，治療師的需求和指導都該被屏除在外。這不是一個社交時間，兒童需要的也不是一個玩伴。治療師在那裡是為了幫忙兒童在被接納的安全關係中，聽見他自己、看見他自己、了解他自己，並且成為他自己。

　　雖然兒童邀請治療師一起玩，但他或許不是特別想要一個玩伴。有些兒童覺得有義務去邀請治療師加入，而他會做如此要求，或許是因為他相信如此才是對的作法，或是希望治療師喜歡他。加入遊戲的邀請或許意謂著兒童尋求認可，或覺得由其他人替他決定遊戲方向會比較有安全感（圖13.1）。那樣的請求也可能是兒童測試治療師容許程度的一種方法。

　　治療師必須仔細思索加入遊戲的目標是什麼，以及究竟希望達成什麼目的。真正的動機是要和兒童互動，或是滿足治療師想加入的需求？面對

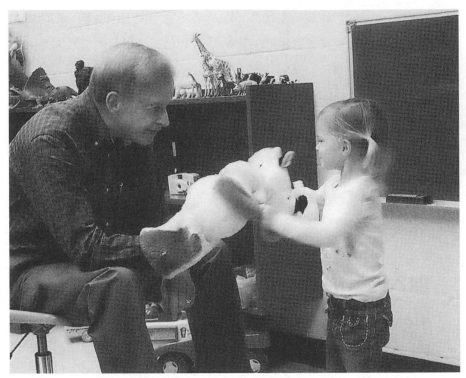

圖 13.1　治療師加入遊戲時仍需聽從兒童指導，藉以讓兒童保持主導的地位。

一個站在遊戲室中間且不說一句話的兒童，治療師可能會撿起一個洋娃娃，順一順娃娃的衣服，然後幫洋娃娃的腳穿上鞋子，心裡是希望兒童跟隨他的主導，也開始遊戲。治療師的動機是要釋放兒童，或是希望兒童做點事，好讓治療師覺得自在一點？

　　加入兒童的遊戲並不保證兒童會覺得更融入，也不確保和兒童之間有更好的情緒涉入。**治療師的態度才是決定性的變數，而不是實際加入遊戲**。若是治療師能與兒童同在、完全投入，且與兒童一同體驗，並且成功地將這種投入傳達給兒童，兒童反而很少會要求治療師一定要加入。若是治療師被要求加入，有時候其實是有隱含的訊息，兒童的訊息可能是在表達：「我沒有感覺到你的關注，你似乎沒有真正投入，或是對我正在做的事情不感興趣。」或許重點在於兒童是否感受到治療師正加入其中。

　　治療師在不加入遊戲的狀態下，也能和兒童有積極的互動。治療師的

態度比真正加入來得更為重要。儘管某些作者宣稱，選擇不直接投入兒童的遊戲，會讓治療師成為被動的觀察者，其實並不見得。治療師沒有和兒童一起玩，但與兒童有情感上的投入，那麼他在心理和情緒層面便間接地加入其中，這種情形是很有可能的。就像對兩個交情很深的人來說，有時話語並非必要。同樣地，要投入並不一定要加入遊戲之中。治療師對兒童真誠的關注和情感會讓兒童感受到，就像缺乏投入和興趣也會讓兒童感受到一樣。

雖然治療師必須小心避免干擾或壓抑兒童，但加入兒童的遊戲不必然會妨礙治療過程。某些很有經驗的遊戲治療師會用一種不唐突的方法巧妙地加入。假如治療師選擇加入兒童的遊戲，他一定會做到以下幾點：(1) 保持由兒童主導；(2) 保持兒童在視線內；(3) 維持一個成人的治療角色（治療師不是兒童的玩伴）；以及 (4) 透過設限來維持適當的界限。假如治療師選擇加入兒童的遊戲，就要當一個跟隨的加入者，從兒童那裡尋求線索。請兒童界定治療師的角色或行動，這樣可以讓兒童主導方向。

跟隨兒童的主導並不是兒童要治療師做什麼，治療師就照做。治療師不會因為兒童下指令，就去喝紅色的蛋彩顏料、打兒童的屁股、對兒童吼髒話、允許兒童倒沙或水在治療師的短袖上衣裡頭……等等。我曾經為法院的一樁案件提供諮詢，是有關「遊戲治療師」（我在此寬鬆地使用這個詞）的事件。他在一個假裝自己是小嬰兒的五歲小孩指示下，脫掉小孩的內衣褲，並且用面紙擦乾小孩的陰莖。這個「治療師」用遊戲治療的文獻來正當化這個行為，因為他跟隨了兒童的主導。顯然地，這位「遊戲治療師」並不了解跟隨兒童主導的概念，而且對界限議題和倫理行為的了解也很有限。只有在治療師的加入能促進和提升兒童的獨立性而非依賴性時，加入兒童的遊戲才有助於促進治療關係。

甚至在跟隨兒童的遊戲指令時，還是很有可能會影響或壓抑兒童的遊戲。蘇西要治療師畫一隻鳥，她坐著觀看，然後試著學治療師畫。此時治療師的需求似乎獲得滿足，但卻沒有提供兒童正向成長的機會。這個結論可以從蘇西後來在等候室說的話來確認：「他（治療師）畫得比我還要好。」

治療師加入兒童遊戲的潛在影響很微妙，卻也很有威力，治療師應該謹記這個事實。五歲的卡門在第三次諮商單元中玩醫藥箱：

卡　　門：脫掉妳的襯衫，我要幫妳打針。

治療師：我的襯衫不是用來脫掉的，妳可以假裝娃娃是我，然後脫娃娃的襯衫。

卡　　門：好。（脫掉女娃娃的襯衫，接著將娃娃的衣服脫光光，使用針筒在娃娃身上表現出非常明確的性愛動作。）

兒童無法對治療師這個人表現出來的行為及感覺，都能對無生命物體做出表達。因此，不管治療師的意圖為何，治療師在遊戲中的出現，可能會是一個建設性的因素，也可能是一個壓抑性的因素。根據卡門在娃娃身上的動作，治療師了解到她曾遭受性侵害。假如治療師脫掉穿在襯衫外面的外套，她能夠發現這件事嗎？或許不能，但沒有人能確定。

治療師一定要對自己因遊戲而激發的內在情緒具有敏感度。花二十分鐘追逐和收回飛鏢，或許會讓治療師感到惱怒、挫敗，甚至對兒童生氣。因此，有經驗的治療師會在負向感覺浮現之前就停下來，或拒絕一起加入那樣的遊戲。要能在房間一邊跑還一邊努力做出體貼的回應，可能是非常困難的一件事。若是治療師的加入局限在一種受到控制的狀況下，這樣加入遊戲才最有效——舉例來說，治療師讓自己被銬上手銬，但不被牽著在整個房間無止盡地繞。

有技巧的治療師會留意到影響兒童或被操控的風險，因此他就不會因為只能很有限地加入遊戲而弱化了治療效果。然而，加入遊戲所帶來的微妙影響性，仍值得留意。

有關是否要加入兒童的遊戲，取決於兒童、情境及治療師。不一起玩或玩得很有限的一個遊戲關係，或許最能有效確保非結構性，也確保在一起的時間屬於這個兒童。假如治療師選擇不加入，可以建議兒童把治療師的部分演出來。

在遊戲治療中接受兒童給的禮物

這可能是一個很棘手的狀況。在很多家庭裡，兒童從父母身上學到，關愛、情感和感激會透過送禮物來傳達。在旅行回來後，父母親會順便帶禮物回家給孩子。父母親會購買特別的玩具，當作要求原諒或修補受傷關係的一種方法。可想而知，兒童學到了透過送禮物來傳達感情，很自然的結果就是，他們有時會帶禮物送給治療師，以表達他們對生命中這個特別人士的喜愛，或在遊戲室裡故意找麻煩之後，以此試圖贏回治療師的心。**在決定是否接受禮物時，送禮物的時機是一個重要的考量。**這個孩子在上次諮商曾多次打破限制，現在利用禮物來補償曾惹過的麻煩嗎？假如真是這種狀況的話，接受禮物就會變成在「如何適當修復關係」方面傳達錯誤的訊息。

禮物的價格也是一個考慮因素。接受昂貴的禮物可能會讓治療師擔負一種義務，或使治療師失去客觀性。此外，有些專業組織的倫理法規設定收禮之價格上限為美金 1 元（約新台幣 30 元）。一般而言，這個因素較少被考慮，因為這個金額總價通常比兒童一般送的禮物還高。

若是兒童出現時，手中帶著禮物，治療師很有可能會在情緒上掙扎著接受與否。畢竟，治療師不想讓兒童感到失望。但是接受了禮物可能會有什麼後果呢？「假如我這麼做了，這個孩子會學習到什麼？這會有助於我們關係的強化嗎？這會增進孩子的內在成長嗎？這會幫助孩子變得更獨立嗎？」這些是治療師檢視自身行為的重要問題。接受禮物或許會加深外在給予的重要性，但那卻是與自我脫離。遊戲治療關係是一種情感的關係，情感上的分享比有形的分享更有意義。在遊戲治療中，兒童會學習在情感上交流，分享禮物可能會模糊情感共享的意義。**帶有情感的禮物比有形的禮物更強而有力，也更令人滿意。**

接受禮物與否的另一個因素是兒童給的禮物類型。兒童親手做的藝術作品或創作是兒童本身的延伸，因此被視為一種情感給予的延伸，因為它是兒童的一部分，是兒童所創造出來的東西。在大多數的情況下，不是花

錢買的東西都可接受，像是兒童摘的小花或是他畫的一幅畫。治療師可以收下那種禮物，用溫暖、感激和重視的語調表達收到的東西是什麼模樣。不過，跟在遊戲室裡一樣，應避免過度的誇獎。「喔！多麼美麗的畫呀！」這類的話就不用說了。可以藉由伸出手、溫柔地拿著這個物品、說說對它的看法，以及小心地把它放在附近的桌子或架子上等行為來表現重視和感謝。

不要展示收到的禮物，因為可能會引發競爭或是鼓勵其他兒童也帶禮物來。這些特別的物品應被放在一個特別的地方，直到遊戲治療結案為止。如果兒童後來要求看看這個物品，得知它被保存得很好，就會讓他們覺得很滿足。有些兒童會交給治療師一幅畫，然後說：「你可以把這幅畫掛在牆上。」治療師可以回答：「我辦公室裡有一個地方，可以讓我把這類特別的東西保存起來，這樣一來它們就能安全保存。」

若是接受購買的禮物，儘管它們或許不貴重，像是糖果之類的東西，卻也可能限制了兒童情感分享的可能性，還可能會巧妙地讓治療師在不知不覺中背負了某種義務。另一個決定是否接受禮物的因素，是看看這個買來的東西是不是被當作一種預先準備好的禮物，或者只是自發性的分享，好比說打開一片口香糖，把它分成兩半，然後分一半給對方。在我所珍藏的東西中，有兩塊迷你、小小、圓圓的粉紅色和黃色糖果，那是一個三歲小孩在將手上糖果一把塞進嘴裡之前，突然想到而從手中拿來分享給我的東西。

接受禮物與否的最簡單方法，或許是用一個概括性的原則決定，也就是不接受買的禮物，無論價格高低。然而，我覺得那並不恰當，而是應該要取決於兒童的意圖以及當下的自發性。對治療師而言，拒收禮物可能是一個非常尷尬和掙扎的時刻；但對兒童而言，學會知道「自己就是禮物，而且表達情感意義並非一定要靠禮物」這件事卻很重要。在這個時候，治療師必須傳達出了解和感激。在婉拒禮物時，治療師可以說：「你為我買了這個，代表你那時候有想到我，我真的很感激，但在這裡你不需要給我禮物來表示你喜歡我，我希望你留著它。」或者，假如這是在商店專為治

療師買的禮物，治療師可以說：「我希望你拿回去，然後換個你自已喜歡的東西。」在小學裡，在聖誕節送老師禮物是常見的習慣，婉拒一個聖誕禮物或許會讓兒童感到困惑。

關於贈送禮物的議題，並沒有一個絕對的規定。一位敏感且富有同理心的治療師應能夠藉著以下幾點判斷來考量，以妥善處理這種情況：(1) 給禮物的時機；(2) 禮物的本質；(3) 禮物的價格；以及 (4) 接受禮物與否的隱含意義。

在單元結束時給兒童獎賞或結案時給紀念物

每次遊戲治療單元結束時給兒童一顆糖果、一張笑臉貼紙、蓋章在兒童手背等習慣，無助於治療性的成長，而且與使用遊戲治療的基本原理不一致。兒童過去從其他經驗知道那些禮物的目的是為了獎勵「好」的行為，也知道如何得到它們。因此，在遊戲治療的經驗裡，那些獎賞反而抑制了兒童的行為。得到那些獎賞的兒童不會在遊戲室裡出現攻擊的行為，不會用標槍射遊戲治療師、不會弄得一團亂、不會告訴遊戲治療師有多討厭他，當然也不會揭露個人的議題。**兒童的遊戲經驗本身就是獎賞。他們不需要因遊戲而得到獎賞。**因此，給禮物是要滿足誰的需求呢？

相關的一個議題是，在遊戲治療關係結束時給兒童一個紀念物，「好讓兒童擁有東西可以來記住治療師和這個經驗」。這是一種情感關係，無法用有形的物品來確切呈現。兒童在心裡所帶走的，無疑地，遠比他握在手裡的任何東西都還要重要。他握在手裡的東西可能會不見，但**放在心裡的永遠不會消失。**治療師需要被記住嗎？如果是的話，為什麼？治療師必須願意放掉孩子，願意不再被孩子需要。這個調整的過程在第一次與兒童相會時就開始，這是一個將責任回歸兒童的持續過程，也是一個不斷賦能兒童的持續過程。假如兒童沒有記得治療師，那也無妨，治療師的工作是協助兒童成長得夠堅強，而不再需要他的幫忙。

◆ 要求兒童整理

　　有些兒童似乎需要用凌亂來完全表達自己。玩過第一個玩具後，他們馬上衝向其他玩具，沒有把第一個放回架子上。有些兒童可能像卡洛斯一樣，家裡的狀況相當混亂；他的遊戲表達出他的生活風貌，沒有組織且十分凌亂。在每次諮商結束時，玩具都散落在地板上。這些兒童應該被要求整理嗎？那樣的要求所代表的意義是什麼？要求兒童整理是滿足誰的需求？如果兒童走出遊戲室時留下一團凌亂，有些遊戲治療師會覺得他們「讓兒童沒做完就溜走了」。有些治療師要求兒童整理，因為他們對兒童弄得這麼凌亂感到生氣或惱怒，而且他們認為兒童的行為是針對他們而來的反抗行動。

　　有些治療師提出的論點是，如果要幫助兒童在遊戲室以外的地方發揮功能，兒童一定要學會知道自己在遊戲室內的行為會帶來什麼後果。因此，兒童必須清理善後。如果治療師能在遊戲的其他時間做好設限的工作，讓兒童學會控制自我應該不成問題。在檢視這個議題時，治療師應該重新檢視把兒童放進遊戲治療的道理何在。兒童需要玩具和器材，以充分地表達他們自己和生活經驗。**玩具是兒童的字彙，遊戲是兒童的語言。**若是如此，那要求兒童將東西清理乾淨，就是要求他們將剛表達的東西都清理乾淨。與成人個案工作的治療師，會要求成人去清理他們的話語，或不要過於生動地描述一個主題嗎？應該不會吧！治療師會要求成人個案去處理裝咖啡的保麗龍杯、掃掉地毯上的泥巴痕跡，或要求情緒困擾的個案在離開前將擦過眼淚的衛生紙收起來丟掉嗎？這樣兩相對照的話，就會變得清楚一點。如果要求兒童去清理的話，那比起對待成人的方式，我們真的太不尊重兒童了。畢竟，假如學習對行為負責真的是重點，成人就不用學習對他們行為的後果負起責任嗎？

　　在觀察一次遊戲治療後，一位研究所學生寫道：

　　　我很納悶，在哪個時間點適合幫助詹姆士了解他凌亂行為的後

果。老實說，他並沒有破壞東西，但在他離開時，房間一整個亂七八糟。在治療裡，需要修正這種自由和能量釋放的方式嗎？或許遊戲治療師應該說：「詹姆士，你在這裡可以決定你想要做什麼，但在時間結束時，我們要把每一樣東西都放回它原本的地方。」

對一個有攻擊性、心煩意亂和大聲嚷嚷的成人，我們會像這樣表達嗎？假如遊戲是兒童的語言，這種遊戲語言為什麼不能被接納呢？

另一個研究生寫道：「我已經有好幾次要孩子清理善後，有兩次是一個非常凌亂的孩子。我懷疑我比較多的動機是懲罰，而不是治療。」這個學生的誠實表述是一個很好的提醒，提醒我們想一想，要求兒童清理究竟是為了滿足誰的需求。

在遊戲治療的關係中，在治療歷程裡，透過遊戲表達和體驗的東西，比學習如何清理還要更有意義。不管是要求兒童清理，或是治療師開始清理以便成為兒童的典範，都將會抑制兒童在下次單元中的表達，因為他內化的訊息將是：弄亂東西是不被容許的事。同時，這個兒童或許覺得會因為弄亂東西而被懲罰。

此外，如果兒童拒絕清理的話，治療師也會面臨兩難的困境。治療師當下該怎麼做？強行逼迫兒童清理，或允許兒童忽略這個要求？無論哪一種都不恰當。能要求兒童做什麼選擇：「下週不用來了」或是「丟在地板上的玩具在下次單元中都不能玩」？萬一房間裡的所有玩具都放在地板上呢？這些選項都不適合。嘗試讓兒童清理善後，會讓治療師跳出接納和了解的角色，但這些卻是治療師努力要在單元中傳達的東西。治療師也應該避免鼓勵兒童清理，比如像這樣的反應：「孩子，你記得那個東西剛剛擺在櫃子的什麼地方？」或是「你的清理工作做得很棒！」

因為清理遊戲室不是兒童的責任，這要留給治療師或其他成人來做。有些人提議的解決方式是，讓中立的第三方或清潔人員來清理，但這不符合實際的經濟效益。就我所知，美國沒有任何一個地方的遊戲治療室，能

在每一次諮商後請清潔人員或中立的第三方做清理工作。留給治療師來清理，雖然不盡理想卻是可行的方法。當治療師看到地板上有滿坑滿谷的機械積木、娃娃屋的家具倒得歪七扭八、所有的玩具士兵散落在沙箱裡面和四周，這麼凌亂的狀況也意謂著兒童嚴苛地測試治療師接納度的極限。

治療師需要時間把房間收拾好，以供下一位兒童使用，在四十五分鐘單元之後預留十五分鐘一般來說已經足夠。假如某個兒童特別凌亂，需要額外的時間將房間恢復整齊，單元可以縮短幾分鐘，但不需對兒童宣布時間有改變，宣布這個調整會讓兒童覺得因為弄亂而被處罰。

◈ 告知兒童關於接受遊戲治療的原因

有些治療師會告知兒童有關他們接受遊戲治療的特定原因，他們相信兒童知悉原因對於行為發生改變有其必要性。接著兒童被期待能致力於被認定的問題，同時治療師協助兒童的方式是提供架構，藉此讓單元的內容聚焦在問題上。這使得治療師被擺在主導的位置，治療單元變成以問題為焦點，而非以兒童為焦點。這種方式也假設被認定的問題的確就是應該處理的議題，而忽略兒童擔憂的其他或更深入的議題。

由於兒童中心取向為非處方性方法，且不根據診斷訊息來進行，治療師常不曉得個案轉介的特定細節，特別是診斷測驗方面的資料。因此，治療師可能沒什麼特定的原因可以傳達給兒童。

兒童中心取向的立場是，不需要告知兒童他們來遊戲室的特定原因。要發生改變和成長並不必然需要這類訊息。即使兒童不知道自己在對什麼做努力，或者說不用試著改變任何事情，兒童的行為可以也真的會有改變。假如在改變發生之前必須了解轉介的原因，那麼，一個四歲的憂鬱兒童、三歲的難搞兒童，或企圖傷害年幼弟弟的兩歲幼兒，該如何獲得幫助而有所改變呢？至於七歲的癌症末期病患雷恩，他又該被告知該為何而努力呢？他應該被告知：「你來遊戲室是因為你快要死了，你需要接受死亡？」當然不是！雷恩應該聚焦在生活的議題，就像我們其他人一樣。瀕

遊戲治療：建立關係的藝術

286

臨死亡只是雷恩生活中的一部分，治療師有辦法全能到知道瀕死的兒童應該在治療中努力些什麼嗎？這或許會被視為極端的例子，但或許有必要用一個極端的例子來強迫我們檢視議題的本質。假如行為改變的必要條件是確認問題的原因，而這對改變是真有必要，那麼它應該適用於所有情況，不論年紀大小或主述問題為何。

抓一個理由作為兒童來遊戲室的原因，是暗示他們身上有些狀況不被接受。兒童中心治療師會避免暗示兒童：他們有某些地方不對，或是他們需要糾正、改變行為或改變自己。兒童能被治療師接納有助於促進兒童的自我接納，而這兩者是改變和成長的必要條件。

有些轉介原因的內容對兒童來說太具有懲罰性。若兒童感到好奇，最好是提供一個一般化的理由。假如兒童問：「我為什麼要來遊戲室呢？」治療師可以這麼回答：「你的父母擔心你在家裡有時候事情似乎不太順利，他們認為你每個星期二或許想要有一個專屬於你的特別時間待在遊戲室裡。」

◈ 帶朋友來遊戲室

雖然不是絕對性的作法，但所有理論取向的遊戲治療師都禁止兒童帶朋友來遊戲室（Ginott & Lebo, 1961）。在兒童中心取向裡，對這個問題的處理有差異，範圍從 Ginott（1994）對於允許兒童為遊戲治療挑選自己的團體成員持保留態度，到 Axline（1969）認為：「如果治療真的是以兒童為中心，對於兒童而言，讓兒童挑選團體成員，應該會比治療師挑選團體成員還更有價值。」（p. 41）

根據 Dorfman（1951）的論點：

> 如果治療不完全是兩個人之間的關係，像是用團體治療的方式也
> 會有效時，允許兒童帶一個朋友進到個別諮商裡，或許不會妨礙
> 這個歷程……當然，帶這個人到他的遊戲時間，而不是另一個

人，大概不會都是巧合。有時候兒童可能會一次帶一個與他的麻煩有關的朋友來，而當他的需要消失時，那個人就會離開。（p. 263）

對於需要治療師全心關注和接納的兒童，以及會很敏感地與其他人做比較的兒童來說，讓他帶朋友進到遊戲室是一種禁忌。曾被性侵犯的兒童或是有過度攻擊性的兒童，在治療的早期階段可能會在遊戲室裡對其他人做出性相關的或攻擊性的行為。受創傷的兒童通常非常渴求與需要治療師的全神關注。

若是有另一個兒童在場，治療師必須格外留意，不要讓自己的反應好像在暗示某個兒童做得比較好或完成得比較多。假如害羞的孩子帶來較活潑的朋友，治療師或許會不經意地對活潑的兒童有更多的口語回應，只因為他做比較多可以觀察到的活動。若是對其中一個兒童回應得比較多，有可能會被視為在做比較和批判。「珍妮佛，妳按照自己想要的樣子疊那堆積木」是一個自然的跟循回應，但面對一個坐著並握住洋娃娃，或坐在沙箱裡讓沙從她的指間流洩的兒童，又該做出哪種回應呢？若沒有做出類似的回應，這是否就暗示著活潑的兒童在做的事情比較好？或許在處理這種內向的兒童時，最好在經過幾次單元，讓兒童與治療師的關係建立得更好且更能面對挑戰之後，再讓他帶朋友到遊戲室。

也要留意考慮兒童要求帶朋友來的時機點。這個要求是出現在某次特別困難、有許多設限的單元之後嗎？這個兒童害怕不再被喜歡嗎？另一個兒童的出現會妨礙關係的重新建立嗎？這個兒童剛剛揭露了他覺得愚蠢、尷尬或害怕的事情，心中卻覺得其實不應該揭露嗎？

另一個兒童的出現會相當戲劇化地改變關係的動力。有些兒童可能不願意與邀來的朋友分享個人的事情，例如，關於自己或家庭的事，因為那個朋友並非像團體遊戲治療中一樣成為關係發展中的一員。兒童可能會與另一個兒童爭奪治療師的關注，也可能會耗掉單元的大半時間用於展示玩具給治療師看，或是堆東西在治療師的腿上以獲得較多注意，更或者是緊

靠治療師以便透過對話來維持他的關注。

由於互動的動力會隨著多出一個人而呈現幾何級數增加，因此治療師的技巧是決定是否允許兒童邀朋友來的主要考量。每件事都很有可能變得更加激烈。這情況不僅僅是多加了一個人而已。兒童會彼此刺激、彼此挑戰，同時在活動中需要設限的情況會大幅增加。團體遊戲治療要達到效果，需要有獨特的技巧和訓練。

邀來朋友並不是通則，但若這是考量兒童和治療師的需求之後所做的決定，對兒童來說會有益處。假如認為團體遊戲治療是滿足兒童需求最有效的方式，為了顧慮所有受創兒童的狀況，在組成團體時應該優先考慮那些需要接受治療的兒童。沒有遭受性侵害和沒有明顯攻擊性的兒童若是提出邀請朋友的要求，治療師一定要考慮到他可能有需要這樣做的正當理由，對此就必須遵從兒童的主導。

邀請父母或手足進到遊戲室

對兒童來說，遊戲室通常是個令人興奮的地方，因此他們會很想帶父母或手足來看一下這個特別的地方。然而，兒童可能會在某次單元的中途提出這個要求。只是，在允許他帶父母或手足進來之前，應該要先了解兒童剛剛在想什麼。一般來說，父母不被允許加入遊戲治療。通常，在某次單元結束後，讓兒童帶父母和手足看一下遊戲室就夠了。如果兒童之後又再次提出要求，而且這個要求無關於想要展現做完的作品，也不是在利用操控方式來讓母親進到遊戲室，那麼他或許是想對父母傳達某些重要的訊息。邀請朋友到遊戲室的一些顧慮，同樣適用於父母。父母在遊戲室出現可能會嚴重限制治療師和兒童之間的關係發展，父母在遊戲治療單元中出現應是一種罕見的情況。一旦到了遊戲室裡，若有輕微焦慮程度的兒童要求父母進來，治療師要小心地婉拒，但需小心回應其感受。從另一方面來說，若兒童有明顯的過度焦慮，他希望母親進來的要求應該要得到允許，以免兒童過高的焦慮程度讓他在遊戲室裡動彈不得。

假如手足在單元結束時被邀請來看看遊戲室，必須留意不要讓他們把這段時間用來當作遊戲時間。遊戲室是用來建立關係的一個特別地方，在遊戲室裡進行的事情都必須有一致性。倘若手足日後需要遊戲治療，也必須建立一種新的關係。

參考文獻 ● ● ●

Axline, V. (1969). *Play therapy.* New York: Ballantine.

Dorfman, E. (1951). Play therapy. In C. R. Rogers (Ed.), *Client-centered therapy* (pp. 235–277). Boston: Houghton Mifflin.

Ginott, H. (1994). *Group psychotherapy with children: The theory and practice of play therapy.* New York: McGraw-Hill.

Ginott, H., & Lebo, D. (1961). Play therapy limits and theoretical orientation. *Journal of Consulting Psychology, 25,* 337–340.

第14章

遊戲治療中的兒童

　　本章所描述的案例是用來呈現兒童中心遊戲治療的橫斷面觀點。我完整保留單元中的語句架構及語言運用，以呈現孩子在單元中的真實樣貌。在呈現這三個案例之前，簡要地回顧一下兒童中心遊戲治療取向，將有助於清楚了解治療師的行為在促進接納性情緒氛圍這方面的目的。

　　兒童中心遊戲治療師目標是用一些方法與兒童互動，而這些方法可以釋放兒童的內在指導、建設性、前進動力、創造性及自我療癒能力。遊戲治療師對兒童持續傳達出一種堅定信念，相信兒童在遊戲室中有能力做出適當的決定，並且允許孩子如此做。遊戲治療師以溫柔、關注的方式主動傾聽，並將做決定的責任回歸到孩子身上。孩子的自我指導能力獲得尊重。治療師不會試圖去指導孩子活動的方向，或是改變孩子來滿足預設的期待或行為標準。在充滿信任和接納的氛圍中，孩子充分擁有表達和探索自己的自由，真正受到限制的情況很少。

　　雖然治療師在和兒童一同體驗兒童當下的世界時主動涉入情緒，但遊

戲治療師不是玩伴，扮演玩伴會妨礙孩子表達的自由。兒童被允許去主導、決定自己的方向，並且在可接受的界限裡完全地表達感受、興趣和經驗。雖然存在有容許的感覺，但並非允許所有的行為。舉例來說，若是孩子試圖將沙子倒在地板中央，應該用類似這樣的話語回應：「沙子應該留在沙箱裡。」

在遊戲室這種情緒獲得接納的安全氛圍中，孩子能自由地表達混亂、不安全、敵意或攻擊，而不會在這麼做之後產生罪惡感。一旦孩子覺得更加安全，他們更能夠更自在地用他們的態度和感受來因應。在治療的過程中，孩子會逐漸表達正向的感受和態度，並且將視自己為「既不是完全好，也不是完全差」，更確切地說，是視自己為平衡、可被接納的整體。這會讓孩子感覺勝任，且以獨特、正向的潛能和能力來表達自己。在這一章裡，我們都可以在這些案例身上看到這樣的結果。

◈ 南西——從禿頭到捲髮*

南西站在北德州大學遊戲治療中心的等候室中央，這裡對她來說是一個陌生的新環境。她將右手兩隻手指完全塞進嘴巴時，左手手指在頭上做小小的繞圈動作，彷彿在繞線一般。就身體的多數部位來說，南西看起來跟其他四歲的孩子沒兩樣。不過，有個最明顯、令人無法忽略的不同特徵，那就是她完全禿頭了。她左手手指繞圈的動作，不免讓人認為她本來應該有頭髮。

南西的父母表示，在南西三歲大的時候，她有一頭金色捲髮，但是從去年起她開始吸大拇指、拉扯頭髮，然後把頭髮給吃了。南西的父母決定讓她接受諮商。與她的母親做過診斷性晤談之後，工作人員認為遊戲治療加上定期的父母會談，將會是最有效的治療方式。

---

* 「南西——從禿頭到捲髮」這個案例摘錄自 Barlow, Strother, & Landreth（1985），在美國諮商與發展學會（American Association for Counseling and Development）的同意下重新印製。

家庭背景

　　雖然對於遊戲治療師來說，家庭背景在遊戲治療一開始並非必要的資訊，但 Moustakas（1982）認為在家庭中的早期情緒發展，與在遊戲治療中的情緒成長，這兩者之間會有平行的關係存在。「孩童時期的情緒透過家庭關係而發展及成長，同時也反映了家庭中人際態度的多樣性及強度。最戲劇化和關鍵性的情感學習經驗發生在人生剛開始的五年期間」（p. 217）。

　　為了更加了解南西這個人、她的遊戲以及在遊戲治療中所呈現的改變，有必要描述一下她的家人及他們之間的互動。

　　四歲的南西跟她的母親、父親，還有四個月大的妹妹同住。南西在出生幾天後就被領養，而她的妹妹則是父母的親生孩子。父母都是大學學歷，父親是大公司裡的一個技術人員，母親是家庭主婦。在南西的家庭背景中，有幾個因素會與南西遊戲的主題有直接的關聯。

　　南西在兩歲之前曾與父母親及外婆住在一起，後來他們從外婆家搬出來自己住。母親對妹妹這位新生兒的關係屬於過度保護，幾乎沒有「母親－孩子」分離的時刻。南西很難得能獨自擁有母親，就算是很短的時間也很難，因此，她或許會覺得自己從萬眾矚目的位置被「罷黜」了。

　　南西的父親有個與前妻生的兒子，他會來玩，之後再回去母親身邊。這種情況可能會加深南西對生命萬物無永恆的恐懼。除此之外，南西的母親也遭受生病之苦，導致其頻繁的住院治療，一次就要住上好幾天，而沒住院時待在家裡的那段期間裡也必須每天打針。

　　南西的母親和外婆對她採取指導性的管教策略，非常嚴格地限制她的行為。她們要求她整潔、有禮貌、認真學習，還會要求她將學到的事情表演給別人看，這些讓南西不斷地感受到壓力。不過，這個環境也充滿愛和善意。儘管為南西設了許多限制，南西的母親的確非常努力地想要成為一個好母親。這些所導致的結果就是南西害怕和母親分離、會跟妹妹競爭，並且反抗加諸在她身上多到數不清的限制和要求。

遊戲治療中的南西

● 小心翼翼的開始轉變為混亂

第一次單元之前，南西在等候室中吸著大拇指，還吵著叫媽媽抱她。媽媽那時抱著南西的小妹妹瑪莉，南西只好吸手指來滿足自己，接著站到一邊，謹慎地打量遊戲治療師。她們被邀請一起走下大廳，來到遊戲室的門口。後來瑪莉和媽媽被要求回去等候室，南西則開始她的遊戲治療經驗。她慢慢地到處走動，看過所有的玩具，像個陶瓷娃娃在百貨公司裡逛櫥窗。在用眼睛仔細地探索過房間後，她開始試探性地碰觸和檢視遊戲室裡的玩具。對她來說，跟大部分的玩具做接觸似乎很重要。

第二次單元進行到一半時，南西脫掉鞋子，優雅地將一些沙子放到腳趾之間。水龍頭吸引了她的目光，於是沙水之旅成為該日的遊戲重點，每趟旅程都會在地板上多冒出些水和沙子。遊戲治療師說：「南西，沙箱能再裝 2 杯水，這個水槽能再裝 20 杯水。」她笑了，選擇繼續在沙子裡玩，未再加入更多水。遊戲治療師感覺到南西在這次單元中更有信任感。

● 感到自由和被接納

在第三次單元期間，南西把兩個嬰兒娃娃推進火爐裡，然後把娃娃浸泡在水中。接著她占領嬰兒床，並吸吮娃娃的奶瓶。

在接下來的三次單元中，娃娃遊戲持續成為首要的活動。這是南西第一次能自由地擺脫媽媽與外婆所設定的限制界限。跟嬰兒娃娃玩的時候，南西會偷偷地吸娃娃的奶瓶，並且至少放一個（有時是兩個）娃娃在治療師腿上。她還爬進去娃娃屋和冰箱裡，花費更多時間來吸奶瓶。

藉著捏碎、踩踏黏土，以及潑顏料的方式，她進一步釋放出情緒。在將顏料潑灑時，南西說：「我要告訴媽咪，然後她會瘋掉。」她用言語表述對界限的覺知。她以前的畫是直線、有結構的畫，現在她的畫變成自由、流動且具表達性。這個更自由的動作也帶入黏土創作中。起初，她只是摸摸黏土，現在她很樂意將手指戳進黏土裡玩。

無論南西做什麼或有什麼感覺，治療師都保持接納，不會出現價值判

斷，南西對自己行為的反應也獲得支持。遊戲治療師在遊戲室裡傳達對南西想法和決定的接納，這種無條件的接納讓南西覺得自由，同時有助於她對自己的信任。

在第五次單元時，南西丟黏土、畫奔馳的車子，然後小心地把外婆剛買給她的名牌新鞋丟進充滿水的水槽裡。在這次生氣爆發後，她把嬰兒娃娃丟出娃娃的床，然後跑到娃娃的床上，把自己完全蓋住、吸奶瓶，然後說：「我哭的時候你再來找我。」治療師回應說：「妳想要被抱一下，並且渴望被愛。」南西爬出嬰兒娃娃的床到處走，然後帶著小娃娃的奶瓶爬到治療師的腿上。他們搖晃著，且輕輕地哼唱了大約三分鐘的時間。南西的眼睛變得呆滯，她走回嬰兒娃娃的床，開始扮演小寶寶的角色。

那天，南西蹣跚地爬出車子，她還無法完全脫離嬰兒角色的情緒強度。在媽媽要求她某件事時，她生氣地說：「不要！」

雖然南西在遊戲治療單元當中從未拉扯頭髮，但這是她第一次在等候室與媽媽同在時，沒有出現拉頭髮的動作。同時，遊戲治療師注意到南西頭上有幾撮剛長出來的髮絲。

即使南西在之後的諮商裡陸續出現過幾次短暫的吸奶瓶行為，但南西從未回到這一天所展現的強烈情緒嬰兒角色。對南西來說，成為嬰兒的媽媽是一個新且有益的角色。畫畫、摧毀黏土、把手戳進顏料裡，以及使用許多膠水和紙等，開始發展為主要的活動。嬰兒是過去的事了。

● 捲髮南西

南西在第七次單元時蹦蹦跳跳地到來，她的頭被短短的、自然捲的金色頭髮覆蓋著。她繼續玩著各類玩具，特別是表達性藝術和手工藝媒材。她開始和遊戲治療師玩「媽媽和南西」遊戲。南西扮演媽媽，她說：「不不不，這是我的，妳不能玩這個，去玩妳的玩具。」遊戲治療師被要求扮演南西的角色，小聲說：「告訴我，媽媽說『不不不』的時候，南西會做什麼？」她說：「妳會吸大拇指，然後拉頭髮、吃下它。」治療師先試做一次以確認步驟正確，然後問：「接下來會怎樣？」南西用媽媽的聲音

說：「不要這樣做。」接著就笑了出來。她有覺察到自己的習慣。

在等候室裡，她的外婆試圖要管南西，想要南西穿上外套。南西說：「不要。」而不是像之前退化到吸大拇指和拉頭髮的行為，但這個反抗能力只存活了很短的時間。外婆後來試圖要控制南西背詩：「我跟妳說要背〈白菜與國王〉。」南西的反應是呈現眼神僵直、凝視不動的狀態，並且開始吸大拇指和拉扯頭髮。她們兩人拖著腳走出門外，外婆把南西的大拇指從嘴巴裡拉出來，說道：「溼的拇指在冷空氣裡會裂開。」儘管南西偶爾會屈服在這種教條式的壓力下，她的頭髮還是有繼續長出來。

在第八次諮商中，治療師提醒南西這次是最後一次諮商。南西沒有說什麼，開始平常的遊戲方式，但不再爬進洞裡、吸奶瓶、扮演小嬰兒，或要求治療師抱住小嬰兒。在最後三次單元期間，南西玩小嬰兒的遊戲方式，已經轉為分配自己去扮演「媽媽」的角色。透過畫畫、玩黏土和沙子，她的遊戲很自由但不再那麼混亂。南西知道這是她最後一次的諮商，所以多花了點時間跟玩具道別。她拿著水瓶，倒一點點水在她喜愛的每個玩具上面，再次微笑並從容地走出遊戲室。

在等候室裡，我們談論著這是她最後一次的諮商，但也邀請她任何時候都可以來參觀。她用沉默回應，並且拒絕繼續談論下去。然而，她並沒有出現憤怒、吸手指或拉扯頭髮。

● 父母諮詢

結合孩子的遊戲治療經驗與父母諮詢，可以增進家庭中的溝通，進而促進治療歷程。與父母諮詢時，遊戲治療師必須對父母解釋，孩子的遊戲治療內容有保密性。因此，諮詢單元不會繞著孩子遊戲的特定內容打轉。在南西的案例中，遊戲治療師隔週見她父母大約半小時，有兩次甚至用了整整一小時來討論。在這些諮詢單元中，治療師的目標是協助父母對南西的情緒及自我世界覺知有所理解，發展可以促進親子關係的溝通技巧，以及學習有助於雙方的親職技巧。

● 討論

我們可以透過 Guerney（1983）提出的遊戲階段來描述南西的遊戲：

1. 兒童一開始會先讓自己逐漸適應遊戲室的環境及遊戲治療師。
2. 兒童開始測試限制、表達憤怒及經驗到自由。
3. 兒童處理獨立／依賴的關係。
4. 兒童開始表達對自己及這個世界的正向情感，也開始決定如何面對他們的世界。

遊戲治療經驗提供了南西組織經驗、表達感受及探索關係的方法。南西與遊戲治療師之間的關係從小心謹慎，逐漸發展到信任及接納的關係。由於南西的環境因素及她對環境的觀感之故，她一開始的遊戲就想要有新的遊戲經驗。她對於該做什麼和不該做什麼相當謹慎。南西從未經驗過的一種氛圍就是，自己做決定而不用害怕遭到反對。遊戲治療師所創造出來的這種氛圍，也是最重要的一個因素，可以讓南西感受到前所未有的一種經驗：表達自己的自由。

Axline（1982）相信：「有些兒童在年紀很小的時候所保有的（透過一系列的遊戲治療接觸而得以展現的）感受強度常常會令人感到驚訝。」（p. 49）南西藉由遊戲演出了她的挫折和憤怒感受，這些情緒跟她在家裡的地位及媽媽對妹妹的依附明顯有關。南西玩嬰兒娃娃、奶瓶和娃娃床遊戲，這提供了她一個獨特的經驗，讓她得以試驗並開始解決內在的衝突。遊戲治療開始有進展之後，南西對媽媽的分離焦慮以及必須和妹妹共享媽媽的憤怒似乎解決了。她開始接納並活出姊姊的角色，而不是小嬰兒的角色。這個改變在遊戲室及家中都很明顯。

南西第二個明顯的挫敗是，她對媽媽和外婆所訂定的諸多限制經常感到憤怒。在嘗試扮演好媽媽和好外婆的角色同時，南西的長輩們並沒有讓她學會設定自己的限制。這種焦慮的其中一個症狀就是南西的禿頭。透過玩水、畫畫，以及讓鞋子或衣服弄溼、弄髒，南西得以試驗設限。在一段時間之後，她發現自己能找到一個很好的平衡點，她享受玩水和繪畫，但不再需要走極端。

以南西的情況來說，比較強烈的情緒化行為之前經常都先出現計畫好的界限測試行為。治療師反映她的感受，再用很自然的態度實施 ACT 設限模式，來幫助南西修通她的強烈感受。

有時候，兒童生活中重要的真實事件沒有出現在遊戲或聯想裡，反而是出現一些小事。但是對孩子來說，這些小事卻非常重要，因為它們攪動孩子的情緒和幻想。南西從未在遊戲室裡吸大拇指或拉扯頭髮，只有一次她對假髮感興趣，那是遊戲室裡的一個玩具。在遊戲室外的等候室裡，她偶爾會吸大拇指，且只有拉扯頭髮一兩次——當時她被長輩的管教給弄得很煩。

最後，遊戲室氛圍提供南西一種關係，這種關係與媽媽、外婆所提供的教導關係明顯不同。遊戲治療師對南西沒有預設的期待，也不會指導她遊戲。南西很快地了解到，治療師相信她能為自己做決定。南西新發現的做決定的勇氣在遊戲治療中明顯展現，同時也出現在遊戲室外的世界。

南西最後能夠運用遊戲治療單元裡的經驗來重新適應她的世界。只有在孩子覺得被無條件接納、被鼓勵做決定，並且在情緒上覺得安全的氛圍裡，這個過程才會發生。南西的頭髮重新長出來是一種戲劇化的證據，證明治療過程符合上述情況。

❖ 辛蒂——一個操控型的孩子

M 太太如此描述她的五歲女兒辛蒂：「她會仔細地照顧玩具和東西，總是記得把東西放回原處，而且在我要求她去做的時候，她會去清理房間。她是個好孩子，但不知道怎麼搞的……（暫停了好一會兒），我老是會對她生氣，我真的不知道為什麼。我知道這樣生她的氣並不好，但是我就是會生氣（暫停）。對我來說，要承認這件事真的很難，但這是真的。我不知道哪裡出了錯，我就是經常會對她生氣。她不是家裡的問題孩子或什麼的，可是每當我必須管教她時，我們的確就會發生衝突。她說我很笨，她說過許多次類似那樣的話，她老是我行我素。」

對辛蒂進行一次探索性的遊戲治療單元，應該就能找出辛蒂的樣貌，並且確定是否需要進行遊戲治療。因此，我們約定隔週到遊戲治療中心的遊戲治療室碰面的時間。在單元時間裡，辛蒂試圖操控我（Landreth），堅持我要為她拿物件，即使那些東西就在她拿得到的範圍內；此外，她也會問我問題，然後為我做決定。她不能忍受任何一丁點錯誤出現在她的繪畫作品裡，而且她會一直說：「我下一張可以畫得更好。」她會把畫作揉成一團，再丟進垃圾桶。

在我提醒時間剩下五分鐘時，辛蒂說：「我不管，我才不要走。」單元結束時，我站起身指出時間到了，辛蒂說：「我跟你說過我不要走，我還要再……嗯，畫畫。」她轉身去找藝術媒材並開始畫畫，我回應：「妳希望決定能待多久的人是妳自己，但我們的時間到了，現在是去等候室找妳媽媽的時候。」我朝門口走了幾步，辛蒂繼續畫畫，同時以口語表達她的抗拒。我繼續反映她的想要，並為結束單元設限。辛蒂在五分鐘後總算願意自動走出去，我的耐心終於獲得回報。

辛蒂表現出這麼多操控的行為，很有可能她在家中的行為也是經常如此。在與媽媽的面談中，更加確認辛蒂用許多媽媽沒有覺察的小事情來操控她，這也是媽媽會對辛蒂生氣的原因。我們安排了接下來與辛蒂的治療單元時間。從她第二次的遊戲治療單元，可以看出非常明顯的操控行為，以及她相當努力想要與我建立關係。

第二次遊戲治療單元

辛　蒂：（一進入遊戲室就直接走到沙箱旁開始玩，坐在沙箱旁邊、篩沙子，同時說著他們剛搬進去的新房子）我知道多久了……啊……很久的時間……好幾個星期……啊……我只是不知道已經幾天了。

治療師：妳記得搬進去那裡多久了，妳只是不知道到底是幾個星期。

辛　蒂：（繼續玩沙子）我今天好像比較喜歡你一點。

治療師：妳比上次還喜歡我多一點。

辛　蒂：對！（從沙箱走到放水彩的桌子）我們來畫畫……如果你想要
　　　　的話，你可以幫我，或者如果你喜歡的話，你也可以用看的。
　　　　你想做什麼？看？

治療師：我想要看。

辛　蒂：（走進洗手間，開始在水槽裡洗畫筆和顏料瓶）黑色的洗手台。

治療師：妳把洗手台變黑了？

辛　蒂：對，有黑色的水。

治療師：噢。

辛　蒂：（繼續將水和顏料混在一起）你聽見水聲嗎？

治療師：嗯，我可以聽到裡頭的狀況。

辛　蒂：好吧，它又來了，最好小心一點。（把水量轉到最大，待在洗
　　　　手間讓水流了幾分鐘，從洗手間出來，然後去拿一大張紙）看
　　　　我要做什麼。

治療師：妳真的要這樣做。

辛　蒂：我要做的第一件事是畫畫。我畫了，對吧？

治療師：妳在來之前就決定好了。

辛　蒂：對，沒錯，在昨天的時候，我的生日是前天。（挑選黏土罐）
　　　　可以把它放在……我要把水放進去，這樣我就可以把它沖掉。
　　　　（走進洗手間，涼鞋在地板的沙子上滑動，發出摩擦的噪音）
　　　　這是很滑的涼鞋。

治療師：看起來很滑。

辛　蒂：真的很滑（走回來且開始畫畫，我坐在辛蒂的正對面）。你對
　　　　美術有興趣嗎？

治療師：我喜歡，看起來妳也喜歡美術。

辛　蒂：我喜歡畫畫。昨天，我想我畫了……嗯……對，我畫了一棵
　　　　樹，旁邊有一些花，還有一隻小貓咪在裡面，還有，嗯，在小
　　　　貓咪旁邊還有噴泉。

治療師：妳把許多東西統統放在那幅畫裡。

遊戲治療：建立關係的藝術

300

辛　蒂：還有幾隻鳥和天空……幾隻白色的鳥和藍色的天空、一些樹
　　　　葉……還有……草原，後來我把這幅畫掛在我的布告欄上面，
　　　　那個板子是我的生日禮物，那是 7 月 4 日的事情。

治療師：那真是一個很特別的生日。

辛　蒂：那時候人們在慶祝。我是爆竹。

治療師：在妳生日那天發生了好多事情。

辛　蒂：嗯，因為警察都出去了，他們都在找放爆竹的人。

治療師：嗯。（辛蒂在我回應之前又繼續說）

辛　蒂：他們可能是在找人，因為不應該放爆竹，你會受傷。

治療師：他們想要避免人們受傷。

辛　蒂：嗯。（繼續畫畫。在她把畫筆從畫上移到顏料瓶的底部時，我
　　　　轉頭往畫筆的方向看）不用轉頭你也能同時看我畫啊！

治療師：有時候我做的事情會干擾妳。

辛　蒂：對。（在治療師面前迅速來回移動畫筆，臉上出現奚落神情，
　　　　嘴裡發出喀喀笑的聲音。）

治療師：我猜妳在想我是否會跟妳玩這個遊戲。

辛　蒂：嗯。

治療師：我剛剛決定只要看著妳就好。

辛　蒂：（將畫筆朝我的臉戳過來，然後喀喀笑著）你被我耍了，對
　　　　吧？你以為我要在你的臉上畫畫。

治療師：妳有時候喜歡耍我。

辛　蒂：對，我就是喜歡耍你。

治療師：喔，妳就是喜歡耍我。

辛　蒂：對啊！黛比是我的表姊，我不能捉弄她，因為她不喜歡被捉弄。

治療師：她不喜歡妳跟她玩遊戲。

辛　蒂：不，嗯，她不喜歡我對她惡作劇。

治療師：嗯。

辛　蒂：但是羅蘋不介意。

治療師：所以對有些人惡作劇沒關係，但對有些人就不行。

辛　蒂：嗯，我最喜歡羅蘋，因為珍妮不會讓我那樣做。

治療師：妳真的喜歡那些會讓妳惡作劇的人。

辛　蒂：嗯，羅蘋是我最好的朋友，因為不管怎樣她都……（繼續畫畫）藍色和紅色。（她那時候在畫有紅色和藍色窗戶的房子）

治療師：藍色的窗戶和紅色的窗戶。

辛　蒂：還有紫色的房子有黑色的門。

治療師：妳用了許多顏色。

辛　蒂：時間快要到了嗎？

治療師：我們今天還有三十幾分鐘。（她在房子上畫一扇黑色的門，而黑色滲進其他顏色裡。）

辛　蒂：很好，我可以來弄髒我的畫了，下次我不會把它給潑髒了，我可以畫得更好。我可以畫……一些東西……更好。（深思熟慮地說著）

治療師：妳認為妳可以畫一張比那張更好的畫。

辛　蒂：我可以！我就是……我可以。（把溼答答的畫揉成一團，然後丟進垃圾桶裡。）

治療師：妳知道妳做得到。

辛　蒂：（她發現了手指畫顏料，決定要玩指畫）這些聞起來像是手指畫顏料，是嗎？

治療師：妳以前有玩過手指畫顏料。

辛　蒂：對，在假日學校。你會把手指畫顏料加水嗎？

治療師：在這裡妳可以選擇妳想要做的事情。

辛　蒂：（走進去洗手間，把水加到手指畫顏料裡面，走回來，開始用畫筆仔細地畫。很明顯地，她不想讓手上沾到顏料。她用畫筆沾手指畫顏料畫了一會兒，然後把畫筆浸到手指畫顏料裡，並開始換到另一隻手，但會注意筆端上的顏料。要是她的手指快要碰到顏料，她會迅速地把手移開。）

治療師：妳不確定是否要把手指放進去。

辛　蒂：才不，我可以放，這是手指畫耶！（她走進洗手間，清洗畫
　　　　筆，走出來，繼續用畫筆來畫，用全部的顏色畫圓圈。她走回
　　　　去洗手間，洗畫筆，走出來，讓水一直流。接著把好幾種顏色
　　　　的手指畫顏料混著畫在畫上。）

治療師：現在許多顏色都混在一起了。

辛　蒂：你可以安靜一點，讓我好好做這件事嗎？

治療師：我說話會干擾到妳。

辛　蒂：對。

治療師：妳不喜歡做事情的時候有人打擾妳。

辛　蒂：還好，只要不講話就可以。因為我在畫畫的時候，不想要、不
　　　　喜歡被打擾。朗達可以，因為她只是個小寶寶，她不知道怎麼
　　　　做比較好，但你知道！你最好閉嘴！

治療師：我最好要知道這件事。

辛　蒂：對。

治療師：而且我應該照妳說的去做。

辛　蒂：沒錯（她繼續畫畫，然後走進洗手間，洗手，走出來，開始用
　　　　一根手指的指尖沾顏料畫畫，她畫了一棵樹）。在那裡，一棵
　　　　樹。我還可以畫一棵比那棵更漂亮的樹。

治療師：對妳來說，有很多次妳好像都能做得更好。

辛　蒂：對，我可以。

治療師：妳都會告訴妳自己：「下一次我可以做得更好。」

辛　蒂：對，我可以。

治療師：嗯，妳就是知道妳可以。

辛　蒂：沒錯，我知道。現在可以請你閉嘴嗎？記得我剛剛說的話嗎？

治療師：妳想要我照妳說的話去做。

辛　蒂：對，我很確定（繼續畫畫，很有活力地用雙手畫畫，邊哼著歌
　　　　曲──她真的很投入於活動中，她順著紙張轉動她的手）。我

要在那裡放一些膠水，可以嗎？……可以嗎？

治療師：妳正在想「我可以用那罐膠水嗎？」

辛　蒂：嗯嗯，可以嗎？

治療師：妳只是不確定妳是否應該用。

辛　蒂：可以嗎？（對著充氣式不倒翁說話，走進洗手間，洗手。回來
　　　　後開始將膠水和手指畫顏料混合，從大罐子裡挖了兩大份膠水
　　　　出來。）

治療師：妳拿了妳想要的數量。

辛　蒂：（看著手上滿滿的膠水）這好像冰淇淋。

治療師：那讓妳想起冰淇淋。

辛　蒂：對，它會變成紫色的冰淇淋。

治療師：妳知道妳想要它看起來是什麼樣子。

辛　蒂：紫色是漂亮的顏色。

治療師：那是妳真的很喜歡的顏色。

辛　蒂：嗯，那是我的最愛。（多挖了一大勺膠水，把它跟手指畫顏料
　　　　混合塗在紙上。）

辛　蒂：你是羅傑斯先生嗎？（喀喀笑）

治療師：我猜我讓妳想到別人。

辛　蒂：對，沒錯……他喜歡美術，我也喜歡他。

治療師：妳喜歡我們兩個。

辛　蒂：對。

辛　蒂：現在我有紫色的手了。

治療師：嗯。

辛　蒂：（去洗手間，洗手洗了很久，走出來時說）再弄一次我就可以
　　　　完成了，但是我要先使用一些些沙子。

治療師：妳知道妳想要它看起來怎樣，妳知道妳想要放什麼在上面。

辛　蒂：（拿一些沙子加到她的畫上，且宣稱）這樣不夠。（走回去沙
　　　　箱，雙手抓了滿滿的沙子，將沙子倒在畫上，並瞥了一眼治療

師來確認他的反應。）

治療師：妳做到了妳想要做的。

辛　蒂：（把沙子弄平，在沙子上加了更多膠水，混在一起，然後說）
　　　　這會黏住。

治療師：妳知道那會變成怎樣。

辛　蒂：對（混進更多膠水，她的整隻手和手臂都沾滿膠水和沙子）。
　　　　那是某種藝術……我做的……為你。（加入更多的沙子）

治療師：妳為我做了這個。

辛　蒂：如果你想要的話，你可以擁有它。你想要嗎？

治療師：如果妳想要把它留下來給我，那會很棒。妳為我做了這個作品
　　　　（展現讚賞的語調）。

辛　蒂：你可以把它拿回家。

治療師：妳想要我擁有它。

辛　蒂：嗯。（走去洗手間並洗手）

治療師：辛蒂，我們今天在遊戲室的時間剩下五分鐘，然後就要回到等
　　　　候室去找妳媽媽。

辛　蒂：（從沙箱裡裝了滿滿一盤的沙子，將沙子加到作品上，把沙子
　　　　輕拍下來，開始添加手指畫顏料到混著沙和膠水的作品，並且
　　　　說）我想要把所有的藍色都用光光，可以嗎？

治療師：妳決定要把藍色用光光。

辛　蒂：我需要。（擠完所有的藍色手指畫顏料，跟沙子混在一起。把
　　　　空的顏料罐丟進垃圾桶，走去洗手間洗手，讓水一直流，走出
　　　　來，說）我已經畫了一整天了，對吧？

治療師：對妳來說，妳似乎已經畫了很長一段時間了。

辛　蒂：（繼續攪拌，並把所有顏色的手指畫顏料混進去沙畫作品裡，
　　　　然後宣布）我終於做完了。

治療師：完成了。

辛　蒂：弄了一天（她走去洗手間，洗手，把水龍頭關上）。現在它要

變成一個炸玉米餅了。（把一張報紙摺起來，且在紙的邊緣塗上膠水，以便將邊緣一塊兒黏起來。）

治療師：像一大塊炸玉米餅。

辛　蒂：（藉著握住紙的邊緣，試著舉起這個「炸玉米餅」。這個混合了沙子、膠水和顏料的作品太重了，紙就裂開了）哎唷！我想我需要很多東西，看來我們必須這樣子弄。（把紙的末端折起來）

治療師：必須用不同的方法來做。

辛　蒂：對，這樣像個三明治。（看起來很像）

治療師：嗯，一個很大的三明治。

辛　蒂：哈哈，一天的工程完成了，我們要的東西好了。這是你的……藝術品（把「藝術品」遞給治療師）。你可以擁有它。

治療師：妳為我做了這個（用讚美和欣賞的語調表達，溫柔地接下這件「藝術品」，並且小心地把它擺在桌子上）。辛蒂，我們今天的時間到了。

　　在第二次的單元中，辛蒂藉著說「我今天比較喜歡你」這個立即性的動作，來為她在第一次單元所造成的困擾表達彌補之意。她的動機很明顯，因為她是在這次單元一開始幾分鐘後就說了這句話，時間短到我幾乎還沒機會展現我跟第一次有任何不同。然而，辛蒂繼續測試我對她的耐性和接納，例如：堅持我不能移動我的頭、命令我停止說話。她的焦慮與要求完美的需求，呈現在她破壞第一張畫上面。很明顯地，在她變得更能參與、更自由，並且更能運用手指畫顏料來表達之後，辛蒂明顯增加了自己的內在自由度，於是在面對炸玉米餅作品撕裂時能夠順利因應和調適。為我製作一個藝術作品，是辛蒂與我建立關係的方法。在第二次單元結束前，辛蒂已更有自信、更能容忍凌亂，且能更有創意地表達自己，而不再需要操控我。

◆ 艾美——選擇性不語症的孩子[*]

Brown 和 Lloyd（引用自 Kolvin & Fundudis, 1981）指出每 1,000 個五歲的孩子中，可能就會有 7.2 個在學校不說話。Kolvin 與 Fundudis（1981）曾為「選擇性不語」這個現象下定義，認為它是「一種特別的狀況，只有在熟悉的情境、面對少數親近的人的情況下才願意說話」（p. 219）。他們進一步指出，選擇性不語症孩子的父母通常發現孩子在開始學說話時語言發展相當正常，但若是被放在一個比較需要社交的情境，害羞現象通常就很明顯。

選擇性不語症與遺尿

以下這一段要來介紹艾美這個案例，她是個五歲的選擇性不語症孩童。艾美的媽媽把她轉介來中心，是因為擔心艾美在學校或在家以外的任何情境中拒絕說話。艾美也展現了過度的害羞，且受遺尿（夜間尿床）之苦。艾美在家中是排行中間的孩子，她有兩個兄弟，她和媽媽特別親近且依賴媽媽，這對於選擇性不語症的孩子來說是很普遍的現象（Kolvin & Fundudis, 1981）。

選擇性不語症的孩子非常依賴父母親，特別是母親；艾美這個案例也是如此。艾美的媽媽啟動了遊戲治療的程序，並在整個治療期間都扮演著合作的家長角色。艾美的父親從未參與，但母親說他在家中倒是相當配合。對治療師來說，孩子進行諮商時，能有父母雙方一同參與最為理想。然而，這個案例證明了即使父母親並未一起參與，遊戲治療也能有正面效果。

除了擔心選擇性不語症之外，艾美的媽媽還很擔心艾美晚上尿床的毛病，艾美的兄弟也有同樣的情形。Kolvin 與 Fundudis（1981）在針對二十四位選擇性不語症兒童所做的研究中發現，這些參與者有相當高比例的遺

* 「艾美——選擇性不語症的孩子」這個案例摘錄自 Barlow, Strother, & Landreth（1986），在美國諮商與發展協會的同意下重新印製。

尿現象。他們也發現這些孩子比較容易有行為問題，例如，過度害羞、較多不成熟（特別是語言發展方面）的狀況；還有，選擇性不語的孩子在性別上是女多於男，而且此症狀會持續相當久的時間。美國精神醫學學會（2000）在《精神疾病診斷準則手冊》（*The Diagnostic and Statistical Manual of Mental Disorders*）第四版中，也描述選擇性不語症的孩子會有過度害羞、社交孤立、行為困難以及遺尿的困擾。

行為的展現

艾美的行為發展和 Kolvin 與 Fundudis（1981）所研究的兒童很類似。根據艾美的老師所言，她在發展上的確落後，到了五歲仍遭受遺尿之苦。她極度地害羞，根據媽媽和老師的說法，艾美會出現一些不符合此年齡的行為，但並未特別發現任何特殊事件導致艾美出現不語狀況。在他們回顧的文獻裡，Kolvin 與 Fundudis（1981）並沒有發現特定的外在因素會造成選擇性不語症。

在進入幼稚園之後五個月期間，艾美不曾在學校說過一個字。她通過所有用來審查幼稚園孩童的非口語測驗，並且被放在一個特殊教育班級裡。艾美的老師觀察到她是個被動的小女孩，她會坐著觀察身邊的活動。實際上她幾乎沒有社交技巧可言，她不會跟一群小朋友玩，但喜歡自己玩或跟著大人。有個新來且安靜的女孩對她特別感興趣，艾美接受了她。最初這個新來的女孩會跟艾美說話，但是後來她只跟著艾美行動。隨著學期慢慢過去，艾美變得較為主動，臉部表情變得較生動一些，甚至會微笑，偶爾還真的笑出來。

在教室外面，艾美會在遊戲場徘徊，並且尾隨她的同學，但不會主動與其他孩子互動。若是老師牽她的手去沙箱或去盪鞦韆，艾美會甩開老師的手。

艾美還表現出一些不尋常的行為。她會在堡壘裡用手抓緊助理教師的脖子，而且每當她這麼做的時候她就會微笑；她會重複用叉子刺娃娃屋的洋娃娃；雖然她已被告知可以在任何時間去上廁所，但若老師忘了問她是

否需要上廁所，她就會尿溼褲子。

　　媽媽指出艾美不會表現疼痛感。艾美曾經坐在熱洗澡水裡面，奶奶問艾美為什麼仍然待在水裡時，她就只是茫然地看著奶奶。有次在玩的時候，耳環從耳洞裡被拉扯下來弄傷了耳朵，雖然耳朵在流血，艾美卻沒有對老師說。還有一次，艾美在學校的體育場跌倒，結果嘴巴流血了，老師問她會不會痛，她只是搖搖頭。此外，在戶外教學或舉行慶生會時，她也不會表現興奮或高興的感覺。

老師的努力

　　老師們使用了好幾種技巧，試著引發某些口語回應。她在參與時可以不說話，但假如不說話就會被忽略。這個方法失敗之後，老師表示，假如艾美不說話的話，她就得坐在一個「暫停」的椅子上，但是她似乎很樂意坐在那裡。根據老師的觀察，她會盡可能地厚著臉皮，不說任何一個字。她對接觸仍然會有回應，曾有幾次還會坐在老師的腿上，也跟著班上其他孩子活動。老師描述艾美是「被動、抗拒、自願不說話、偶爾有敵意、控制性強、不表達情緒，但同時也可以接受某些人、對情感有回應，而且會去模仿其他孩子的行為」。

遊戲治療

　　對一個選擇性不語症的孩子來說，很重要的是，治療溝通必須根據孩子能自在表達的方式。只仰賴口語溝通方式的治療師，在與此類兒童建立關係時經常會感到挫敗。選擇性不語症的孩子容易用沉默來控制互動，因此也控制了與治療師的關係發展。若是治療師努力誘發、鼓勵、勾引或耍詐來讓這類孩子進到交談狀態，所得到的結果經常是持續的沉默，以及一位受挫的治療師。

　　選擇性不語的孩子會從先前經驗中發現，大人們想要的是——說話，因此很容易知道藉由沉默的抗拒來阻撓他們的努力。正因如此，由於遊戲是兒童很自然的自我表達媒介，遊戲治療便成為與艾美相處時優先使用的

治療策略。艾美的治療師相信她需要一個治療性的環境，讓她在其中感到自在，並在某種限制內掌控與大人的關係，且能用自己的方式溝通而不一定要運用大人所期待的口語方式。

就遊戲的價值而論，Conn（1951）指出，「每一種治療性的遊戲方式都是一種形式的學習過程，孩子會從中學習接納，並且建設性地運用自我責任和自律，而這些都是有效自我表達和社交生活所必備」（p. 753）。

沉默的開始

在遊戲治療的第一次單元，艾美完全不說話。她躲在畫架下面不動，並且維持這姿勢長達四十五分鐘。治療師用類似的姿勢和口語回應，希望可以傳達對她情緒的理解。假如治療師維持靜止和沉默，就算只是一小段時間，艾美就會從畫架下面偷看，以確認治療師仍然專注在她身上。在單元結束時，艾美就從畫架下面出現。

第二次單元的時候，艾美的表妹蘇珊陪她到中心來。艾美抗拒回到遊戲室，於是治療師邀請蘇珊一起進到遊戲室裡。遊戲室的門一打開，蘇珊就開始說話，艾美則回到畫架下的隱身處。蘇珊玩了很多玩具，大約十分鐘之後，艾美加入她。她們一來一往地聊天，愉快地一起玩了四十五分鐘。在那個時候，大概沒有人會認為艾美有什麼不對勁的地方。

由於出現這種意料之外的轉折，治療師決定在第三次單元加入艾美的九歲哥哥——班，以便更加了解艾美人際互動的動力。在這次單元中，蘇珊和班一起玩，忽略了艾美，艾美最後撤退到畫架下的隱身處。在第三次單元之後，蘇珊回到她位於另一個鎮上的家。治療師必須決定要在單元中獨自與艾美一起，或要請她的哥哥一同參與。艾美還有一個弟弟——奈德，他非常渴望進到遊戲室裡。

手足團體遊戲治療

在現有的遊戲治療文獻裡，把手足一起放進團體遊戲治療裡的議題較

少得到關注。Ginott（1994）是極少數提到手足議題的作者之一；然而，他也只有在研究中建議，有強烈手足競爭的孩子不要進行手足團體遊戲治療，但把手足放在一起的考量則未被提及。

　　若是要求挑進來做團體遊戲治療的孩子需要年紀相仿，就很難有手足一起參加團體遊戲治療的可能性。根據 Gazda（1989）和 Ginott（1994）的研究，團體遊戲治療裡的孩子年齡差距應該不要超過一歲。Ginott（1994）認為，其他考量可能比年紀還要重要，像是有攻擊性的孩子放在年紀較大的團體，或不成熟的孩子放在年紀較小的團體裡。Ginott 更建議學齡孩童的團體應該要區分性別，這進一步限制了在遊戲治療中把手足放在一起的可能性。我們發現，孩子在大約八、九歲之前，幾乎不需用性別來將他們做區分。

　　合理的假設是，讓孩子參加團體遊戲治療與手足團體遊戲治療的基本理由一樣重要。假如幾個孩子一起在遊戲室玩，有助於連結真實世界的經驗（Ginott, 1994），那麼手足一起參加團體遊戲治療在這方面的連結就會更加真實（圖 14.1）。如同 Ginott（1994）所主張的，倘若孩子在人際關係中學習協助彼此承擔責任，那麼這對手足的影響可能就更明顯，因為手足在團體遊戲治療中的互動可以很自然、立即地延伸到團體以外的互動情境。

尋找正確的組合

　　在艾美的案例中，結合手足團體遊戲治療、個別遊戲治療和簡短的家庭諮詢是最適當的策略。艾美在遊戲治療中與班一起玩的時候，班是負責的那個人──負責他自己和艾美的事。艾美不必做任何事，班會為他們倆說話和遊戲；但若是艾美和奈德被放在遊戲室裡，雖然奈德相當獨立，艾美卻成了老師和協助者的角色；若是這兩個男孩都進到遊戲室，他們兩個會一起玩且忽略艾美；若孩子們跟媽媽一起進來，他們就會稍微有點躁動，但倒還能彼此公平對待。

　　艾美獨自在遊戲室裡玩的時候，她固然害羞但還能講點話。她會躲在

圖 14.1　手足團體遊戲治療有助於發展及探索個別遊戲治療無法做到的議題及互動。

平常躲的畫架下面大約十或十五分鐘，直到她覺得夠安全時才會出來。她的遊戲時常不那麼恰當，會出現爆發性的敵意、持續很久的笑聲，或破壞性的行為。不過，她在團體遊戲治療裡面模仿兄弟所做出的行為可以類化到個別遊戲治療中。

艾美的控制需求

　　有一個主題持續出現在多數遊戲單元中，就是艾美想要完全的控制，並且利用沉默來達成控制。若是治療師持續以口語反映其感受，艾美就會因失去控制感而覺得憤怒。她重複地說：「不要看著我，不要對我說話。」治療師對這個議題採取了一個妥協策略。艾美控制「看」的部分，而治療師則控制「說」的部分。艾美似乎相當滿意於能清楚界定控制的範

圍，同時樂於讓治療師也有一個控制範圍。慢慢地，艾美開始接受對環境只能有部分控制，班和艾美將房間分成兩半，每個人要到對方的控制區玩之前，必須先獲得對方的口頭許可。即使是用這種結構性的方式來練習許多孩子很自然就擁有的「施與受」技巧，艾美還是從中獲得發展社交技巧的信心，而不是轉為向內退縮。

　　一旦艾美變得更獨立，班也失去家庭保護者和負責人的角色。過去他在這些方面有時候做得超過，以至於母親必須當眾訓誡他。班逐漸能讓艾美做她自己，並且只扮演家中負責人之一而非全部的角色。媽媽在家裡也鼓勵這種互動的轉變，她讓艾美負擔更多責任，也不允許班接管她的工作，即使他能做得更好和更快。奈德也保持一個平衡的獨立性，不會採取艾美那種無助和完全控制的角色，也不會像班扛起負責的角色來達到控制。艾美開始更常表達感受，例如，她會舉起緊握的拳，來代表「不要靠近我」或「在我必須走向你時，這會讓我安全」。

不同的艾美

　　艾美新生的信心也延伸至教室裡。對她來說，說話、唱歌和參與課堂變得有趣了。她的遊戲單元轉而描繪學校的生活，她喜歡當老師。若是艾美忘了某些數學算式，或忘了剛學過的新單字怎麼拼，她會說這個字可能是西班牙文；治療師反映，有時候只有艾美知道這個字的真正意思。在這個安全的環境裡，艾美對學習的熱愛越來越明顯，這跟她起初只專注於接收訊息且不表達的情況差很多。

　　在之後的單元裡，艾美主動表達每一個新的學習情況，她的進展就像是突然敞開的門一般，甚至在學校用大聲公朗讀聖誕節的故事。在九個月裡進行了三十六次結合手足和個別遊戲治療單元後，艾美得到的獎賞就是在這一年的春天開始上正規小學一年級。一旦艾美變得更主動說話及參與自身所處的世界，尿床的情況也就越來越少發生了。

手足團體遊戲治療的重要性

安排艾美的兄弟一起進到遊戲治療裡有什麼好處呢？如同家族治療一樣，理想上，焦點會從個人內在轉移到人際溝通模式。在艾美這個案例中，缺乏口語溝通技巧及社交技巧不足，讓艾美在核心家庭關係以外的社會中難以發揮其功能。

在艾美與弟弟奈德一起參與的單元裡，她很明顯有一些基本的社交及溝通技巧。觀察艾美和班在遊戲室裡的狀況會發現，班承擔了他們兩個人的責任。透過協助艾美和班轉變溝通的方式，治療師幫助艾美建立信心，運用新的方法進入眾人世界，而不是讓某人為她負責任。雖然個別遊戲治療終究也可能造成相似的結果，但這個案例的手足團體遊戲治療似乎帶來更快速的效果，因為議題可以立即被界定出來，並且可以在單元及在家中做努力，以便開始溝通模式的轉變。

我們並不是認為手足團體遊戲治療適用在每個情況中，或認為這是遭受創傷的個案的最佳解決方式，但它卻可以替之前未考慮過的遊戲治療增加一個向度。事實上，艾美的確需要一些時間，讓自己嘗試一些與兄弟相處中所學到的新行為，不過，安排手足加入的方式為治療師提供了診斷的工具，也提供了讓艾美能夠安全互動的親密環境。

◆ 摘要

Kolvin 和 Fundudis（1981）曾指出，選擇性不語症相當難纏。艾美的案例研究證明了遊戲治療對選擇性不語孩子是有效的治療方式。

由於選擇性不語孩子的行為有其目的，成人的口語刺激通常較難有效果，甚至會加深他們和孩子之間的鴻溝。選擇性不語症的孩子選擇不跟家庭成員之外的人用口語溝通，理由可能是害怕社交情境，因為在這些情境中，人們會期待他們用口語和其他人互動。因此，提供另一種選擇給孩子會是有價值的方式。運用團體和手足團體治療，治療師可以提供一個氛圍，讓孩子覺得安全且無談話的壓力。

參考文獻 ● ●

American Psychiatric Association. (2000). *Diagnostic and statistical manual of mental disorders* (4th ed.). Washington, DC: Author.

Axline, V. (1982). Entering the child's world via play experience. In G. L. Landreth (Ed.), *Play therapy: Dynamics of the process of counseling with children* (pp. 47–57). Springfield, IL: Thomas.

Barlow, K., Strother, J., & Landreth, G. (1985). Child-centered play therapy: Nancy from baldness to curls. *The School Counselor, 32*(5), 347–356.

Barlow, K., Strother, J., & Landreth, G. (1986). Sibling group play therapy: An effective alternative with an elective mute child. *The School Counselor, 34*, 44–50.

Conn, J. (1951). Play interview therapy of castration fears. *American Journal of Orthopsychiatry, 25*, 747–754.

Gazda, G. (1989). *Group counseling: A developmental approach.* Boston: Allyn & Bacon.

Ginott, H. (1994). *Group psychotherapy with children: The theory and practice of play therapy.* Northvale, NJ: Aronson.

Guerney, L. (1983, April). Play therapy conference. Conference held at North Texas State University, Denton.

Kolvin, I., & Fundudis, T. (1981). Elective mute children: Psychological development and background factors. *Journal of Child Psychology and Psychiatry and Allied Disciplines, 22*, 219–232.

Moustakas, C. (1982). Emotional adjustment and the play therapy process. In G. L. Landreth (Ed.), *Play therapy: Dynamics of the process of counseling with children* (pp. 217–230). Springfield, IL: Thomas.

第15章

決定治療歷程與結案

　　文獻很少提及遊戲治療單元的治療性成長歷程，也很少討論到如何評估兒童對於結束遊戲治療的準備度。或許這些主題之所以未被處理，是因為不容易有確定的答案。這個落差會存在，也可能是因為治療師對於關係結束有困難。一般來說，治療師不會有意識地帶著「結束關係」這個目標走向一段關係，畢竟我們的職責是想要建立和促進這個關係。然而，結束治療關係的重要性，就如同關係的開始一樣，應該獲得坦然的處理。

　　「持續的改變和進展」這個議題事實上對治療師比對兒童來得重要，同時也是治療師需要知道的結果，但卻未必是兒童成長的必要條件。很少有兒童會好奇自己是否有進步，他們只是單純、全然地投入驚奇生命的持續開展歷程。兒童中心遊戲治療師會和兒童一起欣賞這樣的歷程，但在此同時也必須處理實務議題，例如，治療師需要知道改變真的正在發生，以及不能一直讓兒童待在治療裡。在某些時間點上，必須做一些決定，也希望兒童能夠參與這些決定。

⬢ 決定治療單元中的進展

在遊戲治療歷程中，兒童的內在改變不一定可以從他在遊戲室內的表達脈絡中確認或看見。在一次又一次的單元中，兒童可能呈現相似的遊戲行為類型，遊戲行為在模式和內容上可能沒有立即可見的改變。但在此同時，兒童在遊戲室外的行為可能已有改變。這可能是因為兒童用負面方式表達自己的那種內在需求在遊戲室中已經獲得滿足，因此在遊戲室外就不需要用不適當的方式來表達。這些負面的行為可以被摒棄，而將創造性的能量聚焦在更正向的行為上面。在此同時，兒童可能持續在遊戲室裡呈現先前同樣的行為，因為在這裡可以安全地這樣做，也因為有需要去表達和檢視還沒被完全滿足的那些感受。

若是兒童在一次又一次的遊戲治療單元中仍持續展現相同的行為，治療師可能會開始感到焦慮，因為治療師很想讓某些事情趕快發生，並且看到改變很快出現。此時，治療師可能會開始懷疑自己的能力或這個取向的適用性。我們都會想要知道自己做得很好，知道我們對兒童有幫助。一旦兒童在遊戲室裡的行為沒有明顯改變，治療師可能會開始懷疑自己身為治療師的能力，失去對歷程的信念，接著就認為更具指導性的取向可能會比較適用。治療師需要理解的是，這樣做通常只是為了感覺自己是個能勝任的治療師，而不是真的要滿足兒童的需求。兒童在遊戲治療中的責任，不包含滿足治療師計畫中希望出現的行為改變。兒童擁有自身的內在發展計畫，治療師需要耐心等待每個兒童的自我展現。

在遊戲治療中，很少有兒童會產生巨大及頓悟性的突破。成長是一個緩慢的歷程，行為的改變也是，治療師必須對歷程保有耐心。期待兒童有重大和戲劇性改變的治療師很可能會失望，而假如沒有覺察到這點，治療師很可能會為了帶出更快速的改變而讓治療取向變得不一致，也就是一下子用這種技術，一下子用另一種技術。**一旦治療師感受到很大衝動想要採用點不同的方式，那時也是治療師最需要一致、耐心和了解的時候。**用其他方式的結果可能會讓兒童感受到拒絕，並且想要去取悅治療師。

兒童的非口語行為是了解兒童行為或運作功能很重要的線索，也是了解遊戲治療歷程的有用訊息。改變是用數以百計的小方式在發生，治療師必須去尋找改變歷程的那些線索。

改變的向度

首次發生（第一次行為）

要確認治療歷程的進展是否正在發生，可以藉由治療師回憶在每一個單元中，與兒童互動的經驗裡所留意到第一次發生的動作。舉例來說，這是前五次單元中，強森「第一次」緊靠著治療師遊戲；或者強森也許每次都緊靠著治療師遊戲，但這是「第一次」他冒險地遠離治療師，而到房間裡的另一個地方玩。

或許凱西在每次的單元中都會在畫架上畫圖，但在這次單元中她沒有畫圖，治療師需要辨識出凱西在這次單元中沒有畫圖的理由為何。有些事情不一樣了，或許是某個情緒性的轉變發生了。這次或許是治療師第一次需要對凱西的行為設限，或是第一次沒有對她設限。這些行為上的改變暗示著兒童內在情緒的改變。

留意「第一次」。

我與一個相當內向且謹慎（避免用「害羞」來描述孩子，因為這個詞帶有負面的意涵）的五歲孩子史考特戲劇性的「第一次」經驗，發生在我們一起互動的第四次單元中，當時他將手上的短口鱷布偶交給我，因為他要去找其他東西。某些觀察者可能不會注意到這個行為的重要性，但對史考特來說，第一次用這樣的方式來接近我，顯示出他對我們關係的感受已經有了改變。這件事的發生似乎顯示他在這樣的關係中覺得更自在，也讓

他有足夠的安全感可以直接接近我。

　　將短口鱷布偶交給我，也是他第一次將我納入他的遊戲中。用這樣的方式接近我，對他來說很需要勇氣，同時他也必須感覺到自己能主導遊戲。這會是他自我指導或自我照顧的起始點嗎？孩子的改變通常會用這種細微的方式開始，而不是用某種重大領悟、大聲說出獨立和自主決定的方式開始。

　　對阿莉來說，或許某些有意義改變的開始，會是在整個第六次的單元中發生，她沒有要治療師幫忙過她一次，也未曾讓治療師幫她做決定，而在前五次中她都會這樣做。過去布蘭特在每次單元中都很仔細地進行煮食物遊戲，並且餵食每一個娃娃，但在此刻的這個單元中，他不再煮東西，也不再餵食任何一個娃娃，這會具有重大的意義嗎？我認為是的，就像是在前六次的單元中，這次是譚咪第一次開始玩沙盤，這確有其意義。小心檢視不同單元中第一次出現的狀況，有助於治療師更加覺察治療歷程的重要進展。

遊戲行為的主題

　　有助於理解兒童內在情緒動力的第二個面向，是出現在兒童遊戲中的主題發展。那些具有重要性或是對兒童有顯著衝擊的情緒經驗和事件，在遊戲中通常會以重複行為來呈現。不管是在一次單元或多次單元中，主題就是兒童遊戲中某些重複出現的事件或題材。這裡的重點是，在間隔一段時間或是間隔某些遊戲片段之後又重複出現的遊戲主題，而在間隔的時間或遊戲片段中該主題並沒有出現。舉例來說，在幾分鐘的時間內，海莉重複將一隻恐龍埋進沙盤中，又把它挖出來，接著又再一次埋恐龍。後來她走到畫架開始畫圖，接著又回到沙盤處重複著掩埋的動作。她接著玩醫療工具箱幾分鐘，然後又回到沙盤繼續埋恐龍。在一次單元中出現這個重複的遊戲行為，並且在兩次重複的遊戲行為之間有一些中斷時間，就可能表示某個主題正在形成。

　　尚恩在我們第一次遊戲治療單元中玩了塑膠蛇二十分鐘，即使是一個

四歲的孩子，這樣的遊戲行為似乎似有點過久，但這還不會被認定是一個主題。雖然這個遊戲在關係的發展過程中可能是一個重要事件，但出現次數可能必須超過一次或兩次才可被認為是一個主題。尚恩在第二次單元來到遊戲室，再次玩塑膠蛇在娃娃屋旁邊爬行的類似場景，將蛇的頭伸進每一個窗戶和門內，接著緩慢且不慌不忙地爬到娃娃屋的屋頂，這時我就會懷疑這是一個主題。這個懷疑在尚恩第三次單元中重複相同的遊戲行為時獲得確認。在這次的單元中，我得知在第一次遊戲治療單元之前幾週，尚恩的家曾被小偷破門而入。

在第三至第八次的遊戲治療單元中，八歲的雅各玩了一個和馬、柵欄及馬房有關的場景。他假裝放一個勒馬繩到馬身上，並說「這個不會傷害他的嘴巴」，接著他將馬帶到馬房，並說：「如果這匹馬踢到這個柵欄，這個照顧馬的人所住的房子裡的燈就會亮起來，他就會知道馬需要幫忙了。」一旦我們知道雅各每週接受兩次電療刺激，藉以強化下巴肌肉，而這是他所接受語言治療的一部分，這個遊戲的意義就相當明顯。一個小電極板會放進他的嘴巴裡，整個過程一般而言並不會痛，但有時肌肉會受刺激而繃緊，這時候雅各可以按鈕讓亮燈起來，好讓語言治療師知道雅各覺得不舒服。

主題並不一定很容易辨識，因為有可能每次玩的遊戲、活動或玩具都不同，但是遊戲的主題或是遊戲的潛在意義卻一樣。保羅的例子就是如此，正如第 10 章所描述。不願意離開安全的家的這個主題，出現在他玩出飛機旅行的場景中，在那遊戲中他喊著：「他們繼續到紐約旅行！」他將娃娃家庭放入飛機裡，接著又快速地喊著：「他們回來了！」但他從來都沒有讓這家人飛離那個娃娃屋。第二個場景是家庭旅行，保羅把家人放進卡車，載著他們在離娃娃屋很近的地方繞了一圈，然後很快喊著：「他們回來了！」第三個場景是他喊著：「他們要搬家了！」然後將娃娃屋的所有家具和設備放入卡車中，接著他很快地說：「他們決定再次搬回這裡。」便開始將家具放下來並重新安置到娃娃屋裡。保羅經驗過被遺棄的巨大恐懼，這類重複的遊戲行為可以顯示兒童正在玩出的情緒議題。

遊戲行為的重複頻率可以顯示兒童正在玩出的情緒議題。重複遊戲行為所消耗的強度和情緒能量（不是生理能量而是情緒能量），是用來辨識主題的另一個因素。若是遊戲治療師與兒童經驗到同在，這個強度也同時會被治療師覺知和感受到，治療師會體認到正在經驗著某些重要的事。一旦不再能觀察到該主題，可能顯示兒童在情緒上已經能夠邁向解決及適應。

釐清主題的目的在於幫助治療師了解，兒童在遊戲治療歷程中正探索、經驗和進行什麼工作。這種覺察和了解的增加，能幫助治療師更敏感及更全然地融入兒童的內在掙扎。它的目的不在於為兒童提供訊息，也不是為了促進領悟以符合提升兒童改變的目標。兒童象徵性遊戲行為的意義判斷是一項挑戰，頂多只是治療師經驗上的猜測，而且還可能發生錯誤。也可能有覺知因素的介入，也就是在兒童遊戲中，治療師只看到他想要看到的東西（你或可重讀第 7 章關於背景訊息的段落）。要是遊戲治療師能小心這些因素，再加上遊戲行為或事件很接近兒童生活中已知的重要事件，如前述家裡被小偷破門而入或是接受語言治療的案例，那遊戲治療師就能有信心做出準確的猜測。

了解主題可幫助治療師更了解兒童的內在歷程。情緒成長、特定問題的解決、修通以及能夠離開某個議題，有時能從兒童玩出來的遊戲主題改變中觀察到。改變的表現方式可能是主題遊戲的頻率，或是玩出來的事件序列。治療師可能會注意到兒童的情緒強度減少，或是情緒強度沒了。在玩出主題時，兒童的身體動作可能有所改變，可能是激動情況變少、比較不那麼急躁，或是主題的遊戲演出和口語表達似乎不再像是從兒童內在深處爆發出來。在幾單元的主題遊戲之後，玩出主題的情況可能會完全停止，這表示兒童的衝突已經獲得解決，能玩出內在狀態、擺脫問題，並且邁向適應的方向。

宣稱為了兒童的利益而透過詮釋性、結構性的方式來留意或辨識兒童遊戲中的主題，其實會阻礙兒童遊戲的歷程，並且將治療師擺在關係中的領導者位置。治療師想要教導、提醒兒童，或想要刺激兒童領悟的那種內

在需求，會讓焦點擺在治療師身上，如此一來，治療師就不再能與兒童同在。指出主題是一個認知性的過程。我們不可能在不斷告知兒童他所出現的主題的同時，又能夠接觸到兒童的情緒內在。比起知道兒童遊戲的意義，治療師與兒童的關係會更加重要。

結案的意義

「結案」聽起來有點刺耳，似乎代表一切結束，這一點都無法傳達我所認為「中斷與兒童的規律接觸」的那個概念。「終止」（concluding）和「結尾」（ending）好像也可以用，但同樣地，這兩個詞也太過於有終結性，就像是關係被完全切斷，不可能再有繼續存在的空間，從此之後再也沒有任何可能。在發展和建構有意義及敏感的照顧關係中，兒童和治療師曾經共享過這個過程——有時短暫、有時痛苦、有時渴望、有時困頓。曾有溫柔、超級興奮、無限喜悅的時刻，也有生氣、挫折、徬徨不安的時刻；曾有令人雀躍的大發現，也曾有無聲勝有聲的寧靜時光，以及一同分享了解和接納的片刻。這樣的關係永遠不會結束，因為它將會持續下去，並成為共享的人們心中的一部分。這些重要的經驗會存留在那些經驗過它們的人身上，不會只因不再規律碰面而中止。

> 在人一生的發展中，離開舊的人事物和面對新的人事物是不斷出現的場景。滿懷感激離開舊的人事物，因為我們曾經從中獲得價值和滿足。然而，假如這些這些價值只能停留在當初發生的環境中，那它們就不再成為引發成長的動力，同時也失去它們的正向意義。唯有個體能將這些價值自由地運用於生活中不斷出現的新的人事物，這些價值才得以保有正向意義。這不是說要忘記和壓抑舊的人事物，而是使用舊的人事物來提供新的人事物一些架構。（Allen, 1942, p. 293）

治療師與兒童開始接觸之後就持續有所變化，因此很難用一兩句話來正確描述這個歷程。治療師在關係中的目的就是促進兒童的自我負責、增進自我以及主導自我的改變。在經過成長過程的自然發展後，兒童就不再持續需要這樣的關係——因此，這並不是結束，而是一種延伸。假如治療師成功地在情感層次上真正與兒童做接觸，最後導致兒童和治療師得以分享彼此的內在自我，那麼要結束這種個人關係就會比較困難。

🔹 決定結案的參考點

由於兒童中心遊戲治療師在遊戲治療中沒有替兒童預設、個別訂定具體的目標，因此「何時結案」這個問題通常不容易回答，也可能不是治療師判斷某個特定的行為問題已經改善就可以結案。沒有訂定具體的目標，就不知道是否已經準備好可以結案了。治療關係聚焦在兒童，而不是在具體的問題。因此，沒有任何實證性的檢視點可用來作為成功與否的參考點。Haworth（1994）提出以下問題作為決定兒童的結案準備度之指引：

1. 是否較少依賴治療師？
2. 是否較少在意其他兒童使用遊戲室或見他的治療師？
3. 兒童現在能否看見並接納同一個人身上的正面及反面特質？
4. 兒童對於單元時間的態度有否改變，例如：有無留意、有無興趣或是可否接受？
5. 兒童對於清理遊戲室的反應有否改變，例如：以前一定要保持乾淨，現在變得比較不在意，或是以前會弄得很凌亂，現在比較喜歡整理？
6. 兒童現在是否能接納自己？
7. 是否有領悟和自我評價的證據；兒童是否會拿自己之前的行為或感受與現在的做比較？
8. 口語表達的質和量是否有改變？

9. 遊戲單元中的攻擊性是否減少？

10. 兒童比較可以接受設限嗎？

11. 兒童的藝術表達形式是否改變？

12. 是否比較不需要進行幼稚性（如：奶瓶）或退化性（如：水）的遊戲？

13. 是否較少出現幻想和象徵性遊戲，而出現更多創造性建構遊戲？

14. 恐懼的次數和強度是否有減少？（p. 416）

　　最好是用整體性來看改變，而上述這些問題有助於治療師聚焦在改變的歷程，而非聚焦在某些預設的具體目標是否達成。要判斷改變是否已經達到可以考慮結案的程度，基本上都應該聚焦在檢視兒童的改變。遊戲治療師可以考量以下兒童自發的改變領域，以判斷遊戲治療是否可以中止。

1. 兒童比較不依賴。

2. 兒童比較不困惑。

3. 兒童開放地表達需求。

4. 兒童能夠聚焦在自己。

5. 兒童為自己的行動和感受負責。

6. 兒童能適當地限制自己的行為。

7. 兒童更有內在指引的能力。

8. 兒童更有彈性。

9. 兒童更能忍受周遭發生的事。

10. 兒童更有自信地主動參與活動。

11. 兒童能夠合作，但不是低聲下氣。

12. 兒童能適當地表達生氣。

13. 兒童從負面和難過的感受轉向快樂和愉悅。

14. 兒童更能接納自己。

15. 兒童能夠玩出故事的次序，遊戲也更有方向。

　　對於關係結束的準備度，兒童會以一般的方式給出線索。某些兒童可能開始無所事事地站在遊戲室裡，不像過去那樣對玩具感興趣。他們可能顯得無精打采、不太專心，而且好像是用慢動作在玩遊戲。兒童通常會抱怨沒事可做；他們看起來很無聊，而且會在房間裡閒晃。在這些時刻，有些兒童會說：「我認為我不需要再來這裡了。」這類說法宣示出兒童有完整的能力可以和治療師分開，並且能夠全然依靠自己——這是非常正向的自我肯定。有時候兒童會拿早先的不同反應來和現在的行為或反應做比較，也因而注意到自己的改變。治療師可能會注意到，在遊戲室裡在一起的感覺氛圍也有了改變，在一起的「感覺」就是不一樣了。另外，在決定結束遊戲治療關係時，在某種程度上也要參考父母和老師對改變的描述。

⬡ 結束關係的程序

　　兒童的年齡和兒童對未來的發展概念，以及兒童在理解和參與抽象討論的能力，都會影響治療師用何種方式來結束遊戲治療經驗。秉持著兒童中心哲學，兒童應被納入此重要決定中。一旦判斷兒童不再需要遊戲治療經驗，或是覺察到兒童已準備好結束關係，治療師應在單元中做出回應，而且態度上應抱持如同回應兒童其他感覺或決定時同等的敏感度。有時候治療師會詢問兒童覺得還需要來遊戲室多少次，以便兒童參與關係的結束及最後一次單元的日期這些方面的決定。在學校或某些機構情境中，學期的結束通常也就是治療關係的結束，雖然至少有三個月期間，但兒童可能還沒有準備好要結束。在這種情況下，除了不能決定還需要幾次單元之外，結案程序其他應有的考量依舊適用。

　　結束關係應該是一個和緩、不唐突的過程，也應細心留意兒童的感受。假如遊戲治療經驗的結束沒有獲得適當處理，兒童可能會覺得被拒絕、被處罰或有失落感。實際上，無論結束過程處理得再好，都無法保證

兒童不會出現這些感受。對於要結束這種有意義的關係，以及要離開現在對他而言很重要的這個人，兒童心中當然會感到焦慮，這一點不難理解。這些感受應該獲得接納，但無需努力設法讓兒童對於離開「感覺好一點」。這樣做就是漠視了兒童對於離開關係的焦慮、受傷、生氣或任何其他感受。告訴兒童他們可以再回來，遊戲室的門在他們有需要時隨時開放，這種說法有時能幫助兒童和緩地度過結束的過程。

正如兒童度過重要的生活經歷時需要時間一樣，**兒童在遊戲室裡也需要一些時間來處理這個重要關係的結束**。因此，實際結案過程需要在最後一次單元之前的二或三個單元開始。在治療關係一開始，兒童需要時間來探索和發展關係，現在兒童也需要時間來修通結束關係時所浮現的感受，並且探索不再擁有這份支持之後的感受。藉由參與結束這段關係的計畫，兒童會有機會去發現，結束一份有意義的關係會帶給自己什麼樣的感受。

在預備結束的過程中，有些兒童可能會出現暫時性的退化狀況，表現出在早先單元中經常見到的行為。這可能是兒童重新檢視舊有行為的方式，或是透過比較新舊行為而得到滿足的方式。某個兒童可能弄髒了一張正在畫的圖，接著說：「在過去，這樣會讓我很生氣。」也有人認為兒童出現早先的行為，其實是在表達：「我不想要離開，請讓我繼續來這裡。」

對於某些兒童，治療師可能考慮用漸進的方式結案，在最後兩單元，從一週一次調整為兩週一次。另一種變化形式是在最後一次規律治療後，安排一次一個月後的追蹤單元。這樣的決定應該基於兒童的需求，而不是因為治療師想要知道後續狀況，也不是因為治療師捨不得放手。一旦結束關係的過程啟動，在剩下的二或三次單元的開始或結尾時間，治療師都需要提醒兒童還會到遊戲室幾次。對某些兒童來說，一週的時間太長了，以至於無法記得還會來遊戲室幾次。因此，在最後一次遊戲治療單元之前的第三次單元一開始，治療師就可能會說：「卡拉，我想要提醒妳，妳今天會在遊戲室玩，今天之後還有兩次，這就是目前全部會來的次數。」「目前」這個用語讓遊戲室的門保持開放，讓兒童日後有需要時可以回來。這

個說法會在該單元結束時重複一次，並在下次單元及最後一次單元的一開始再重複提醒。

● 兒童對最後一次單元的反應

　　一般來說，要預測兒童在最後一次單元的反應其實不太容易。有些兒童用相當不帶情感的方式來面對最後一次單元，甚至不會提到這是最後一次到遊戲室。這時治療師應該抑制住任何對最後一次單元小題大作的衝動，不管是透過口語表達或是捨不得的再見擁抱。但假如這是由兒童主動，那就沒有問題，否則，這類行動很可能只是治療師個人的需求。治療師應避免某些說法，例如：「我會很想你」或是「我真的很享受我們在一起的時光」。假如兒童心裡並沒有這麼想的話，這些說法有可能造成兒童的罪惡感。即使是最後一分鐘也仍是兒童的時間，是兒童可以充分表達且治療師應加以回應的時間。有些兒童可能會表示他們不願意結束這個關係，方式可能是在走出去的時候流連於門口、發表他們對遊戲室的意見，或是想到很多他們想要告訴治療師的事。

　　有些兒童對於結束關係會很生氣，就如七歲布雷德就是一例。我們一同經歷了十二次愉快的單元，在這段期間，布雷德從未出現凌亂或攻擊的狀況。他都是用相當有活力又謹慎的方式在玩，但到了最後一次單元，布雷德進到遊戲室，說了這樣的話：「耶，這是我們的最後一次。」接著開始從架子上將玩具拖下來，並用力地將玩具丟到地板中間。雖然過程中他沒有說任何一句話，但他很顯然在生氣。直到將架子上全部的東西都丟下來，他才停下動作。東西真是亂七八糟！對他所造成的凌亂看都不看一眼，布雷德開始重新將那些玩具放到架子上，直到全部完成之後才停下來。那是相當不容易的差事，也占去了這個單元大部分的時間。在最後的十分鐘，他為我們兩個人準備最令人愉快的精緻大餐，還一邊說著他正在煮什麼食物以及他喜歡吃什麼。接著時間到了，他沒有說再見，也沒有對最後一次遊戲經驗表達任何意見，就這樣走出遊戲室。然而，布雷德卻很

生動地傳達出他對結束這份關係的複雜感受。

　　有些兒童可以很開放地分享對於關係結束的感受，就如七歲羅莉的例子一樣。在最後一次單元中，她用如下的對話生動地表達出這份關係對她的重要性：

羅　莉：（用沙子裝滿罐子和平底鍋）我有很多朋友，他們永遠都會是我的朋友！（看著諮商師的側面）你是我的朋友之一。
治療師：聽起來好像妳認為我們會一直是朋友。
羅　莉：（帶著強烈的肯定態度點著頭）嗯，是啊！即使你不在這裡。
治療師：即使我不在這裡，我們也還是朋友。
羅　莉：你可以跟耶穌提到我。
治療師：我永遠記得妳真的很重要。
羅　莉：我們會有密碼（在紙上寫下她的電話號碼，接著放了四張貼紙在另一張紙上）。這是我的號碼，有緊急狀況可以打給我。再來，你可以看著這些圖片，說「耶穌」或「上帝」，或任何你想說的，然後我們就會連上線。
治療師：妳為我們想出了方法，讓我們總是能夠連上線——當朋友。
羅　莉：對（肯定地點頭），一直可以連上線。

◆ 過早結案

　　有時候家長會在沒有通知治療師的狀況下，就停止孩子的遊戲治療，因此治療師就沒有機會幫孩子做結案的準備。這種情況經常來得很突然，讓孩子倉皇失措，也經常發生得很不合時機（如：兒童剛剛跟治療師分享某些很戲劇性或很私人的事、第一次測試或打破限制，或是上一次單元在承擔責任方面做了一個重大的改變）。假如兒童無法再回到遊戲室，兒童可能會將上一次單元的經驗內化成一種處罰。若父母無預期地停止治療，治療師應該聯繫父母，並解釋結案單元的重要性。

最後一次單元可以讓兒童對這份重要關係經驗到一種正向的結束。

參考文獻 ● ● ●

Allen, F. (1942). *Psychotherapy with children*. New York: Norton.

Haworth, M. (1994). *Child psychotherapy: Practice and theory*. Northvale, NJ: Aronson.

第16章

密集與短期遊戲治療

　　我們生活在一個想要立即滿足、快速成功和迅速修復的世界。預先煮好、事先混合、立刻可以使用的生活方式滲透社會、形塑態度，也影響關係，卻也不幸地衝擊了心理衛生的某些領域。許多人堅持要快速解決生活的問題，而不是聚焦在學習如何生活的歷程上面。我鼓勵遊戲治療師對抗快速解決的壓力，相信兒童中心遊戲治療關係的歷程，並且費些心思幫管理式照護提供者及機構管理者做點教育工作，告訴他們關於兒童的情緒和發展需求以及遊戲治療歷程的效益這些方面的事情。

　　遊戲治療不一定需要好幾個月或甚至幾年的長期治療歷程。只要兒童內在的自然創造性資源能在兒童中心遊戲治療所提供的安全關係中展現，兒童的許多行為問題和經驗就可以在相當短的時間內有效處理。兒童的自然發展狀態是不斷邁向問題解決的過程，因此，治療師無需為了加速成長歷程，而強加預設的解決方法在兒童身上。

密集遊戲治療

兒童中心遊戲治療對兒童提供一種關係，而這種關係有助於他們用自己的方式並以自己的情緒步調發展出良好的因應機制。我們不會對著正在發展的學步兒說：「你學得不夠快。」我們很有耐心，並且相信發展的自然歷程；同樣的邏輯也適用在接受遊戲治療的兒童上。一旦接受到本書所描述的那種關係，兒童就能以明顯的速度進行改變。然而，我並不是指所有兒童的問題都可以在少數幾次遊戲單元中處理。

與其聚焦在遊戲治療單元的數目，或許更重要的是檢視單元的安排頻率。安排每週一次遊戲治療的傳統概念，並不一定符合兒童動態性的成長發展。兩次單元之間的這一週，對某些兒童來說可能是一段非常久的時間，特別是當兒童曾經遭受性侵害、正經驗父母離婚的創傷，或是正在面對重大的危機時。

針對某些兒童，我鼓勵遊戲治療師考慮縮短單元與單元之間的時間。我們真的不知道一個人的類化能力有多少，也不知道兒童在兩次遊戲治療單元之間，需要多少時間來內化遊戲治療所促進的改變。安排每週一次單元的傳統方式是為了符合治療師的需求，但未必能符合兒童的情緒需求。

若兒童經歷過創傷或危機，遊戲治療師應考慮密集遊戲治療，作法是前兩週安排兒童一週接受二到三次遊戲治療單元，以便加速治療歷程。密集遊戲治療也推薦給那些接受過遊戲治療的兒童，假如兒童經歷過親人過世、嚴重車禍、性或身體虐待、家庭暴力、遭受動物攻擊、爆炸炸傷或其他生活壓力事件，兩次單元之間的這一週，對兒童來說可能像是「永遠」那麼久。對於某些精神創傷案例，在剛開始一或兩週，兒童可能需要每週接受五或六次的遊戲治療。

重新演出或是玩出創傷事件是兒童的自然反應，兒童藉此用一種潛意識的努力來達到對這個經驗的理解、克服、發展控制感以及消化。一旦兒童玩出了生活中的事件，他們的重要情緒經驗就得以透過象徵性的方式表達出來，這會製造出與事件之間的一種情緒上的距離，以免兒童招架不

住。就是這種透過遊戲讓兒童與實際經驗產生距離的動力，使得兒童可以在更密集的遊戲單元中處理及消化強烈的情緒經驗。這個歷程讓兒童可以修通創傷經驗，卻不需去認定這些事件真的發生在他們身上，也無需直接處理，這有別於直接由治療師引導而必須讓兒童說出驚恐和痛苦經驗的方式。兒童中心遊戲治療師建立起這種符合兒童步調的治療環境，在這當中，兒童能夠感受到足夠的接納、了解、尊重和安全，以便處理那些事件帶給人威脅感的經驗。

　　遊戲治療師不會用任何方式去催促、鼓勵或指導兒童的遊戲。因此，兒童可以探索他能安全表達的那些區塊，也用他自覺可以因應的步調來探索。一旦單元不是由治療師來主控，兒童就可以順應自己的狀況來調整所需的探索步調。在密集遊戲治療經驗中，相信兒童的這種直覺很重要，這有助於縮短兩次單元之間的時間。假如兒童在情緒上還沒準備好要面對，那麼以指導或結構性方式讓兒童玩出創傷經驗可能會讓兒童二度受創。兒童中心遊戲治療師相信兒童的內在指導，允許兒童主導關係的所有層面，並且克制住指導兒童遊戲或對話的衝動。由兒童自己主導關係及遊戲方向。

　　北德州大學的遊戲治療中心已經採用好幾種密集遊戲治療的變化形式。其中一種獨特的模式是安排某些精心挑選的兒童每天接受三次三十分鐘的遊戲治療單元，總計三天。單元之間會有三十分鐘休息時間，讓他們上廁所、吃點心和待在等待室。結果出現一項有趣的觀察就是，這些單元中的每一次遊戲治療歷程相當類似於每週一次單元的歷程。舉例來說，治療師對於典型第三次單元探索歷程的描述，會很類似於單一天中所安排的第三次單元。家長也提及參與這些經驗的孩子有出現正向的行為改變。

◆ 有關密集遊戲治療的研究

　　Kot、Landreth 和 Giordano（1998）運用短期、密集兒童中心遊戲治療模式，介入目睹家庭暴力且與母親居住在家庭暴力庇護所的兒童。有

十一位實驗組兒童除了庇護所的一般服務之外，另外接受十二次、每次四十五分鐘的個別遊戲治療單元，每天進行一次，期間為兩週。十一位控制組兒童僅獲得庇護所的一般服務。與控制組相比，實驗組的目睹兒童的自我概念明顯提升、外化行為問題明顯減少，而且整體行為問題明顯減少。短期密集模式特別適合居住在家庭暴力庇護所內不穩定且暫時性的家庭生活情境。

Tyndall-Lind、Landreth 和 Giordano（2001）針對目睹家庭暴力且與母親居住在家庭暴力庇護所的兒童，進行一個密集性短期兒童中心「個別遊戲治療」與密集性短期兒童中心「手足團體遊戲治療」的比較分析。團體遊戲治療組有十位兒童除了庇護所的一般服務之外，另外接受十二次、每次四十五分鐘的手足團體遊戲治療單元，每天一次，期間為兩週。個別遊戲治療對照組以及控制組是來自 Kot 等人（1998）的研究。與控制組相比，手足團體遊戲治療組目睹兒童（圖 16.1）的自我概念明顯增加；外化和內化行為問題明顯減少；整體行為問題明顯減少；攻擊、焦慮、憂鬱明顯減少。密集性短期「手足團體遊戲治療」與密集性短期「個別遊戲治療」對目睹家庭暴力的兒童同等有效。

Jones 和 Landreth（2002）研究兒童中心遊戲治療對於胰島素依賴型糖尿病兒童的效果。兒童被隨機分派到實驗組或無介入的控制組。實驗組兒童在為期三週的夏令營中接受十二次、每次三十分鐘的兒童中心遊戲治療單元以及常規的治療性營隊。控制組兒童則參加常規的治療性營隊。兩組在焦慮分數方面均顯現出改善。在糖尿病適應方面，實驗組兒童分數的增加情況在統計學上顯著超過控制組。

Shen（2002）隨機分派來自台灣農村小學的地震受害兒童進到兒童中心遊戲治療組和控制組。所有的兒童在適應不良分數方面均屬高風險程度。兒童中心遊戲治療組在四週期間接受十次、每次四十分鐘的團體遊戲治療單元。研究結果顯示，兒童中心遊戲治療組在整體焦慮、生理焦慮、擔心／過度敏感及自殺危險性方面明顯減少。研究結果亦指出，在焦慮降低方面達高度效果，而減少兒童自殺危險性方面達低度到中度效果。

圖 16.1　幾個兒童一起在遊戲室，可以幫助抗拒的孩子透過觀察其他孩子的活動來發現與治療師在一起其實很安全。

Smith 和 Landreth（2003）研究密集性 Landreth 親子關係治療（Child-Parent Relationship Therapy, CPRT）的十週親子遊戲治療模式（三週期間接受十二單元）的成效，研究樣本為目睹家庭暴力且與母親居住在家庭暴力庇護所的兒童。與控制組相比，親子遊戲治療組兒童的自我概念明顯提升；整體行為問題明顯減少；內化及外化行為問題明顯減少；攻擊、焦慮、憂鬱明顯減少。

Baggerly（2004）針對住在育幼院的兒童進行前／後測單組設計研究。兒童每週接受一到兩次三十分鐘的兒童中心遊戲治療單元，共九至十二次。研究結果顯示，在自我概念、重要性、能力、負面情緒，以及與憂鬱和焦慮相關的負向自尊方面都有明顯改善。

短期遊戲治療

為了方便討論，短期遊戲治療在這裡是指十到十二次或更少一點的單元。短期遊戲治療不一定適合所有需要遊戲治療的兒童。兒童若經歷過長期的性或身體虐待或創傷，或是有多種情緒問題，當然需要接受長期治療。我們發現，短期兒童中心遊戲治療適用於下列情況，包括：發展議題、廣泛的兒童問題（如：慢性疾病、學校相關學習問題、行為問題、情緒適應、自我概念問題），以及家庭暴力受害兒童。一旦經驗到兒童中心治療的溫暖、照顧、同理、了解和接納的關係，並且可以自己設定遊戲經驗的方向和步調，兒童就可能會有明顯的進展。

有關短期遊戲治療的研究

雖然文獻中有許多成功運用各種理論取向的短期遊戲治療，但這個段落只聚焦在有關兒童中心遊戲治療的效果方面的文獻。

Fleming 和 Snyder（1947）發現，在接受十二次非指導式團體遊戲治療單元之後，相較於控制組，女生組在人格適應方面有明顯改善。

Axline（1948）將兒童中心遊戲治療運用在一個有選擇性不語的五歲男孩身上，他不和其他兒童互動，也不跟任何人講話，若別的孩子接近他，他會將身體蜷縮成球狀，同時用手把臉蓋起來。他在三歲之前發展正常，之後就不再說話和走路，並出現嬰兒般的行為。到了第五次遊戲治療單元，媽媽陳述個案在家中的行為有明顯改善，包括攻擊行為減少，以及口語表達增加，學校也發現他的行為有正向改變。

Bills（1950）研究以兒童中心遊戲治療處理閱讀困難的三年級兒童的效果。有八位兒童接受每週一次、共六次的個別遊戲治療單元，以及每週一次、共三次的團體遊戲治療單元。控制組沒有接受任何治療。在後測時，接受遊戲治療的每個兒童在閱讀技巧方面都有明顯提升，同時兩組的整體閱讀技巧分數也達統計上顯著的差異。

Cox（1953）發現，在接受十週個別遊戲治療及一個十三週的後續追蹤後，與控制組相比，年幼兒童（三歲）在社會適應方面呈現明顯改善。與控制組相比，較大兒童（十三歲）在社會計量方面呈現明顯改善。

Irwin（1971）對一位因精神分裂症住院的十六歲女孩進行六次兒童中心遊戲治療單元。她沒有眼神接觸、整天都待在床上、沒有表情、大小便失禁、無表情地瞪眼，而且只會說「黃色」這個詞。在僅僅兩次遊戲單元之後，醫院工作人員就表示她有顯著的行為改變，而在六次單元結束後，她就經常可以在白天期間自行離開房間、在醫院其他病人面前大聲閱讀、用口語溝通、有眼神接觸、展現情感，而且能夠控制大小便。兩個月後的追蹤報告發現她已經開始上學，並且持續出現顯著的進步。

Pelham（1972）針對社會成熟度較差的幼稚園兒童，進行個別非指導式遊戲治療與非指導式團體遊戲治療的比較分析研究。兩組兒童均接受六到八次單元。與控制組相比，兩組接受治療介入的兒童在社會成熟度方面都獲得正向進展。教師評量也指出，與控制組相比，兩組參與治療介入的兒童在教室行為方面都有明顯改善。

Oualline（1975）針對十二位四到六歲被認為有行為問題的聽障兒童進行兒童中心遊戲治療的效果研究。治療組接受每週一次、每次五十分鐘、共十次的遊戲治療單元，結果在社交成熟度量表方面的分數顯著高於相對應的控制組。Oualline 提到，兒童中心遊戲治療特別適合於聽障兒童，因為它不強調口語表達。

Barlow、Strother 和 Landreth（1985）提及八週的兒童中心遊戲治療單元，對患有拔毛症（拔下頭髮然後吃進肚）的四歲兒童有效。幾位作者總結認為，遊戲治療師所創造出來的氛圍是治療過程中最重要的一個因素，它能讓兒童感到可以自由地表達自己，而這是他未曾有過的感受。到了第七次單元，新的頭髮長出來並蓋住孩子頭上，這提供了短期兒童中心遊戲治療有效的一個視覺證據。

Perez（1987）針對遭受性虐待兒童進行個別兒童中心遊戲治療與兒童中心團體遊戲治療的比較分析研究。兩組兒童都接受十二單元。兩組治

療組兒童在自我概念方面都有明顯提升，而控制組兒童在後測的得分卻更低。兩組治療組兒童在自我掌控方面都有明顯改善，而控制組兒童的分數卻降低。個別和團體遊戲治療兩組則沒有明顯差異。

Trostle（1988）發現，雙語波多黎各兒童在接受十次非指導式團體遊戲治療之後，與控制組相比，他們在自我控制、較高發展層次的假扮，以及現實遊戲行為方面都有明顯改善。與控制組的男生或女生相比，接受兒童中心遊戲治療的男生變得更能夠接納別人。

Rae、Worchel、Upchurch、Sanner 和 Daniel（1989）發現，比起口語導向的支持介入、轉移注意的遊戲介入（允許他們玩玩具）以及控制組兒童，接受兩次兒童中心遊戲治療的住院兒童在住院恐懼方面明顯減少；其他組在恐懼減少方面並不明顯。

Crow（1990）提及，某一所小學對閱讀表現不佳而留級的十二位一年級學生進行每週一次、每次三十分鐘、共十次的個別兒童中心遊戲治療單元，研究結果顯示，其自我概念有顯著改變。與控制組相比，治療組在控制感方面也有改善。

LeVieux（1994）將兒童中心遊戲治療取向運用於一位處於喪父之慟的五歲女孩身上。在治療一開始，她被描述為固執、不合作、悶悶不樂而且憂鬱。到了第七次單元，媽媽表示個案有了明顯改變，包含更有能力談論爸爸的死亡以及表達她的難過和生氣。

Johnson、McLeod 和 Fall（1997）檢視六次兒童中心遊戲治療單元對於被認定有情緒或生理疾患且影響學習的那些兒童所帶來的治療效果。研究者的觀察與老師和父母的陳述都確認這些兒童的衝動行為有減少、對環境的控制力增加，而且情緒表達的能力也有增進。

Post（1999）發現，在接受四次兒童中心遊戲治療單元之後，高危險群兒童的自尊及內在控制感仍維持在相同程度，但控制組兒童就掉到明顯較低的程度。

Brandt（2001）發現，與控制組相比，有行為適應困難的幼童在接受七到十次兒童中心遊戲治療單元後，在內化行為（如：退縮行為、身體抱

怨、焦慮／憂鬱）方面有明顯改善。與控制組相比，遊戲治療組兒童的家長在父母壓力方面有大幅度的減少，但未達統計學上顯著程度。

Webb（2001）有效地運用一到三次遊戲治療單元，作為奧克拉荷馬市爆炸案的危機團隊回應。Webb 使用攜帶式遊戲材料袋，並且在爆炸地點附近的小學裡，用一間小儲藏室代替遊戲室，然後在建築物裡對老師轉介的兒童進行三十分鐘的遊戲治療單元。

短期親子關係治療

我所發展的十次單元親子關係治療（Child Parent Relationship Therapy, CPRT）模式，本質上的結構就是基於短期兒童中心遊戲治療模式。家長接受十次基本的兒童中心遊戲治療原則和技巧訓練，但由於父母在三次親子訓練單元之前，還不會開始和他們的小孩進行遊戲單元，因此兒童和父母一起遊戲的單元實際次數是七次。

親子關係治療是經過實證研究過的一種模式，有超過四十個控制型研究證實它的效果，而且研究對象超過 1,000 位輔助性專業人員（主要是父母）。整體而言，親子關係治療在效果方面的研究很有說服力。父母和孩子雙方都獲得改善，顯示出這個取向的特殊之處。特別值得注意的是，這個模式只要這麼少的單元就可以呈現出效果。Bratton、Landreth 和 Lin（2010）進一步分析來自 Bratton、Ray、Rhine 和 Jones（2005）的後設分析資料，以確認親子關係治療方法的整體治療效果。統計分析顯示，親子關係治療的整體效果值（effect size, ES）達 1.25，而只計算家長（除去老師及同儕顧問）的親子關係治療之效果值甚至高達 1.30。在分析時，我們僅納入研究者是直接由 Bratton 或 Landreth 所訓練和督導的研究，以確保所有研究中的治療程序保持一致。

親子關係治療研究已在各類議題及群體獲得明顯的正向結果，包括性受虐兒童、居住在家庭暴力庇護所的兒童、母親或父親入監的兒童、在家中或學校有適應困難的兒童，以及被診斷為學習障礙、廣泛性發展疾患、

慢性疾病與廣泛的內化或外化行為問題的兒童。

親子關係治療已經在各類場域中獲得運用，包括：醫院、教會、庇護所、原住民保護區、監獄、州監獄、啟蒙計畫、公私立學校以及社區機構，而且都出現明顯的正向結果。親子關係治療的效果研究也遍及各類族群的家長，包括：德國人、西班牙人、拉丁移民、非裔美國人、美國原住民、以色列人、華人移民、韓國人、韓國移民等，且在家長壓力、家長同理心、家長接納度及家庭環境等領域，都有明顯的正向結果。

我們建議讀者閱讀第 17 章所提供的這個段落所提及之研究相關資料。

◆ 摘要

雖然許多成人在兩次治療單元之間，通常需要有足夠的時間來消化在治療單元所得到的訊息或領悟，但兒童就沒有這樣的需要。試著對遊戲治療的頻率有不同的安排，目的在於讓兒童有機會盡可能快速、有效地透過遊戲來理解他們的世界。有些兒童很明顯可以從幾次遊戲治療單元連續安排在一起的方式中獲益。諸多研究的正面結果支持改變每週一次單元的傳統思維，也支持縮減兩次單元之間的時間。同樣被證明有效的模式還包括使用十二次或更少的遊戲治療單元，以及讓某些特定兒童族群每天接受遊戲治療單元。研究結果顯示，即使只有二或三次遊戲治療單元，也能夠有助於兒童因應，並且發展出幫助他們修通情緒、邁向適應行為的技巧。只接受少數幾次的遊戲治療單元，兒童就能夠思索並解決自己的議題，這必須歸功於遊戲治療關係為兒童生活帶來的力量。

參考文獻 • • •

Axline, V. M. (1948). Some observations on play therapy. *Journal of Consulting Psychology, 11,* 61–69.

Baggerly, J. (2004). The effects of child-centered group play therapy on self-concept, depression, and anxiety of children who are homeless. *International Journal of Play Therapy, 13,* 31–51.

Barlow, K., Strother, J., & Landreth, G. (1985). Child-centered play therapy: Nancy from baldness to curls. *The School Counselor, 32*(5), 347–356.

Bills, R. E. (1950). Nondirective play therapy with retarded readers. *Journal of Consulting Psychology, 14,* 140–149.

Brandt, M. A. (2001). An investigation of the efficacy of play therapy with young children. *Dissertation Abstracts International: Section A. Humanities and Social Science, 61*(07), 2603.

Bratton, S., Landreth, G., & Lin, Y. (2010). Child parent relationship therapy: A review of controlled-outcome research. In J. Baggerly, D. Ray, & S. Bratton (Eds.), *Child-centered play therapy research: Evidence base for effective practice* (pp. 267–293). New York: Wiley.

Bratton, S., Ray, D., Rhine, T., & Jones, L. (2005). The efficacy of play therapy with children: A meta-analytic review of treatment outcomes. *Professional Psychology: Research and Practice, 36*(4), 376–390.

Cox, F. (1953). Sociometric status and individual adjustment before and after play therapy. *Journal of Abnormal Social Psychology, 48,* 354–356.

Crow, J. (1990). Play therapy with low achievers in reading (Doctoral dissertation, University of North Texas). *Dissertation Abstracts International, 50*(09), B2789.

Fleming, L., & Snyder, W. (1947). Social and personal changes following non-directive group play therapy. *American Journal of Orthopsychiatry, 17,* 101–116.

Irwin, B. L. (1971). Play therapy for a regressed schizophrenic patient. *JPN and Mental Health Services, 9,* 30–32.

Johnson, L., McLeod, E., & Fall, M. (1997). Play therapy with labeled children in the schools. *Professional School Counseling, 1*(1), 31–34.

Jones, E., & Landreth, G. (2002). The efficacy of intensive individual play therapy for chronically ill children. *International Journal of Play Therapy, 11,* 117–140.

Kot, S., Landreth, G. L., & Giordano, M. (1998). Intensive child-centered play therapy with child witnesses of domestic violence. *International Journal of Play Therapy, 7*(2), 17–36.

LeVieux, J. (1994). Terminal illness and death of father: Case of Celeste, age 5½. In N. B. Webb (Ed.). *Helping bereaved children: A handbook for practitioners* (pp. 81–95). New York: Guilford.

Oualline, V. J. (1975). Behavioral outcomes of short-term nondirective play therapy with preschool deaf children (Unpublished doctoral dissertation, North Texas State University, Denton).

Pelham, L. (1972). Self-directive play therapy with socially immature kinder-garten students (Doctoral dissertation, University of Northern Colorado, 1971). *Dissertation Abstracts International, 32,* 3798.

Perez, C. (l987). A comparison of group play therapy and individual play therapy for sexually abused children (Doctoral dissertation, University of Northern Colorado, 1987). *Dissertation Abstracts International, 48,* 3079.

Post, P. (1999). Impact of child-centered play therapy on the self-esteem, locus of control, and anxiety of at-risk 4th, 5th, and 6th grade students. *International Journal of Play Therapy, 8*(2), 53–74.

Rae, W., Worchel, E., Upchurch, J., Sanner, J., & Daniel, C. (1989). The psychosocial impact of play on hospitalized children. *Journal of Pediatric Psychology, 14,* 617–627.

Shen, Y. (2002). Short-term group play therapy with Chinese earthquake victims: Effects on anxiety, depression, and adjustment. *International Journal of Play Therapy, 11*(1), 43–63.

Smith, N., & Landreth, G. (2003). Intensive filial therapy with child witnesses of domestic violence. A comparison with individual and sibling group play therapy. *International Journal of Play Therapy, 12*(1), 67–88.

Trostle, S. (1988). The effects of child-centered group play sessions on social-emotional growth of three- to six-year-old bilingual Puerto Rican children. *Journal of Research in Childhood Education, 3,* 93–106.

Tyndall-Lind, A., Landreth, G., & Giordano, M. (2001). Intensive group play therapy with child witnesses of domestic violence. *International Journal of Play Therapy, 10*(1), 53–83.

Webb, P. (2001). Play therapy with traumatized children. In G. Landreth (Ed.), *Innovations in play therapy: Issues, process, and special populations* (pp. 289–302). Philadelphia: Brunner-Routledge.

第**17**章

遊戲治療研究

雖然兒童中心遊戲治療方面的研究已超過六十年，而且有效證據遍及多種場域及各類主述問題，本章的焦點則放在 1995 到 2010 年所進行的兒童中心遊戲治療研究，除了兩篇後設分析研究例外。兒童中心遊戲治療是遊戲治療領域裡獲得最詳細研究的理論取向。Baggerly 在《兒童中心遊戲治療研究》（*Child Centered Play Therapy Research*; Baggerly, Ray, & Bratton, 2010）這本書中指出：

> 你會注意到本書提到的所有研究都是根據兒童中心遊戲治療理論取向及親子遊戲治療。這點是因為實際上從 2000 年開始（2000～2010 年），所有刊載在專業期刊上的遊戲治療調查研究都是兒童中心遊戲治療或親子遊戲治療。（pp. xiii-xiv）

Ray（2008）所進行的最大型兒童中心遊戲治療調查研究，涵括了

202 位兩歲到十三歲的兒童。她用統計方式分析了九年來被轉介到某大學諮商中心、每週接受一次個別兒童中心遊戲治療的兒童相關檔案資料。根據主述問題和治療長度這兩個獨立變項以及親子關係壓力這個依變項，兒童被分派到不同的資料組別。兒童中心遊戲治療對外化問題、合併外／內化問題以及非臨床問題（父母關係）的助益，達統計學上顯著程度。研究結果也指出，兒童中心遊戲治療的效果隨著單元次數的增加而增加，特別是在十一到十八次單元其效果值達高度時，在統計學上可以達到顯著程度。

　　Ray 的研究中，參與者數量很大，這在遊戲治療及一般心理治療研究領域都不常見。與心理治療領域中大多數的結果研究一樣，兒童中心遊戲治療研究也同樣受到小研究樣本的限制，而這會限制研究發現的類化。後設分析結合了不同研究的發現，以確認整體的治療效果，這讓它能夠克服小樣本研究所帶來的限制。

後設分析調查研究

　　LeBlanc 和 Ritchie（2001）以及 Bratton、Ray、Rhine 和 Jones（2005）所做的研究是最早單純聚焦在遊戲治療效果的研究。兩個研究都顯示遊戲治療的有效性，也使得遊戲治療和親子遊戲治療被更廣泛的兒童心理治療界所接受。兩個研究的發現也都支持遊戲治療使用於兒童的可行性。

　　LeBlanc 和 Ritchie（2001）的後設分析回顧了四十二個控制型遊戲治療研究，時間是 1950 至 1996 年，結果發現四十二個研究的效果值達中度，標準誤差為 0.66。在四十二個研究中，有十二個應用兒童中心遊戲治療，但沒有涉及照顧者。這些研究發現總體平均的效果值為 0.43，屬於中度治療效果。

　　Bratton 等人（2005）進行了一個更完整的後設分析，包含 1942 到 2000 年所做的九十三個控制型遊戲治療結果研究，而且研究必須符合以

下標準：使用控制型研究設計、足夠的資料以利估算效果值，以及研究者所標定的是遊戲治療介入。遊戲治療介入進一步被界定為：這些研究檢視了輔助性專業人員（主要是家長）及專業人員所提供的直接介入。其中落入輔助性專業人員類別的多數研究是運用親子遊戲治療方法。

Bratton 等人（2005）採用 Cohen 的 d（1988）標準（0.20＝低度；0.50＝中度；0.80＝高度）來解釋治療效果值（ES）。他們發現，遊戲治療顯示出高度的總體治療效果（ES 0.80）；意指在特定的測驗結果方面，接受遊戲治療的兒童比沒有接受遊戲治療的兒童平均高出 0.80 個標準差。研究參與者的平均年齡是七歲。

另外，Bratton 等人發現，遊戲治療對內化（ES＝0.81）、外化（ES＝0.79）及合併問題類型（ES＝0.93），有中度到高度的助益效果。關於自我概念、社會適應、人格、焦慮、適應功能，以及包含親子關係品質的家庭功能方面，療效結果也都呈現中度到高度的範圍。年紀和性別都無法用來預測遊戲治療的結果，遊戲治療對不同年紀和性別有同樣的效果。

在九十三個結果研究中，有二十六個研究測量遊戲治療的成效，這些遊戲治療由輔助性專業人員進行，輔助性專業人員包括父母、老師或同儕顧問，他們接受心理衛生專業人員有關遊戲治療程序的訓練和督導。所有被歸到這個組別的研究都使用親子關係治療（Child-Parent Relationship Therapy, CPRT）（兒童—父母關係治療，十單元的親子遊戲治療模式）或是其他親子治療訓練方式，因此納入的所有研究在理論上都一致使用兒童中心遊戲治療的原則和技術。為了了解由父母執行的親子遊戲治療與由心理衛生專業人員所進行的遊戲治療之間的差別，Bratton 等人進一步分析這個研究組別。研究者發現，與傳統的遊戲治療（ES＝0.72；中度到高度效果值）相比，親子遊戲治療顯現更強的治療效果（ES＝1.15；高度效果值）。Bratton、Landreth 和 Lin（2010）進一步分析後設分析資料，以判斷僅使用親子關係治療方式（早期研究中通常指的是由 Landreth 發展的十單元的親子遊戲治療模式）的親子遊戲治療的整體治療效果。統計分析顯示，親子關係治療研究的整體效果值為 1.25，而只包含父母的親子關係

治療研究之效果值則高達 1.30（扣除老師及同儕顧問部分），而上述的個別研究者都是由 Bratton 或 Landreth 所訓練或督導。這樣要求的目的在確保所有研究者有一致的治療程序。

在 Bratton 等人對人本遊戲治療介入（主要界定為兒童中心或非指導式治療）所研究的效果值（ES＝0.92）達到高度療效。需要留意的是，人本研究包含那些照顧者參與的研究（如：親子遊戲治療）以及專業人員執行治療的研究。依據最近對遊戲治療學會（Association for Play Therapy）會員的調查發現，人本遊戲治療介入的進展令人鼓舞，該學會指出，兒童中心遊戲治療取向受到他們多數會員所贊許（Lambert ed al., 2005）。

雖然後設分析調查研究將兒童中心遊戲治療的療效探究作為更大型遊戲治療回顧研究中的一部分（Bratton ed.al., 2005; Leblanc & Ritchie, 2001），但 Lin（2011）是第一位針對兒童中心遊戲治療療效進行後設分析研究的研究者。他回顧了 1995 到 2010 年所做的研究，選擇了符合以下標準的五十二個「控制型—結果」研究：使用兒童中心遊戲治療方法、使用控制或比較組重複測驗設計、使用標準化的心理計量評估，以及清楚呈現效果值或是有足夠訊息可以進行效果值計算。

依據 Bratton 等人建議使用較為嚴謹的研究方法，Lin 的後設分析研究運用了高層次的嚴謹方法，包括：嚴密的編碼程序、獲取出版偏誤的多重策略、採用層級線性模式（hierarchical linear modeling, HLM）技術，以及使用嚴謹的效果值計算方式。由於採取這種比較嚴謹的方式，Lin 還是要提醒大家，雖然他的某些研究發現與之前的後設分析有所落差，在解釋這些研究結果時，仍需考量到效果值計算方式及統計分析方法的不同。

在 Lin 所蒐集的研究中，所有兒童參與者的平均年齡是 6.7 歲。在五十二個蒐集的研究中，三十三個研究的參與者主要是男孩，十一個主要是女孩，有八個研究沒有提到性別。在這些研究中所使用的治療型態，包括：個別遊戲治療、個別活動治療、團體遊戲治療、團體活動治療、親子關係治療／親子遊戲治療。治療單元平均次數為 11.87 次，其標準差為 4.20。

所蒐集的五十二個研究其 HLM 分析整體效果值為 0.47，達統計顯著性（p＜0.001）。這個結果顯示，與沒有接受介入的兒童相比，接受兒童中心遊戲治療介入的兒童前後測的改善狀況多出了將近 1/2 個標準差。兒童中心遊戲治療對照顧者／兒童關係壓力（ES＝0.60）、自我效能（ES＝0.53）及整體行為問題類型（ES＝0.53）有中度正向效果；對內化（ES＝0.37）及外化問題（ES＝0.34）有低度的正向效果。Lin 的結論認為，兒童中心遊戲治療對兒童應該屬於有效的心理衛生介入方法，它對廣泛行為問題、兒童自尊及照顧者／兒童關係壓力有最大的效果。

兒童的種族會影響治療結果。在蒐集的研究中，有十五個研究的樣本主要是白人兒童。有十五個研究的樣本為非白人兒童（其中三個研究主要是非裔美國人、四個主要是西班牙／拉丁兒童、五個主要是亞洲／亞裔美國兒童、三個是其他種族），另外，還有十六個研究是混合群體。與白人兒童相比，非白人兒童的改善程度明顯較大。Lin 總結認為，這個發現強烈地顯示，實務工作者可以很有信心地將兒童中心遊戲治療列為具文化敏感度的介入。

有關兒童中心遊戲治療的跨文化研究

兒童中心遊戲治療已經展現廣泛跨文化的應用。許多的調查研究顯示兒童中心遊戲治療在不同文化情境中都有療效：運用於西班牙兒童的學校本位兒童中心遊戲治療（Garza & Bratton, 2005）、運用於以色列諮商師和老師的短期遊戲治療訓練（Kagan & Landreth, 2009）、運用於華人震災倖存者的團體遊戲治療（Shen, 2002）、運用於波多黎各兒童的團體遊戲治療（Trostle, 1988）、運用於非裔美國兒童的短暫兒童中心遊戲治療（Post, 1999）、運用於日本兒童的短暫兒童中心遊戲治療（Ogawa, 2006）、在肯亞針對服務弱勢兒童的專業人員所進行的短暫訓練（Hunt, 2006）、運用於伊朗兒童內化問題的兒童中心遊戲治療（Bayat, 2008）。

許多研究也顯示出，十單元親子遊戲治療模式的親子關係治療有益於

以下多種父母群體：華人父母（Chau & Landreth, 1997; Yuen, Landreth, & Baggerly, 2002）、韓籍父母（Jang, 2000; Lee & Landreth, 2003）、德籍父母（Grskovic & Goetze, 2008）、以色列籍父母（Kidron & Landreth, 2010）、美國原住民父母（Glover & Landreth, 2000）、非裔美籍父母（Sheely-Moore & Bratton, 2010），以及西班牙籍父母（Villarreal, 2008; Ceballos & Bratton, 2010）。

實驗型及準實驗型兒童中心遊戲治療研究的回顧

　　以下的回顧僅限發表於 1995 到 2010 年，並符合以下標準的兒童中心遊戲治療「控制型─結果」研究：使用兒童中心遊戲治療方法、使用控制型或比較型重複測量設計，以及使用標準化的心理計量。

兒童中心遊戲治療（CCPT）控制型結果研究 1995-2010 年

研究者	參與者／方法	研究發現
Beckloff, D. R. (1998). Filial therapy with children with spectrum pervasive development disorders. *Dissertation Abstracts International: Section B. Sciences and Engineering, 58* (11), 6224.	樣本數＝23，被認定有廣泛性發展疾患 3 到 10 歲兒童的父母；依照父母的時間狀況被安排到治療組 控制組＝11，未接受治療的等待名單 實驗組＝12，親子關係治療 親子關係治療組接受 10 單元的親子關係治療訓練（每週 1 次，每次 2 小時），並且與孩子進行 7 次遊戲單元（每週 1 次，每次 30 分鐘） 準實驗型設計	與控制組相比，接受親子關係治療訓練的父母在辨識和接受孩子自主和獨立需求方面的能力，在前後測到統計學上顯著的增加。雖然未達顯著程度，但與控制組相比，父母對孩子的整體接納度有較大的提升。
Blanco, P., & Ray, D. (2011). Play therapy in the schools: A best practice for improving academic achievement. *Journal of Counseling and Development, 89*, 235-242.	樣本數＝43，學業高危險群一年級生；依照學校位置隨機分派到兩組 控制組＝20，未接受治療的等待名單 實驗組＝21，兒童接受 16 單元的兒童中心遊戲治療（每週 2 次，每次 30 分鐘） 實驗型設計	與控制組相比，實驗組兒童在學業成就組合分數的改善達到統計學上顯著的程度，這意謂著兒童的整體學業能力有所提升。

研究者	參與者／方法	研究發現
Brandt, M. A. (2001). An investigation of the efficacy of play therapy with young children. *Dissertation Abstracts International: Section A. Humanities and Social Science, 61* (07), 2603.	樣本數＝26，有適應困難而由父母或教師轉介的兒童，年齡 4 到 6 歲 實驗組＝13，兒童中心遊戲治療（從兩所大學的諮商中心隨機挑選） 控制組＝13，未接受治療的控制組（從小學裡隨機挑選） 兒童中心遊戲治療組接受 7 到 10 單元的兒童中心遊戲治療（每週 1 次，每次 45 分鐘） 準實驗型設計	根據父母的陳述，與控制組兒童相比，兒童中心遊戲治療組兒童內化／問題的減少達統計學上顯著的程度。雖然未達統計學上顯著的程度，但隨著時間與控制組相比，兒童中心遊戲治療組兒童的父母表示親職壓力減少的程度較大。
Bratton, S. C., & Landreth, G. L. (1995). Filial therapy with single parents: Effects on parental acceptance, empathy, and stress. *International Journal of Play Therapy, 4* (1), 61-80.	樣本數＝43，被認定有行為困擾的 3 到 7 歲兒童的單親父母；隨機分派到治療組間 控制組＝21，未接受治療的等待名單 實驗組＝22，親子關係治療 親子關係治療組接受 10 單元的親子關係治療訓練（每週 1 次，每次 2 小時），並且與孩子進行 7 次遊戲單元（每週 1 次，每次 30 分鐘） 實驗型設計	透過獨立評量者的直接觀察，隨著時間的組間差異顯示，親子關係治療組父母在與孩子的同理性互動方面，呈現統計學上顯著的不同。與控制組相比，親子關係治療組父母也在父母接納度方面，呈現統計學上顯著的增加，且在親子關係壓力及孩子的行為問題方面，呈現統計學上顯著的減少。

研究者	參與者／方法	研究發現
Bratton, S. C., Ceballos, P., Sheely, A., Meany-Walen, K., & Prochenko, Y. (in review). An early mental health intervention on disruptive behaviors of at-risk prekindergarten children enrolled in head start.	樣本數＝54，學齡前兒童，被認定有干擾行為的3到4歲兒童；隨機分派到治療組 控制組＝27，積極控制 實驗組＝27，兒童中心遊戲治療 實驗組接受16到20單元的個別兒童中心遊戲治療（每週2次，每次30分鐘） 積極控制組接受16到20單元的讀書教導（每週2次，每次30分鐘） 實驗型設計	隨著時間間的組間差異顯示，根據教師的陳述，兒童中心遊戲治療組兒童在外化行為、攻擊行為、注意力不足過動症（ADHD）行為及對立反抗行為方面，達統計學上顯著的改善。
Ceballos, P., & Bratton, S. C. (2010). School-based child-parent relationship therapy (CPRT) with low-income first-generation immigrant Latino parents: Effects on children's behaviors and parent-child relationship stress. Psychology in the Schools, 47 (8), 761-775.	樣本數＝48，西班牙移民參與啟蒙計畫方案（Head Start）兒童的父母，孩子被認定有行為問題；隨機分派到治療組 控制組＝24，未接受治療組的等待名單 實驗組＝24，親子關係治療 親子關係治療組接受11單元，符合其文化的親子關係治療訓練（每週1次，每次2小時），並且與孩子進行7次遊戲單元（每週1次，每次30分鐘）；親子關係治療課程經過翻譯，而且足以西班牙語進行 實驗型設計	隨著時間間與控制組相比，接受親子關係治療訓練的父母在下列方面達到顯著統計學上顯著的改善：（1）孩子的外化及內化行為問題；及（2）親子關係壓力。親子關係治療在所有依變項都呈現大量的治療成效。親子關係治療組兒童有85%從臨床或邊緣性行為問題改變到正常程度；62%父母的親職壓力從臨床程度減少至正常的功能範圍。研究發現乃依相關的文化觀察來加以討論。

研究者	參與者／方法	研究發現
Chau, I., & Landreth, G. (1997). Filial therapy with Chinese parents: Effects on parental empathic interactions, parental acceptance of child and parental stress. *International Journal of Play Therapy, 6* (2), 75-92.	樣本數＝34，2到10歲兒童的華人移民父母；依隨機和父母的時間狀況分派到治療組 控制組＝16，未接受治療的等待名單 實驗組＝18，親子關係治療 親子關係治療組接受10單元的親子關係治療訓練（每週1次，每次2小時），並且與孩子進行7次遊戲單元（每週1次，每次30分鐘） 準實驗型設計	透過獨立評量者在遊戲單元中直接觀察，隨著親子關係治療時間與控制組相比，親子母在與孩子的同理性互動方面，呈現統計學上顯著的增加。由前後測來看，與控制組相比，親子關係治療組父母也在父母接納度方面，呈現統計學上顯著的增加，同時在親子關係壓力方面有顯著減少。
Costas, M., & Landreth, G. (1999). Filial therapy with nonoffending parents of children who have been sexually abused. *International Journal of Play Therapy, 8* (1), 43-66.	樣本數＝26，遭性侵害5到9歲兒童的非犯罪父母；依隨機和地域分派到治療組 控制組＝12，未接受治療的等待名單 實驗組＝14，親子關係治療 親子關係治療組接受10單元的親子關係治療訓練（每週1次，每次2小時），並且與孩子進行7次遊戲單元（每週1次，每次30分鐘） 準實驗型設計	隨著時間的組間差異顯示，接受親子關係治療訓練的父母：（1）透過獨立評估者的評估，他們在與孩子的同理性互動方面呈現統計學上顯著的增加；（2）在接納孩子方面呈現統計學上顯著的增加；（3）在親子關係壓力方面呈現統計學上顯著的減少。雖然未達顯著，由前後測來看，親子關係治療組父母表示孩子的行為問題、焦慮、情緒適應及自我概念有很大的改善。

研究者	參與者／方法	研究發現
Danger S., & Landreth, G. (2005). Child-centered group play therapy with children with speech difficulties. *International Journal of Play Therapy, 14* (1), 81-102.	樣本數＝21，幼稚園前到幼稚園階段語言因問題被轉介的兒童，年齡4到6歲；隨機分派到兩組 控制組＝10，未接受治療的等待名單，僅接受語言治療 實驗組＝11，接受兒童中心團體遊戲治療，同時規律地進行語言治療；共25單元（每週1次，每次30分鐘，兩種治療）。由於實驗組有11位兒童，每一組有3位兒童。實驗型設計	與控制組相比，實驗組兒童在改善語言運緩年幼兒童的表達性語言技巧方面，而在接收性語言技巧方面，呈現中度治療效果，儘管隨著時間的組間差異在統計學上未達顯著程度。
Doubrava, D. A. (2005). The effects of child-centered group play therapy on emotional intelligence, behavior, and parenting stress. *Dissertation Abstracts International: Section B. The Sciences and Engineering, 66* (03), 1714.	樣本數＝19，在精神疾病診斷手冊第四版（DSM-IV）至少有一項第一軸診斷，年齡7到10歲；隨機分派到兩組 控制組＝10，未接受治療的等待名單 實驗組＝9，兒童中心團體遊戲治療；10單元（每週2次，每次40分鐘）實驗型設計	在兒童自陳的情緒智商及父母陳述的行為問題方面，跨時間的組間差異未達統計學上顯著的程度。隨著時間與控制組相比，實驗組兒童的父母在親職壓力方面未呈現統計學上顯著的減少。

術藝的係關立建⋯⋯療治戲遊

研究者	參與者／方法	研究發現
Fall, M., Balvanz, J., Johnson, L., & Nelson, L. (1999). A play therapy intervention and its relationship to self-efficacy and learning behaviors. *Professional School Counseling, 2* (3), 194-204.	樣本數＝62，因應技巧無法幫助自身學習行為的5到9歲兒童 控制組＝31，未接受治療的等待名單 實驗組＝31，兒童中心遊戲治療 隨機分派到各組 共6單元（每週1次，每次30分鐘） 實驗型設計	雖然跨時間的組間差異未達統計學上顯著的程度，實驗組兒童在自我效能呈現改善，而控制組的兒童則稍微變差。教師陳述兩組的教室行為都有改善，特別是實驗組的改善較大，不過研究助理所做的教室觀察並未支持教師的陳述。
Flahive, M. W., & Ray, D. (2007). Effect of group sandtray therapy with preadolescents. *The Journal for Specialists in Group Work, 32* (4), 362-382.	樣本數＝56，四到五年級生 控制組＝28，未接受治療的等待名單 實驗組＝28，團體沙盤應用於被認定有行為困擾的前青少年（preadolescents） 隨機分派至各組 共10單元（每週1次，每次45分鐘） 實驗型設計	根據教師的陳述，隨著時間與控制組相比，實驗組在兒童的整體、外化及內化行為問題方面，呈現統計學上顯著的改善。跨時間與控制組對兒童的父母的陳述相比，實驗組兒童的父母陳述其孩子在外化行為問題方面，呈現統計學上顯著上的改善。

研究者	參與者／方法	研究發現
Garza, Y., & Bratton, S. C. (2005). School-based child-centered play therapy with Hispanic children: Outcomes and cultural considerations. *International Journal of Play Therapy*, 14, 51-79.	樣本數＝29，幼稚園到五年級西班牙裔兒童，被認定為高危險群，年齡5到11歲 控制組＝14，小團體輔導課程 實驗組＝15，兒童中心遊戲治療 隨機分派到各組 共15單元（每週1次，每次30分鐘） 兩組都由雙語諮商師所進行 實驗型設計	根據父母的陳述，由前後測來看且跨時間與控制組相比，接受雙語兒童中心遊戲治療的西班牙裔兒童在問題行為外化行為上顯著的減少，且達高度治療效果。雖然組間差異未達統計學上顯著的程度，兒童中心遊戲治療對兒童的內化行為問題，呈現中度治療效果。
Glover, G., & Landreth, G. (2000). Filial therapy with Native Americans on the Flathead Reservation. *International Journal of Play Therapy*, 9 (2), 57-80.	樣本數＝21，3到10歲兒童的美國原住民父母，居住在美國西部的保留區；依照父母居住保留區的位置安排到治療組 控制組＝10，未接受治療的等待名單 實驗組＝11，親子關係治療 親子關係治療組接受10單元的親子關係治療訓練（每週1次，每次2小時），並且與孩子進行7次遊戲單元（每週1次，每次30分鐘） 準實驗型設計	隨著時間與控制組比較，透過獨立評量者在遊戲單元中直接觀察，親子關係治療組父母在與孩子的同理性互動方面，呈現統計學上顯著的增加，而且他們的孩子在與父母互動時（透過獨立評量者）出現的正向行為也呈現統計學上顯著的增加。親子關係治療訓練組的父母也顯著的增加親子接納程度並減少負面自我概念，而他們的孩子也增進了自我概念。雖然上述結果未達統計學上顯著的程度。

研究者	參與者／方法	研究發現
Grskovic, J., & Goetze, H.（2008）. Short-term filial therapy with German mothers: Findings from a controlled study. *International Journal of Play Therapy, 17*（1），39-51.	樣本數＝33，德裔母親住住宿型治療機構居住2週，兒童年齡4到12歲 控制組＝18，在控制組 實驗組＝15，在親子組，整個訓練方案延續2週，訓練前還包括2次90分鐘的單元，鼓勵母親在2週中至少有5次與孩子的遊戲單元 準實驗型設計	根據父母的陳述，隨著時間與控制組相比，親子遊戲治療組父母的孩子在整體行為和內化問題方面，呈現統計學上顯著的改善。與控制組相比，親子治療組父母對孩子的正向關注也呈現統計學上的增加。
Hacker C. C.（2009）. *Child parent relationship therapy: Hope for disrupted attachment.*（Unpublished doctoral dissertation.）University of Tennessee, Knoxville.	樣本數＝30，寄養兒童（2到8歲）；30位寄養父母 控制組＝15位兒童/8位父母（父母支持團體） 實驗組＝15位兒童/15位父母的親子關係治療 親子關係治療組接受5單元的親子關係治療訓練（每週1次，每次3小時），並且與孩子進行6次遊戲單元（每週2次，每次30分鐘） 準實驗型設計	雖然親子關係治療組和對照組的跨時間間比較結果未達統計學上顯著的程度，但根據父母的陳述，兩組領養兒童在依附困難方面都有改善。

研究者	參與者／方法	研究發現
Harris, Z. L., & Landreth, G. (1997). Filial therapy with incarcerated mothers: A five week model. *International Journal of Play Therapy,* 6（2），53-73.	樣本數＝22，3到10歲兒童的服刑中母親；透過隨機以及特意挑選讓每一組維持同樣數量的循環方式（根據進入州立監獄的號碼）安排進到治療組 控制組＝10，未接受治療的等待名單 實驗組＝12，親子關係治療 親子關係治療組接受10單元的親子關係治療訓練（每週2次，每次2小時），並且在監獄探監期間與孩子進行7次遊戲單元（每週2次，每次30分鐘） 準實驗型設計	隨著時間與控制組相比，並透過獨立評量者的直接觀察，親子關係治療組在親母與孩子的同理性互動方面，呈現統計學上顯著的增加，同時在父母接納度方面也呈現統計學上顯著的增加，而孩子的行為問題則呈現統計學上顯著的減少。
Helker, W. P., & Ray, D. (2009). The impact child-teacher relationship training on teachers' and aides' use of relationship-building skills and the effect on student classroom behavior. *International Journal of Play Therapy,* 18（2），70-83.	樣本數＝24，被認定有行為問題的高危險群學齡前兒童及被挑選的啟業教師（12個配對的教師助理）；依隨機及教師的時間狀況將教師分派到治療組；依照教師的組別友安排將兒童（樣本數＝32）分派到治療組 控制組＝12（6對）積極控制 實驗組＝12（6對）師生關係訓練（CTRT） 師生關係訓練組教師接受10單元的教師版師生關係訓練，然後再接受8週（每週3次，每次15分鐘）課堂教練 Morrison（2007）的同時研究 準實驗型設計	隨著時間的組差異差顯示，師生關係治療訓練組教師和助理教師在教室中使用關係訓練的次數呈現統計學上顯著的增加。結果也顯示與助理是在教室中使用關係建立技術，師生關係治療組教師和助理越極控制組相比，就越能夠減少學生的外化行為。與積極控制組兒童相比，且由前、中、後測來看，實驗組兒童在外化問題方面呈現統計學上顯著的減少。

研究者	參與者／方法	研究發現
Holt, K.（2011）. Child-parent relationship therapy with adoptive children and their parents: Effects in child behavior, parent-child relationship stress, and parental empathy. *Dissertation Abstracts International: Section B. Sciences and Engineering, 71*（8）.	樣本數＝61，收養（或從領養到收養）2 到 10 歲兒童的父母 控制組＝29，未接受治療的等待名單 實驗組＝32，親子關係治療 親子關係治療組接受 10 單元的親子關係治療訓練（每週 1 次，每次 2 小時），並且與孩子進行 7 次遊戲單元（每週 1 次，每次 30 分鐘） 實驗型設計	據收養父母陳述，與未接受治療的控制組兒童相比，親子關係治療的控制組兒童的整體行為問題及外化行為問題方面，都呈現統計學上顯著的改善。此外，與未接受治療的控制組父母相比，且由前後測來看，親子關係治療組的親子關係壓力也呈現統計學上顯著收養父母的親子關係壓力也呈現統計學上顯著的降低。
Jang, M.（2000）. Effectiveness of filial therapy for Korean parents. *International Journal of Play Therapy, 9*（2）, 39-56.	樣本數＝30，3 到 9 歲兒童的韓裔父母 控制組＝16，未接受治療的等待名單 實驗組＝14，改編版親子關係治療 親子關係治療組接受 8 單元的親子關係治療訓練（每週 2 次，每次 2 小時），並且與孩子進行 7 次遊戲單元 準實驗型設計	透過遊戲單元的直接觀察，與控制組相比，親子關係治療訓練組父母在與孩子的同理性互動方面，呈現統計學上顯著的增加。與控制組相比，親子關係治療組訓練組父母的孩子行為問題方面，也呈現統計學上顯著的減少。

研究者	參與者／方法	研究發現
Johnson-Clark, K. A. (1996). The effect of filial therapy on child conduct behavior problems and the quality of the parent-child relationship. *Dissertation Abstracts International: Section B. Sciences and Engineering, 57* (4), 28-68.	樣本數＝52，母親一孩子配對（孩子的年齡 3 到 5 歲） 實驗組 1＝17，親子治療團體（母親接受 10 週，每週 2 小時的親子訓練單元，並且與孩子進行 30 分鐘的遊戲單元） 實驗組 2＝18，遊玩團體（母親與孩子進行 7 次，每週 30 分鐘的遊戲單元，但沒有接受任何訓練） 控制組＝17，未接受治療的控制組 實驗型設計	隨著時間與遊玩團體對照及未接受治療的控制組相比，親子治療團體父母孩子在品行行為問題方面，並未呈現統計學上顯著的差異；在親子遊玩團體對照及未接受治療控制組的後續追蹤比較中，親子治療團體父母孩子對品行行為問題的擔心在統計學上顯著較低。
Jones, E. M., & Landreth, G. (2002). The efficacy of intensive individual play therapy for chronically ill children. *International Journal of Play Therapy, 11* (1), 117-140.	樣本數＝30，被診斷為胰島素依賴型糖尿病的 7 到 11 歲兒童 控制組＝15，未接受治療 實驗組＝15，兒童中心遊戲治療（14 位兒童在 3 週內接受 12 單元，1 位接受 10 單元） 隨機分派到各組 實驗型設計	根據父母的陳述，且由前後測來看與控制組比，兒童中心遊戲治療對糖尿病兒童的適應，呈現統計學上顯著的改善。然而，兒童中心遊戲治療組和控制組兩組在追蹤期對糖尿病的適應應都只有很少的改變。雖然隨著時間的程度，兒童中心遊戲治療組兒童間差異未達統計學上顯著的父母表示孩子的行為有明顯改善。

研究者	參與者／方法	研究發現
Jones, L., Rhine, T., & Bratton, S. (2002). High school students as therapeutic agents with young children experiencing school adjustment difficulties: The effectiveness of filial therapy training model. *International Journal of Play Therapy, 11*（2），43-62.	樣本數＝31，進到一年期同儕顧問課程的國高中生；一個班被隨機分派去接受親子關係治療訓程；另一個班安排進行傳統的語言學習方案（PALS）課程（兒童隨機分派到治療組） 控制組＝15，語言學習方案課程 實驗組＝16，改編版親子關係治療（以符合一年期的課程結構） 26 個兒童（年齡 4 到 6 歲）隨機分派到實驗組（實驗組＝14）或控制組（控制組＝12） 兩組的顧問同儕被教師認為屬學習高危險群的兒童，並進行大約 20 次遊戲單元。親子關係治療組同接受遊戲單元及親子關係治療訓練受督於曾接受遊戲及親子關係治療訓練的專業人員。資料來自 Jones（2002）和 Rhine（2002） 實驗型設計	據親子關係治療組兒童的父母陳述，隨著時間與語言學習方案組相比，他們孩子的內化和整體行為問題呈現顯著上升。雖然未達統計計學上顯著的程度，隨著時間與語言學習方案組相比，親子關係治療組兒童的父母也在孩子的外化行為方面有明顯的改善。根據教師的陳述，親子關係治療組兒童隨著時間在正向行為方面，也呈現些微增加，而語言學習方案組兒童呈現僅些微增加，雖然兩組均未達統計學上顯著的差異。
Kale, A. L., & Landreth, G.（1999）. Filial therapy with parents of children experiencing learning difficulties. *International Journal of Play Therapy, 8*（2），35-56.	樣本數＝22，有學習困擾 5 到 10 歲兒童的父母；隨機分派到治療組 控制組＝11，未接受治療的等待名單 實驗組＝11，親子關係治療 親子關係治療組接受 10 單元的親子關係治療訓練（每週 1 次，每次 2 小時），並且與孩子進行 7 次遊戲單元（每週 1 次，每次 30 分鐘） 實驗型設計	與未接受治療的控制組相比，且由前／後測來看，親子關係治療訓練組的父母接納度的改善及親子關係壓力的減少都呈現統計學上顯著的程度。與控制組相比，雖然未達統計計學上顯著的程度，親子關係治療訓練組父母陳述孩子的行為問題有較大的改善。

研究者	參與者／方法	研究發現
Kaplewicz, N. L. (2000). Effects of group play therapy on reading achievement and emotional symptoms among remedial readers. *Dissertation Abstracts International: Section B. Sciences and Engineering, 61* (01), 535.	樣本數＝40，被認定需要閱讀補救教學的 8 到 10 歲，三到四年級生；用亂數表隨機分派到治療組 控制組 1＝13，未接受治療的控制組 控制組 2＝13，安慰劑／積極控制組 實驗組＝14，兒童中心團體遊戲治療 所有的兒童參與者都持續接受閱讀補救教學 兒童中心遊戲治療組在 10 週期間接受 10 次 30 分鐘的遊戲治療單元 安慰劑／積極控制組在 10 週期間接受 10 次 30 分鐘沒有治療性的單元 準實驗型設計	根據父母的陳述，這三組在行為症狀方面的跨時間改變未呈現統計學上顯著的差異。根據教師的陳述，這三組在行為症狀和閱讀表現方面的跨時間改變，也未呈現統計學上顯著的差異。在兒童自陳的結果上，這三組在情緒症狀和學校適應方面的跨時間改變，也未呈現統計學上顯著的差異。然而，根據團體領導者的陳述，在介入期間，兒童中心遊戲治療組及安慰劑組兒童投入行為上呈現統計學上顯著的增加。
Kellam, T. L.（2004）. The effectiveness of modified filial therapy training in comparison to a parent education class on acceptance, stress, and child behavior. *Dissertation Abstracts International: Section B. Sciences and Engineering, 64* (08), 40-43.	樣本數＝37，透過 CPS 轉介的親子配對；隨機分派至治療組 控制組＝17，父母教育課程 實驗組＝20，修正版親子關係治療 兩組均參與 8 週單元，每週 1.5 小時 實驗型設計	這個研究的結果顯示，隨著時間的親職相關壓力及兒童行為問題在組間和組內均未呈現統計學上顯著的差異。雖然未達統計學上顯著的程度，但與對照組相比，親子關係治療組父母的父母接納度增加度較多。

研究者	參與者／方法	研究發現
Kidron, M., & Landreth, G. (2010). Intensive child parent relationship therapy with Israeli parents in Israel. *International Journal of Play Therapy, 19*（2），64-78.	樣本數＝27，4 到 11 歲兒童的以色列籍父母；依父母的時間狀況分派到治療組 控制組＝13，未接受治療的等待名單 實驗組＝14，親子關係治療 親子關係治療組接受 10 單元的親子關係治療訓練（每週 1 次，每次 2 小時），並且與孩子進行 7 次遊戲單元（每週 1 次，每次 30 分鐘） 準實驗型設計	透過盲性觀察者的評量，與控制組父母相比，親子關係治療組與孩子的同理性互動方面呈現統計學上顯著的增加，且在親子關係壓力方面呈現統計學上顯著的減少。隨著時間與控制組治療組父母陳述的時間問題，親子關係治療組父母上顯著的孩子的外化行為問題，也呈現統計學上顯著的減少。
Kot, S., Landreth, G., & Giordano, M. (1998). Intensive child-centered play therapy with child witnesses of domestic violence. *International Journal of Play Therapy, 7*（2），17-36.	樣本數＝22，寄宿於家暴庇護所的 4 到 10 歲兒童；依照待在避護所的時間來分派組別 控制組＝11，未接受治療的控制組 實驗組＝11，兒童中心遊戲治療 兒童中心遊戲治療組在為期 12 天到 3 週中，接受 12 次 45 分鐘的遊戲治療單元 控制組僅在前測及後測期間接受 1 次 45 分鐘的遊戲單元 準實驗型設計	據兒童中心遊戲治療組兒童的父母陳述，隨著時間與控制組相比，孩子在整體行為及外化行為問題方面，呈現統計學上顯著的改善。隨著時間與控制組兒童相比，兒童中心遊戲治療組兒童的自我概念也呈現統計學上顯著的增加。根據獨立評量者的評量，隨著時間與控制組兒童相比，兒童中心遊戲治療組兒童在兒童與治療師身體上的親近度及正向遊戲主題方面，也呈現統計學上顯著的增加。

研究者	參與者／方法	研究發現
Landreth, G., & Lobaugh, A. (1998). Filial therapy with incarcerated fathers: Effects on parental acceptance of child, parental stress, and child adjustment. *Journal of Counseling & Development, 76*, 157-165.	樣本數＝32，父親入獄的4到9歲兒童；隨機分派到治療組 控制組＝16，未接受治療的等待名單 實驗組＝16，親子關係治療 親子關係治療組接受10單元的親子關係治療訓練（每週1次，每次1.5小時），並且在監獄的每週家庭會面期間與孩子進行8到10次遊戲型單元 實驗型設計	隨著時間與控制組相比，親子關係治療組父親在對孩子的父母接納度方面，呈現統計學上顯著的增加，且在親子關係壓力方面呈現統計學上顯著的減少。此外，父親在親子關係治療組的那些孩子所做的自填問卷顯示，他們的自尊在前後測中也呈現統計學上顯著的增加。
Lee, M., & Landreth, G. (2003). Filial therapy with immigrant Korean parents in the United States. *International Journal of Play Therapy, 12* (2), 67-85.	樣本數＝32，2到10歲兒童的韓籍移民父母；隨機分派到治療組 控制組＝15，未接受治療的等待名單 實驗組＝17，親子關係治療 親子關係治療組接受10單元的親子關係治療訓練（每週1次，每次2小時），並且與孩子進行7次遊戲單元（每週1次，每次30分鐘） 實驗型設計	隨著時間的組間差異顯示，親子關係治療組父母：（1）在獨立評量者的直接觀察中，與孩子的同理性互動呈現統計學上顯著的增加；（2）對孩子的接納度也呈現統計學上顯著的增加，且在親子關係壓力方面，呈現統計學上顯著的減少。

研究者	參與者／方法	研究發現
McGuire, D. E. (2001). Child-centered group play therapy with children experiencing adjustment difficulties. *Dissertation Abstracts International: Section A. The Humanities and Social Sciences, 61* (10), 3908.	樣本數＝29，被認定有適應困難的5到6歲幼稚園兒童 控制組＝14，未接受治療的等待名單 實驗組＝15，兒童中心團體遊戲治療 實驗組兒童接受12單元的兒童中心團體遊戲治療（每週1次，每次40分鐘） 控制組的資料來自Baggerly（1999） 準實驗型設計	雖然控制組和實驗組之間在隨著時間的差異沒有達到統計學上顯著的程度，實驗組兒童的行為達到朝正向發展的趨勢。此外，實驗組兒童的父母認為親子關係壓力有減少，雖然隨著時間兩組之間沒有呈現統計學上顯著的差異。
Morrison, M., & Bratton, S. (2010). An early mental health intervention for Head Start programs: The effectiveness of child-teacher relationship training (CTRT) on children's behavior problems. *Psychology in the Schools, 47* (10), 1003-1017.	樣本數＝24，啟蒙計畫教師（12個配對的教師助理），教導的是被認定有明顯問題行為問題的高風險學齡前兒童；依隨機及教師的時間狀況將教師轉介至治療組；兒童（樣本數＝52）隨教師組別的安排而被安排到治療組 控制組＝12（6對），積極控制組 實驗組＝12（6對），師生關係治療 師生關係治療組接受10次親子關係治療的教師改編版，並在後續8週接受課堂訓練（每週3次，每次15分鐘） 準實驗型設計	根據教師的陳述，在跨三個測量點，與積極控制組相比，教師有接受師生關係治療的那些兒童，在外化和整體行為問題方面呈現統計學上顯著的減少。治療效果達到高度。與積極控制組相比，師生關係治療在減低兒童內化問題行為方面，其治療效果也達到中度。接受師生關係治療的兒童中有84%從臨床或邊緣行為問題變為正常的功能狀態。

研究者	參與者／方法	研究發現
Packman, J., & Bratton, S. C. (2003). A school-based group play/activity therapy intervention with learning disabled preadolescents exhibiting behavior problems. *International Journal of Play Therapy, 12*, 7-29.	樣本數＝24，被認定有行為困擾、年齡10到12歲的四到五年級生；隨機分派到治療組控制組＝12，未接受治療的控制組實驗組＝12，兒童中心團體遊戲治療／活動治療兒童中心遊戲治療組在12週期間，接受每週1小時的遊戲治療單元實驗型設計	根據父母的陳述，隨著時間與控制組兒童相比，實驗組兒童在整體行為方面呈現顯著上顯著的改善。雖然兩組的外化問題在跨時間的比較上，並未呈現統計學上顯著的差異，實驗組兒童在偏差和攻擊行為方面呈現頗多改善。
Post, P. (1999). Impact of child-centered play therapy on the self-esteem, locus of control, and anxiety of at-risk 4th, 5th, and 6th grade students. *International Journal of Play Therapy, 8* (2), 1-18.	樣本數＝168，年齡9到12歲的四到六年級高危險群兒童控制組＝91，未接受治療的控制組實驗組＝77，兒童中心遊戲治療兒童中心遊戲治療組接受遊戲治療1到25（平均＝4）單元（每週1次）沒有隨機分派準實驗型設計	在兒童自尊方面，兒童中心遊戲治療組和控制組之間呈現著顯著的差異。更精確的來說，兒童時間呈現著兒童中心遊戲治療組兒童的整體自尊維持近似相等，但控制組兒童的整體自尊呈現著時間的組間差異並未呈現統計學上顯著的情況。雖然降低的程度，兒童中心遊戲治療的程度，兒童中心遊戲治療組兒童的控制感維持近似相等，但控制組兒童的控制感明顯退步。

研究者	參與者／方法	研究發現
Post, P., McAllister M., Sheely, A., Hess, B., & Flowers, C. (2004). Child centered kinder training for teachers of pre-school children deemed at risk. *International Journal of Play Therapy, 13* (2), 53-74.	樣本數＝17；行為困擾高危險群學齡前兒童的教師；研究流程無法讓教師或兒童進行隨機分派至治療組 控制組＝8，未接受治療；實驗組＝9，改編版親子關係治療 親子關係治療組教師總計接受 23 週的介入：10 週改編版親子關係治療訓練團體單元（每週 1 次，每次 2 小時），在這當中他們與指定的兒童進行 7 次每週 30 分鐘的遊戲單元，並接受 45 分鐘的個別督導；後續 13 週的團體介入聚焦在幫助教師們將親子關係治療訓練的技巧類化到班級中（每週 1 次，每次 2 小時） 準實驗型設計	根據教師的陳述，隨著時間與控制組相比，實驗組兒童在適應、內化、整體行為等方面，呈現著的改善。親子關係治療組訓練組教師在一對一遊戲室單元及教室裡的同理性互動，以及使用有目標的遊戲治療技巧方面，都呈現統計學上顯著的增加（透過對研究對單員評量者的直接觀察）。

研究者	參與者／方法	研究發現
Ray, D. C. (2007). Two counseling interventions to reduce teacher-child relationship stress. *Professional School Counseling, 10* (4), 428-440.	樣本數＝93，年齡 4 到 11 歲屬高危險群的幼稚園前到五年級兒童（樣本數＝59，教師） 實驗組 1＝32，兒童中心遊戲治療 兒童接受 16 次兒童中心遊戲治療單元（每週 2 次，每次 30 分鐘） 實驗組 2＝29，教師諮詢 教師接受 8 次教師諮詢治療單元（每週 1 次，每次 10 分鐘） 實驗組 3＝32，兒童中心遊戲治療＋教師諮詢 兒童接受 16 次兒童中心遊戲治療單元（每週 2 次，每次 30 分鐘）；教師接受 8 次教師諮詢單元（每週 1 次，每次 10 分鐘） 隨機分派組別 實驗型設計	雖然跨時間的組間差異未呈現統計學上顯著的程度，但三組教師都認為師生關係壓力隨著時間逐漸呈現統計學上顯著的改善。根據教師的陳述，前測有 22 位兒童在 ADHD 向度方面被認定達到或超出臨床標準，其中 11 位兒童在後測被認定低於臨床標準；前測有 13 位兒童在學生特徵(向度方面被認定達到或超出臨床標準，其中 7 位在後測被認定低於臨床標準。
Ray, D. C., Blanco, P. J., Sullivan, J. M., & Holliman, R. (2009). An exploratory study of child-centered play therapy with aggressive children. *International Journal of Play Therapy, 18* (3), 162-175.	樣本數＝41，具攻擊傾向的 4 到 11 歲兒童 控制組＝22，未接受治療的等待名單 實驗組＝19，兒童中心遊戲治療 最早被轉介進行遊戲治療的那些兒童會被分派到兒童中心遊戲治療組，並且在 7 週期間接受 14 次單元（每週 2 次，每次 30 分鐘） 只有 32 位父母完成前、後測（實驗組＝15，控制組＝17） 全部 41 位兒童的教師都完成前後測 準實驗型設計	雖然隨著時間的組間差異呈現統計學上顯著的程度，但與控制組兒童相比，兒童中心遊戲治療組兒童的改擊行為減少得比較多。

遊戲治療⋯⋯建立關係的藝術

研究者	參與者／方法	研究發現
Ray, D. C., Schottelkorb, A., & Tsai, M.（2007）. Play therapy with children exhibiting symptoms of attention deficit hyperactivity disorder. *International Journal of Play Therapy, 16*（2）, 95-111.	樣本數＝60，被認定有注意力及過動問題，年齡 5 到 11 歲的幼稚園到五年級兒童 控制組＝29，閱讀指導 實驗組＝31，兒童中心遊戲治療 兒童中心遊戲治療組兒童接受 16 次兒童中心遊戲治療單元（每週 1 次，每次 30 分鐘） 閱讀指導組兒童接受 16 次個別的閱讀指導（每週 1 次，每次 30 分鐘） 隨機分派組設計 實驗型設計	兒童 ADHD 症狀的組間差異並未呈現統計學上顯著的程度。隨著治療時間與閱讀指導組相比，兒童中心遊戲組兒童在對教師個人特徵的壓力方面，呈現統計學上顯著的改善，這也顯示在減少兒童情緒壓力、焦慮和退縮困擾方面，兒童中心遊戲治療有中度治療效果。
Ray, D. E.（2003）. The effect of filial therapy on parental acceptance and child adjustment（Unpublished masters' thesis）. Emporia State University, Kansas.	樣本數＝50，被認定有依附問題，3 到 10 歲兒童的父母 控制組＝25，未接受治療的等待名單 實驗組＝25，親子關係治療 親子關係治療組依親子關係治療訓練程序進行 10 單元訓練（每週 1 次，每次 2 小時），並且與孩子進行遊戲單元 準實驗型設計	與控制組相比，且由前後測來看，親子關係治療組的父母接納度呈現統計學上顯著的增加。雖未達統計學上顯著的程度，但與控制組父母相比，親子關係治療組父母在親子關係壓力及孩子的問題行為方面有減少。

研究者	參與者／方法	研究發現
Rennie, R. L. (2003). A comparison study of the effectiveness of individual and group play therapy in treating kindergarten children with adjustment problems. *Dissertation Abstracts International: Section A. The Humanities and Social Sciences, 63* (09), 3117.	樣本數＝42，被認定有適應問題的幼稚園兒童 控制組＝13，未接受治療 實驗組 1＝1，兒童中心個別遊戲治療 實驗組 2＝15，兒童中心團體遊戲治療 兒童中心個別遊戲治療組在 12 週期間接受 10 到 12 次、每週 1 次、每次 30 分鐘的單元 兒童中心團體遊戲治療組在 14 週期間接受 12 到 14 次、每週 1 次、每次 45 分鐘的單元 隨機分派至實驗組 1 和控制組 實驗組 2 資料來自 McGuire (1999) 準實驗型設計	隨著時間與未接受治療的控制組相比，兒童中心個別遊戲治療組兒童在整體行為及外化行為問題方面，呈現統計學上顯著的改善。個別和團體兒童中心遊戲治療介入之間並未呈現統計學上顯著的差異。
Rhine, T. J. (2002). The effects of a play therapy intervention conducted by trained high school students on the behavior of maladjusted young children: Implications for school counselor. *Dissertation Abstracts International: Section A. The Humanities and Social Sciences, 62* (10), 3304.	與 Jones (2002) 進行的同時研究，出版收錄在 Jones, Rhine, & Bratton (2002) 的著作中	

研究者	參與者／方法	研究發現
Schumann, B. (2010). Effectiveness of child-centered play therapy for children referred for aggression. In J. Baggerly, D. Ray, & S. Bratton (Eds.), *Child-centered play therapy research: The evidence base for effective practice* (pp. 193-208). Hoboken, NJ: Wiley.	樣本數＝37，具攻擊傾向、5 到 12 歲的幼稚園到四年級兒童 實驗組＝20，兒童中心遊戲治療 控制組＝17，課程本位的輔導小團體 兒童中心遊戲治療組接受 12 到 15 次兒童中心遊戲治療單元（每週 1 次，每次 30 分鐘） 輔導小團體組接受 8 到 15 次團體單元 隨機分派組別 實驗型設計	兒童中心遊戲治療組和輔導小團體之間沒有呈現統計學上顯著的差異。然而，根據父母組的陳述，兒童中心遊戲治療組比輔導小團體組有較多的兒童在改善攻擊行為方面出現改善。
Shashi, K., Kapur, M., & Subbakrishma, D. K. (1999). Evaluation of play therapy in emotionally disturbed children. *NIMHANS Journal, 17* (2), 99-111.	樣本數＝10，被認定有情緒疾患的 5 到 10 歲兒童 實驗組＝5，非指導式遊戲治療 控制組＝5，未接受治療 遊戲治療組接受 10 次非指導式遊戲治療單元，而照顧者接受 2 到 3 次家庭諮商單元 控制組的照顧者僅接受 1 次家庭諮商單元 實驗型設計	未接受治療的控制組和非指導式遊戲治療組在前測並未呈現統計學上顯著的差異，但在後測時與控制組相比，遊戲治療組兒童的父母和教師對於兒童整體行為、情緒及行為問題的擔心，統計學上都呈現顯著的降低。

研究者	參與者／方法	研究發現
Sheely-Moore, A., & Bratton, S. (2010). A strengths-based parenting intervention with low-income African American families. *Professional School Counseling, 13*（3），175-183.	樣本數＝23，被認定有行為問題且接受啟蒙計畫的兒童之低收入非裔美國籍父母；隨機分派至治療組 控制組＝10，未接受治療的等待名單 實驗組＝13，親子關係治療 親子關係治療組接受 10 單元的親子關係治療訓練（每週 1 次，每次 2 小時），並且與孩子進行 7 次遊戲單元（每週 1 次，每次 30 分鐘） 實驗型設計	與未接受治療的控制組相比，親子關係治療組隨著時間在兒童整體／關係壓力方面，呈現統計學上顯著的改善。達到高度治療效果。從研究結果進行文化考量的討論。
Shen, Y. (2002). Short-term group play therapy with Chinese earthquake victims: Effects on anxiety, depression, and adjustment. *International Journal of Play Therapy, 11*（1），43-63.	樣本數＝30，被認定是適應不良高危險群的三到六年級兒童，年齡 8 到 12 歲 控制組＝15，未接受治療的控制組 實驗組＝15，兒童中心團體遊戲治療 隨機分派組別 兒童中心遊戲治療組在 4 週中接受團體遊戲治療（每週 2 到 3 次，每次 40 分鐘） 實驗型設計	隨著時間與控制組相比，實驗組兒童在整體焦慮、生理焦慮、擔心／過度敏感及自殺危機方面，呈現統計學上顯著的減少。結果也顯示兒童中心團體遊戲治療在減少兒童焦慮、擔心和過度敏感方面有高度治療效果，而在減少兒童自殺危機方面有低度到中度的治療效果。

研究者	參與者／方法	研究發現
Smith, D. M., & Landreth, G. L. (2004). Filial therapy with teachers of deaf and hard of hearing preschool children. *International Journal of Play Therapy, 13* (1), 13-33.	樣本數＝24，2到6歲耳聾或聽障兒童的教師；採分層隨機分派方式來安排至室治療組，以確保兒童年齡相當 控制組＝12，未接受治療的等待名單 實驗組＝12，親子關係治療 親子關係治療組教師接受10次訓練單元（每週1次，每次2小時），並且與被認定的學生進行7次遊戲單元（每週1次，每次30分鐘） 實驗型設計	隨著時間的組間差異顯示，親子關係治療組兒童在問題或情緒行為作方面，呈現統計學上顯著的改善。與控制組教師相比，親子關係治療組教師在同理性與學生的互動方面（透過單盲評量者的直接觀察），呈現統計學上顯著的增加，對學生的接納度也呈現統計學上顯著的增加。
Smith, N., & Landreth, G. (2003). Intensive filial therapy with child witnesses of domestic violence: A comparison with individual and sibling group play therapy. *International Journal of Play Therapy, 12* (1), 67-88.	樣本數＝44，目睹家庭暴力的4到10歲兒童 控制組＝11，未接受治療的對照組兒童（取自 Kot 等人，1998） 實驗組1＝11，兒童的母親接受親子關係治療（取自 Kot 等人，1998） 實驗組2＝11，兒童接受個別遊戲治療（取自 Kot 等人，1998） 實驗組3＝11，兒童接受手足團體遊戲治療（取自 Tyndall-Lind 等人，2001） 親子關係治療組在2到3週期間，接受12單元（每單元1.5小時）的親子關係治療訓練，並且與孩子平均進行7次遊戲單元（每次30分鐘） 準實驗型設計	隨著時間間與未接受治療的控制組相比：（1）親子關係治療組父母認為孩子的行為問題呈現統計學上顯著的減少；（2）親子關係治療組兒童的自尊呈現統計學上顯著的增加。此外，由前測到後測，親子關係治療組父母在母與孩子的同理性互動，呈現統計學上顯著的增加（透過單盲評量者的直接觀察），呈現統計學上顯著的增加。跨治療組的結果顯示，不同介入的組間差異沒有達到統計學上顯著的程度。

研究者	參與者／方法	研究發現
Swanson, R. C. (2008). The effect of child-centered play therapy on reading achievement in 2nd graders reading below grade level. *Master Abstracts International: Section A: Humanities and Social Sciences, 46* (5).	樣本數＝19，閱讀低於年級水準的二年級兒童 控制組＝11，未接受治療的等待名單 實驗組＝8，兒童中心遊戲治療 隨機分派組別 兒童中心遊戲治療組兒童接受 14 次個別兒童中心遊戲治療單元（每週 1 次，每次 30 分鐘） 實驗型設計	雖然隨著時間的組間的組間差異並未呈現統計學上顯著的程度，從 DRA 的平均分數來看，實驗組和控制組兩組在跨三個測驗點的閱讀能力有改善。雖然評估結果未進行統計分析，兩組的 RR 平均分數在治療期間也有改善。
Tew, K., Landreth, G., Joiner, K. D., & Solt, M. D. (2002). Filial therapy with parents of chronically ill children. *International Journal of Play Therapy, 11* (1), 79-100.	樣本數＝23，因慢性疾病住院的 3 到 10 歲兒童的父母；依照父母的時間狀況安排到治療組 控制組＝11，未接受治療的等待名單組 實驗組＝12，親子關係治療 親子關係治療組接受 10 單元的親子關係治療訓練（每週 1 次，每次 2 小時），並且與孩子進行 7 次遊戲單元（每週 1 次，每次 30 分鐘） 準實驗型設計	與控制組相比，親子關係治療組父母認為在親子關係壓力及孩子的行為問題方面，呈現統計學上顯著的時間的減少。隨著時間與控制組相比，親子關係治療組也認為父母接納度呈現統計學上顯著的增加。

遊戲治療……建立關係的藝術

研究者	參與者／方法	研究發現
Tyndall-Lind, A., Landreth, G., & Giordano, M. (2001). Intensive group play therapy with child witnesses of domestic violence. *International Journal of Play Therapy, 10* (1), 53-83.	樣本數＝32，寄宿在家庭暴力庇護所的4到10歲兒童 控制組＝11，未接受治療的等待名單 實驗組1＝10，手足團體兒童中心遊戲治療 實驗組2＝11，個別兒童中心遊戲治療 實驗組1（實驗組）在12天期間，接受12次手足團體兒童中心遊戲治療單元（45分鐘） 實驗組2（對照組）在12天期間，接受12次個別兒童中心遊戲治療（45分鐘） 依照兒童寄宿在庇護所的時間期程來安排至實驗組1和控制組 準實驗型設計	隨著時間與控制組相比，實驗組兒童的自陳報告時間與控制組相比，實驗組兒童的自陳報告顯示；他們的自我概念計學上顯著的提升；根據父母的陳述，兒童在整體計學為問題，外化行為問題，攻擊行為，焦慮和憂鬱行為方面，呈現統計學上顯著的改善。然而，實驗組和對照組之間隨著時間的差異未達統計學上顯著的程度，這顯示兩種治療介入有類似的治療效果。
Villarreal, C. E. (2008). School-based child parent relationship therapy （CPRT） with Hispanic parents. *Dissertation Abstracts International: Section A. The Humanities and Social Sciences, 69* (2).	樣本數＝13，4到10歲兒童的西班牙籍父母；隨機分派至治溶組 控制組＝7，未接受治療的等待名單 實驗組＝6，親子關係治療 親子關係治療組接受10單元的親子關係治療訓練（每週1次，每次1.5小時），並且與孩子進行7次遊戲單元（每週1次，每次30分鐘） 實驗型設計	與控制組父母相比，親子關係治療訓練組父母認為，孩子的內化問題在前後測上呈現統計學上顯著的減少。雖然沒有達到統計學上顯著的程度，親子關係治療訓練組父母比控制組父母更認為孩子的外化行為有減少。

研究者	參與者／方法	研究發現
Watson, D. (2007). An early intervention approach for students displaying negative externalizing behaviors associated with childhood depression: A study of efficacy of play therapy in the school. *Dissertation Abstracts International Section A: Humanities and Social Sciences, 68* (5), 1820.	樣本數＝30，被認定有外化行為問題的幼稚園前到1年級兒童，年齡4到7歲 隨機分派組別 控制組＝15，未接受治療的控制組（依照過去的對待方式） 實驗組＝15，團體遊戲治療 實驗組接受16次團體遊戲治療單元（每週2次，每次30分鐘） 實驗型設計	分別對控制組和實驗組進行成對樣本t檢定，結果顯示，控制組隨著時間在兒童社交技能和行為問題方面，並未呈現統計學上顯著的差異，但實驗組隨著時間在社交技巧方面，呈現統計學上顯著的改善，但問題行為未達顯著。然而，本研究沒有分析組間差異。
Yuen, T., Landreth, G., & Baggerly, J. (2002). Filial therapy with immigrant Chinese families. *International Journal of Play Therapy, 11* (2), 63-90.	樣本數＝35，3到10歲兒童的華裔移民父母 隨機分派到治療組 控制組＝17，未接受治療的等待名單 實驗組＝18，親子關係治療 親子關係治療組接受10單元的親子關係治療訓練（每週一次，每次2小時），並且與孩子進行7次遊戲單元（每週1次，每次30分鐘） 實驗型設計	透過遊戲單元中獨立評量者的直接觀察，隨著時間的增加，親子關係治療組在與孩子的同理性互動呈現統計學上顯著差異。統計學的組間分析，也支持並發現親子關係治療更能夠增加親子接納，減少親子關係壓力及兒童的行為問題。

註：本表中資料的形式和主要內容乃取自 Bratton（2010）；Bratton、Landreth 和 Lin（2010）；Lin（2011）及 Ray 和 Bratton（2010）。

🔶 最後總結

兒童中心遊戲治療是一種以符合兒童發展且以兒童的步調來與他們互動的動態歷程,允許兒童透過最自然的溝通遊戲媒介來表達自己。遊戲治療關係是一個讓兒童發現自我的持續歷程,而這樣的過程是由治療師對兒童的堅定信念及願意了解和接納兒童的承諾所促成。這個歷程造創出一種安全關係,進而被兒童內化,使得兒童能夠自由表達並探索無法與其他成人分享的自我面向。

兒童中心遊戲治療師全然地聚焦在兒童,而不是聚焦在兒童的「問題」。因此,兒童遊戲的內容和方向都由兒童決定。兒童中心取向不是依照兒童被認定的問題所訂出來的一種處方。一個重要的概念就是,行為是兒童如何覺知自身世界及感受自己的一種函數關係,因此,治療師必須努力去了解兒童的覺知觀點,兒童的行為都必須透過兒童的眼睛來加以了解。

兒童中心遊戲治療是遊戲治療領域中經過最徹底研究的理論模式,而研究結果也明確顯示這個取向對各種兒童問題的有效性,以及在包括密集和短期遊戲治療等有時間限制的情境當中的有效性。兒童中心遊戲治療已經、也將會持續聚焦在存在(being)和成為(becoming)的歷程。

參考文獻 ●●●

Baggerly, J., Ray, D., & Bratton, S. (2010). *Child-centered play therapy research: The evidence base for effective practice*. Hoboken, NJ: Wiley.

Bayat, M. (2008). Nondirective play therapy for children with internalizing problems. *Journal of Iranian Psychology*, 4(15), 267–276.

Beckloff, D. R. (1998). Filial therapy with children with spectrum pervasive development disorders. *Dissertation Abstracts International: Section B. Sciences and Engineering, 58*(11), 6224.

Blanco, P., & Ray, D. (2011). Play therapy in the schools: A best practice for improving academic achievement. *Journal of Counseling and Development, 89,* 235–242.

Brandt, M. A. (2001). An investigation of the efficacy of play therapy with young children. *Dissertation Abstracts International: Section A. Humanities and Social Science, 61*(07), 2603.

Bratton, S. C., Ceballos, P., Shelly, A., Meany-Walen, K., & Prochenko, Y. (in review) An early mental health intervention on disruptive behaviors of at-risk prekindergarten children enrolled in head start.

Bratton, S. C., & Landreth, G. L. (1995). Filial therapy with single parents: Effects on parental acceptance, empathy and stress. *International Journal of Play Therapy, 4*(1), 61–80.

Bratton, S. C., Landreth, G. L., & Lin, Y. W. (2010). Child parent relationship therapy: A review of controlled-outcome research. In J. Baggerly, D. Ray, & S. Bratton (Eds.), *Child-Centered Play Therapy Research: Evidence Base for Effective Practice* (pp. 267–293). Hoboken, NJ: Wiley.

Bratton, S., Ray, D., Rhine, T., & Jones, L. (2005). The efficacy of play therapy with children: A meta-analytic review of treatment outcomes. *Professional Psychology: Research and Practice, 36*(4), 376–390.

Ceballos, P., & Bratton, S. C. (2010). School-based child-parent relationship therapy (CPRT) with low-income first-generation immigrant Latino parents: Effects on children's behaviors and parent-child relationship stress. *Psychology in the Schools, 47*(8), 761–775.

Chau, I., & Landreth, G. (1997). Filial therapy with Chinese parents: Effects on parental empathic interactions, parental acceptance of child and parental stress. *International Journal of Play Therapy, 6*(2), 75–92.

Cohen, J. (1988). *Statistical power analysis for the behavioral sciences* (2nd ed.). Hillside, NJ: Erlbaum.

Costas, M., & Landreth, G. (1999). Filial therapy with nonoffending parents of children who have been sexually abused. *International Journal of Play Therapy, 8*(1), 43–66.

Danger, S., & Landreth, G. (2005). Child-centered group play therapy with children with speech difficulties. *International Journal of Play Therapy, 14*(1), 81–102.

Doubrava, D. A. (2005). The effects of child-centered group play therapy on emotional intelligence, behavior, and parenting stress. *Dissertation Abstracts International: Section B. The Sciences and Engineering, 66*(03), 1714.

Fall, M., Balvanz, J., Johnson, L., & Nelson, L. (1999). A play therapy intervention and its relationship to self-efficacy and learning behaviors. *Professional School Counseling, 2*(3), 194–204.

Flahive, M. W., & Ray, D. (2007). Effect of group sandtray therapy with pre-adolescents. *Journal for Specialists in Group Work, 32*(4), 362–382.

Garza, Y., & Bratton, S. C. (2005). School-based child-centered play therapy with Hispanic children: Outcomes and cultural considerations. *International Journal of Play Therapy, 14*(1), 51–79.

Glover, G., & Landreth, G. (2000). Filial therapy with Native Americans on the Flathead Reservation. *International Journal of Play Therapy, 9*(2), 57–80.

Grskovic, J., & Goetze, H. (2008). Short-term filial therapy with German mothers: Findings from a controlled study. *International Journal of Play Therapy, 17*(1), 39–51.

Hacker, C. C. (2009). Child parent relationship therapy: Hope for disrupted attachment (Unpublished doctoral dissertation, University of Tennessee, Knoxville).

Harris, Z. L., & Landreth, G. (1997). Filial therapy with incarcerated mothers: A five week model. *International Journal of Play Therapy, 6*(2), 53–73.

Helker, W. P., & Ray, D. (2009). The impact child-teacher relationship training on teachers' and aides' use of relationship-building skills and the effect on student classroom behavior. *International Journal of Play Therapy, 18*(2), 70–83.

Holt, K. (2011). Child-parent relationship therapy with adoptive children and their parents: Effects in child behavior, parent-child relationship stress, and parental empathy. *Dissertation Abstracts International: Section B. Sciences and Engineering, 71*(8).

Hunt, K. (2006). Can professionals offering support to vulnerable children in Kenya benefit from brief play therapy training? *Journal of Psychology in Africa, 16*(2), 215–221.

Jang, M. (2000). Effectiveness of filial therapy for Korean parents. *International Journal of Play Therapy, 9*(2), 39–56.

Johnson-Clark, K. A. (1996). The effect of filial therapy on child conduct behavior problems and the quality of the parent-child relationship. *Dissertation Abstracts International: Section B. Sciences and Engineering, 57*(4), 2868.

Jones, E. M., & Landreth, G. (2002). The efficacy of intensive individual play therapy for chronically ill children. *International Journal of Play Therapy, 11*(1), 117–140.

Jones, L., Rhine, T., & Bratton, S. (2002). High school students as therapeutic agents with young children experiencing school adjustment difficulties: The effectiveness of filial therapy training model. *International Journal of Play Therapy, 11*(2), 43–62.

Kagan, S., & Landreth, G. (2009). Short-term child-centered play therapy training with Israeli school counselors and teachers. *International Journal of Play Therapy, 18*(4), 207–216.

Kale, A. L., & Landreth, G. (1999). Filial therapy with parents of children experiencing learning difficulties. *International Journal of Play Therapy, 8*(2), 35–56.

Kaplewicz, N. L. (2000). Effects of group play therapy on reading achievement and emotional symptoms among remedial readers. *Dissertation Abstracts International: Section B. Sciences and Engineering, 61*(01), 535.

Kellam, T. L. (2004). The effectiveness of modified filial therapy training in comparison to a parent education class on acceptance, stress, and child behavior. *Dissertation Abstracts International: Section B. Sciences and Engineering, 64*(08).

Kidron, M., & Landreth, G. (2010). Intensive child parent relationship therapy with Israeli parents in Israel. *International Journal of Play Therapy, 19*(2), 64–78.

Kot, S., Landreth, G., & Giordano, M. (1998). Intensive child-centered play therapy with child witnesses of domestic violence. *International Journal of Play Therapy, 7*(2), 17–36.

Lambert, S., LeBlanc, M., Mullen, J., Ray, D., Baggerly, J., White, J., et al. (2005). Learning more about those who play in session: The national play therapy in counseling practice project (Phase I). *International Journal of Play Therapy, 14*(2), 7–23.

Landreth, G., & Lobaugh, A. (1998). Filial therapy with incarcerated fathers: Effects on parental acceptance of child, parental stress, and child adjustment. *Journal of Counseling & Development, 76*, 157–165.

LeBlanc, M., & Ritchie, M. (2001). A meta-analysis of play therapy outcomes. *Counseling Psychology Quarterly, 14*(2), 149–163.

Lee, M., & Landreth, G. (2003). Filial therapy with immigrant Korean parents in the United States. *International Journal of Play Therapy, 12*(2), 67–85.

Lin, Y. (2011). Contemporary research of child-centered play therapy (CCPT) modalities: A meta analytic review of controlled outcome studies (Unpublished doctoral dissertation, University of North Texas, Denton).

McGuire, D. E. (2001). Child-centered group play therapy with children experiencing adjustment difficulties. *Dissertation Abstracts International: Section A. Humanities and Social Sciences, 61*(10), 3908.

Morrison, M., & Bratton, S. (2010). An early mental health intervention for Head Start programs: The effectiveness of child-teacher relationship training (CTRT) on children's behavior problems. *Psychology in the Schools, 47*(10), 1003–1017.

Ogawa, Y. (2006). Effectiveness of child-centered play therapy with Japanese children in the United States. *Dissertation Abstracts International, 68*(026), 0158.

Packman, J., & Bratton, S. C. (2003). A school-based group play/activity therapy intervention with learning disabled preadolescents exhibiting behavior problems. *International Journal of Play Therapy, 12*(2), 7–29.

Post, P. (1999). Impact of child-centered play therapy on the self-esteem, locus of control, and anxiety of at-risk 4th, 5th, and 6th grade students. *International Journal of Play Therapy, 8*(2), 1–18.

Post, P., McAllister, M., Sheely, A., Hess, B., & Flowers, C. (2004). Child centered kinder training for teachers of pre-school children deemed at risk. *International Journal of Play Therapy, 13*(2), 53–74.

Ray, D. C. (2007). Two counseling interventions to reduce teacher-child relationship stress. *Professional School Counseling, 10*(4), 428–440.

Ray, D. C. (2008). Impact of play therapy on parent-child relationship stress at a mental health training setting. *British Journal of Guidance and Counselling, 36,* 165–187.

Ray, D. C., Blanco, P. J., Sullivan, J. M., & Holliman, R. (2009). An exploratory study of child-centered play therapy with aggressive children. *International Journal of Play Therapy, 18*(3), 162–175.

Ray, D. C., Schottelkorb, A., & Tsai, M. (2007). Play therapy with children exhibiting symptoms of attention deficit hyperactivity disorder. *International Journal of Play Therapy, 16*(2), 95–111.

Ray, D. E. (2003). The effect of filial therapy on parental acceptance and child adjustment (Unpublished masters' thesis, Emporia State University, Kansas).

Rennie, R. L. (2003). A comparison study of the effectiveness of individual and group play therapy in treating kindergarten children with adjustment problems. *Dissertation Abstracts International: Section A. Humanities and Social Sciences, 63*(09).

Rhine, T. J. (2002). The effects of a play therapy intervention conducted by trained high school students on the behavior of maladjusted young children: Implications for school counselor. *Dissertation Abstracts International: Section A. Humanities and Social Sciences, 62*(10), 3304.

Schumann, B. R. (2010). Effectiveness of child-centered play therapy for children referred for aggression. In J. Baggerly, D. Ray, & S. Bratton (Eds.), *Child–centered play therapy research: The evidence base for effective practice* (pp. 143–208). Hoboken, NJ: Wiley.

Shashi, K., Kapur, M., & Subbakrishna, D. K. (1999). Evaluation of play therapy in emotionally disturbed children. *NIMHANS Journal, 17*(2), 99–111.

Sheely-Moore, A., & Bratton, S. (2010). A strengths-based parenting intervention with low-income African American families. *Professional School Counseling, 13*(3), 175–183.

Shen, Y. (2002). Short-term group play therapy with Chinese earthquake victims: Effects on anxiety, depression, and adjustment. *International Journal of Play Therapy, 11*(1), 43–63.

Smith, D. M., & Landreth, G. L. (2004). Filial therapy with teachers of deaf and hard of hearing preschool children. *International Journal of Play Therapy, 13*(1), 13–33.

Smith, N., & Landreth, G. (2003). Intensive filial therapy with child witnesses of domestic violence: A comparison with individual and sibling group play therapy. *International Journal of Play Therapy, 12*(1), 67–88.

Swanson, R. C. (2008). The effect of child centered play therapy on reading achievement in 2nd graders reading below grade level. *Master Abstracts International: Section A: Humanities and Social Sciences, 46*(5).

Tew, K., Landreth, G., Joiner, K. D., & Solt, M. D. (2002). Filial therapy with parents of chronically ill children. *International Journal of Play Therapy, 11*(1), 79–100.

Trostle, S. (1988). The effects of child-centered group play sessions on social-emotional growth of three- to six-year-old bilingual Puerto Rican children. *Journal of Research in Childhood Education, 3*, 93–106.

Tyndall-Lind, A., Landreth, G., & Giordano, M., (2001). Intensive group play therapy with child witnesses of domestic violence. *International Journal of Play Therapy, 10*(1), 53–83.

Villarreal, C. E. (2008). School-based child parent relationship therapy (CPRT) with Hispanic parents. *Dissertation Abstracts International: Section A. Humanities and Social Sciences, 69*(2).

Watson, D. (2007). An early intervention approach for students displaying negative externalizing behaviors associated with childhood depression: A study of efficacy of play therapy in the school. *Dissertation Abstracts International: Section A. Humanities and Social Sciences, 68*(5).

Yuen, T., Landreth, G., & Baggerly, J. (2002). Filial therapy with immigrant Chinese families. *International Journal of Play Therapy, 11*(2), 63–90.

筆 記 欄

筆記欄

筆記欄

筆 記 欄

國家圖書館出版品預行編目（CIP）資料

遊戲治療：建立關係的藝術 / Garry L. Landreth著；
陳信昭等合譯. -- 初版. -- 臺北市：心理, 2014.11
面；　公分. --（心理治療系列；22148）
譯自：Play therapy: the art of the relationship

ISBN 978-986-191-615-6（平裝）

1.遊戲治療　2.兒童心理學

178.8　　　　　　　　　　　　　　　103015734

心理治療系列 22148

遊戲治療：建立關係的藝術

作　　者：Garry L. Landreth
總校閱者：陳信昭、陳碧玲
譯　　者：陳信昭、陳碧玲、王璇璣、曾正奇、孫幸慈、蔡翊楦、曾曉虹
執行編輯：李　晶
總 編 輯：林敬堯
發 行 人：洪有義
出 版 者：心理出版社股份有限公司
地　　址：231026 新北市新店區光明街 288 號 7 樓
電　　話：(02) 29150566
傳　　真：(02) 29152928
郵撥帳號：19293172 心理出版社股份有限公司
網　　址：https://www.psy.com.tw
電子信箱：psychoco@ms15.hinet.net
排 版 者：菩薩蠻數位文化有限公司
印 刷 者：竹陞印刷企業有限公司
初版一刷：2014 年 11 月
初版八刷：2023 年 7 月
I S B N：978-986-191-615-6
定　　價：新台幣 450 元